财经法治

M&A

3rd Edition

美国并购法

第三版

[美] 斯蒂芬·贝恩布里奇 著 李晓新 等译

法律出版社 LAW PRESS·CHINA

Mergers and Acquisitions 3rd
By Stephen Bainbridge

著作权合同登记号
图字：01-2016-4378

这些议题对法律读者来说具有可读性。同时,我并不避讳理论问题并引入了一些学说。而当文章着重强调在今日的并购法课堂上要关注一些学说观点时,也同时强调了在这些课程中要对主要议题提供经济分析。因此,本书提供的是对重要法条的理解,而且还有在思考这一主题时的统一方法。

我急于打消一些读者的疑虑,他们担心这本书是为律师和法学学生设计的,而不是为了研究金融或者经济的学生。经济分析仅是进行定性——无数学模型或形式化博弈理论——保持尽可能的直觉。无论多么重要,经济分析都不能为了经济分析而分析。作为现代法律学派最广为人知的批评,亨利·爱德华法官评论指出:"理论完全背离了案件本身,在实践中对我毫无用处。"①我的实践经验证实了这一批评,至少是强烈关注到这里的"完全背离"。正如我在本书中希望说明的那样,用来阐释一些具体法律问题的理论通常是非常富有启发性的。然而,经济分析逐渐被引入实践但仅是在一些特殊情况下具有重要的价值。

在此充分说明的基础上,我也需要注意到这本书既不是一部百科全书,也不是一部传统的入门书。你将不会看到对琐碎事务的一些毫无用处的讨论(我希望)或者是对老旧案例的冗长引用(或者,至少不会太多)。

关于脚注格式的注解

一般来说,脚注是采用标准的蓝本书格式,但我在此尽可能少的

---

① Harry T. Edwards, "The Growing Disjunction Between Legal Education and the Legal Profession", 91 *Mich. L. Rev.* 34, 46 (1992) (引自一个前任法律官员).

自 序

可能并不像其他公司交易行为,兼并与收购(并购)意味着是一个大范围的法律制度。在一项并购交易中,议题可能在各种各样的领域内出现,如公司治理、证券规则、税务与会计、美国《雇员退休收入保障法案》和其他雇佣法律、继任者责任和其他侵权行为责任、贷款人权利以及反垄断。在决定哪一种主题可以概括本书含义时,我始终关注着我的主要目标对象,即修习并购法或者公司财务等高级商务法律课程的法学学生。当然,我希望本书的分析会对在并购领域中寻求新鲜视角的律师和法官有所助益。因为这类课程的大多数教师关注于公司和证券法律问题,正如本领域内几本非常不错的教科书那样,我在此也会关注于这些主题。

我尽力创作出可读性文本,并使用我希望的一种简明、直接和易于阅读的风格。即使是处理一些复杂的经济和财务议题,我也尽力使使用脚注。特别是我很少使用“同上”这种短格式脚注,而是跳过引用。因此,并不像大多数法律评论性文章,本书中并非每一个陈述都予以脚注。相反,我特别提供了来源引用以便让感兴趣的读者自行找出精确引用。我非常相信这种方式会形成一个更加易于阅读的文本。最后,将一些经常被参考的以缩略语形式被引用且没有数据支撑的条文与重述注明如下:

Ali Principles:美国法律研究所《公司治理的原则:分析与建议》(1994年),ALI原则。

CAL. CORP. CODE:《加利福尼亚普通公司法》《加利福尼亚公司法典》第100条及其以下条文(西部1998年)。

DGCL:《特拉华州普通公司法》《特拉华州法典》(注解8,1999年)。

Exchange Act:美国《1934年证券交易法》及其修订,《美国法典》第15卷第78条a项及其以下条文(1999年)。

MBCA:美国《示范商业公司法》(1984年及其增补版)。

N. Y. Bus. Corp. L. :《纽约商业公司法》(麦金尼1999年)。

Rule:依据美国《证券法》或者美国《证券交易法》被证券交易委员会采用的规则。分别是:美国《联邦法规》第17章第230条第100款及其以下条文(1999年)和美国《联邦法规》第17章第240条第0-1款及其以下条文(1999年)。

Securities Act:美国《1933年证券法》及其修订,《美国法典》第15卷第77条a项及其以下(1999年)。

译者序

熟悉并购实务的朋友都知道，无论是在国际上还是在中国境内，并购市场每年都在快速增长。根据毕威迪(Bureau van Dijk)并购数据库 Zephyr 数据显示，2017 年全球共有 96,082 笔交易，交易总额达到 47,409.69 亿美元，其中在中国进行境内外并购交易的数量和交易额都处于上升态势。就中国律师事务所的收入而言，并购也是这几年收入增长最快的业务，大量的精英人才会聚在这个领域，拓展了中国律师发展的国际空间。

但是，与市场的蓬勃发展相脱节的是，在并购领域的法学教育非常薄弱，国内法学院对并购法律实务的培训非常匮乏，法学院的教育仍偏重于理论教学。而美国法学院注重培训学生理论知识应用于实践的能力，就并购领域而言，以本人之前访学的美国哥伦比亚大学法学院来说，在法学硕士(L. L. M)和法学博士(J. D.)的培养课程上就同时设置了四门课，分别是“高级公司法:合并与收购”(advanced corporate law: mergers and acquisitions)、“并购中的交易文本制作”(dealmaking in mergers and acquisitions)、“合并与收购交易”(mergers & acquisition transactions)、“公众公司的合并与收购”(public mergers and acquistions),后三门课都是讨论课,而且都由知名律师事务所的一名至两名资深合伙人开设。本人曾经旁听了“并购中的交易文本制作”课程,实战性非常强。两位资深合伙人分别代表并购方和被并购方律师模拟制作并购中的交易合同,指导在并购谈判中如何通过合同文本把控风险和维护企业利益,手把手教学生如何制作和修改投资协议和其他并购交割文本。这种教学模式对本人的冲击很大,培训出来的学生到了律所几乎可以直接参与交易谈判。而我们国内法学院的学生,毕业后到律所工作时,面对律师交代的制作并购交易文本的工作,几乎无从下手,跟合伙人一起参加并购交易的谈判时更是一脸茫然,完全不懂实际工作与自己的法学学习有何关系。

因为对并购法律实务具有浓厚兴趣,本人自 2009 年在高校任职,兼职从事的律师工作主要是并购投融资业务。在近 10 年的时间里,从直接并购到间接并购,从普通公司并购到上市公司并购,从国内并购到国际并购,本人亲手操作过很多项目,同时也全程参与一些并购中涉及的私募股权投资基金运作,在长期的实战中积累了丰富的业务经验。2013 年从美国哥伦比亚大学访问交流回国后,本人在安徽大学开设了“并购法理论与实务”的本科生公选课。为了做好教学工作,在总结多年理论学习和律师实务经验的基础上,多方查找案例,编写教学素材,设计多样化的教学环节,为学生可以深入浅出地对并购业务有一个较全面的认知做了大量工作。现在教学领域又扩展到给研究生开设的“非诉业务理论与实务”课程,教学内容包括了 IPO 与上市公司并购重组等证券业务、资产证券化业务、资管计划实务、私募股权投资基金运作、破产重整等,但在这其中,并购的理论与知识依然是重要的部分,每次上课都收获了学生对课程新颖性的意外惊喜,也改变了学生对传统法学教学课程的印象。

在并购法的教学过程中,本人感触最大的是找不到合适的教材,也没有对国外成熟的并购法理论与知识进行系统性介绍的书籍,公开的案例信息大多是新闻性质的,一个并购交易背后繁杂的流程与文本,以及法律知识点在并购中的应用场景都无法体现,这也触发了本人翻译成熟的国外教材的想法。美国的并购法教材一般都是大部头,有着对并购案例的大量描写,而且掺杂着很多复杂的经济分析方法。几经斟酌,本人选择了斯蒂芬·贝恩布里奇教授的这本《美国并购法》教材。贝恩布里奇教授是加州大学洛杉矶分校法学院的威廉·沃伦杰出法律教授,主要讲授“商业联合”“公司金融”“并购法”课程,是公司法和证券法领域一位高产的学者,2008 年获加州大学洛杉矶分校法学院的杰出教学鲁特奖。他的这本教材覆盖面广,内容难易适中,详略得当地引用了美国并购领域发展中的一些经典案例。正如作者所说:“我尽力创作出具有可读性的文本,并使用我希望的一种简明、直接和易于阅读的风格。即使是处理一些复杂的经济和财务议题,我也尽力使这些议题对法律读者来说具有可读性。”基于这种考虑,本人选择了这本教材,也希望它可以成为国内读者了解美国并购法的一本不错的入门教材。

本书以案例为主要索引,涉及与并购相关的公司治理、证券监管、财税会计、侵权责任、反垄断等多个领域的知识,适合初入“法门”的学生了解美国并购法形成、演变和发展的历程,以形成对“公司并购”这一复杂过程的初步认识。全书共八章,前面两章是并购的基本概念和并购交易中一些商业背景的介绍,从第三章到第六章介绍的是几种主要的并购形式,包括合并、资产出售、挤出并购、控制性销售、控股股东交易、要约收购、抢滩收购等,第七章和第八章介绍的是目标公司恶意收购防御措施和反收购的州立法。书中还对主要并购术语的定义、核心并购条款的草拟、控股股东的识别、联邦代理人规则、优尼科规则等美国并购法中的主要内容,以及《标准公司法》《特拉华州普通公司法》《威廉姆法案》《证券法》《证券交易法》等法律法规在并购实践中的运用进行了解读,同时,对美国并购交易中的一些主要案例,如"阿科美(Acme)公司与阿杰克斯(Ajax)公司并购案"、"史密斯诉凡·戈科姆案"(Smith v. Van Gorkom)、"吉伯尔诉信号公司案"(Gimbel v. Signal Companies)、"辛克莱石油公司诉莱维恩案"(Sinclair Oil Corp. v. Levien)、"拉点诉美源伯根公司案"(La point v. AmerisourceBergen Corporation Corp.)、"哈里通诉阿科电子案"(Hariton v. Arco Electronics)、"德班诉第一西部银行信托公司案"(DeBaun v. First Weatern Bank and Trust Co.)、"派拉蒙通信公司诉时代华纳公司案"(Paramount Communication v. Time Inc.)以及"莫兰诉豪斯豪德国际公司案"(Moran v. Household International)等。本书对案件中所涉及的有判例性意义的主要问题进行了精彩论述。

通读全书我们可以看到,本书结构布局合理,论述详略得当,对并购交易中涉及的各种交易类型和核心法律问题均有详细论述。本书不仅适合有兴趣从事并购业务的法学院学生学习和阅读,也适合金融学、投资银行学的学生阅读,同时对从事并购实务的从业人员,包括律师、投行人员、财会人员、税务人员等而言,都是了解美国并购法律规则具有实用性的资料。本书在翻译过程中,本人牵头组织了以北京德恒(合肥)律师事务所的几名国际业务部骨干律师一起参与翻译,本人主要翻译了序言、第一章、第二章和第三章,刘斯妤律师翻译了第四章和第五章,范玉彤律师翻译了第六章、第七章和第八章。

翻译后期,吴文峰律师也参与了第三章部分内容的翻译。全文成稿后,本人进行了合稿与校订,在后期与出版社编辑对接过程中,范玉彤律师协助本人进行最终定稿。同时,本书得以成功出版的背后,要特别感谢法律出版社的陈妮老师。本书是本人由她编辑出版的第二本书,与前一本中文著作不同,这本是外文译著,需要校对和核查的中英文用语特别多,尤其是涉及很多的并购术语与并购案例,都是煞费脑筋的事情。正因难度大,更体现出陈老师认真负责和耐心细致的工作风格。她为本书的顺利付梓做出了重要贡献,特此表示感谢!同时,也要一并感谢北京德恒(合肥)律师事务所的荣庆文女士,以及团队律师和国际业务部的其他同事,他们为本书的翻译和出版也提供了很多有益的帮助。当然,由于翻译水平有限,翻译这样一本专业性非常强的书籍,难免有疏错之处,尤其是涉及一些法理推演、案例和计算公式的翻译,虽然我们付出了很多努力,也难说绝对准确地表达了作者的原意。如果有任何不足之处,请读者批评指正,我们也会在后续改进并提高。

最后,希望本书的出版能够帮助国内有志于在并购领域施展一番才华的青年才俊,让他们更加全面地了解美国的并购理论与并购案例,丰富自己的知识视野,扩大知识量,进而可以更加创新性地将合适的并购技巧应用于中国的并购场景中,拓展中国法律适用的外延空间,为企业更好地通过并购提升自己的市场价值,为通过并购促进中国商业交易的进一步活跃发展做出一定的有益贡献。

李晓新

2018 年春

目录

第一章　引　言

如果没有我们现在的公司财务系统，很难想象现代经济如何运作。工业革命带来了大量的技术变革，尤其是19世纪中现代大规模生产技术的出现，这使公司足够大到可以实现规模经济提供了便利。相应地，这些有利性也催生了巨大的工业企业的产生。这些大企业获得了足够大量的资本，远远超过任何单一个体或者家庭所享有的资源。他们可以通过聚合很多小的投资以获得资金支持，也即通过向很多投资者卖出股票或者债券来实现，而每一个体投资者仅持有公司全部资本的很小一部分。

资本市场至少在两个方面方便了这一过程。首先，一级市场给予发行人可以接触到大量的和不断增长的潜在投资者的机会。其次，公司股票和债券发行的二级市场给予投资者足够的流动性，进而鼓励了投资。在一个流动的市场上，投资者可以不需要卷入公司内部而自由地卖掉证券。进而,流动性也使公司可以更加容易和以更低的成本在一级市场上进行融资,因为投资者普遍偏好(也乐于购买)可流动的证券。

也有部分在一级市场或者二级市场上发生的公司财务交易是为了赢得大企业收购、媒体知名度、公共政策影响,或者是经济重要地位。的确,并购是一个大型商业活动。回溯到1989年,在涉及时代华纳公司的案例中,当时的特拉华州首席法官威廉·T. 艾伦(William T. Allen)认为一个价值30亿美元以上的并购交易会是非常稀少的,但至少在理论上是可能的。[①] 而2000年,美国在线并购时代华纳的交易价值就超过了100亿美元。在接下去的10年间,交易额超过30亿美元级别的并购变得很正常了。

并购活动一般是周期性的,通常与股票市场的繁荣期有一定重合。经济历史学家指出了美国历史上4个主要的并购波:1897～1904年、1916～1929年、1965～1969年以及1984～1989年。[②] 大多数人也同意第5个并购波起始于20世纪90年代中期。这一波的特点是协商性并购的普及代替敌意并购,大量的资金被卷入,且无论是在交易额还是在累计达到的资金值上都创历史纪录。[③]

随着21世纪开年以来的经济下行情况,同时伴随着股票市场的下行,经济节奏虽然有些放缓,然而并购却依然是经济版图上非常重要的特点。例如,2001年当并购数量下跌到自1998年以来历史最低

---

① Paramount Communications Inc. v. Time Inc., 1989 WL 79880 at 22 (Del. Ch.), aff'd, 571 A.2d 1140 (Del. 1989).

② William J. Carney, *Mergers and Acquisitions: Cases and Materials* 2 – 13 (2000); Patrick A. Gaughan, *Mergers, Acquisitions, and Corporate Restructurings* 23 – 56 (3d ed. 2002); Ronald J. Gilson and Bernard S. Black, *The Law and Finance of Corporate Acquisitions* 11 – 61 (2d ed. 1995).

③ William J. Carney, *Mergers and Acquisitions: Cases and Materials* 7 – 8 (2000).

点，且并购累计资金值下降到了自1997年以来最低点的时候，此时仍然有8265笔交易，价值累计超过7000亿美元，其中包括了超过100笔价值在10亿美元以上的交易。[①]

并购活动频率在2002年到达了底部，接着强势走出并在2007年达到了顶峰。2008年的经济危机和衰退引发了并购交易的下滑。但是到2010年，尽管经济复苏的步伐缓慢，但并购活动量开始恢复。2010年据称有9116笔并购，比2009年增长了34%。交易的整体价值达到了6900亿美元，比2009年增长了24%。因此，并购仍然是公司金融法实践中的关键部分。

第一节 公司

一个有重要影响力的法律词典对公司的定义，是"依据州或者国家法律的授权所创制的拟制人或者法律实体……"[②]虽然从技术角度来看是正确的，但这个定义并不特别具有启发性。可能将公司从6个属性进行法律构造更有助于对公司进行理解：通过州法律进行的正式创制；[③]法律人格；所有权与管理权的分离；自由的且可转让的所有权益；无限期；以及有限责任。[④] 合在一起，这6个特征给了公司形

---

① "M & A News and Trends", *Mergerstat Rev.*, Jan. 2002.

② *Black's Law Dictionary* 307 (5th ed. 1979). 6.

③ 实际上，所有的美国公司都是通过向相应的州政府官员根据单一州的法律提交注册文件设立的（只有个别例外情况是根据联邦法律设立的）。注册文件提交的那一州被称为"注册州"。公司创立者可以自由选择任何一州作为注册州；他们不必须选择正在从事经营的州作为设立州。设立州的选择具有重要影响，因为公司法事务通常是由设立州的法律管辖的，而不考虑诉讼提起的司法区或者争议当事人住所地。

④ 要注意到，这些属性的后四者是默认规则。一些公司倾向于排除其中的一个或者多个属性。特别是封闭型公司，他们经常将所有权和控制权合并到一个或者另一个维度，和/或者严格限制所有权利益的转移。

式以相较于其他依据美国法律所获得的商业组织形式更加明显的优点。

1. 一些基础性区别

公司存在一系列类别:商业公司、市政公司、教会公司以及其他一些。本书中,我们仅指商业公司。即使有这些限制,但是,还有一些基础性区别需要认识到:

- 非营利公司和营利公司。许多慈善机构即使并不从事营利性商业活动,也是以公司形式组织的。这些组织适用于一些特殊的非营利性公司法规。非营利性公司也基于州与联邦的法律获得特殊的税收待遇。正如名称所示,商业型公司与非营利性公司是以盈利动机来予以区分的。

- 公众公司与私人公司。公众公司有时被用来指称一些由政府(联邦或者州)创设的承担一些公共性功能的公司。从术语上来看,私人公司则是由私人个体所创设和拥有的执行私人性功能的公司。几乎所有的商业公司都属于后者。因为本书主要聚焦于商业公司,因此,我们将根据下一段设定的含义特定地使用"公众公司"一词。

- 封闭公司和公众公司。商业公司通常被分为两种类型:封闭公司(也称为封闭性持有的公司)和公众公司(也称为公众持有的公司)。从一般经验来说,封闭公司通常会小于公众公司,但规模并不是区分二者的标准。相反,它们是以是否存在或者不存在一个可供股票交易的二级市场为区分标准。公众公司是股票可以在二级市场上市交易的公司,如纽约证券交易所或者纳斯达克证券交易所。封闭公司是那些股票不在此类市场上进行上市交易的公司。本书中,"公众公司"一词将依据这一含义使用。

在上述3组相区别的概念中,最后一组对我们是最重要的,公司证券,就像其他商品一样在市场上进行交易。公司律师则需要区分公司证券(如股票和债券)交易的两个基本市场类型,即一级市场和二级市场。一级市场是公司将其股权卖给投资者的市场。例如,首次公开发行(Initial Public Offerings,IPO)就是在一级市场发生的。

二级市场是一个交易市场:在这一市场投资者可以在他们之间交易股票而不需要原始公司股票发行人任何特殊的参与。纽约证券交易所和美国证券交易所都是众所周知的组织良好且得到非常好规范的二级市场样例。在这些交易所工作的市场专业人士通过匹配来自于投资者的买和卖的指令操作者交易流程。

公司证券能够在二级市场上市交易是很重要的,因为这就使他们的证券可以流通。换句话说,投资者可以自由买卖他们的股票而不需要参与公司的管理。流动性的获得也使公司随后可以很容易且以较低成本在一级市场进行融资,因为投资者一般都倾向于(并且希望去付更多)可流动的证券。公众持有的公司与封闭性公司的股票在流动性上的区别有重要的理论和学术推理结果。

2. 公司法的法源

在法学院学习的第一年,大多数法学学生会被告知,与普通法课程相比,公司法在两个方面与其有着重要的差异。首先,公司法中的法条比在大多数所谓的普通法课程中的案例更加重要。当面对一个公司法议题时,排名第一位需要去关注的就是公司设立所在州的公司法。[①] 其次,就公众公司而言,美国联邦法律在公司法中比案例在普通法主题中更重要。毕竟,公共持有的公司可以说是在双重规制体系中起作用:联邦证券法和州公司法。对于兼并和其他公司收购

① 虽然我们必须对所适用州的公司法给予紧密关注,但对于公司法的司法意见仍然非常重要。公司法几乎从来不会将对细节的关注水平提升到如联邦税法那样的高度。许多公司法的规定是非常模糊的。更糟糕的是,公司法经常难以解释重要的问题。于是法院就通过更加类似于普通法裁判那样的程序而非法定解释来填补所导致的鸿沟。董事和高管的信托义务是这一程序的重要例子,但他们也很难说是唯一的例子。

来说尤其如此,在此领域州法和联邦法都发挥了很重要的规范作用。

(1)州公司法

实际上,所有美国公司都是依照某一州的法律,向相应的州政府机关提交公司章程而设立的(仅有少数例外是依照联邦法律而设立)。此处提交公司章程的州就被称为"设立州"。因为所谓的"内部事务原则"的存在,使选择一个设立州有着重要结果,"内部事务原则"是指当存在法律适用冲突时,公司治理事务是由设立州的法律来决定的。事实上,所有美国司法机关都遵从内部事务原则,即使是有问题的公司除了在公司注册事项以外实际上与设立州没有任何联系。

例如,假定阿科美公司(Acme Corporation)在特拉华州注册,但所有阿科美公司的资产坐落在伊利诺伊州。所有阿科美公司的股东、董事和公司员工都住在伊利诺伊州。阿科美公司唯一的营业地点也坐落在伊利诺伊州。如果一个阿科美公司股东起诉董事会,声称该公司董事会成员违反了受托义务。诉讼是在伊利诺伊州法院被提起的。本案中,尽管存在所有这些伊利诺伊州的连接点,但伊利诺伊州法院依然会适用特拉华州法律。①

当我们将内部事务原则与宪法中对各州排除外资公司能力的限制性规定联系起来考虑时,该原则对商业交易起到了特殊的重要意义。② 除非很少的一些例外情况,各州一般总是允许外资或者准外资

① 例如,可以参见 Paulman v. Kritzer,219N. E. 2d 541,543(Ill. App. 1966),aff'd,230N. E. 2d 262(Ill. 1967)(将特拉华州的信托义务应用于特拉华州公司的董事)。

② 外国公司是指在实际运营的州以外的州或者国家注册的公司。伪外国公司是指大多数联系是发生在运营地州而非注册地州的公司。许多特拉华州公司是伪外国公司。他们在特拉华州注册,但他们的大多数活动则位于一个或者多个其他州。对大多数州来说,外国公司与伪外国公司之间没有重要的法律区别,内部事务原理将被用以援引注册州的法律。加利福尼亚和纽约则是这一规则的主要的例外。两个州都声称将他们的部分公司法适用于在其他州注册但却与加利福尼亚或者纽约有着实质性联系的伪外国公司。例如,参见 Cal. Corp. Code § 2115;*N,Y,Bus. Corp. L.* § § 1317 –20。

公司在本州区域内开展经营。例如,早在1839年,美国联邦最高法院就主张,除非立法有明确的相反规定,否则联邦法院应当认定一州是承认外资公司的。① 此后的联邦最高法院的裁决中,也暗示如果商业行为构成了美国联邦宪法商业条款中的州际商业贸易,那么各州就不能够排除外国公司在该州的经营。② 这些决定有效地开创了公司注册的统一化市场。比如,如果伊利诺伊州采用了限制性公司法,它的商业组织继续在伊利诺伊州经商的同时,则可以在一个有较少限制的州自由地注册公司,如特拉华州。

整个19世纪各州的公司法逐渐转向增加自由度,使注册公司一方面变得简单,同时也通过许可程序放弃了一些规制公司实体性行为的努力。此后数年,这些程序开始被称为"达到底线的竞争"。③ 企业和社会改革者相信各州应当在给予公司许可方面进行竞争。毕竟,州越多地给予许可(公司设立认证),越是可以获得更多的特许经营和税收。基于这一认识,由于公司经理层决定着设立州的选择,因此,各州的竞争通常采取制定法规允许各州经理层对股东予以一定利用。

有些法学家拒绝"达到底线的竞争"假设。④ 根据标准性逻辑,

---

① Bank of Augusta v. Earle, 38 U. S. 519, 597 (1839).

② Paul v. Virginia, 75 U. S. 168 (1868).

③ See generally William L. Cary, "Federalism and Corporate Law: Reflections Upon Delaware", 83 *Yale L. J.* 663 (1974) (这是对达到底线假设的经典论述); See also Lucian Ayre Bebchuk, "Federalism and the Corporation: The Desirable Limits on State Competition in Corporate Law", 105 *Harv. L. Rev.* 1437 (1992).

④ See Ralph K. Winter, Jr., "State Law, Shareholder Protection, and the Theory of the Corporation", 6 *J. Legal Stud.* 251 (1977) (是对 Cary 理论的重要回应); see also William J. Carney, "The Political Economy of Competition for Corporate Charters", 26 *J. Legal Stud.* 303 (1997); Frank H. Easterbrook, "Managers' Discretion and Investors' Welfare: Theories and Evidence", 9 *Del. J. Corp. L.* 540, 654 –71 (1984); Daniel R. Fischel, "The 'Race to the Bottom' Revisited: Reflections on Recent Developments in Delaware's Corporation Law", 76 *Nw. U. L. Rev.* 913 (1982); Roberta Romano, "The State Competition Debate in Corporate Law", 8 *Cardozo L. Rey.* 469 (1987) (基于州竞争的公共选择理论).

如果设立公司的州过于迎合管理层而不注重管理,投资者是不会购买或者不会为公司证券支付太多的。如果管理层被认定缺少责任感而不能对风险予以补偿时,贷款人也不会给这种公司贷款。其结果是这种公司的资本支出将会上升,而收益会下降。再者,这种公司继而会变得易于受到敌意收购的攻击和随时而来的管理松懈。因此,公司管理层会有很强的动力在规则上更偏向于投资者的州去注册公司。这样,公司章程的竞争将阻止各州制定过分偏向管理层的法律。实务研究结果也倾向于证明了这种公司竞争观点,也意味着这种公司法问题的有效方案随着时间的推移而胜出。①

无论各州的竞争是达到底线的竞争还是达到顶部的竞争,特拉华州都毫无疑问是这场竞争的优胜者。50%以上在纽交所上市交易和将近60%的财富500强企业都注册在特拉华州。达到底线的竞争理论的倡导者认为,特拉华州之所以具有统治地位是因为较之于其他州来说,它的公司法更倾向于管理层。那些否定达到底线的竞争理论的人则将特拉华州的统治地位归结于其他因素:一是有着相当数量的案例法来解释《特拉华州普通公司法》,这使法律问题可以得到令人信服的解答;二是特拉华州有一个单独的法院——衡平法院,在公司法案例领域贡献很多。衡平法官在公司法事务上有着丰富的经验,这使衡平法院成为解决公司纠纷的高端和富有经验的论坛。

---

① See Roberta Romano, "The Genius of American Corporate Law" (1993) (提出了一个挑战竞争到底假设的经验分析和理论假设). 然而,尽管许多最高假设竞争的提倡者承认这一方案,但公司并购的国家调控似乎是有效解决方案能够胜出的规则的例外。See e. g. Roberta Romano, "Competition for Corporate Charters and the Lesson of Takeover Statutes", 61 *Fordham L. Rev.* 843 (1993); Ralph K. Winter, "The 'Race for the Top' Revisited: A Comment on Eisenberg", 89 *Colum. L. Rev.* 1526 (1989); 也可以参见 Lucian Ayre Bebchuk & Allen Ferrell, "Federalism and Corporate Law: The Race to Protect Managers form Takeovers", 99 *Colum. L. Rev.* 1168 (1999) (他们认为并购规则中的达到底线的竞争可能是种一般现象)。

衡平法官也可以非常快速地做出决定,这对那些经常对诉讼时间较为敏感的交易提供了便利。[①]

特拉华州法律的一个最重要替代者是美国律师协会的《示范商业公司法》(Model Business Corporation Act,MBCA)。1969 年的《示范商业公司法》全部或者部分的被大约 35 个州采纳。1984 年的《示范商业公司法》目前在 24 个州生效或者被其他州部分采纳。特拉华州、加利福尼亚州和纽约州依然是商业上最重要的中流砥柱,它们每个州都保留着很大一部分独特的公司法,但它们也吸纳了《示范商业公司法》的一部分内容。

(2)联邦法律

在 1911 年堪萨斯州的第一个《蓝天法案》通过之前,股票和其他公司证券的发行与交易是未受到监管的。这些法律是对证券销售中广泛存在的欺诈行为的一个回应。的确,这个名称据说是针对在清洁的蓝天下销售建筑地段的不道德推动者。但是,州法的调控被证明效果是不大的,因为这些法规只有有限的司法管辖权,许多法规包含了多个特别的利益排除条款,而且各州仅有有限的强制力。[②]

作为 1929 年股市大跌和随之而来的大萧条的后果,大家达成了一个广泛共识,即到了通过联邦法规对证券市场进行调控的时候了。从 1933 年到 1940 年,国会通过了 7 项法律对工业领域各个方面进

---

① 通常参见 Jill E. Fisch, "The Peculiar Role of the Delaware Courts in the Competition for Corporate Charters", 68 *U. Cin. L. Rev.* 1061(2000)。

② 在《1933 年证券法》(以下简称《证券法》)第 18 条和《1934 年证券交易法》(以下简称《证券交易法》)第 28(a)条中,国会明确保护州蓝天法律免受这些法令的抢占。然而,1996 年和 1998 年对这些规定的修正创造了一个复杂的抢占计划,大大限制了蓝天法律潜在应用的范围。因此,虽然蓝天法仍然在书上,但在大多数情况下,联邦证券法现在更重要。See generally David M. Levine 和 Adam C. Pritchard, "The Securities Litigation Uniform Standards Act of 1988: The Sun Sets on California's Blue Sky Laws", 54 *Bus. Law.* 1(1998); Richard W. Painter, "Preemption of State Securities Fraud Causes of Action", 84 *Cornell L. Rev.* 1(1998).

行调控,这对后续各种情况进行了修正并加入了几个高度专业化的法规。

对我们来说,最重要的法规是《证券法》和《证券交易法》。证券法调控证券发行公司的初级市场销售行为。① 证券交易法调控很多内容,但一般聚焦于公司证券在证券交易所或者其他二级市场的交易行为。②

新妥协成立的国会考虑从三种模式来调控证券市场:欺诈模式,禁止证券销售中的欺诈行为;披露模式,只要证券发行人给投资者做出投资决定提供足够的信息,则允许发行人销售高风险和境况不佳的证券产品;价值评估模式,即要求政府部门评估证券的价值并禁止不可靠的和过度高风险的投资产品的销售。尽管价值评估是各州蓝天法案的通行特征,但国会拒绝了这种方式。相应地,国会吸纳了欺诈模式和披露模式。

各类联邦法规与不同的交易相关联,是由于他们有着相同的基础性目的。首先,要求公司或者其他证券发行者提供充足的信息披露,是为了确保投资者能够获取所有他们买、卖证券和为证券投票的所有信息。其次,是为了惩罚与证券交易相关的欺诈行为。③

《证券法》遵循交易披露模式,即它关注于在一定交易中发行者给予投资者的相关信息。因此,该行为只适用于一个问题,即卖证券。只要一个公司可以通过其他方式筹集资金,证券法就不会要求其披露任何信息。显然,这在信息披露上有显著不同。

---

① 15 U. S. C. § § 77a -77z -3.

② 15 U. S. C. § § 78a -78mm. 根据某些豁免规则,所有向公众出售证券的公司均受《证券法》的约束。相比之下,《证券交易法》适用于较窄的业务范围。虽然该法案有一套复杂的规则,用于决定哪些条款适用于哪些公司,但一般来说,法规只适用于公开持有的公司。

③ 例如,参见 Rubin v. United States,449 U. S. 424,431(1981)("这些规定被制定为防止欺诈和促进公开传播证券的信息的自由流通")。

《证券交易法》由一定的发行人实行定期披露制度解决了这个问题。它着重于有规律且定期向市场获取发行人的信息。此外,《证券交易法》包括一系列的其他规定,涉及规范二级市场交易和防止欺诈。

在本书中,我们将注意力主要集中于《证券交易法》的规定,尤其是那些有关委托书征集和要约收购。像大多数法规一样,这两项规定只适用于所谓的"报告公司",这个名字来自于上面提到那些遵守《证券交易法》建立的定期信息披露规则的公司。①

有三种基本类型的公司需要根据《证券交易法》予以登记。前两种是根据该法第 12 条和第 13(a)条确定的。② 第 13(a)条要求根据该法第 12 条规定在美国证券交易委员会(U. S. Securities and Exchange Commission,SEC)登记的所有公司必须定期报告。反之,第 12(a)条则要求任何在美国全国性交易市场(如纽约或者美国证券交易所)上市和交易的任何级别证券都必须根据《证券交易法》进行登记。此外,第 12(g)条和所对应的相关规则要求所有资产超过 1000 万美元,并通过 500 名以上的记录股东持有相应权益性证券的公司,必须在 SEC 登记该类股本证券。第三种也即最后一种公司是符合《证券交易法》第 15(d)条所要求的公司,主要是针对基于《证券法》进行证券公开发行的发行人。但是,除了公开发行的第一财年以

---

① 《证券交易法》所要求的定期报告包括:(1)表 10,最初的《证券交易法》注册声明。它仅是报备特别层级的证券。它与证券法的注册声明非常相似。(2)表 10 - K,包括此前一年中完整的经审计后的财务报表和管理报告的年度报告。它通常会以年度报告形式发送给股东。(3)表 10 - Q,一年中前三季度的报告,它也会被表 10 - K 覆盖。表 10 - Q包括近期发展的未经审计的财务报表和管理报告。(4)表 8 - K,是指发生某种影响公司运营或者财务状况需要立即报告的重要事项,如破产、重要资产的出售或者公司控制权的变化。

② 有时候会认为《证券交易法》注册公司,《证券法》注册证券,但实际上并非如此。根据《证券交易法》注册某一级证券的公司还必须根据《证券法》注册该级特别发行的证券。

外,记录股东少于300名的发行人不受该要求限制。

《证券交易法》的有名还因为它创立了SEC这一负责执行各种证券法的主要联邦机构。该机构由5个委员领导,委员必须由参议院任命,其中不能有3个人是来自一个政党。当然,该机构大多数的工作不是委员做的,而是职业雇员来从事。该机构雇员根据各种的专业职责组成一定的分支机构和办公室。职业雇员主要是由律师组成,但也包括一些会计师和经济学家。雇员有3个主要功能:一是对证券法规在特定交易中的应用所带来的问题提供解释性指导;二是建议委员会制定新的规则或者对既有规则予以修改;三是调查和指控违反证券法规的行为。

我们也要适当关注一下《证券法》。《证券法》会影响一些并购交易,因为该法第5(a)条规定,除非是证券处在有效的登记状态,否则证券销售行为将被认定为非法。换句话说,除非获得有效豁免,相关发行人必须向SEC申请注册登记,并且必须等到注册登记生效之后才能销售证券。

其中,在通过发行人(或者非目标公司以外的其他公司)发行证券支付给目标公司股东的一些对价性交易中,这些交易构成了出售受《证券法》登记规定的证券。正如我们看到的,这可能会影响并购和要约收购。

(3)州法与联邦法的边界

美国联邦最高法院反复重申联邦证券法的适用并不优先于州公司法,但实际上仅给予州法有限的关注。[①] 根据经验,合理的规则是,州法律是涉及公司治理的实质,而联邦法律则涉及信息披露和公司

---

① See e. g. CTS Corp. v. Dynamics Corp. of Am., 481 U. S. 69 (1987); Burks v. Lasker, 441 U. S. 471 (1979); Santa Fe Indus. v. Green, 430 U. S. 462 (1977).

治理方面有限的程序性问题(例如,代理权稀释和要约收购行为)。[①] 在特定的领域,联邦与州之间角色的划分依然是有争议的。两个最重要的争议点是关于股东投票权和州法对接管行为的规制。

3. 所有权与控制权的分离

在上述所关注的公司特性基础上,最值得我们重视的是公司,不像其他商业组织,公司的所有权与控制权是相分离的。虽然股东名义上拥有公司,但他们实际上没有决策权,仅有权选举公司董事和在一些极其有限的(虽然不是不重要的)公司行为上进行投票。相比之下,公司管理层被章程赋予控制董事会的权力,董事会进而选举产生日常公司运作层及其负责人,也进而赋予公司雇员一定的职责。[②] 这种所有权与控制权分离所产生的利益冲突驱动着公司法的发展,特别是高管层和董事们的受托义务要求。

虽然所有权与控制权的分离是公司必不可少的特性之一,但也是其中一个最有争议的特性。这种争议的存在开启了公司的现代化形态,也成就了迄今为止关于公司的著作中最有影响力的书籍,即伯利(Berle)和米恩斯(Means)的《现代公司与私有财产权》。[③] 根据公司股份所有权性质的不同,他们列举了三种不同类型的公众公司:

- 多数控制型:公司中一个控股股东(或者一群股东一致行动)

---

① See e. g. Business Roundtable v. SEC, 905 F. 2d 406 (D. C. Cir. 1990); See generally Robert B. Thompson, "Preemption and Federalism in Corporate Governance: Protecting Shareholder Rights to Vote, Sell, and Sue", 62 *Law & Contemp. Probs.* 215 (1999); Stephen M. Bainbridge, "The Short Life and Resurrection of SEC Rule 19c - 4", 69 *Wash. U. L. Q.* 565 (1991).

② 封闭型公司可能不同。确切地说,所有权与控制权的法定分离是应用于紧密型公司的。但是,将封闭型公司正式的决策权赋予董事会经常不被这种公司的股东所接受。从这点来说,封闭型公司经常像是因为某些商业原因而组成为一个实体的合伙企业。在特别的法定条款下,设立封闭型公司能够给与股东类似于合伙人一样的延伸性管理权。

③ Adolf A. Berle, Jr. and Gardiner C. *Modern Corporation and Private Property* (1932).

拥有超过50%的有表决权的股份。多数控制型公司体现出所有权与控制权的部分分离,也即少数股东分享公司的所有权,但是没有控制权。

- 少数控制型:公司中一个控股股东(或者一群股东一致行动)拥有少于50%的有表决权的股份,但却能够行使有效的表决控制权。少数控制型公司也体现了所有权与控制权的部分分离。

- 管理控制型:公司中没有一个控股股东(或者一群股东一致行动)拥有足够多的股票可以使他控制公司。管理控制型公司体现了所有权与控制权的完全分离。

伯乐和米恩斯认为,管理型控制的发展是与股票所有权在很多股东之间分散引起的,没有人拥有足够多且能够实质性影响公司管理的股票。进而,伯乐和米恩斯相信分散的所有权是深植于公司体系之中的。他们的成果公布之前的几十年里有了很多重要的技术变革,特别是现代大规模生产技术的发展,更是给了公司很大的优势使其能够大到足以获得规模经济。这些公司需要大量的资本,远远超过了大多数个人和家庭的能力。他们通过向许多投资人销售股票的方式获得了越来越多小投资者的资助,他们中每个人都只拥有公司股票的一小部分。

所有权与控制权的分离被证明是公司成功的一个必要的先决条件。这一结论源自两个方面原因:(1)公司大多数投资者倾向于积极地持有股票;(2)将所有权与控制权予以分离使公司决定具有多种有效性。将决定权赋予公司的董事和经理层使股东能够保持积极性的同时,也避免了因为股东涉入日常性的决策所带来的争吵。

所有权与控制权的分离在便利了大的工业集团成长的同时,伯乐和米恩斯认识到这种分离也带来了股东和经理层利益相分离的潜在问题。作为对公司资产和收入的剩余利益索取者,股东有权利获取公司的利润。但这又是公司的管理层,而非股东来决定公司的收益如何进行分配。这样,就会出现一种风险,即经理层会将收益花费在有益于管理层而非股东的事项上。假如阿科美公司的总裁被问到如下问题:"我能够花费1亿元购买一架新的公司商务机,或者我可以通过增加分红比例的方式将这1亿元分配给股东。"对此,你会怀疑一些(或许是大多数?)管理层会去买商务机吗?这就是委托代理问题,我们将在下一章里进行详细讨论。

对于因所有权与控制权分离所带来的股东利益与管理层利益的潜在分歧问题,公司法提出了3种策略予以回应:(1)一些公司法努力去融合所有权与控制权,给予股东对公司更多的控制。联邦代理权规则就是这些规则的一个例子。一些法学家也相信机构投资者会变得更加积极投入公司治理中,至少部分聚合所有权和控制权。[①] 这是否证明是真实的仍有待观察。(2)有些法律针对管理层责任可能存在的缺失,据称这被认为是所有权和控制权分离引起的基本问题。因为股东并不能控制公司,股东也不能约束那些将自身利益置于股东利益之前的经理们。因此,公司治理提出了一个利用法律而非市场的手段来约束那些滥用自身地位的经理们的选择性机制。这方面的例子包括对谨慎和忠诚义务和对敌意性公司控制的司法复审。(3)也有一些法律努力去联合经理层和股东们的利益。这方面的例子包括鼓励管理层拥有更大比例公司股权的税收政策。

4. 一些重要术语

债券(bonds):长期债务性证券。

股票类别(classes of shares):股票类别是一种或者一类股票。普通股被认为是一种股票,优先股是第二种股票。多种股票要被章

---

① 对这一论调的批判性分析, see Stephen M. Bainbridge, "The Politics of Corporate Governance", 18 *Harv. J. L. & Pub. Pol'y* 671 (1995)。

程授权,章程要设定公司中被授权发行的股票种类数量和该类股票的基本权利。

公司债券(debentures):无担保的长期债务性证券。

董事(directors):虽然股东表面上拥有公司,但他们并不实际控制公司。相反,公司的控制权赋予了董事会,这是由股东选举出来运营公司业务的一群个体。

分红(dividend):按比例分摊公司的资产给股东。清算分红是在公司解散时且公司资产在满足了所有权利追索之后仍有剩余时发生的。按照比例分配给公司股东的剩余资产是最后一笔分红。

发行人(issuer):是与证券销售相联系使用的用来指代初次售卖证券的公司。

垃圾债券(junk bonds):是指经常在融资收购中使用的高收益、高风险的公司债券。

票据(notes):短期债务性证券,通常无担保。

股票系列(series of shares):股票系列是次级股票。通常公司可能会有一类优先股被分为一些系列,这一类的所有持有者都有相对于普通股的一些优先权,但每一系列会有相对于其他系列持有者的一些不同权利和优先性。

股份(shares):公司所有者权益划分后的单位数。股份一般附有两种基本权利:(1)投票权,使所有者选举公司的董事和对某些事项进行投票;(2)经济权利,赋予所有者按份获得每股分红,在公司清算时,分配在公司所有的外部追索权偿付之后的剩余资产。

股东(shareholder):拥有股份的自然人或者法人。

股票(stock):股票有时与“股份”一词替换使用,但也用于指代公司累计发行股份的一些技术性表述中;于是就有了一个名词:“一份公司股票”。

第二节 律师的角色

公司律师是在所有公司融资交易中发挥关键角色的三类基础咨询机构之一(另外还有审计师和投行人员)。为什么呢?公司雇佣诉讼律师的原因是很明显的,或者他们被诉或者他们准备起诉别人。法律规定对执业许可的设定和法律职业准入考试给了律师在诉讼上近乎垄断的地位。相反,对于雇佣融资交易律师的合理性则并不是很明显。许多交易律师从事的给予咨询建议的工作也可以由其他专业人员从事。因此,很合理地要问:为什么要雇用交易律师呢?

这个问题并不是没有意义,也不仅是修辞上的问题。商业人士经常对律师抱有"相当不仁慈的观点,在一个极端的版本里,商业律师被描绘成邪恶巫师使用自己特别的技能和职业魔术去减少客户的财产"。[①] 在对律师较为严厉的攻击中,国际管理集团(一个主流体育和娱乐机构)的创始人马克·H.麦考梅克(Mark H. McCormack)在他的《有关律师可怕的真相》一书中写道:"律师是这样一种人:(1)把工作搞糟。(2)让一人对另一人发疯。(3)使商业过程比原本更加昂贵;并且还时不时丢弃掉看起来相当不错的可行性方案。因此,我认为与律师相处的最好方式就是完全不和他们交往。"[②]这确实是相当令人沮丧的,特别是在你希望以并购律师谋生的时候。然

① Ronald J. Gilson and Bernard S. Black, *The Law and Finance of Corporate Acquisitions* 5(2d ed. 1995).

② Mark H. McCormack, *The Terrible Truth About Lawyers Really Work and How to Deal With Them Successfully* 15(1987). 不幸的是,这本书现在已经不再印刷了。但是,如果您能在二手书店找到一本书,那么对任何年龄的交易律师来说,都将是非常有益的阅读。

而,即便如此,也还是有一线希望的。成功的并购律师往往将他们的经验建基于为他们客户的交易提供增值基础上。从这一点来说,并购律师的培养应当侧重于去理解一个并购交易的价值来自哪里或者说律师如何为交易增添更多的价值。

对于律师如何增大交易的价值,有两种竞争性假设:

第一种假设是"分馅饼角色"(Pie Division Role)。在这种模式下,律师会尽力让他们的客户从交易中获取最大化的价值。虽然毫无疑问交易过程就是馅饼分割的状态,但这样解释律师的角色还是有缺陷的。馅饼分割是一种零和游戏,在此过程中,任何一方获取的收益都来自于另一方的份额。假设有两个经验丰富的客户有着多个建议者,包括竞争性顾问,我们有任何理由去认为一方的律师能够从另一方获取重要的收益吗?显然不会,一个家庭式案例可能会有助于我们理解:你和一个朋友外出就餐,你决定分比萨,所以你必须就如何分割达成一致意见。那么,你会去雇用别人来代你就比萨分配进行谈判?特别是如果他们会从你所得到的那一片中拿走一部分作为他们的费用的时候?

第二种假设是"做大馅饼角色"(Pie Expansion Role)。在这一假设中,客户聘用交易律师是因为他们想为交易增加价值。律师角色的这一概念摒弃了零和游戏心态,实际上,这一假设也说明了律师通过增大馅饼面积使交易各方能够变得更好。

在大多数时候,律师是通过减少交易费用增加馅饼的尺寸,而降低交易费用的一种方式是通过规则套利。法律经常提供多种方式影响一项交易,每一种方式都会有利有弊。通过为既定的交易选择一种最有利的结构,从而确保法院和裁判者可以尊重这项选择,交易律师遵照法律规定减少交易费用进而使各方能够获取更多的利润。

有个案例可能会对我们理解以上表述有所帮助。阿科美公司拟收购阿杰克斯公司(Ajax,Inc.),准备以股票作为交易对价支付给阿杰克斯股东。阿科美会考虑两个公司股东股份回购请求权的有效性问题。① 假设阿科美不关注从事这一交易的法律差异,仅希望以尽可能低的价格买下阿杰克斯公司,并且,假设是要以最低的现金流。换句话说,客户关注的是交易的经济实质,而非交易所采取的法律形式。作为阿科美的交易律师,你会知道公司法经常将形式抬高于实质,并且法律提供了并购另一公司的多种路径。一个方案是:特拉华州法律仅允许股东在与合并有关联的事项上行使股份回购请求权。而对于与购买资产式并购有关联的则不允许行使股份回购请求权。而且,在资产出售与并购之间很少有实质性经济差异,却有着很重要的法律差异。通过选择某一种方式,交易律师可以确保交易以尽可能低的成本操作这笔交易。

虽然交易方甚至可以在缺少规范的情况下从事交易,但并购律师的另一个作用就是减少不规范的交易成本。信息不对称是另一个不错的例子。公司将证券卖给一个投资人对公司来说比对单个的买家来说是更重大的信息。聪明的潜在投资人知道这种信息不对称进而会采取预防措施。然而糟糕的是,如果买家撒谎,或者掩盖真相,或者自我前后不一致该怎么办呢?聪明的投资人也知道会有对不对称持有信息的机会性隐瞒或者操纵的风险。也就是说,这是一种经济学家称之为代理成本的问题。对代理成本的一个反映是监控,即买家采取尽职调查的方式;对代理成本的另一个反映是售者绑定,即采取披露包括代理和保证在内的方式。在一个案例中,通过为卖家找到方法去真实地将信息传递给投资者,交易律师协助他们消除了彼此之间的信息不对称。进而,一系列其他的交易成本将降低、较少

① 股份回购请求权允许股东要求他们的股票按照司法判决的公允价格以现金形式购买。

的不确定性、决策行为较少的偶然性以及较少的采取防范措施的需求。

第三节 并购机制的初步审视

至少主要有五种可以获取公司控制权的方式:合并;购买所有的或者实质上是所有的目标公司资产;代表权控制;要约收购;协议购买或者公开股票市场购买。后面几章会更为详细地描述这些机制,在此进行快速审视也是有帮助的。

这五种并购技巧可以多种方式予以归类,如一种方式是区分善意并购和恶意并购。善意并购是目标公司希望被购买的方式,实际上,目标公司可能主动发起交易寻找买家。焦点问题往往是并购发生的机制,经理层的责任是选择竞标者并与其谈判,风险在于有竞争性的竞标者将从最初竞标者中把目标公司买走。敌意并购是发生在目标公司董事会并不希望被并购的情况下。此处的焦点问题是并购对象如何抵御竞标者以及竞标者做些什么去打败这种抵御。

不过,一个更加有用的归类系统是法定与非法定的并购技巧。①前一种包括合并,合并的变种,卖掉或者实质上卖掉所有的公司资产。后者包括代理权争夺,要约收购和股票购买。在这两类中,目标公司董事会的角色是其主要区别。法定形式,如合并或资产收购,要求获得目标公司董事会的同意。相反非法定方式则不要求这些。代理权争夺明显并不需要董事会同意,但股东投票还是需要的。要约收购或股票购买则既不需要董事会同意也不需要股东投票,如果购买者最终获取了绝大多数股票,他们就取得了控制权。

---

① 运行中的规定是相关州的公司法典。虽然被称为非法定的技巧大部分不受州公司法典的规制,它们受各种各样其他成文法的约束,如联邦证券法。

如果竞标者不能够确保董事会合作,则需要董事会同意这一条件将给利用法定形式带来不可逾越的障碍。非法定形式则通过允许竞标者越过目标公司董事会并从股票所有者那里获得直接控制权的方式消除这种困难。但为什么董事会不愿意合作呢?几点原因如下:(1)董事会出于他们的职位和薪酬考虑可能拒绝以某一价格销售;(2)董事会坚持一个比竞标者愿意支付价格更高的价格;(3)董事会可能坚持要求补偿性支付。

1. 合并及其变种

虽然一些计划和筹备工作需要提前做,只有当一项被称合并条款的文件备案到交易各方注册地的主管官员那里时,合并才实际发生。通常,合并条款是备案到与创立公司时备案章程的同一官员那里。大多数州是州政府秘书长或者稍低一级的官员。

合并条款备案之时,两个公司就奇妙地合为一体。因为根据法律规定将会有一系列事件发生且在合并生效之后就没有进一步行动的要求了,这些事件包括:第一,所有公司主体分离存在的状态归于结束,仅有一个继存的主体;第二,每一个公司主体拥有的资产都自动地注入继存主体中;第三,继存公司承继了每个公司主体的所有责任;第四,对价支付给了无异议股东。

在合并生效之前,必须获得每个当事方(作为交易一方的公司)董事会和股东会的同意。在大多数州,必需的票数是获得普通股的大多数。与其他并购方式相比,股东同意这项要求是非常不利的。公众公司要求获得股东同意这一程序是非常烦琐和昂贵的。为此,公司必须聘请会计师准备财务报告并给出审计意见。还要聘请律师准备针对公司、证券和税收法等问题的法律意见。律师为此需要起草或至少是审查股东委托书,股东委托书是为了征集股东投票而分发给股东的。代理权征集机构通常会用于运作股东会和征集代理权。最后,资深高管还必须扩展思考的时间和努力。结果,股东同意流程的花费很容易就超过 7 位数。

大多数合并中,在交易正式宣布之前,目标公司股东一般会根据他们的股权比例以高于市场价收到一笔溢价。例如,在一个著名的合并案"史密斯诉凡·戈科姆案"(Smith v. Van Gorkom)[①]中,事先宣布的价格大约 38 美元,而合并中买家支付了 55 美元。但是,如果是在两个或多个公司混合的平行合并中,当事方股东是不会根据股权比例收到溢价的。相反,他们最终都成为合并后公司的股东。

(1)混合

混合类似于合并交易,主要的不同是存续公司的状态上。在合并中,两个(或者更多)的公司合并为一个继续存续的公司。在混合中,两个(或者更多)的公司合并后没有公司存续。相反,一个全新的公司出现了。在审批要求和其他的程序方面,混合与合并是一样的。

(2)强制性股票交换

另一个与合并比较类似的是强制性股票交换。在股票交换中,并购方会购买目标公司股票中一个或者多个层级中的流通股。与要约收购和其他股票购买交易中每个自然人股东自主决定是否卖股票所不同,股票交换对所涉及的所有股票层级的股东都适用(参见美国《标准公司法》第 11.03 条)。与合并和混合一样,股票交换必须经过董事会同意,且除了一些极少数重要的例外情况外,还需要获得所有当事方股东的同意(参见美国《标准公司法》第 11.04 条)。这里所谓的例外是指如果并购方章程不改变,股东股票及其权利没有改变,且所发行的股票不超过已发行股票 20% 的情况,这时并购方的股东就没有投票的权利[参见美国《标准公司法》第 11.04(g)条]。虽然

---

① 488 A.2d 858(Del. 1985).

强制性股票交换的标准条款已经被超过 40 个州所接纳,但特拉华州法律没有相对应的条款。但是,即使是在这些程序被适用的州,条款也很少被适用。

(3)简式合并

所谓简式合并,是指母公司并购其绝对控股的子公司。比如阿科美公司,其拥有阿杰克斯公司 92% 的股份,其他 8% 为外部投资者拥有。如果阿科美公司希望消除外部投资者并获得 100% 的股权,简式合并是最合适的。特别是,简式合并并不要求股东投票。

《特拉华州普通公司法》第 253 条特别列明了适用简式合并的条件。第一,合并的母公司必须拥有子公司至少 90% 的有权在合并事宜上投票的每一序列股份(我们将在第五章更加详细地讨论股东投票权)。第二,母公司必须对其拥有的股份数量有备案且要有在这种状态下合并的证明。备案内容应当包括董事会授权合并的决议且明确表示如下"合并的条款和条件,包括存续公司已发行的、已支付的、已交付的或者已授权的证券、现金、财产和权利应当覆盖所合并的子公司股份或者母公司不拥有的公司股份,或者将这些股份的部分或者全部注销"。

免予股东投票的优势使简式合并可以比标准合并代价较低。它可以免除准备和征集股份回购请求权的必要,免除了股东开会的必要以及其他投票障碍。对子公司股东来说,这种豁免并不会有太多争议,因为结果明显是不可避免的。根据特拉华州关于股份回购请求权的法律,母公司股东不享有对简式合并予以投票的权利,这一点是有较多争议的。相反,根据美国《标准公司法》第 8.04 条和第8.05 条的规定,当合并协议会导致母公司章程的改变,或者母公司为了使用自己的股票作为对价而发行的股票数量累计超过了母公司表决权20%的时候,母公司股东就被要求进行投票。[①]

特拉华法和示范法案(Model Act)都表明,子公司董事会无权对交易说不。他们的同意不是必需的。这里豁免投票的内在假设是在一个母公司拥有90%以上股份的子公司,董事是不具有独立性的。相应地,能够对并购产生影响的权力势必毫无保留的属于母公司董事会。

子公司的小股东并不是只能受母公司股东的粗暴对待。他们享有评估的权利,该权利赋予他们提起诉讼并让法官决定股票的公允价值(参见第四章)。在很多州,母公司对少数股东负有受托责任。但是,最近几年,特拉华州法院从整体公允标准中排除了简式合并,尤其是当适用于挤出合并时。

注意:简式合并只不过是影响交易中重要类别的几项技巧之一,这些类别包括排挤(freeze-outs)、挤出(squeeze-outs)、去掉(take-outs)。无论名字如何,交易的要旨是相同的。控股股东操纵公司从事一项交易是通过让其他股东被迫将他们的股票换成现金或者控股股东发行的证券进行的。这类交易可能是因为合并法规要求必须获得参与投票的股东50%以上的赞同。我们将在第四章中详细阐明挤出式交易。

2. 出售所有的或者实质上是所有的资产

资产并购不同于合并的主要原因,是两个公司并不合并。在资产出售完成后,目标公司仍然可能存在一段时间,也可能会无限期运营下去(当然是在新置资产的情况下)。资产并购仅是资产的所有人换手,公司仍旧存在。这其中,控制权和交易对价的转让机制会更复杂一些。转让文件必须根据所售资产的情况予以准备且必须报相关

---

① 文本假定母公司是存续实体。根据特拉华州法律和标准公司法,对于子公司作为存续实体的被称为下游的并购中,母公司的批准是必需的。

代理机构备案,如转让行为必须在目标公司所拥有不动产的所在地进行正确备案。双方必须对责任有书面约定。最后,目标公司股东分配对价的程序会更复杂一些。一种观点是既然目标公司仍旧存在,就应当将对价作为红利进行分配。在通常情况下,目标公司会被正常解散,其剩余资产(包括资产出售所获得的对价)会作为最终的清算资产分配给股东。

3. 要约收购

虽然要约收购已经出现了很长时间,但在 20 世纪 60 年代之前并没有被广泛使用。在此之前,大部分的合并或多或少都是善意合并。的确,在很多交易中都会存在压力和强制,但需要获得目标公司董事会同意的必要性,意味着竞购方最终必须与管理层相妥协。但是,1960 年在敌意公司并购的弹药库案中,现金式要约收购作为最有威力的武器开始出现。人们通常认为,作为让公司并购市场更加凸显经济性的现金式要约收购的出现,使敌意并购成为可能。

要约收购日益受欢迎反映了其重要优点,即其不需要向其他主要选择项那样提出合并申请。正如前所述,需要目标公司董事会同意这一点给可能存在的敌意并购制造了难以逾越的障碍。要约收购通过允许竞标者绕过公司董事会进而直接从股票持有者那里买到控制性股票份额的方式消除了这一障碍。虽然要约收购因此成为敌意竞标者弹药库中的关键性武器,但实际上大多数敌意并购是善意交易,因为目标公司同意该项并购。在协商式并购中,要约收购是有用的,它比普通合并交易更快地起作用,因为通过股东投票来进行交易会导致合并程序延迟。

1960 年要约收购所具有的另一个重要的有利性,是当时几乎完全没有对现金要约收购的法律规制。合并和代理权的争夺受制于联邦和州法律构成的复杂的网络体系。这其中,联邦代理权规则和其他适用的法律中,1933 年联邦证券法和州的《蓝天法案》对并购方使用这些技巧提出了实质性的披露义务。准备和审查前置性披露文件的成本高昂的程序直接增加了与这些并购相关的交易成本。更微妙的是,披露义务毫无疑问地抬高了竞标者的要约价;可以预见,股东对要约申请提出的原因知道得越多(而且,还包括竞标者的预期利益),他们所要求的股票价格就越高。与之形成鲜明对比的是,现金要约收购恰好落在了证券监管体系的空隙中,参与交易各方没有特别重要的披露义务。其结果是,与并购相关的交易成本降低了,而且更重要的是,竞购方大概也可以从并购交易中获取更大比例的潜在收益。围绕着披露义务的缺失,参与交易的联邦各项规则也形成了一种标准。

1965 年出于对"骄傲的老公司"进行的"工业性蓄意破坏"的袭击行为的谴责,参议员哈里森·威廉姆斯(Harrison Williams)提出了一项联邦立法以严格限制现金要约收购的生存空间。[①] 其中,法案要求竞购者应当提前 20 天将即将实施的要约收购通知到目标公司经理层。仅这一条款就实质性地削弱了要约收购程序的生存空间,因为前置性通知条件给了目标公司董事会和经理层一个内置的延缓期,在此期间,他们可以建立起并提出防御性策略。[②] 确实,参议员威廉姆斯意识到了法案可能带来的反并购效应,其将法案的目的描述为是通过适当的披露程序,用于阻止那些仅为了获取快速收益而不是为了合法经营商业的公司并购。[③] 1965 年法案没有被采纳,但参议员威廉姆斯于 1967 年回到要约并购议题,最终于 1968 年促成《威

---

① 111 Cong. Rec. S 28256 -60(Oct. 22,1965).

② Michael P. Dooley, *Fundamentals of Corporation Law* 492 -93(1995).

③ 112 Cong. Rec. S 19003(Aug. 11,1966).

廉姆斯法案》成为法律并作为1934年《证券法(修正案)》的组成部分。[①] 受到当时日益形成的认为要约收购有利弊两个方面经济影响的认知的影响,最终通过的法案与最初的提议相比被认为更具有平衡性。与最初聚焦于信息披露和反欺诈条款相比,《威廉姆斯法案》试图实现既约束目标公司也约束要约方。[②] 但是,无论如何,现金要约收购现在是受制于联邦证券法律。因此,现在每一种主要的并购工具都受制于相对较全面的法律规范。

有趣的是,《威廉姆斯法案》现在不再用于定义要约收购。相反,定义的责任留给了 SEC 和法院。[③] 就当前情况而言,要约收购被看作公开要约,通常向所有目标公司股东提出,用于购买目标公司中倾向于出让的一部分或者全部股票。竞购者通常提出的支付价格,实质性高于在并购意图被公众所知之前的市场价格(也被称作"控股溢价")。

要约开始当日,竞购方需要根据表14D-1向SEC报备信息披露文件。表14D-1中所包含的大部分信息必须告知目标公司股东,但是《威廉姆斯法案》对如何告知给了竞购者两项选择。一项是很少被应用的一项,是在报纸上披露详式要约书。另一项是更加常用的,竞标者在报纸上公告要约申请的摘要并将详细的披露信息直接邮寄给股东。虽然这第二种方式会比第一种方式昂贵,但这种方式为更公平地让所有目标公司股东收到申请通知。

(1)部分要约邀请

在基本的要约收购框架上,有一些重要的变种。部分要约收购

---

① Pub. L. No. 90-439, 82 Stat. 454 (1968) (codified in scattered sections of 15 U. S. C.).

② See Stephen M. Bainbridge, "State Takeover and Tender Offer Regulations Post-MITE: The Maryland, Ohio and Pennsylvania Attempts", 90 *Dickinson L. Rev.* 731, 735-36 (1986).

③ 关于要约并购的定义, see §6. 4. A; See also Ronald J. Gilson & Bernard S. Bland, *The Law and Finance of Corporate Acquisitions* 959-84 (2d ed. 1995)。

是向目标公司已发行的部分股份发起的要约(或者仅向目标公司股权的一个序列股票发起的)。[①] 这种要约的不利之处是它撇开了少数股东。没有购买所有目标公司股东股票的行为可能招致控股股东与少数股东的忠实义务之诉。并购方一般是通过被称作挤出合并的方式来解决这一问题,这一方式会将少数股东挤出,但这一交易也会引起忠实义务和披露问题。部分要约收购的另一个不利之处是它相对于竞争性招标的脆弱性;再一个不利之处是,并购者经常能够通过对部分或者全部股权的稍微高价的现金收购打败部分要约。

(2)双层要约收购

另一个相近的变种被称为双层要约。如名称所示,这一要约形式分两步进行。第一步,潜在并购方对目标股权的控股股权发起部分要约邀请。第二步,如果第一步要约收购成功,则并购方同时会披露其准备实施清理合并的意图。实际上这一意图的存在并且从开始即予以披露也使其在技巧上区别于部分要约。这种并购有时候可以减少甚至消除与部分要约相关联的忠实义务和披露问题。但是,与其他竞标方式相比也有其弱点,因为并购方经常会在并购后端挤出合并时支付较低的价格或者使用非现金对价。

(3)三步并购

无论要约收购是善意的或者是恶意的,其目标很少是获取目标公司所有的股权。即使目标公司董事会同意,且在一个相当合理的价格上向所有已发行股份发出现金要约,也很少听说目标公司股权被100%收购的。相应地,如果要约成功,收购方通常需要制作一个挤出合并方案。

20世纪70年代,美国杰出的并购律师詹姆斯·弗罗因德(James

---

① 在通常意义上,投标者会寻求对至少是足以获得控制权的股票发起要约,但是也有部分要约收购有时候是被用于影响投标者并不寻求控制权的公司的大额投资。

Freund)将这一过程定义为三步并购法。并购者一开始就进行大额股票买卖,接着会对所有剩余股东发出善意要约邀请,最后是通过挤出合并清除所有未接受要约的股份。弗罗因德模式在几个重要方面不同于双层要约并购。首先,这种模式一般是在善意要约收购中采用,而双层要约并购往往是一种敌意并购工具。其次,这种收购是收购所有股份而非部分股份。最后,这种模式并不是为了哄骗股东进入要约程序,而是为了加速并购流程进而防止竞争性股东加入进来。①

(4)换股要约

换股要约也是一种要约收购,它的全部或者部分对价是以获取公司股票或者债券的方式予以支付,而不是全部使用现金形式。在此,换股要约也可以架构为部分竞标或者双层竞标的模式。作为公众公司的并购方经常会使用这种模式,因为目标公司股东不希望股票或者债券是由一个他们或者他们的咨询方都没有听说过的新公司发行。换股并购的不利之处在于证券需要根据《证券法》在 SEC 备案,这就增加了作出要约的迟延期。对敌意并购来说迟延是致命的,因为这会给经理层构建收购防御措施或者为竞争者创造更大的机会。

(5)蠕行要约收购

从通常意义上说,所谓"蠕行要约收购"并不包括一个实际的要约收购。并购方仅是在公开市场上持续购买目标公司股权或者通过私下协商购买大额股权,直到其在公司中获得控制权。接着并购方会提出代理权表决以选举有利于其的董事会。蠕行要约收购也可能会跟随着挤出合并以消灭剩余的少数股东。

---

① James Freund & Richard Easton, " The Three-Piece Suitor: An Alternative Approach to Negotiated Corporate Acquisitions" ,34 *Bus. Law.* 1679(1797).

4. 协商式或者公开市场买卖股票

在能够持续百年地拥有一个主要的德国钢铁和军火公司的克虏伯家族的传奇式传记中,威廉·曼彻斯特描写了克虏伯·马克涅特如何通过购买股票获取竞争者公司控制权的故事。

"1892 年春天,格鲁森·A. G.(Gruson A. G.)的股东(股份有限公司)召开会议,却很惊奇地发现弗里德里克·阿尔弗雷德·克虏伯(Friedrich Alfred Krupp)位列其中。当赫尔曼(Hermann)(格鲁森的竞争者的创立者且是克虏伯父亲的主要竞争对手)望到桌子对面时,他老对手的儿子已然持有大把股份证书。最后他拿出铅笔做了一个简单的统计。克虏伯拥有 51% 的股票。格鲁森现在属于克虏伯了。心碎之下,赫尔曼回到家里死去。"①

克虏伯的计策,在今日的美国是无法奏效的。作为《威廉姆斯法案》的一部分而被采纳的《证券法》第 13(d)条规定,任何人在获得了一家公众公司任一序列股票超过 5% 时,必须根据第 13D 条的规定报备披露声明,披露其持股数额和目的。一旦根据第 13D 条予以报备,目标公司的市场价格很容易实质性增长,因为投机者会预期并购发生或者以高于市场价格进行要约并购发生。基于这一原因,通过公开市场买卖股票而获得控制权的情况很少。在被迫进行第 13D 条报备之前,竞标者会尽可能多地买进股票,然后转向去作出一个并购、要约并购或者代理权争夺(因为竞标者在购买超过 5% 的门槛后 10 天内不要求根据第 13D 条进行报备,竞标者在披露他们的持股数量之前经常购买超过 5% 的股票)。

《证券交易法》第 16(b)条的规定对通过股票买卖达到获取控制权目的的行为提供了另一个抑制因素。一旦竞标者购买了超过 10% 的

---

① William Manchester, *The Arms of Krupp* 199(1964).

股票,其在随后6个月内销售股票所获得的利润可能必须归于目标公司。“因为竞标者通常会认识到如果竞标竞赛进行下去其可能会出更高价格,那就意味着他可能期待在合理的一段时间里将股票卖给出价更高的竞标者。”①因此,在一个通过合并或者要约收购的方式一步就可以获取对目标公司控制权的交易中,大多数并购者愿意接受的门槛就是10%。

当单一股东(或者,也许是一个小而紧密的股东团体)拥有控制性股票份额时,对股票的协商性购买就有可能发生。获取了相应股票将给予购买者对公司的即刻控制权,且不必为长时间的并购或者要约收购流程冒险。但是,正如我们所知道的,这种并购涉及买卖双方股东的重要的忠实义务。

5. 代理权竞争

在代理权竞争中,有预谋的并购方会在年度股东大会上提名“一揽子”董事参选。由于叛乱董事被提名作为现任董事会成员的代替者,竞争随机产生。相应地,叛乱股东们会寻求召开一个特别股东会罢免现任董事会,取而代之的是他们自己的提名人。代理权竞争,就如要约收购一样,可以使一个竞标者迂回获得管理权。但同时,代理权竞争也存在使并购更昂贵和更不确定的缺陷,因此在获取公司控制权的各种策略中很少被使用。除此以外,现任董事会有能力使用公司资金资助其重新当选也给了现任董事重要有利条件。另外,很多理智的股东对这场竞争较少关注的淡然表现,也使叛乱者很难取得成功。

① William J. Carney, *Mergers and Acquisitions: Cases and Materials* 15(2000).

第四节 并购术语词汇表

股份回购请求权(appraisal rights)(也称异议股东的权利),是指一项法定权利,依据这一权利,反对并购(或者,有时表现为其他特别交易)的股东有权要求根据法院决定的公平价格卖掉股票获得现金。

套利者(arbitrageur),是指通过在公开市场上买进并购目标的股票或者买进将来可能成为并购目标的股票,继而将股票转手给竞标者,从中获利的专业投资者。

抢滩收购(beachhead acquisitions),是指在购买人开启一个要约收购之前,通过公开市场或者私下交易的方式购买目标公司的一部分股票,这通常发生在购买人必须披露其持股数额之前的10天窗口期内。

投标者(bidder),是指意图通过要约收购的方式获得股权的个人或者机构。

分离式收购(bust-up takeover),是指在一个并购中,成功的并购方卖掉目标公司子公司或者其他资产以偿还并购中产生的负债。

企业集团(conglomerate),是指在很多不同且不相关联的工业领域拥有多家子公司组合的控股公司。

混同合并(consolidation),是指两个或多个公司的合并,合并后成立的新公司继受被重组公司的资产和责任,且被重组的公司不再存续。

控股型并购法规(control share acquisition statutes),是指要求寻求购买超过目标公司一定比例股票的主体需要获得之前股东同意的州法,且这些州法会作出特别规定以确保可以在没有不恰当迟延的情况下获取此种同意,还要以不会对竞标者或者目标公司管理层任何一者更加有利的方式获取。

公司掠夺者(corporate raider)。竞标者,特别是并不实际获取目标公司而是运用要约收购程序通过绿色邮件或者卖掉目标公司股票给其他竞标者从而赚取快速利润的人。

蠕行要约收购(creeping tender offer),是指一项并不实际触发要约收购的并购技巧。也就是说,竞标者通过在公开市场上或者通过私下协商交易逐步购买股票进而获得目标公司的控制权。

事实合并(de facto merger),是指一种并购能产生像合并一样的实质性结果但是以其他形式予以架构(如出售资产)。事实合并原理是一种合理救济,据此法院可以重新界定某些交易,将其视为法定并购进而决定股东是否有权投票或者行使评估权。

资产剥离(divestiture),是指以出售或者其他方式处置被并购公司业务的实体部分,如售出整个分支机构。剥离影响到资产出售,合并卖给购买者的子公司或者子公司的合并,或者是通过分拆完成。

公平价格法(fair price laws),是指州的一部法律,该法要求在要约收购中没有同意售出的股东,除非股东们以较高比例表决同意这项合并,否则股东向后来的并购方应当收取同样的价格。

公平价格条款(fair price provision),是指公司章程或者细则中具有与公平价格法同样影响的条款。

正向三角合并(forward triangular merger),是指目标公司与并购公司子公司之间的合并,并购后并购方的子公司继续存在。

挤出合并(freeze-out merger),是指在子公司有小股东的情况下,控股股东希望迫使小股东卖掉自己的股票。挤出合并一般是通过母公司与子公司合并或者与根据并购协议与母公司全权控股的子公司合并,通过这种方式,小股东就以现金或者母公司的证券凭证交换自己的股票。

金降落伞(golden parachutes),是指公司与核心员工之间的雇佣协议,该雇佣协议约定了如果该员工在公司控制权变更之后被辞退,那么该员工可以获得一定的离职金。

私有化交易(going private transaction),是指公众股权全部被收购的交易,收购完成后,公司的权益证券从证券交易所退市且不再交易。

绿色邮件(greenmail),是指目标公司以高于市场现行价格的价格从威胁实施或者已经实施敌意收购的公司掠夺者处购买自己的股票的交易。

横向合并(horizontal merger),是指之前在一个相同的工业领域中竞争的两家公司的合并。

杠杆合并(leveraged buyout,LBO),是指一种购买者使用债务,典型的是垃圾债券,去为并购融资。

锁定期权(lockup option),是指目标公司与白衣骑士之间所签署的协议,该协议赋予后者购买目标公司一部分股权或者重要目标资产的权利。

管理层收购(management buy-outs,MBO),是指管理层对目标公司的购买,通常意味着将公司私有化和进行杠杆合并融资。

合并(merger),是指两个或者更多的公司与一个存续中的实体之间的法定合并。

对等合并(merger of equals),是指一种描述合并的专业术语,用于描述一种合并类型,即各方公司都不被认定为是并购方或者目标公司。相反,两家公司被推定为平等联合。一个显著特征是,没有溢价付给其中任何一个公司的股东,而是两家公司交换股票。在大多数案例中,两个公司会有可比较的市场价值,所涉及的每一家公司股东最终将拥有50%被合并实体的权益(上下不会超过5%的百分比),且交易条款包括共享两家公司在董事会和高级管理人员的权力。

停车场(parking),是指一种秘密安排,通过这种安排一方持有为另一方拥有的目标公司股票,以至于后者不需要向SEC或者其他发行方披露其持股情况。

部分要约收购(partial tender offer),是指在一种要约收购中,竞标者仅向目标公司一部分已发行股份发出购买邀请,且并没有对被其他股东持有的剩余股票作出后续购买的承诺。

毒丸计划(poison pill),是指一种合并防御措施,它给予目标公司股东在控制权发生改变时以一定折扣价购买其他目标公司或者竞标者股票的权利。毒丸计划的抵制效用源自增加了竞标者的并购成本和/或稀释了竞标者已存在的股东控制权。目标公司董事会能够通过达成决议允许并购继续进行从而消除其抵御效果。这种情况也被称为"股东权利计划"。

反向三角合并(reverse triangular merger),是指目标公司与并购方的子公司之间的合并,在这里,目标公司是一个存续实体且继而成为并购方的子公司。

驱鲨剂(shark repellents),是指一定的并购防御措施,通常被采取作为一个公司章程或者细则的一部分。

简式合并(short-term merger),是指一种特殊的法定合并形式,通常适用于母公司与子公司之间的合并,在此形式下,子公司的小股东没有否决权。

副产品(spin-off),是指剥离一部分公司的业务,一般是通过向母公司的公众股股东增发子公司的股票来实现。

扫街(sweeping the streets),是指一种并购技巧,竞标者先发出收购要约,这将引致股票所有权集中在套利者手中的局面,进而竞标者终止要约收购转而直接从套利者那里购买目标公司股票。

合并防御(takeover defenses),是指目标公司采取措施意图抵御合并竞标。

目标公司(target company),是指在要约收购或者其他合并争斗中的标的公司。

10天窗口期(ten-day window),是指根据《证券交易法》第13(d)条的规定,竞标者不需要报告其持有目标公司股票的情况,直到其获得了超过5%的公司股票之后的10天内才需要报告。

要约收购(tender offer),是指竞标者直接向目标公司股东作出的购买股票的要约,通常会指明竞标者可以接受的最小和最大数量的股份,与目标公司股东之间的交流一般采用报纸广告的方式或者(大多数情况下)通过向全体登记股东发出邮件的方式,表明要获取目标公司的控制权。所谓的术语"敌意收购"通常用于通过对收购持抵御态度的目标公司董事会的批准。

锡降落伞(tin parachute),是指类似于金降落伞的雇佣合同,所不同在于它通常适用于所有员工,或者几乎所有员工,且提供相对较少的遣散费。

双层要约收购(two tier tender offer),是指一种兼并技巧,竞标者先作出部分股票的收购要约,同时声明在随后的合并中准备获取公司剩余全部股票的意图。通常,在第二步合并中支付的价格较低且不需要现金支付。

纵向合并(vertical merger),是指一个生产流程中不同组成部分的两个公司之间的合并,如生产商与零售商之间的合并。

白衣骑士(white knight),是指与目标公司比较友好的自然人或者公司实体,其也提出要约收购从而与最初的竞标者相竞争。

《威廉姆斯法案》(Williams Act),是指调整要约收购的联邦法案。

第二章　并购交易中的商业背景

第一节　概述

律师转做商人的马克·H. 麦考梅克曾经说道："当律师试图进入交易的商业部分时，实际结果通常是混乱和浪费时间的。"①如果律师能够成功地为商业交易增添价值，他们必须懂得商业、财务和交易等经济方面知识。为了起草具可操作性的合同和信息披露文件，执行尽职调查，或者为客户提供咨询服务，律师必须如对法律深刻理解一样具备商业头脑。

第二节　委托—代理问题

在公司中组织生产会产生一定成本。在这些成本中，从实现目的来说，最重要的成本

---

① Mark H. McCormack, *The Terrible Truth About Lawyers* 87 (1987).

是代理成本。代理成本被认为是监督和约束成本的总和,加之为了防止代理人的怠责所带来的一些剩余损失。[①] 相应地,怠责被定义为包括了生产团队成员背离作为整体的团队利益所从事的行为。进而,怠责包括的不仅是应受到惩罚的欺骗行为,还包括过失、疏忽、无能甚至是诚实导致的错误。换句话说,在代理关系中,怠责仅是有限理性和机会主义不可避免的结果。[②] 我们值得花时间探索这一概念的含义,因为很多交易的律师业务就是由应对潜在的怠责和机会主义组成。

一个没有代理人的单一所有权人是可以内化所有的怠责成本,因为所有者在劳动与休息之间可以做出最优的平衡,这也肯定会与公司的最优平衡相一致。但是,有代理人的公司是不会内化所有的怠责成本的:公司负责人会收获代理人努力工作的部分价值,但代理人则收获所有怠责的价值。在一个经典文章中,阿尔奇安(Alchian)和德姆塞茨(Demesetz)提到了有关两个工人合力将一个重盒子提到卡车上的有用例子。[③] 每个工人的边际生产力很难去测算,并且他们的联合产出也不能轻易地分配到单个部分中去。在此情况下,想要获得一个团队成员生产力的信息且恰当地奖励每个团队成员是很困

---

① Michael C. Jensen & William H. Meckling, "Theory of the Firm: Managerial Behavior, Agency Costs and Ownership Structure", 3 *J. Fin. Econ.* 305 (1976) (代理成本经济学的开创性解释); See also Eric A. Posner, "Agency Models in Law and Economics", in *Chicago Lectures in Law and Economics* 225 (2000) (很好地解释了代理成本经济学的现状).

② 代理成本问题的一个简单例子就是保释金,被指控的罪犯可以在等待审判时从监狱中释放出来。被告承诺会参加审判,但是那种承诺并不是很可信,被告可能会试图逃离该国。法院可以通过监视被告来保持跟踪,如可以通过将他羁押在监狱或者可能通过某种永久附着于被告人身的电子设备的手段来监控。然而,监控方式并不是可以自由实施的,事实上,某人羁押于监狱是非常昂贵的(食物、守卫,建造监狱等)。

③ Armen A. Alchian & Harold Demsetz, "Production, Information Costs, and Economic Organization", 62 Am. *Econ. Rev.* 777 (1972).

难且很耗成本的。但是,在缺少这种信息的情况下,劳动付出的无法衡量给了每个团队成员怠责的内动力,因为单个人的报酬不可能与责任心紧密关联。

虽然代理人事后会有很强的内动力去怠责,但事前他们都会有很强的内动力同意公司提出的含有阻却怠责的合同。有限理性也妨碍了公司和代理人达成一个能够阻却后者怠责的完善的合同。相反,必须建立一个事后管控的系统,即查明和惩罚怠责的一些机制。相应地,管理的必要经济功能是监控各项对团队努力的付出:管理测量着每个团队成员的边际生产力进而采取措施减少怠责。(没有迹象表明事后的治理结构是非契约性的。)

当然,上述情况提出了一个新的问题:谁监督监督者?在任何一个组织中,都必须有一个最终的监督者,他必须有充足的内动力能够确保公司的生产力,而且是在他自己不被监督的情况下。相反,这引发了一个永无终结的关于逐级监督下层监督者的层级监督问题。阿尔奇安和德姆塞茨是通过将最终监督者与剩余利益索取者的角色相统一来解决这一难题的。根据阿尔奇安和德姆塞茨的理论,如果被授权享有公司最终收益的某一机构被授予了最终监督权,其将会有动力通过调动公司的其他机构去监督和惩罚怠责者,因为他的报酬跟他能否作为一个成功的监督者紧密相关。

但不幸的是,这一看似完美的理论恰恰在其本应最有用的地方失效了。因为所有权与控制权的分离理论不能适用于现代的公众持股公司。作为公司剩余利益索取者,股东本应成为公司的最终监督者。但当法律向股东提供一定的强制力和选举权时,他们仅是在一些相当特殊的情况下使用。一般来说,公众公司的股东既没有法律权利、执行能力,也没有意愿行使对公司代理人具有影响力的所谓的控制权。

公司组织架构中所内在的经理层责任的明显缺失,至少是自阿道夫·伯利时代[①]就开始困扰法律评论家。确实,代理人成本是任何通行的公司理论的重要组成部分。但是,过于狭隘地审视代理成本很容易扭曲一个人对公司的理解。公司经理们是在一个广泛存在的被剩余利益索取者监督之下的责任机制中运行的。一系列的市场力量提供着重要的约束机制,如资本和生产市场、内部和外部劳动市场以及约束公司代理人怠责的公司控制市场。另外,法律体系也演化出对股东监督无效性问题的各种应对措施,并建立了一个可选择的责任体系,用以惩罚和阻却公司代理人的错误行为,如董事会制度。

但是,一个更重要的考虑是,代理人成本是赋予除剩余利益索取者以外的其他人以裁量权的不可避免的结果。[②] 我们可以通过消除裁量权来实质性减少(即使不是完全消除)代理成本,但我们没有如此做也意味着裁量权有实质性优点。一个完整的公司理论会要求平衡裁量权的价值与要求裁量权被负责任行使的需求。无论是裁量权还是责任,都不能被忽略,因为二者都是推动商业组织存在的必要价值。但不幸的是,这些终究是相对立的:一个人很难在多获取一者的同时又不减损另一者。经理们不可能在没有削弱他们自由裁量权的情况下变得更有责任心。构建起裁量权与责任度的恰当混合就作为中心性的公司治理问题开始出现。

---

① Adolf A Berle, Jr. & Gardiner C. Means, *The Modern Corporation and Private Property* 6(1932),所有权与控制权的分离产生了一个条件,即所有者和最终经理的利益可能而且经常发生分歧,以及以前用于限制使用权力的许多检查消失。

② See generally Michael P. Dooley, "Tow Models of Corporate Governance", 47 *Bus. Law.* 461(1992)(下面的讨论也在这里).

第三节 证券市场的经济性

1. 有效的资本市场

有效市场假说(Efficient Capital Market Hypothesis,ECMH),是现代公司财务理论的基础原则之一。这一理论在公司法上有很大影响。例如,有效市场假说对 SEC 的披露规则和证券欺诈的要素构成有着巨大影响。它也是关于渴望禁止内部交易的辩论中的核心部分。

有效市场假说的基础理论是,在一个充分竞争的市场上,当前价格始终且充分反映出有关商品交易的所有相关信息。[①] 换句话说,在一个充分竞争的市场上,商品从不会高于或者低于应有价格。当前价格是关于商品价格的市场共识的一个准确反映。当然,这并不是一个真实的现实条件,但是美国证券市场普遍相信这一理论接近理想状态。

正如证券市场所反映出的那样,有效市场假说的研究揭示了 3 种理论形态,[②]每一种代表着市场运作信息的不同级别。弱势形式假定所有关于历史价格的信息,都充分反映了当前价格。也就是说,弱

---

① 法律文献中有效资本市场假设的经典(虽然有点过时)的处理方法 See Ronald J. Gilson, Reinier H. Kraakman, the Mechanisms of Market Efficiency, 70 *Va. L. Rev.* 549 (1984)。至于有效资本市场假设的非常方便的处理方法参见 Burton G. Malkiel, *A Random Walk Down Wall Street* 137 -221(1996)。

② See Eugene F. Fama, " Efficient Capital Markets: *A Review of Theory and Empirical Work*", 25 *J. Fin.* 383(1970)(列出了三种形式).

势形式认为证券价格的变化是随机的。[①] 随机性并不意味着股票市场是不可预测的,股票价格会因好消息而升高或因坏消息而下降。如果公司宣布一个主要的石油发现,在所有情况都公平时,股票价格将上升。随机性仅意味着股票价格的波动是相对独立的:未来价格的变化独立于过去的变化。换句话说,投资者不能够运用过去的价格动向获利或者运用趋势去预测未来的价格。[②]

有效市场假说的半强势形式假定当前的价格包含了所有的历史信息和所有当前的公共信息。这一类型投资者不能期望从研究有关特定公司公共信息中获利,因为市场总是不断地将信息混合进公司的股票价格。也就是说,半强势形式预测价格仅应对新信息才予以改变。如果信息在此前泄露或者被预测了,价格也直到其正式被披露才会改变。

有效市场假说的强势形式假定价格包含了所有的信息,无论是否为公众所知悉。也就是说,强势形式也假定没有某个特定的群体能够有组织地从证券交易中获取正向的非正常收益。换句话说,从一段时间来看,没有人可以跑赢市场。在某种意义上,这一理论是对的。实践证据显示,大部分的共同基金在一个既定年度可能跑赢市场但在之后几年就止步不前。一旦因风险原因而出现调整,那就可以很合理地认定共同基金在一个较长时期内是不能系统性地跑赢市场的。

---

① Eugene F. Fama, "The Behavior of Stock Market Prices", 38 *J. Bus.* 34 (1965); Pail Samuelson, "Proof that Properly Anticipated Prices Fluctuate Randomly", 6 *Indus. Mgmt. Rev.* 41 (1965).

② 如果假设的弱式型是真实的,那么制图——通过查看过去股票价格历史来预测未来价格的尝试——不能随着时间的推移成为一个有利可图的交易策略。事实上,实证研究表明,证券价格确实随机移动,而且显示出图表不是一个长期有利可图的交易策略。See Burton G. Malkiel, *A Random Walk Down Wall Street* 96 – 204 (1996) (最近的批判式研究旨在发现违反弱势形式的假设).

但是,一般而言有效市场假说的最强性不符合直观感觉。股票价格所反映的信息怎么能够仅为一人所知呢？实际上,实践研究表明,强势形式仅有有限的合理性。一些好的实践证据说明了能够获取不为他人所知信息的公司内幕者,总是能够持续地跑赢市场。[①]

在一个充分竞争的市场上,公司股票的价格代表着所有市场参与者的共识,即基于所有当前可获知的公共信息所确定的代表未来分红现金流的贴现价格。一般来说,谈论一个公司股票的"内在价值"是没有意义的。作为一个市场化的商品,除非某人有意愿购买,否则每份股票都是没有价值的。在一个有效率的市场,怪异性股票容易被淘汰,市场价格成为人们评价股票的唯一有意义的价值。

市场通过交易建立起共识。当新的信息释放出来时,投资者预测公司新的净资产价值将升高时就会倾向于购买,而如果预估价值下降将会卖出。一个公平的价格随之很快出来。

这一过程有效地说明了投资者将确切作出有效市场假说预测的行为,也即搜索新的信息并寻求通过股票交易将信息的价值予以资本化。相应地,有些人也指出有效市场假说是自相矛盾的,仅在大量的投资者不相信市场效率时市场才是有效的。如果所有人都相信有效市场假说,就没有人会从事发现"低估值"或"高估值"股票的证券分析了。仅是因为大量投资者确切从事这种行为才说明市场的有效。

许多深度的分析阐明了有效市场假说背后明显的自相矛盾。第一个正确解释新信息的分析家可以凭借第一个买卖股票而实现获利。全职的职业投资者捕获了足够多新信息的价值并使大家值得去玩这场游戏。通过这些投资者根据变化的信息所进行的交易推动了股票价格达到一个新的平衡点。这些投资者进而为其他投资者交易

---

① See e. g. ,Dan Givoly and Dan Palmon,"Insider Trading and the Exploitation of Inside Information:Some Empirical Evidence",58 *J. Bus.* 69(1985).

设定了一个新的价格。

有效市场假说被广泛认为是社会科学领域最完美建构的理论之一。[①] 但是,有效市场假说有 3 个重要的附带说明需要牢记。

第一,大多数关于有效市场假说理论的测试都是存在于股票市场内部的。换句话说,研究者聚焦于将股票价格彼此关联来确定股票市场的有效性。从绝对意义上来说,没有太多好的证据表明是否股票市场是有效的。即我们不知道是否股票市场正确地衡量了与其他商品相比的股票价格。从这个意义上说,股票市场只有在其基础是有效时才是有效的,也即市场实际上可以正确预测所有未来公司分红的当前贴现价值,但也有证据表明市场在这个意义上是无效的。[②]

第二,有不同的理论据称提出了其他的证据说明股票市场基本上是无效的。[③] 市场是人造的演员,与生俱来地带有他们自己的癖好。乖僻的估值所产生的不同声音可能导致偏离了股票价格的市场估值

---

① 正如麦克·C.詹森(Michael Jensen)所言,"经济学中没有其他主张比有效市场假说更为有力的经验证据支持它"。Michael C. Jensen,"Some Anomalous Evidence Regarding Market Efficiency",6 *J. Fin. Econ.* 95(1978).在20世纪90年代,在法律文献中有一些家庭手工业对有效市场假说的攻击,其中最好的例子包括:Lawrence A. Cunningham,"From Random Walks to Chaotic Crashes:The Linear Genealogy of the Efficient Capital Market Hypothesis",62 *Geo. Wash. L. Rev.* 546(1994);Donald C. Langevoort,"Theories, Assumptions, and Securities Regulation:Market Efficiency Revisited",140 *U. Pa. L. Rev.* 851(1992);Lynn A. Stout,"How Efficient Markets Undervalue Stocks:CAPM and ECMH Under Conditions of Uncertainty and Disagreement",19 *Cardozo L. Rev.* 475(1997);Lynn A. Stout,"The Unimportance of Being Efficient:An Economic Analysis of Stock Market Pricing and Securities Regulation",87 *Mich. L. Rev.* 613(1998).

② Ronald J. Gilson, Bernard S. Black, *The Law and Finance of Corporate Acquisitions* 138-39(2d ed. 1995).

③ See e. g., Fischer Black, Noise, 41 *J. Fin.* 529(1986);Andrei Shleifer & Lawrence H. Summers,"The Noise Trader Approach to Finance",4 *J. Econ. Persp.* 19(1990). But see Eugene F. Fama,"Efficient Capital Markets:II",46 *J. Fin.* 1575(1991)(对早期的噪声理论研究进行批判).

(就如同难以在一个嘈杂的房间里进行一个正确的谈话一样,也很难在一个嘈杂的市场中正确评估股票价格)。认知心理学的研究表明持有乖僻意见的投资者并不总是能够排斥另一方。[①] 相反,投资者有时候会像羊群一样行动,都向相同方向奔跑,进而产生价格错误。大量的投机性泡沫出现于无形且没有明显原因的破裂是这一现象最常见的形式。

第三,美国股票市场上演的一些反常行为也很难用有效市场假说来解释,如股票易于在 12 月和星期一遭受非正常的大额损失。就像最小的公众公司一样,有着较低价格和市盈率的股票常常会跑赢市场。伴随着不同程度的说服言论,关于这些反常现象的各种各样的解释也不断升级。

有效市场假说经常引起受到政治性指责的政策争议,如人为的公司信息披露和内幕交易。而那些在这一领域因有效市场假说应用受到困扰的公司在上述警告中找到一些安慰,这些警告往往是反对使用有效市场假说作为一种公共政策工具。许多支持在公共政策中使用有效市场假说的人承认这些警告性言论,但否认其效力。根据这一观点,用一个理论去反驳另一理论,但没有一个理论能够比有效市场假说在解释大批量的股票市场现象方面做得更好。目前,能够做出的最公允评论可能就是争论很可能继续下去。

2. 投资组合理论

风险与回报总是相关联的。一个试图去售卖有风险的证券产品的公司必定需要为投资者支付相应高利率的回报。投资组合理论所解决的问题是是否投资者必须为所有的可能影响股票价值的风险给予补偿,还是仅需对部分风险进行补偿。现代投资组合理论认为投

---

① See generally Stephen M. Bainbridge, "Mandatory Disclosure: A Behavioral Analysis", 68 *U. Cin. L. Rev.* 1023(2000)(讨论资本市场的认知心理学).

资者仅需对部分所承受的风险给予补偿。

在经济学术语中,风险也就是一项事件的实际收益与预期收益相背离的可能性。由于实际收益和预期收益很有可能不同,因此可能的结果扩散得越广,时间的风险越会增加。例如,投资1000美元到联邦保险的一年银行存款凭证并不是一项非常有风险的投资。这项投资的可预期收益是你的本金和累积的利息。这项投资的实际收益与预期收益发生差异的可能性很低。但是,如果你投资1000美元到股票市场,那将会是一项有风险的投资。虽然你可能期待对你的投资获得一定收益,但很有可能你的实际收益与预期收益不符。另外,可预期收益的幅度是很大的。一年到期时,你的投资可能远超1000美元或者远低于此。

对风险的态度也是变化很明显的。在有同样预期收益的情况下,风险厌恶型投资者会选择一个确定回报投资而非是赌博性投资,风险偏好型投资者则倾向于赌博性投资而非确定回报,而风险中立型投资者则并不关心确定性回报还是赌博性投资。①

对于风险的态度也随着一个人年龄的变化而改变:年轻时,一个人很少是风险厌恶型,但随着年龄逐渐增长,当他们开始意识到他们将死亡时,他们对待风险的态度开始向着风险厌恶型转变。对待风险的态度也依据风险呈现出的程度而变化。许多人对小数额(如国家彩票)是偏风险型,而对于大数额(如生命险)则是风险厌恶型。最后,风险厌恶型也取决于是以自己的钱来投资还是以别人的钱来投资。但是,一般来说,大部分人在大多数时候是风险厌恶型。

"大多数人在大多数时候是风险厌恶型"这一命题在公司财务中

---

① 例如,假设一个赌博者给3个人提出了以下的想法:"我给你们一个选择:你可以直接拥有1美元,也可以我们掷硬币。头,你赢2美元;尾,你一无所得。"注意,真实情况与赌博的期待结果是一样的,因为1美元在赌博中有50%的可能性赢得2美元。风险厌恶型会拿钱走人,风险偏好型会选择掷硬币,风险中立型则对二者都不太在意。

有非常重要的启示,尤其显著地体现在风险与回报的关系上。风险与回报呈正相关性理论是不会引起争议的。我们看到了身边各种例子:如圣诞俱乐部宁愿在只在很低利息的联邦保险银行存款,也不会购买接近破产边缘的公司的垃圾债券。[①] 这一现象是风险厌恶型的直接结果:因为人们都倾向于低风险而非高风险,他们必须为所承受的风险而得到补偿。你让他们承担的风险越大,你必须支付的补偿越多。因此,风险与回报是呈正相关性的。但是,发行人仅需要为部分类型的风险而补偿给投资者,也即系统性风险。

非系统性风险被认为是公司特有风险。这类风险如首席执行官有心脏病、公司员工出来示威或者工厂烧毁等都是公司特有风险。相反,系统性风险被认为是市场风险。系统性风险对所有公司都有或多或少的影响:市场利率的变化、选举结果、经济衰退等。投资组合理论认为风险与回报是相关联的:投资者会从一项较高风险的投资中要求较高比例的汇报。换句话说,公司发行垃圾债券必须比发行投资级债券支付更高比率的回报。然而,投资组合理论认为证券发行人不需要补偿投资者的非系统性风险。也就是说,投资者不能够索求反映公司特有风险的风险保证金。

投资者可以通过分散他们的投资组合来消除非系统性风险。分散化投资消除了非系统性风险,因为事情易于充分暴露出来。一家公司的工厂烧毁了,但另一家公司则打出了石油。20 种精心挑选的投资组合股票能够实质上消除非系统性风险。[②] 这样,即使某一项特定投资所获得的实际收益率可能会偏离实际回报,但一个较好分散化的投资组合的实际回报却很少会偏离预期收益。因此,一个良好

---

① 关于垃圾债券,see generally William A. Klein,"High-Yield('Junk') Bonds as Investments and as Financial Tools",19 *Cardozo L. Rev.* 505(1997)。

② Burton G. Malkiel,"A Random Walk Down Wall Street" 245(1996).

分散化投资的投资者不需要关注非系统性风险,继而也不需要补偿这些风险。特定的系统性风险不会因分散化投资而消除,因为它会切实影响股票价格。于是投资者会因为承受了系统性风险而要求补偿。

虽然所有的股票都会受到系统性风险的影响,但并不是所有的公司都会同等遭遇系统性风险。例如,经济衰退会伤害几乎所有的公司,但它对周期性的制造业公司的打击会重于对烟草公司的打击。当然,如果不是这样,那么所有的股票将支付一样的回报了。资本资产定价模型(Capital Asset Pricing Model,CAPM)从而发展出来对系统性风险与回报之间的关系予以量化。①

CAPM 用于回答一个较特定的问题:我们期待从一项投资中获得何种比率的回报,这项投资对系统性风险的反应不同于作为一个整体的市场的反应。换句话说,假定市场回报率是 10%,A 投资对系统性风险有着较整个市场更敏感的反应:如果市场上升,A 投资也将上升得更快和更高;如果市场下降,A 投资则下降得更快和更低。由于投资者希望获得对系统性风险的补偿,他们会希望从 A 投资中获得比市场比率更好的回报。CAPM 给了我们一个数理基础,用于测算出 A 投资要获得多高的投资回报率才能用以补偿投资者所承受的额外风险。

贝塔系数是 CAPM 的核心。贝塔仅是投资者对市场系统性风险敏感度的一种措施。贝塔 1 显示公司倾向于为总体市场支付相同比例的回报。贝塔比预想要大说明公司对系统性风险的敏感度比市场平均值要高,因此公司会倾向于支付更高的回报。因此,通过给予我们每种股票对系统性风险敏感度的衡量措施,贝塔提供了一条比

---

① Franco Modigliani & Gerald A. Pogue, "An Introduction to Risk and Return: Concepts and Evidence", *Fin. Analysts* J., May-June 1974, at 69.

较两种证券风险的方式。贝塔同时还提供给我们一种方式去衡量所提出的新的投资对我们投资组合的影响。你可以通过测算所有证券产品的加权平均数来衡量投资组合中的贝塔值。通过比较投资建议中的贝塔值,你可以知道是否一项投资会使你的投资组合风险变得高或者低。

贝塔可以通过将市场回报标示为 X 轴和将公司回报标示为 Y 轴的方式进行数表式计算。在收集到足够的数据点之后,你可以画出最适合一定数值的回归线。该线的倾斜度就是贝塔。贝塔的测算会包含很多的数学计算,但我们并不需要在此尝试。证券业机构和投资咨询人通过公布一个股票的贝塔作为他们投资咨询服务的一部分。

一旦贝塔被确定,我们就能够采用下一公式去测算一个目标资产的预期回报。

$$r = r_{rf} + [\beta \times (r_m - r_{rf})]$$

在此,r_{rf}是指无风险回报率(通常以美国短期国债的当前利率来计量),r_m是指股票市场的当前回报率(通常是一些参考市场指数来确定,例如标准普尔 500 指数)。例如,假定公司的贝塔是 1.5,市场回报率是 10%,无风险回报率是 5%,那么,公司应当支付的回报率是 12.5%。

$$0.05 + 1.5(0.10 - 0.05) = 0.05 + 0.075 = 12.5\%$$

贝塔系数和 CAPM 在财政经济学语义中是有一定争议的。批评者认为贝塔并不是一个对以证券市场标价的风险完整的测度,换句话说,市场会补偿投资者承担的非系统性风险。① CAPM 的各种替代项被提出来,最有名的是理查德·罗尔(Richard Roll)和斯蒂芬·罗斯(Stephen Ross)提出的套利定价理论。② 虽然如此,但在法律语

① See e. g., Eugene F. Fama, Kenneth R. French, "The Cross-Section of Expected Stock Returns", 47 *J. Fin.* 427 (1992).

② See e. g., Richard Roll, Stephen A. Ross, "An Empirical Investigation of the Arbitrage Pricing Theory", 35 *J. Fin.* 1073 (1980).

义中 CAPM 仍然是最新水平,CAPM 仍然是被广泛使用,如法定评估程序商业使用的价值。①

第四节 并购助推器:合并动机与财富效应

为什么要获得一个公司呢?显然是有很多潜在动机的。然而,理解推动一个特殊并购的动机,能够帮助交易策划者回答两个关键问题:(1)处于什么时机一方或者双方提出交易意向是恰当的呢?换句话说,一方如何能够尽力获得比"公平"份额更多的股份呢?从事怎样的一种策略性行为能够使我们律师可以相对于并购中的其他参加者相对更有优势呢?我们的专家会努力去利用法律和合同限制一定的行为(相应地,我们会代表希望行为更有策略性的一方,在此情况下我们要做的是想办法帮助他们获得比他们应得股份更多的份额)。(2)这种交易如何创造价值呢?这是做大蛋糕而不是分蛋糕。

---

① See e. g. ,Cede & Co. v. Technicolor, Inc. ,1990 WL 161084(Del. Ch. 1990), rev'd on other grounds,684 A. 2d 289(Del. 1996);see also Hintmann v. Fred Weber, Inc. ,1998 WL 83052(Del. ch1998), modified, 1999 WL 182577(Del. Ch. 1999), modified,2000 WL 376379(Del. Ch. 2000)(使用 CAPM 来确定权益成本);Le Beau v. M. G. Bancorporation, Inc. ,1998 WL 44993(Del. Ch. 1998),aff'd,737 A. 2d 513(Del. 1999)(使用 CAPM 来确定折扣率);Gilbert v. MPM Enters. , Inc. ,709 A. 2d 663(Del. Ch. 1997),modified,1998 WL 229439(Del. Ch. 1998),aff'd 731 A. 2d 790(Del. 1999)(使用 CAPM 来确定权益成本);Ryan v. Tad's Enters. , Inc. ,709 A. 2d 682(Del. Ch. 1996),aff'd,693 A. 2d 1082(Del. 1997)(使用 CAPM 来确定折扣率);TV58 Ltd. Partnership v. Weigel Broad. Co. ,1993 WL 285850(Del. Ch. 1993)(使用 CAPM 来确定折扣率);MacLane Gas Co. Ltd. Partnership v. Enserch Corp. ,1992 WL 368614(Del. Ch. 1992),aff'd,633 A. 2d 369(Del. 1993)(使用 CAPM 来确定折扣率);Hodas v. Spectrum Tech. , Inc. ,1992 WL 364682(Del. Ch. 1992)(使用 CAPM 来确定折扣率);In re Radiology Assocs. , Inc. Litig. ,611 A. 2d 485(Del. Ch. 1991)(使用 CAPM 来确定折扣率);In re Appraisal of Shell Oil Co. ,1990 WL 201390(Del. Ch. 1990),aff'd,607 A. 2d 1213(Del. 1992)(使用 CAPM 来确定折扣率).

律师如何通过增加交易的附加价值来做大蛋糕呢?

1.兼并动力:收购的各种动机

通过允许买家利用特殊的法律规则,并购可以创造价值。尤其是对于税收和会计规则来说更是如此。例如,在“史密斯诉凡戈尔科姆案”这一著名案件的商业裁决中,受指控的兼并动机来自于期望利用到期未用的投资税收优惠。[①] 但是,这些价值的规范化来源超出了本书讨论的范畴。然而,我们也将聚焦于两个更普遍应用的理论:无效管理的替代理论和策略性兼并理论。

(1)替代无效管理人以创造价值

代理人成本学说描述了两个管理无效的基本类型:第一个是不当行为:是指如果经理人工作更加努力,更加聪明,或者更加关注于他们会为股东挣更多的钱;第二个是渎职行为,是指经理人欺骗公司或者给自己很多的津贴。美国商业公司的记录中充满了两种管理无效的案例,行为涵盖了先天不幸、无能到公然窃取。

经验告诉我们大多数成功的商业人士是聪明、努力工作和诚实的,但是,那就能够否认存在聪明的、努力工作的和相当诚实的人们可能是“无效率的”且因此需要被替换的可能性吗?可建议的确定性答案是被称为“自由现金流”的理论:成功的经理人拥有大量现金未能很好利用。以技术术语来说,他们的现金流大于公司可进行的正的净现值投资。以分红的形式将自由现金流支付给股东的影响是:①因为分红的双重税收导致成本很高;②因为较小的资产池增加了公司在遇到经济危机时公司失败的风险从而导致增加了管理风险。相应地,即使是表现良好的经理们也有通过进行负的净现值投资保持自由现金流的冲动。一项合并释放了大部分现存资金的同时也为

① Smith v. Van Gorkom,488 A.2d 858,865(Del. 1985).

并购方挣取了被并购方的利润。①

不管董事或者经理层懒惰的动机或者形式为何,都将反映为公司股票的市场价格的下降。坏的经理层仅是有效市场能够运行的信息的另一种表达形式。但下滑的市场价格释放出董事们或者经理们懒惰的信号时,收到这些信号的也包括了其他公司的董事们和经理们,这些人有动力去调查潜在目标表现持续变坏的原因。有时候会因为是超过一个人能力的控制范围,如较高程度特定化的资产由于消费者需求的永久性转移而失去活力。但是,有时候是归因于较差的管理团队,如果一个团队或者政策使公司失去活力的局面可以得到扭转,那么这就代表着获利的机会来了。一个成功的合并使并购者至少有能力去选举董事会的大多数成员并进而控制管理人员和政策决定。对被并购股票价值估量的预期使并购者有获利动机去从事并购。部分也是因为这一原因使我们更倾向于将并购市场称为"公司控制权市场"。②

---

① See generally Michael C. Jensen, "The Agency Costs of Free Cash Flow, Corporate Finance, and Takeovers", 76 *Am. Econ. Rev.* 323 (1986). 作为杠杆收购的解释——借款资助,自由现金流的故事似乎特别有用。杠杆收购导致其向股东发放一次免费现金,此外,强制公司以高杠杆资本结构前进。额外的债务迫使公司的董事会和管理层继续支付自由现金流。股息是可选和灵活的。债务付款是强制性的和不灵活的。你必须意识到这些。以自由现金流、大量现金余额和未使用的借款权所提供的财务灵活性,而未使用的借款权力为管理人员提供了更多的裁量权,这些资源往往不被用于股东利益。债务是一种限制管理层酌处权的有效形式。实际上,债务成为一种低成本机制,通过债务管理层承诺限制以不利于股东利益的方式支付自由现金流。

② 作为在公司的法律与经济中常见案例,这一理论的思想根源可以在 Henry Manne 的一篇文章中找到。See Henry G. Manne, "Mergers and the Market for Corporate Control", 73 *J. Pol. Econ.* 110 (1965). See also Henry G. Manne, "Cash Tender Offers for Shares—A Reply to Chairman Cohen", 1967 *Duke L. J.* 231. 如果想了解 Manne 对后来文献的影响, see William J. Carney, "The Legacy of 'The Market for Corporate Control' and the Origins of the Theory of the Firm", 50 *Case W. Res. L. Rev.* 215 (1999); Fred S. McChesney, Manne, "Mergers, and the Market for Corporate Control", 50 *Case W. Res. L. Rev.* 245 (1999).

通过这种市场来创造价值的潜力有着重要的交易和策略应用空间。交易的适用是很明显的:没有人愿意被替换,特别是如果替换他们的解释是他们自己的无能和无效率时。而且,我们可以想见在岗的经理们会抵制那些源自于想要替换他们的并购。这样,提供一个低成本机制来克制经理层的抵制就是交易律师为预期的并购增加价值的一种方式。①

公司控制权论争的市场有着重要的策略应用空间。保持股价上涨是经理层用来对抗在并购中被替换的最好的抵御方式。相应地,公司控制权市场是防止经理层懒惰的重要机制,进而也可以最小化降低以公司形式从事经营的代理成本。的确,一些学者认为公司控制权市场,是使现代商业公司变得可行的终极监督措施。② 如果这是真的,很多的策略应用会随时而来。例如,一个人可能将目标公司经理层对并购的抵制列为不合法。但是,如果有其他关于并购如何创造价值的解释,公司控制权市场将失去作为政策引擎的坚固性。换句话说,将来自于控制权变更所获得利润的主要部分奖励给并购方仅意味着所有的并购收益是并购方通过消除不称职的或者腐败的目标公司经理们而创造的,且没有收益是有效率的目标公司经理层的努力工作贡献的。

实践证据表明并购产生的利润来自于很多原因:第一,代理成本对公司控制权市场的约束功能只是其中之一。例如,有关目标公司

---

① 要注意到这个问题与限制战略行为的更广泛问题之间的关系。管理层对收购的抵制是他们的一种战略行为。

② See e. g. ,Frank H. Easterbrook & Daniel R. Fischel,"Auctions and Sunk Costs in Tender Offers",35 *Stan. L. Rev.* 1(1982);Frank H. Easterbrook & Daniel R. Fischel,"The Proper Role of a Target's Management in Responding to a Tender Offer",94 *Harv. L. Rev.* 1161 (1981); Ronald J. Gilson, "The Case Against Shark Repellent Amendments:Structural Limitations on the Enabling Concept",34 *Stan. L. Rev.* 775 (1982).

表现的研究显示,通常在20世纪80年代目标公司是相当好的经济执行者。[①] 第二,并购后劳动人员变更的研究表明经理层被替换的不到公司并购的一半。[②] 第三,正如我们所知,并购中去获得公司的股东地位通常会损失金钱;如果替换无效率的经理们是并购的首要动机,则获取公司的股东地位则会带来金钱。第四,很少有可信证据表明并购之后公司可以比他们被并购之前能够更好地经营。总之,替换无效率的经理们是并购创造价值的一种合理方式,但很难是唯一方式,甚至很可能不是特别重要的方式。

(2)策略性兼并

许多并购中比较受欢迎的一种动机就是策略性并购。投标者竞买一家治理良好的公司是出于该公司适合于竞买者的商业计划,这可以体现在多种情况下。

基于协同运作的策略性兼并:在一个协同型并购中,并购合体大于各部分的总和。协同效应可能会产生,如果二者的活动在一个集合体中比在分开的公司中可以产生更大的价值。假如一个电影制作室与杂志出版商合并,合并后的主体又与互联网服务提供商(Internet Service Provider,ISP)进行合并。这样,杂志能够覆盖主要的电影发行渠道,而互联网服务提供商提供广告、票务销售及其他类似商业活动。各种分支的联合效果能够以一种标准的单一制作室所难以达到的路径来极大地撬动电影的价值。

基于消除潜在套牢顾虑的策略性兼并:基于效率正当性考虑的

---

① See e. g. , Edward S. Herman & Louis Lowenstein, "The Efficiency Effects of Hostile Takeovers", in Knights, Raiders & Targets: *The Impact of the Hostile Takeover* 211 (John C. Coffee, Jr. , et al. eds. 1988).

② See e. g. , David P. Baron, "Tender Offers and Management Resistance", 38 *J. Fin.* 331 (1983); Ralph A. Walkling & Michael S. Long, "Agency Theory, Managerial Welfare, and Takeover Bid Resistance", 15 *Rand J. Econ.* 54 (1984).

纵向并购是消除一定的准租金问题。准租金问题的产生是由于对交易特定资产的投资带来了对合同方所控制资产的多余的征收主体。[①]交易特定资产是指与本次特定交易中相比,资产的价值在其他用途上会明显偏低。一旦交易特定资产做出时,就产生了准租金问题,也即,归还资产超过了保持资产处于现有使用状态的必要性。[②] 如果准租金对控制交易特定资产的一方是适当的,套牢问题就出现了。纵向并购将双方主体归入单一公司中,因此也相应地成为解决套牢问题的常用方式。

基于市场控制力的策略性兼并:并购方可能会去买一个或者多个竞争对手以达到增加其市场份额并进而获得竞争优势的目的。当然,由于这个原因,反垄断法会对这类并购予以关注。一个相关概念是兼并意味着允许进入一个有着较高准入壁垒的市场。有个例子可能很容易去解释这一概念:康尼格拉公司(ConAgra)是一个大的农业和食品生产企业。它想进入罐装啤酒领域,这显然是一个有着很高准入壁垒的行业。换句话说,如果一个从头开始做起的企业是很难进入罐装啤酒这一新的商业领域。因此,康尼格拉公司就通过购买一个现有的罐装啤酒公司进入。[③]

基于多元化考虑的策略性兼并:20 世纪中期前后,好的经理人可以掌管好一切的想法开始出现。这一观点通过集团化合并的方式予以执行,对此公司有意地在横跨一系列不相关的商业领域中寻求实现他们产品线和商业活动的多元化。其理论支撑是认为一个周期性制造业可以购买一个非周期性商业,进而使合并后的公司因为某些

---

① See Benjamin R. Klein et al., "Vertical Integration, Appropriable Rents, and the Competitive Contracting Process", 21 *J. L. & Econ.* 297, 298 (1978).

② 资产也有可能产生真正的租金,例如,归还因有必要减少初始投入而超出的部分,但是,真正租金的存在或者不存在与机会主义问题并不相关。

③ ConAgra Inc. v. Cargill, Inc., 382 N. W. 2d 576 (Neb. 1986).

分支总是可以运作良好而变得更强大。多元化必然减少了集团能够生产出的最大化收益。当某一环节做得好时,它可能会被其他做得不太好的环节给拖累。准确地说,多元化减少了集团遭遇非系统性风险的概率。但这又能怎样呢?投资者可以以此公司更低的成本实现投资组合的多元化,主要是因为投资者无须支付控股溢价。集团的经理层可能会更好,因为他们的员工会承受更少的风险,但实践证据不可逆地表明内部公司的多元化降低了股东财富。① 自由市场的自我纠正特性被之后发生的实践所证明:20 世纪 80 年代出现了一波被称为分拆接管的合并,很多大集团被收购并被拆解为多个组成部分,进而被卖掉。这一过程导致了一系列的反向协同,即整体比部分的总和价值更低。②

基于构建帝国大厦原因的策略性兼并:对管理层来说,公司越大往往意味着越好。就像把东方的地毯放在地板上,把大大的组织结构图挂在墙上是经理层的酷爱一样。如果规模减少了公司失败的概率,那么经理层就更有经济动力去追求此类兼并。随着期望通过公司内部多元化促动的兼并行为,帝国大厦式的兼并毫无疑问减少了股东的财富。但是,自由市场是自我矫正的。实践研究表明竞标者是被并购对价所促动而非股东财富的最大化。③

---

① Yakov Amihud & Baruch Lev, "Risk Reduction as a Managerial Motive for Conglomerate Mergers", 12 *Bell J. Econ.* 605 (1981); R. Hal Mason & Maurice Goudzwaard, "Performance of Conglomerate Firms: A Portfolio Approach", 31 *J. Fin.* 39 (1976).

② 关于集团并购现象和破产兼并, see Gerald Davis et al., "The Decline and Fall of the Conglomerate Firm in the 1980s: The Deinstitutionalization of an Organizational Form", 59 *Am. Soc. Rev.* 547 (1994); Andrei Shliefer & Robert W. Vishny, "The Takeover Wave of the 1980s", 249 *Sci.* 745 (1990)。

③ Mark L. Mitchell & Kenneth Lehn, "Do Bad Bidders Become Good Targets?", 98 *J. Pol. Econ.* 372 (1990).

2. 收购创造财富吗？

在评估公司收购时，需要从三类参加者角度考虑此类并购的财富效应：目标公司股东；并购方股东；更广泛的社会层面，这里不仅包括所构成公司的股东的净收益，也包括施加给其他债权人、员工、社区和其他相关单位的外部效应。这里的问题是合并是否创造了新的财富，抑或仅将现有财富在相关参加者中重新分配。

(1) 目标公司与并购方股东

一项合并有没有可能增加了目标公司股东的财富，却减损了并购方股东的财富呢？简单来说，有的。公司控制权的竞拍是这一结果最可能出现的情形。竞拍者一向目标公司作出一项要约，接着竞拍者二也提出一项竞争性的且稍微高一些的要约。几轮竞争随之展开。最后，最高保留价格的竞标者胜出。然而，这个竞拍价很可能是过高的。在行为经济学看来，这一现象被称为“赢家的诅咒”。假设在竞标开始时目标公司的交易价是 10 美元，由于不确定性和复杂性等相类似问题，没有人确切知道目标公司的真实价值。竞标者一的保留价是 20 美元，竞标者二的保留价是 22 美元。在其他一切条件都均等的情况下，竞标者二将赢得竞标。假设竞标者二最终支付了 22 美元的保留价，但之后却发现目标公司的价值实际上不到 20 美元。竞标者二经历了“赢家的诅咒”：他赢得了竞标，却失去了战争，因为他支付得过多了。目标公司股东多收益了 12 美元，而竞标者二的股东却损失了 2 美元。从投资者层级来说当然是得利了，但事实可能难以让目标公司股东感到平静。

“赢家的诅咒”并不总是会发生的，即使是在有多名竞标者的竞拍中。公司控制权市场并不大，它减少了价格可以与最大化价值使用者的保留价格相比肩的可能性。因为较充分的信息意味着评估出错的风险较小，而且，也可以通过减少信息不对称来减少竞标者超付的可能性。[①] 然而,证据显示“赢家的诅咒”在控制权市场是适用的。一个成功的竞标者通常会支付超过竞标前目标公司市场价 30% ~50%(有时会更高)的额外费用。结果,目标公司股东实际上从合并中确实会获利,往往是数以百亿计美元。[②] 相比之下,并购方公司股票价格表现报告的研究结果也经历了从没有统计上的显著股票价格影响统计上出现显著损失。[③] 据估算,竞标者在一半以上的合并中是超付的。

当然,即使超付是相当普遍的,“赢家的诅咒”现象也并不能排除存在合并创造新财富的结果。只要目标公司股东的所得超过了并购方股东的损失,新的净价值就产生了。上述引用的研究证据表明合并为股东带来了新收益。[④]

我们需要担心目标公司股东和并购方股东之间在分配结果上的不同吗?乍看上去,可以说多元化投资的投资者,可能会对收益如何在竞标者和目标公司之间进行分配并不关心,因为这类投资者也可能就是一个或另一家公司的股东。而且,理性投资者会倾向于通过改变控制权实现净收益的最大化。但是,与这种理性相伴有两方面的困难:首先,这种分析建立在并购方和目标公司都是公共持有的基

---

① 然而,一些行为经济学家认为,收购公司决策者的傲慢度可能会导致他们即使面对已经高估了目标公司价值的客观证据时依然坚持他们所选择的保留价格。See e. g. , Richard Roll, “The Hubris Hypothesis of Corporate Takeovers” ,59 *J. Bus.* 197(1986).

② See e. g. ,Bernard S. Black & Joseph A. Grundfest, “Shareholder Gains from Takeovers and Restructurings Between 1981 and 1986” , *J. Applied Corp. Fin.* , Spring 1988,at 5; Gregg A. Jarrell et al. , “The Market for Corporate Control: The Empirical Evidence Since 1980” ,2 *J. Econ. Persp.* 49(1988); Michael C. Jensen & Richard S. Ruback, “The Market for Corporate Control: The Scientific Evidence” ,11 *J. Fin Econ.* 5 (1983).

③ See e. g. ,Julian Franks et al. , “The Postmerger Share-Price Performance of Acquiring Firms” ,29 *J. Fin. Econ.* 81(1991).

④ Gilson 和 Black 教授在审查了许多研究后得出结论:“平均而言,企业并购增加了收购方和目标公司股东的市场价值。” See Ronald J. Gilson & Bernard S. Black, “The Law and Finance of Corporate Acquisitions” 309(2d ed. 1995).

础上。如果竞标者比目标公司的私有化持股程度更高,或者相反目标公司私有化程度更好,那么理性的投资者就会关注分配效应。其次,更重要的是,上述证据显示目标公司股东从合并中获得利益,但这种合并收益并没有传导到并购方股东。在此环境下,理性投资者会倾向于将合并获得的收益分配给目标公司而非并购方。相应地,理性投资者很可能倾向于一种能够使并购数量最大化的规则且在此规则下的平均控股溢价能够最大化并购数量。

(2)投资者与非股东利害关系方

问题仍然是合并创造的价值来自哪里?特别是,合并是否将财富从公司的非股东利害关系人转移给了目标公司股东?如果这样,合并就产生了负面外部性,以及下面这些常见的公共政策影响。

有一种流传很广的假设认为合并使非股东利害关系人(特别是雇员)受到较大损失。[①] 诚然,是有一些传闻证据支撑这一观点。例如,据美国劳工联合会—产业工会联合会(AFL - CIO)估计,单单是1983 年到 1987 年合并活动就直接导致了 50 万个工作岗位损失。[②]并购方也被怀疑从目标公司养老金计划中提取基金来资助并购。[③]鉴于这些故事的存在,著名的管理学作者彼特·德鲁克对此关注得比较多,他认为“雇员,从资深的中层经理人到下级员工,从办公室文员到工厂一线员工,都蔓延着一种低落的士气,我所相熟的一位有思想的工会领导人称其为‘精神创伤’——对合并掠夺的担心”。[④]

公司合并也会对在当地有工厂和设备的社区产生影响。例如,

---

① See Romano, " The Future of Hostile Takeovers: Legislation and Public Opinion" ,57 *U. Cin. L. Rev.* 457,490 –503(1988).

② S. Rep. No. 265,100th Cong. ,1st Sess. 14(1987).

③ Leigh B. Trevor, " Hostile Takeovers-The killing Field of Corporate America" , *Address to the Financial Executives Institute*, Mar. 11,1986 at 15 –16.

④ Peter F. Drucker, "Taming the Corporate Takeover" , *Wall St. J.* , Oct. 30,1984, at 30.

在布恩皮肯斯对菲利普石油公司的并购中,菲利普在俄拉克荷马州首府巴特尔斯维尔市裁了2700个工作岗位。因为巴特尔斯维尔市的人口仅有36,000人,因此,这一大规模下降重创了当地社区。[①] 类似的伤心故事毫无疑问可以在很多受到合并相关的公司重组影响的社区中听到。

高杠杆的合并,会对债券持有者和其他公司债权人产生负面影响。理论显示,合并前的债权人评估公司的信用度并将他们的贷款期限建立在公司既有的资产和负债比率上。在高杠杆并购中,竞标者通过借出目标公司资产和/或销售目标公司资产资助并购。这就大大降低了目标公司的信用度,然而并购前的债权人却并不会就此损失获得补偿。这种情况对债券持有人打击尤其大。债券评级机构例行地会对一个公司并购前的债券降级来反映公司并购后的风险渐增,进而减少他们债券的市场价值。[②]

一些评论家以先进的理论为基础,主张合并对公司的非股东利害关系方是不利的。[③] 正如基本的争论那样,组成公司的许多合同是

---

① S. Rep. No. 265, 100th Cong., 1st Sess. 77 (1987) (Sasser, Sanford, and Chaffee 3位参议员的不同观点).

② See Morey W. McDaniel, "Bondholders and Stockholders", 13 *J. Corp. L.* 205 (1988).

③ See e. g., John C. Coffee, Jr., "Shareholders versus Managers: The Strain in the Corporate Web", 85 *Mich. L. Rev.* 1 (1986); Marleen A. O'Connor, "The Human Capital Era: Reconceptualizing Corporate Law to Facilitate Labor-Management Cooperation", 78 *Cornell L. Rev.* 899 (1993); Marleen O'Connor, "Restructuring the Corporation's Nexus of Contracts: Recognizing a Fiduciary Duty to Protect Displaced Workers", 69 *N. C. L. Rev.* 1189 (1991); Andrei Shleifer & Lawrence H. Summers, Breach of Trust in Hostile Takeovers, in Corporate Takeovers: Causes and Consequences 33 (Alan J. Auerbach ed. 1988). 有关对这种观点的批判,参见 William J. Carney, "Does Defining Constituencies Matter?", 59 *U. Cin. L. Rev.* 385, 421 – 22 (1990); Jonathan R. Macey, "Externalities, Firm-Specific Capital Investments, and Legal Treatment of Fundamental Corporate Changes", 1989 *Duke L. J.* 173。

隐性的从而在司法上是不具有执行力的。[①] 这些隐性的合同中有些是为了鼓励股东进行公司类的特定投资。考虑到一个雇员投入了相当多的时间和精力去学习如何使他的工作更有效率,许多的这种知识对他所服务的公司来说都是特定化的。有时候,这是因为其他公司并没有可比较的工作;有时候,是因为公司有独特的文化;还有时候,是因为他为公司服务的时间越长,对他来说越是难以在其他公司获得相应的职位。只有在被奖励这样去做时,他才会向这样的企业投入特定的人力资本。这样,员工与股东之间就会出现一个隐性的合同。另外,员工通过投入企业特定的人力成本去承诺有更多的产出。他们通过接受较长的晋升阶梯机制和补偿金计划将他们的表现与相应的承诺联系起来,这些补偿金计划将他们的投资回报拉长到他们职业生涯的最后几年。相应地,股东承诺工作的稳定性。[②] 但是,这些合同的隐性特征使股东易于受到机会主义公司行为的影响。

正如理论指出,这种脆弱性极易在恶意并购中得以触发。在所有的恶意并购中,股东都会收到他们股权的溢价。这些溢价从哪里来呢？回想到员工的隐性合同,包括他们直到职业生涯最后阶段才能获得迟延部分的补偿金就知道了。如果并购方在员工职业生涯自然结束之前就解雇他们并以更加年轻和廉价的员工来替代,或者如果并购方通过威胁替换员工或者关闭工厂进而获取来自员工对薪酬或者其他利益的妥协,员工就无法收到他们为公司所提供服务的全部价值。相应地,并购溢价的相当一部分就是由公司利益相关方转

---

① 股东与公司关系的长期性特征迫使股东要依靠隐形的而非明示的合同。讨价还价是有成本的,特别是当将来的意外事件很难预测的情况下。合同期限越长,讨价还价的成本就越大。隐性的合同能够根据需要进行重新调整并进而节约了各方的议价成本。

② 当雇员和股东关系是典型的隐性合同时,其他股东估计也会在公司做相似的投资。例如,社区经常会围绕着一个既定的公司予以具体化。社区从公司获得了各种各样的服务,但也提供给了公司特定的基础设施、税收优惠和其他福利。

移到股东的财富所构成。故事由此发生。

然而,这一理论存在一些问题。比如,没有可信的证据表明合并将财富从非股东的利害关系方转移到了股东。[①] 保护非股东利益的理论正当性理由同样是缺少说服力的。很多公司机构并没有让公司在人力资源(或其他方面)有特别的投资。相反,股东在公司的投资总是交易类的特别资产,因为投资从整体上来说是有风险的,且会转到某些人的控制之下。其结果是,股东更易受损于董事的失误行为而不是非股东利害关系方的行为。而且,与很多非股东利害关系方相比,股东很难获取外在的合同保护。例如,不像债券持有者或者工会员工,他们之于公司的有限任期关系受广泛的谈判和详细的合同的影响,股东所有的这种无限期关系很少是细致谈判的结果。一般来说,自愿与公司产生关系的非股东利害关系方,可以通过调整合同价格来平衡公司施加给他们的负面外部效应的方式来保护自己。许多非股东利害关系方通过政治性程序可以有实质性力量来保护他们自己。公共选择理论告诉我们,组织良好的利益群体能够以牺牲较大规模的松散组织群体而使自己受益,他们往往通过从立法者那里获取表面上是公共福利立法但实际上回馈的主要是利益群体利益的法律规则来实现。由于缺少自己的发言人,他们的大多数或者是搅搅局(gadflies),或者促进一下给他们的服务,股东(特别是股东个体)没有一些有意义的政治声音。相比之下,较紧固的政治性利益群体代表许多非股东利害关系方。其结果是,非股东利害关系方的利益越来越受到公共福利立法的保护。

---

① See Ronald J. Gilson & Bernard S. Black, *The Law and Finance of Corporate Acquisitions*, 623 -27(2d ed. 1995)(总结性证据);see also Amanda Acquisition Corp. v. Universal Foods Corp. ,877 F. 2d 496,500 n. 5(7th Cir. 1989)."我们意识到没有证据表明投标者没收工人们和其他参与者的投资的行为,会比现任者可能(且经常做)为了追逐利润而关闭或者转移工厂的行为更重。"

(3)向下倾斜的需求曲线假设

在标准的经济学理论中,控股溢价与有效的资本市场假设并不矛盾。投标前市场价格代表着所有市场参与者对目标公司基于当前可得到的所有公开信息所产生的将来股息流相对应的贴现价值的市场共识。换句话说,市场价格代表着在公司当前商业计划中所使用的当前资产产生的可预测的未来现金流的现值的市场共识。并购要约代表着新的信息。它可能是由于商业计划的改变或者资产重组所带来的未来收益流的信息。在任何情况下,投标前的市场价格都不会降低这种信息的价值。而且,即使是竞标者有非公开信息,市场也不能够完全调整目标公司的股票价格。

一些评论者声称股票需求曲线会向下行并且可能会最大化单一弹性。如果这样,买一个公司50%的股票就可能获得50%的价格增幅。[1] 这就意味着,只有很少的财富是通过收购创造的。相反,收购溢价主要是供给和需求的神器。

换句话说,向下倾斜的需求曲线假设并购溢价表明许多投资者的保留价格高于目标公司股票的投标前市场价格。[2] 的确,如果投资者的保留价格低于市价则将会卖出股票,因此大多数投资者的保留价格将接近或者高于市价。相应地,投标者必须提供控股溢价以吸引投资者卖出。但是,对于这些投资者来说,反映他们保留价格的控股溢价部分确实应当被视为新财富。

---

① See e. g. , Laurie Simon Bagwell, "Dutch Auction Repurchaes: An Analysis of Shareholder Heterogeneity", 47 *J. Fin.* 71(1992); Andrei Shleifer, "Do Demand Curves for Stocks Slope Down?", 41 *J. Fin.* 579 (1986); see generally Reinier Kraakman, "Taking Discounts Seriously: The Implications of ' Discounted ' Share Prices as an Acquisition Motive", 88 *Colum. L. Rev.* 891 (1988); Lynn A. Stout, "Are Takeover Premiums Really Premiums? Market Price, Fair Value, and Corporate Law", 99 *Yale L. J.* 1235(1990).

② 这种情况下的保留价是指投资者愿意接受卖掉他们股票的最低价。

第三章　合并、资产出售及其他法定收购形式

第一节　合并

合并是两个公司合并成为一个单一实体。假设,A 企业与 B 企业计划通过合并来实现联合,两家企业需要将必备的法律文书——一般称为"合并协议"——提交给相关权力机构,以使其合并发生法律效力,这一过程与两家企业设立时的程序并无太大差异。合并后,两家企业中只有一家存续,但是存续的企业将通过法律手段继受合并前两家公司各自的全部财产、责任、权利和义务。①

正如美国《标准公司法》第 11.07 条详细

---

①　从法律角度来看,公司的吸收合并是指 2 个或 2 个以上企业合并而其中一方存续。在新设合并中,2 个或 2 个以上企业合并为一个新的企业,新设合并的协议即具有新设企业的公司章程的法律效力,这一区分仅是在公司法上的一种语义区分。

规定的那样，一次企业合并至少会对合并的企业产生下列八个方面的影响：

- 合并协议中被指明为继续存续的企业会保持其法人资格。
- 被合并的企业或几个企业会终止其存续。
- 参与合并的企业所拥有的全部资产以及其享有的所有合同权利都由合并后的企业承继。
- 参与合并的企业的法律责任都由合并后的企业承继。
- 参与合并的企业如有正在进行的司法程序，则由合并后的企业取代其地位继续进行。
- 合并后的企业的公司章程和内部规则条例都应当根据合并协议的内容予以修改。
- 合并过程中制定的规程、条例或组织文件开始生效。
- 参与合并的企业的股份将被转为合并协议中指明的对价，参与合并的企业的原有股东的权利限于合并协议中的约定和法律的强制性规定。

在示范法中，完成一次有效的企业合并需要 4 项基本步骤：首先，起草合并方案，明确交易的条款和条件。[①] 其次，董事会必须通过同意合并方案的议案。[②] 再次，该方案还需得到股东的同意。[③] 最后，合并的协议要提交给法定国家机关备案——在未采用示范法的州，程序也大致如此，但是在股东通过合并的法定票数上，州与州之间存在差异，这将在第五章详述。

---

① 美国《标准公司法》第 11.02(c)条。

② 美国《标准公司法》第 11.04(a)条。

③ 美国《标准公司法》第 11.04(b) ~11.04(c)条。如果要进行团体投票或者交易条款触发了本来没有投票权的股票持有人的投票权，票数要求就会更加复杂。

第二节　出售企业全部或重大资产

一般而言,董事会有广泛的出售、出租、抵押或以其他方式处置企业的权利,但如果董事会要处分企业的全部资产或重大资产,就需要得到股东的同意。①

"全部资产"和"重大资产"之间,并没有十分明确的界分标准。考虑到征求股东的同意所需的花费及其他负担,还有预估错误可能产生的严重后果,对交易筹划者来说,判断交易是否构成"全部或重大"资产是至关重要的问题。特拉华州的两个经典案例可以充分体现这个问题。

在"吉伯尔诉信号公司案"(Gimbel v. Signal Companies)中,作为被告的企业集团有多条业务线,包括飞行器和太空科技、卡车制造和油品。② 石油曾是信号公司的核心业务,但逐渐成为其边缘业务。董事会决定将石油部分的业务以超过 480,000,000 美元的价格出售。原告股东对该笔交易提起诉讼,其起诉理由之一即是该笔交易构成出售企业的重大资产。大法官采用了多种标准来判断被出售资产所占的比例:税收、利润、财产、净值、资产收益率和净值收益,并在各项标准下,将石油业务的贡献比率与其他业务的贡献比率进行比较。在不同的标准下,石油业务在总利润中所占的比例有着巨大差异。如果按净值法来计算,石油业务占比 41%,而如果看资产总额则石油业务只占到 26%,以税收和利润为标准时该比例则是 15%。从

---

① 《特拉华州普通公司法》第 271 条。1999 年,示范法经过修订引入了一个新的术语。修改过后的示范法第 12.02(a)条规定,如果一项交易会使公司"无法进行重大的商业经营活动",那么该笔交易必须得到股东的同意。

② Gimbel v. Signal Companies, Inc., 316 A. 2d 599(Del. Ch. 1974).

量化的角度，法庭得出结论，认为该笔交易不构成重大资产出售。但是，在判决的附带意见中，法庭又从质的角度进行了分析。信号公司已经建立了一个以买受、运作、出售各类不同业务为主业的集团，石油虽然是企业最早的核心业务，但很快就成了企业众多业务中的一条分支。出售石油业务，并未使企业丧失业务能力或改变企业的主营业务类型。因此，法庭判决认为，该笔交易并不构成出售信号公司的全部或重大资产。

在"卡茨诉布雷格曼案"(Katz v. Bregman)中，企业将一系列不盈利的部门全部售出。[①] 当企业提出要将其仍处于存续状态中的主要子公司之一出售时，一个股东提起诉讼，宣称出售该子公司构成出售公司持有的全部或重大资产。通过设立众多的子公司，该企业主要从事的是生产钢铁的贮存器和运输桶。借助已有的销售渠道，公司决定转向做塑料的贮存器和运输桶的生产业务。为了判断该笔交易是否需要获得股东的同意，大法官首先进行了量化判断。拟被出售的分公司占到了公司当时所有资产的51%，该分公司带来的收入和税前利润，分别占到了公司收入和税前利润的44.9%和52.4%。而如果采用质的分析，法庭认为，从铁质桶到塑料桶的业务转型构成"对原有业务的重大偏离"，企业拟出售的业务的核心资产从而进入一个新的生产线。从综合交易的本质和拟出售资产所占的高比重来看，该交易已经达到"重大或全部资产"的标准，因此必须得到股东的批准。

"卡茨案"的判决在很多地方都存在争议。从铁质桶到塑料桶的转型被认定为"巨大偏离"并不具有很强的说服力。假设一个公司曾多年靠生产木质棒球拍盈利，由于专业运动员都逐渐不再使用木质

---

① Katz v. Bregman, 431 A.2d 1274 (Del. Ch. 1981).

拍,公司陷入了运营困难。于是公司决定出售木质车床及其他生产设备,并投资购置生产铝质棒球拍的设备。这种对产品线的调整决定应当是董事会权限内的商业判断。"卡茨案"的判决依据实质判断的结果,把法律赋予董事会的决定权错误地塞到了股东手里。[①]

"是否构成全部或重大资产"是交易中必须考虑计划的事项,缺乏明确的法律标准造成了实践上的适用困难。当出卖方的董事会询问交易律师是否必须事先征得股东同意时,律师往往觉得难以给出确切的回答。根据常用的经验法则,一般认为如果出售的资产超过资产负债表所记载的财产市场价值[②]的 75%,就构成出售重大资产,而出售比例低于 25% 的资产则不构成。[③] 而在这两极之间时,出售者必须对"吉伯尔案"和"卡茨案"中法院所提出的实质判断进行充分的考量。在实践中,律师通常会指示一些初级律师到图书馆里对案例所在州已公布的判决以及特拉华州案例进行穷尽式的检索,寻找在事实上与手中案例最相近的判决,然后再出具最符合本案实际的法律意见。

---

① 参见《特拉华州普通公司法》第 141(a)条("所有依本章成立的公司的商业运行和管理事务都应由董事会决定或在其指导下进行")。

② 通常,企业财产的价值以其登记的历史价格计算,但是市场现值更加重要,也会更加准确。出售价格也是判断拟售财产的市场价值的有用替代标准。而对于企业仍保留的财产,一般会由投资银行来进行评估。如果在诉讼中,还会通过专家证人辩论来确定估值的正确性。如果待售资产构成业务的重要部分,比如特定的子公司或者业务分支,那么还需要引入其他标准。在这些情况下,所涉资产创造的收入、收益或销量所占的比例都是可以计算得出的。例如,在"吉伯尔案"中,公司要出售的是其石油业务。所以要计算出石油业务的收入和利润所占的比例并非难事。

③ Leo Herzel et al., "Sales and Acquisitions of Divisions", 5 *Corp. L. Rev.* 3, 25 (1982). 1999 年的示范法修正案为低于 25% 比例的交易提供了一个法定的安全港:"如果在最新结束的会计年度末,公司的商业运营维持的资产所占的比例不低于公司总资产的 25%,且同一会计年度内,则该公司将被认定为保持了其重大的商业经营能力。"美国《标准公司法》第 12.02(a)条。

第三节 在并购和资产出售中作出选择

一项交易通常可以通过不同的路径来完成。假设企业阿杰克斯是一个独立的公司,下设 5 个部门:防御系统,消费性电子产品,电脑,自动化,运输。阿杰克斯计划将其防御系统部门卖给阿科美公司。因为各部门是构成独立公司的部分,将其作为资产出售似乎是唯一的选择。实际上,这场交易可以被设计为一次合并。交易设计者可以指导阿杰克斯设立一个叫作纽克的壳公司。阿杰克斯可以先将防御系统部门的资产投入纽克中,并换取纽克的股份,然后由纽克和阿科美进行合并。但是,正如已经提到过的,合并和资产出售在本质上存在很多差异,下述几点尤其重要。

控制权转移的难易度:企业兼并发生法律效力的时候,除了存续的公司,参与合并的各家公司都会消灭。我们可以发现,很多关键性的法律后果都是因为法律规定而发生,并不需要交易各方作出进一步的行为。而在资产出售中,目标公司仍然存续,其董事和股东也仍然保持不变。从表面上来看,并不存在因法律规定而产生的法律后果,这也直接导致了交易成本的大幅上升。

资产转移的难易度:在合并中,参与合并的企业所拥有的财产的产权自动转移给存续的企业。而在资产出售中,被出售的每一件财产相对应的产权证明都必须予以交接并向相应的权力机关进行登记。举个例子来说,如果目标公司在多个郡都拥有不动产,那么不动产所在的每个郡都应当对财产转移行为予以登记。

对价转移的难易度:在合并中,对价直接付给无异议股东。在资产出售中,将对价分配给目标公司股东的过程更加复杂(假设这是可预期的,在一些案例中,收益会注入一个新的商业线中)。因为被售公司依然存在,一个选择是将对价作为分红来分配。通常,目标公司会被正式解散和清算。在债权人偿付之后,剩余资产(包括兼并中所支付的对价)会在最终的清算分红中分配给股东。

税收待遇:如果在资产兼并中购买方是以现金支付,出售收益将被征收2次税。购买方首先将为收益支付公司税。假如销售方进而被清算,股东将为清算分红支付个人所得税。相反,如果购买方在资产并购中,使用自己的普通股作为对价,交易就能够符合税收豁免C项重组要求。尽管自2001年布什税收削减计划之后,分红适用跟资本所得一样的税率标准,但对于现金购买资产的交易形式来说,双重征税依然是一个重要的不利因素,结果导致这种交易很少。

合并在大多时候仅被征一次税,目标公司股东根据他们在交易中的股权比例对其收益支付一次资本利得税。而且,在很多情况下,有可能通过免税重组的方式搭建一项合并,进而使合并拥有了重要的税收优势。

承继者的责任:在合并中,存续公司承继了每一个组成公司的所有责任。在资产出售中,由于侵权法上一些新兴的例外情况,除非是由书面的责任约定,购买方并不承担售卖方的责任。

股东投票权:在大多数时候,避免股东投票是许多交易计划者的目标。在公众公司情况下,获取股东同意的过程通常是冗长的和昂贵的。必须征得代理权就要求准备股东代理权委托书。会计师必须准备财务报表并给出会计意见。律师必须准备有关公司、证券和税务法律问题的法律意见书,律师也可以起草或者至少是审阅代理权委托书。公司通常会雇用一个代理权征集公司去运作股东会议并征集代理权。资深的公司经理必须花费时间审阅文件和征集材料,以及其他事务。结果是股东表决程序的花费很容易就上升到7

位数。在直接的两方合并中,是需要获得双方公司董事会和股东的批准。相反,在资产出售中,卖方股东通常不被授予对交易进行投票的权利。

股份回购请求权:股份回购请求权给了异议股东以要求公司按照司法确定的公平市场价格回购他们股票的权利。鉴于相当数量的股东可能迫使公司以现金形式回购股票将会危及并购,尤其是当卖方手中缺少现金的时候,因此,交易策划方会尽力让股份回购请求权发生的可能性最小化。在直接的两方合并中,两边公司的股东都有权要求股份回购。在大多数情况下,卖方股东在卖掉全部的或者相当于全部的公司资产的买卖中拥有股份回购请求权,但买方股东不享有。在特拉华州,回购权仅限于合并,而在资产买卖中,两边公司的股东都不享有回购权。

小结:在上述最后 3 条标准中,买卖全部的或者相当于全部的公司资产看上去更像是合并。资产买卖能够使继受者的责任最小化且限制两方直接合并中双边股东的投票和回购权利。那么,有没有一种方式能够在资产出售中获得交易成本最小化优势,同时又能够获得合并的优势呢?的确,有一个简单的方案:三方合并。[①]

第四节 三方交易

在三方合并中,并购方组建了一个壳子公司。这个壳公司是以交易中拟支付给目标公司的对价作为资本的,对价可以是现金也可以是并购方的有价证券。[②] 这个壳公司进而会与目标公司进行合并。

① 资产出售也能够被架构为三方交易。

② 一般来说,并购方转移对价给壳公司,壳公司转而向并购方母公司发行所有股票。

在正向的三方合并中,壳公司是个存续主体。在反向的三方合并中,目标公司存续。在任何一种情况下目标是都一样的。目标公司最终都成了并购方的全资子公司。而之前的目标公司股东或者成了并购方的股东或者获取现金后出局。①

在三方合并中,从目标公司角度来看并没有改变。同样的批准流程必须得以遵从。但是,从并购方角度来看会有很多变化。仅有相关公司的股东有权去投票或者行使回购请求权。在三方合并中,构成主体包括目标公司和壳公司。其结果是,作为母公司的并购方不是一个并购中的正式主体一方,且他的股东既没有投票权也没有回购请求权。

三方合并也会带来继受者的责任问题。在三方合并之后,目标公司作为被真正的并购方全资拥有的子公司而继续存在。在此情况下,目标公司仍然独立对外承担责任。除非原告方能够刺破公司面纱进而到达其母公司层面;否则,作为母公司的并购方对继受者所承担的责任仅及于在被并购子公司的投资。②

再者,既有的经验是一项既定的交易可以采取许多种形式。正如在此领域经常发生的那样,在一定程度上法律重形式轻实质,交易策划者有实实在在的机会进行监管套利。这也潜在地允许策划者给交易增添实质性价值。与普遍观点所不同,好的律师实际上能够创造财富。

① 正如第五章所说,重要的技术差异在于反向三方合并通常既不触发集团表决,也不触发无表决权股份的表决权。

② 另外,将目标公司留作一个独立的主体可能在处理雇员和客户关系方面有其他优势。

第五节　合并决定的做出

1. 董事会的角色

现代公司法将并购协议谈判的首要责任，给了目标公司董事会。目标公司董事会拥有广泛的权利，去决定是否与一个公司合并和选择一个合并伙伴。进入一项协商性合并交易的最初决定是董事会的“一揽子”商业决定范围内，股东没有法定的权利去启动一项并购谈判。[①] 董事会也拥有单独的权利去商谈有关合并如何启动和就相关事宜达成体现他们意志的决定性合并协议的相关条款。[②]

当然，大多数合并要求获得股东同意。但是，如果目标公司董事会拒绝了最初的投标者，合并流程将在没有股东参与的情况下予以终止。如果董事会批准了合并协议，股东将开始更多地涉入其中，但也只是轻微涉入。股东没有法定权利对特定条款进行修改或者否决，他们的角色仅限于将合并协议作为整体予以同意或者否决，法律要求获得大多数已发行股份股东的同意即可。[③]

将主要的决策地位分派给董事会反映了公司法给予董事决策权的一般逻辑，从公司治理的角度来讲也提供了一个很好的思路。董事会比股东更知道公司的商业目标和机遇，董事会也更加知道在多大程度上一项拟议的合并将促使他们目标的实现。董事会也是一个有效的管理体。关于董事集体行动的常见问题明显给股东参与公司决策带来麻烦，它将在协商一项合并协议方面排斥股东任何有意义

① Smith v. Van Gorkom，488 A. 2d 858，873（Del. 1985）.

② 《特拉华州普通公司法》第251（b）条。

③ 《特拉华州普通公司法》第251（c）条。

的角色。理性的股东只有在合并的预期收益明显超过成本时才会费力去做出一项知情决策。由于合并的授权委托书通常比较长且复杂,因此在做出拟议中的决定时就有极高的机会成本负担。相反,股东可能并不期待获取提出授权委托书中拟交易项目的原因。经常也没有原因,或者即使有背景存在,也很难从授权委托书中辨别出来。相应地,股东能够被期望签署一个与仔细思考的对价的预期收益相比相对更低的价格。其结果是,即使是批准的不是受通知股东期望达到的决定,商议的并购也还是可以通过。这就是为什么公司法给了董事会对拟议合并单独的权利。这也是为什么公司法要求股东将并购协议作为整体进行投票,而非允许股东同意或者不同意特定的条款。

与赋予董事会更多的授权相对应,董事会对潜在并购作出决定的权利也会带来滥用的可能性。根植于所有公司并购之中的,是目标公司经理层和目标公司股东之间以文字表述的冲突。虽然股东与经理层之间的紧张关系在敌意并购中可能更明显,但由于一旦并购成功,现任的董事和经理们存有可能会被解雇的实质性风险,因此,类似的利益冲突在善意并购中也是存在的。由于目标公司董事会的批准是大多数并购方式的必要性先决条件,现代公司法律框架给了经理层在善意并购中相当大的权力。为了在投标中获取董事会的合作可能会给经理层提供单方支付,如存续实体的股权份额,雇佣或非竞争合同,较大一笔遣散费,既有的额外福利和其他补偿性安排的继续实施。[①] 虽然单方支付如果较大无疑会实质性地影响竞标者支付给目标公司股东的价格,但是单方支付可能会影响经理层的决策,并

---

① E. g. ,Samjens Partners I v. Burlington Industries, Inc. ,663 F. Supp. 614(S. D. N. Y. 1987)(白衣骑士提供目标公司的管理权益股份);Singer v. Magnavox Co. ,380 A. 2d 969(Del. 1997)(目标公司董事提出雇佣合同);Gilbert v. El Paso Co. ,490 A. 2d 1050(Del. Ch. 1984)(原告要求要约收购或修改投标以惠及目标公司经理层).

使他们同意相比于通过艰难谈判或者公开竞价所获得的较低的并购价格。①

即使经理层并非有意识追求来自竞标者的单方支付，利益冲突仍然会产生：善意并购中往往有种希望，即保持一定的头衔和职位以保证持续的薪水和额外补贴的力量在起微妙作用。许多人将他们生命中的一大部分投入唯一的大型商业组织。他们自我身份认同的一部分就来自于该组织认为他们能对公司有所贡献。他们由于深涉其中，因此并不把公司的目标看作完全是经济性的，也不会把他们特殊身份的持续存在看作无足轻重的事情。②

虽然这种动机是可以理解的，但却与股东的经济利益存在冲突。

公司并购是博弈论者所称为"最后时刻问题"的经典案例。在重复性交易中，交易一方假公济私的风险都会被另一方在未来的交易中惩罚欺骗方的威胁所制约。但在最后一期交易中，这种制约消失了。因为最后一期交易是系列交易的最后一环，未来惩罚的威胁消失了。

显然，在公司并购中，对经理层们施加在日常经营过程中的各种法外限制瓦解了。目标公司经理层不再受制于股东的纪律约束，因为并购方将购买目标公司股东的股权。目标公司经理层也不再遵守市场纪律的约束，因为目标公司将不会作为一个独立的机构在市场上运作。结果，经理层将不再受制于股东或者市场对假公济私行为的惩罚。相应地，这也是对经理层所声称的将依据股东利益最大化

---

① E. g. ,Pupecki v. James Madison Corp. ,382 N. E. 2d 1030(Mass. 1978)(原告起诉称由于控股股东的单边支付使出售资产的对价被降低了);Barr v. Wackman,368 N. Y. S. 2d 497,329 N. E. 2d 180(1975)(原告起诉称目标公司董事同意降低并购价格以换取劳动合同的签订).

② Paramount Communications Inc. v. Time Inc. [1989.]Fed. Sec. L. Rep. (CCH) 94,514 at 93,268 -69(Del. Ch. 1989),aff' d,571 A. 2d 1140(Del. 1989).

原则做事情产生怀疑的很好的解释。

尽管有这些重要的责任性考虑,特拉华州案例始终坚持由董事会决议作为批准一项并购的商业裁决规则。法院经常援引商业裁决规则作为一项"先决条件",公司董事或者高管基于善意原则明智行事,所采取的行动是基于公司利益最大化考量的诚实信用原则。① 但这一观点或许是不准确的。商业裁决规则不是在"严格的证据规则"②基础上的先决条件。相反地,其性质更多的是一种假设,也即法院假定他们不应去审查董事会决议是否存在欺诈、非法或者假公济私。在任何情况下,底线是即使判决存在明显错误也很少招致公司董事存在承担责任。

另外,商业裁决规则反映出基于董事被授予的实质性自由裁量的一种平衡,但这种自由裁量不允许把他们自己的利益放在公司股东的利益之上。换句话说,我们全权委托董事做决定也可能变得糟糕,但自由裁量不能作出自利性决定。这种平衡在很多的先决性判例上都得到体现,董事在诉诸这一规则保护之前必须遵守这一平衡。

裁决的执行。商业裁决规则仅在董事实质上做出商业裁决时才适用。不采取行动的决定仅在决定做出时才受到保护,但对压根就没有作出决定的董事则不予保护。③ 相反,不采取行动的后果应当受制于谨慎义务的审查。④

---

① See e. g. , Panter v. Marshall Field & Co. , 646 F. 2d 271, 293 (7th Cir.), cert. denied, 454 U. S. 1092 (1981); Aronson v. Lewis, 473 A. 2d 805, 812 (Del, 1984).

② R. Franklin Balotti & James J. Hanks, Jr. , "Rejudging the Business Judgment Rule", 48 *Bus. Law.* 1337, 1345 (1993).

③ See e. g. , Rosenblatt v. Getty Oil Co. , 493 A. 2d 929, 943 (Del. 1985) (认为"被通知授权代表一个任务的决定就如同其他商业决定的执行一样").

④ See e. g. , In re Caremark Int'l Inc. Deriv. Litig. , 698 A. 2d 959 (Del. Ch. 1996).

公正和独立的决策者。商业裁决规则假设:董事没有利益冲突。[1] 然而,自利性是商业裁判规则的假设被反驳的三个原因中典型的一个。“如果董事的利益或损失受到实质性影响,他就会对通过一项与公司或者股东利益不同的董事会决议感兴趣。”[2]相应地,例如,从公司销售或者租赁一定财产、卖给或者租赁给公司一定财产的董事会对此交易感兴趣。同样,给公司提供服务的董事也会对此项交易感兴趣。

董事还可能基于间接的联系而对交易感兴趣。例如,在“拜耳诉贝兰案”(Bayer v. Beran)[3]中,公司雇用了总裁的妻子。这种夫妻关系给了总裁在交易中一种间接的利益。同样,在“环球毛纺公司诉尤蒂卡燃气电力公司案”(Globe Woolen Co. v. Utica Gas & Electric Co.)[4]中,被告的一个董事也是原告的总裁和主要股东。基于这些商业利益,即使其不是交易的一方,也被认为对交易存在利益关系。

除了在交易中缺少个人利益的问题以外,董事还必须具有独立性。“董事如果将他的决定‘立基于公司的利益而非外来因素和影响’才是具有独立性。”[5]为了证明董事具有独立性,原告必须证明存在某种个人或者公司关系,基于这种关系,董事或者对相关利益方负

---

① Lewis v. S. L. & E. , Inc. ,629 F. 2d 764,769(2d Cir. 1980).

② Seminaris v. Landa,662 A. 2d 1350,1354(Del. Ch. 1995).

③ 49 N. Y. S. 2d 2(Sup. Ct. 1944).

④ 121 N. E. 378(N. Y. 1918). 因此,当他们“站在双重关系,阻止无偏见的行使判断”时,董事被视为有利益关系。Stoner v. Walsh,772 F. Supp. 790,802(S. D. N. Y. 1991)(See United Copper Sec. Co. v. Amalgamated Copper Co. ,244 U. S. 261,264(1917)).

⑤ Seminaris v. Landa,662 A. 2d 1350,1354(Del. Ch. 1995) See Aronson v. Lewis,473 A. 2d 805,816(Del. 1984).

有责任,或者被相关利益方控制。①

在董事会集体行动情况下,是不足以显示出单一董事是存在利益的或者是缺少独立性的。商业裁决规则会把董事会决定隔绝于司法审查,除非原告能够证明董事会大多数成员存有利益和/或缺少独立性。②

没有欺诈和违法。商业裁决规则不排斥对牵涉欺诈和违法的董事会决定的审查。③

合理性。在"辛克莱石油公司诉莱维恩案"(Sinclair Oil Corp. v. Levien)中,特拉华州最高法院认为只要董事会的决定能够基于合理的商业目的作出,商业裁决规则就排除法院对董事会作出决定进行司法审查。④ 同样,在"布雷姆诉艾斯纳案"(Brehm v. Eisner)中,法院认为商业裁决规则不适用于董事会"基于合理商业目的所作出的行为"。⑤

至于"合理的商业目的",基于正常的理解,并不对董事会决定的价值采取实质性审查。"辛克莱使用'合理性'一词等同于构想的或者想象的,也意味着如果有任何基于合法的商业理性的可能性,则法院是不会审查董事会决定的。当然,这也不意味着或者被理所当然地理解为个人董事必须或者应当准备提出他们作出决定的合理原因

---

① See Aronson v. Lewis, 473 A. 2d 805, 815 (Del. 1984); see also Odyssey Partners, L. P. v. Fleming Cos., Inc., 735 A. 2d 386, 407 (Del. Ch. 1999). In Kahn v. Tremont Corp., 694 A. 2d 422 (Del. 1997),名义上独立董事委员会批准了企业并购。3位董事的牵头完全是被动的,他们默认了与控股股东有重大财务关系的委员会主席的决定。董事的决定不受商业判断规则的保护。

② See Odyssey Partners, L. P. v. Fleming Cod., Inc., 735 A. 2d 386, 407 (Del. Ch. 1999).

③ See e. g., Shlensky v. Wrigley, 237 N. E. 2d 776, 778 (Ill. App. 1968).

④ Sinclair Oil Corp. v. Levien, 280 A. 2d 717, 720 (Del. 1971).

⑤ Brehm v. Eisner, 746 A. 2d 244, 264 n. 66 (Del. 2000).

的证据。"[1]正因如此，艾伦大法官说："对于事后考虑问题的法官或者陪审团来说，无论他们是否相信决定在实质上是错误的，或者在多大程度上是从'愚蠢的'到'恶劣的'或者'非理性的'，如果拿不出董事责任的依据，就只能由法院来决定采用的程序是否是理性的或者是基于提高公司利益的善意努力。如果采用不同的规则，即允许对董事会决定进行所谓'客观的'评价，那么将迫使董事们被专业素养不良的法官或者陪审团进行实质性的二次裁判，从长久来看，这会使投资者利益受损的。"[2]

相反，正如艾伦大法官所观察到的那样，"那种将有限的实质性审查作为一种受重视的规则(作为审查'愚蠢的'或'非理性的'或'超脱理性的'判断规则)实际上是推论恶意的一种方式"。[3] 换句话说，叩问董事会决定的合理性即叩问董事会决定是否被自利性玷污的代名词。

被告知的决定(谨慎注意程序)。通说认为，遵行"合理的谨慎与注意"是商业裁决规则的前提条件。[4] 这个术语是最不幸的。它意味着审查董事会行为注意义务的必要性，进而很容易滑入将注意义务的遵守视为启动司法裁判规则的必要先决条件的错误。但是，如果我们将"合理的谨慎与注意"的要求理解为决定做出的程序，那么问题就转为仅是语义学上的一个问题。大量的特拉华州裁决表明，正当注意要求的司法参照实际上倾向于董事会决定程序的充分

---

① Michael P. Dooley, "Two Models of Corporate Governance", 47 *Bus. Law.* 461, 478–79 n. 58 (1992).

② In re Caremark International Inc. Derivative Litig., 698 A. 2d 959, 967 (Del. Ch. 1996) (原文中重点强调).

③ In re RJR Nabisco, Inc. Shareholders Litig., 1989 WL 7036 at *13 n. 13 (Del. Ch. 1989).

④ See e. g., S. Samuel Arsht, "The Business Judgment Rule Revisited", 8 *Hofstra L. Rev.* 93, 100 (1979).

性,法院开始称为“谨慎注意程序”。[①] 遵从这些裁决的引导是更合适的,而且也停止了关于董事会是否遵从“合理的谨慎与注意”的讨论。相反,必要的前提条件刚好可以被视为理性的和善意的决策程序。

假如前置性前提条件得以满足,法庭就会被要求审查通过合并的董事会决议,这将启动作为审查标准的商业裁判规则。这样,就能使章程赋予董事会的相当大的权限可以在不受到司法介入的重要风险情况下得以执行。

法院为什么不担心上述可能存在的利益冲突呢?在一个普通债券的短期并购中,董事会的潜在利益冲突被各种各样的非法律限制所左右。独立的董事和股东将被说服通过这次交易。假公济私所引起的名誉损失将会在内部和外部工作市场上为董事和经理带来麻烦。错误建议的并购可能在资本市场给并购方带来麻烦,包括限制其从目标公司股东转移收益给目标公司董事和经理的意愿。

除了这些监督机制以外,善意并购还受制于市场对公司控制的约束性影响。当单方支付说服经理层接收一个较低的首次报价时,第二个竞标者可能(并且经常会)成功地提供给股东一个较高价的选择项。的确,当单方支付影响初始竞标者应对竞争性投标的抬高报价能力时,竞争性投标者的威胁变得特别重要。在这种情况下,二次竞标者几乎确定会胜出。当然,如果不能说服目标公司经理层改变一方,竞争性投标者的交易将不能适用于并购或者资产收购。但是

① Brehm v. Eisner,746 A.2d 244,264(Del. 2000)(“作出决定中的谨慎注意不过是程序上的谨慎注意”;原文中重点强调);Citron v. Fairchild Camera & Instrument Corp.,569 A.2d 53,66(Del. 1989)(“我们的谨慎注意评估聚焦于董事会决定程序”);In re Caremark Int'l Inc. Deriv. Litig.,698 A.2d 959,967(Del. Ch. 1996)(“除了考虑到所采用的过程的诚信或合理性之外,遵守董事谨慎注意的义务也不能通过因为参照董事会决定而导致企业损失的内容来作出司法裁决”;原文中重点强调).

介入者有一个令人畏惧的选择项:要约收购,这可以允许竞标者绕过目标公司董事会直接从股东手中买到控制性股份数额进而消除经理层配合的需求。

2. 合并决策中谨慎注意程序的必要性

虽然法院对并购的董事会决议通常会适用商业裁判规则,但这并不意味着不能对这些决议予以司法审查。正如我们之前所述,董事会履行谨慎注意程序是商业裁判规则运用的必要前提条件。在"史密斯诉凡·戈科姆案"①中,这个经典案例阐释了对并购的董事会决议进行司法审查时这个条件的特殊性。1980 年环联公司(Trans Union)的首席执行官兼董事会主席凡·戈科姆促成了环联公司与金融家普利兹克(Pritzker)控制的一个公司之间的合并。环联公司董事会和股东同意了这项交易。股东史密斯作为原告方提起诉讼,认为董事会对该项并购交易的表决违反了环联公司董事的注意义务。被告方董事争辩称他们卖掉公司的决定应当受到商业裁判规则的保护。

法院对案件进行分析首先基于商业裁判规则的一个前提,即董事会决定的做出是基于合理判断,即基于善意的和诚实的相信决定是为了公司利益最大化考虑。在法院的认知中,在这种情况下,规则的常规例外情况——如欺诈、非法和自利——是不会出现的。② 但是,如果董事不能够被告知他们正常应该获得的所有实质性信息,则

---

① 488 A. 2d 858 (Del. 1985).

② 大家可能也会建立起一种自我交易的论断,会关注到凡·戈科姆已经非常渐进法定退休年龄并且拥有75,000 环联公司股份。按照55 美元一股,这些股份价值会超过400 万美元;在股票市场,股份近期的交易价格在每股 30 ~39 美元。即使在这一区间的最低点,股票价值也不少于300 万美元。大家进而会认为凡·戈科姆持有较大数额股票且临近法定退休年龄会使他有动力去卖掉公司。但是,如果这样,他的动力明显是获得尽可能好的价格。环联公司卖出更高的价格,凡·戈科姆就能够在退休时获得更多的钱。其结果是,他的自我利益就与股东的利益处在一条线上,因为股东显然也希望获得更好的价格。

不能获得商业裁判规则保护。在这一意见过程中,法院主要是关注董事会程序问题。的确,人们可以合理地从"凡·戈科姆案"中理解到公司的决定在相当程度上需要在遵循程序性路径基础上做出。相应地,这也可以用以鉴别法院所聚焦的环联公司董事会的一些行为。

咨询。在与普利兹克的谈判中,凡·戈科姆仅向环联公司的控制人彼得森(Peterson)征询了意见。更糟糕的是,当他告诉其他资深经理们关于将进行的交易时,他们的第一反应都是强烈反对。特别是,罗曼斯(Romans,环联公司的首席财务官)表示拒绝,认为价格过低,交易对一些股东来说有一些负面的税收影响,且普利兹克购买环联公司股票的行权价等同于禁止竞争性报价的锁定价。这一证据在法院的决定过程中显然是具有毁灭性的。对这种内部不一致意见予以记录的证据明显引起了关于交易公平性的问题。掠夺的教训要求交易者应当在早期的程序中咨询资深经理层的意见并将议案提交董事会。除此以外,还应当建议凡·戈科姆提前向董事会征询意见并使他们知晓谈判的进展。

设定价格。在出售整个企业时,无论该出售是否被称为"合并",董事会都"必须关注首要的目标——确保交易给所有股东提供相对合理的最好交易价"。[①] 在跟普利兹克的谈判中,凡·戈科姆报价55美元。在评估经理层可以支持的杠杆并购潜在价值时,罗曼斯在早期认为这一并购容易在50美元成交但很难达到60美元的价格。看起来凡·戈科姆是选择了折中成交,选择了以55美元作为股权成交价格。

法院重点关注的是价格形成要基于杠杆交易经济上的可行性,而非环联公司的价值。[②] 在一定程度上,法院的分析基于公司有某些

---

① McMullin v. Beran. 765 A. 2d 910,918(Del. 2000).

② See e. g. ,Smith v. *Van Gorkom*,488 A. 2d 858,874(Del. 1985)(董事对本公司的内在价值一无所知).

内在价值的理念基础上，董事会决定存有严重瑕疵。对于其他的资产来说，公司仅值某人希望支付的价格。虽然公司的唯一价格体现为市场价，资产在不同市场上却有不同的价格（要非如此，是不会有套利的获利空间的）。两个不同的市场表现为价格设定的不同。一方面，是环联公司股票买卖的普通股票市场。但是，另外，还有一个公司控制的市场。后一市场的价格通常会超过前一市场的价格。而且，我们所说的“控制权保证金”仅是当某人购买公司股票的所有份额时才支付。

环联公司董事会不作任何努力去确定哪些控制权对普利兹克是值得的（如通过进行估值研究），而在这种缺失的情况下，没有依据来决定价格是否合理。换句话说，大多数人认为这个问题并没有得到很好的解决，这个公司对普利兹克来说是否值得，相应地，董事会是否做得很好，以代表股东获取相应的价值。环联公司的估计表明，尽管有些困难，但每股高达60美元的价格是可以获得融资的。[①] 此外，可行性研究是由一名专员内部准备的，他们并不以做这些研究为生。虽然法院明确指出，董事会没有义务聘请外部财务专家，但实际上投资银行家是以从事估价和可行性研究为生。至少理论上获得合理。建议的董事会有理由基于其得到的建议来预估，什么是潜在买方有能力支付也愿意支付的。凡·戈科姆有时被称为“投资银行家充分就业法”就不奇怪了。[②]

谈判。凡·戈科姆与普利兹克的谈判看上去较少提出要求。

---

① 60美元与普里兹克同意支付的55美元之间仅有每股5美元的差异，但是每股5美元乘以1250万已发行股份等于大约6300万美元，这不是什么大的变化。

② See e. g., Park McGinty, “The Twilight of Fiduciary Duties: On the Need For Shareholder Self-Help in an Age of Formalistic Proceduralism”, 46 *Emory L. J.* 163, 193 n. 42(1997); see also William J. Carney, “Fairness Opinions: How Fair Are They and Why We Should Do Nothing About It”, 70 *Wash. U. L.* Q. 523, 527(1992)（其观点认为凡·戈科姆“可以被称为1985年《投资银行家民事信任法》”）.

凡·戈科姆要求开会。会上他说,“如果你支付55美元,你就知道如何投资这笔交易”。普利兹克对应地提出了每股50美元,但凡·戈科姆拒绝了。然后,普利兹克同意了55美元。普利兹克快速接受了价格,这表明他认为已经进行了讨价还价,这样会加强我们对报价是否较低的疑问。

时间压力。为了防止信息泄露和伴随泄露而来的股价增长,普利兹克施加了紧迫的时间限制。因此,这个过程相当迅速,许多决定是在有限的时间限制下制作的。所有这一切都显而易见地困扰着法庭,因为它几次指出,没有危机或紧急情况表明需要这样的速度。凡·戈科姆是否暗示了董事会绝不能做出快速决定?可能不会。如果流程是充分的,决定作出的速度无疑是不会招致反对的。不过,警告声犹在耳边,而特拉华州最高法院最近的观察指出“历史表明,未能适当履行谨慎义务的董事经常会陷入困境”。①

信息和流程。“凡·戈科姆案”的中心问题是董事会未能做出明智的决定。决定做出的法定标准是很直接的——董事必须获知所有他们在合理范围内应当获知的信息。② 这个标准似乎需要深入研究。董事会必须向投标人通报公司的价值、谈判的过程、提议的条件、公平性以及其他信息。

这个标准过于苛刻。信息是有成本的,且股东也只会让经理人投资更多的钱去收集能够从更好的决策中产生额外收益的信息。要求董事会拥有所有“合理可用”的信息,“凡·戈科姆案”的法院过度

---

① McMullin v. Beran. 765 A. 2d 910,918(Del. 2000).

② Smith v. Van Gorkom,488 See also Washington Bancorporation v. Said,812 F. Supp. 1256,1269(D. D. C. 1993);Estate of Detwiler v. Offenbecher,728 F. Supp. 103,150(S. D. N. Y. 1989). “特拉华州最高法院随后将‘实质性’一词定义为‘在决策中履行托管责任义务对董事有重要意义’”。See Berhm v. Eisner,746 A. 2d 244,259 n. 49(Del. 2000).

要求董事投资于信息了。[①] 相比之下，美国法律研究所的公司治理原则（阿里原则，ALI 原则）只要董事会合理地通知董事在一定情况下是适当的信息。[②] 至少从字面上来看，不像特拉华州的标准，阿里原则允许董事对所有合理的可用信息做出决策，只要他们合理地认为这样做是适当的。作出决定的时间限制可能要求董事冒险以确保好的结果，这里的风险包括董事们还没有获知的所有相关事实。为了确保所提议的交易利益而决定接受这个风险，在某些情况下会是适当的。

当然，董事会收集主要信息来源的能力有很大的局限性。没有人真正期望董事会能够看到合并协议所涵盖的范围，甚至连审理"凡·戈科姆案"的法院都不能。[③] 阅读漫长而无聊的法律文件是董事会花钱请律师和下属做的事情。然而，在这种情况下，环联公司的董事有询问义务。考虑到决定的仓促性和其他情况，他们应该要求凡·戈科姆更多地关注交易细节方面。相反，董事会盲目依赖凡·戈科姆认为价格公允的说辞。凡·戈科姆没有披露且董事会也没有尽到足够的询问义务去探知关键事实，这表明交易并不像开始看上去那么具有吸引力。[④]

---

① Cf. In re RJR Nabisco, Inc., Shareholders Litig., 1989 WL 7036 (Del. Ch. 1989)，本案中，艾伦大法官注意到"信息有成本"。他进一步认为："法院在作出决定之前所需要的信息量恰恰是那些法院在制度上难以获取的商业决策。"

② ALI Principles 第 4.01(c)(2)条。

③ Smith v. Van Gorkom, 488 A.2d 858, 883 n.25 (Del. 1985). ("我们不建议董事会必须阅读其批准的每个合同或法律文件……") 在有争议的"欧慕尼凯（Omnicare）案"的决定中，特拉华州最高法院的大多数人嘲讽地"假设争论"，认为目标公司董事会"履行了谨慎注意义务，批准了董事会一项仅是摘要但却从未全部阅读的并购协议"。See Omnicare, Inc. v. NCS Healthcare, Inc., 818 A.2d 914, 929 (Del. 2003).

④ 换句话说，公司治理体系的组织结构将做出决定的权力更多地赋予了董事会，特别是关于类似并购的主要公司变化事项。事实倾向于认为资深经理们会试图通过董事会仓促作出决定，这就与通行模式不一致了。对环联公司董事们来说，不幸的是"凡·戈科姆案"的记录在那样情况下是广泛适用的。

对董事会决策程序的大量研究,发现了广泛的差异。一些董事会仅履行了出席和投票的程序,而并不认真审查所审议的文件。[①] 特拉华州高等法院得出结论认为,环联公司董事们不过是一个"以两个小时的考虑就疏忽大意卖掉公司的董事会,既没有事前通知,也并非迫于任何紧急情况"。但是,其他董事会就展示出了更大的谨慎。那些董事会研究议题,积极地参加讨论,并且做出关键决断。

公司法如何鼓励董事会在决策过程中履行尽职调查义务?例如,公司法规列明了董事会程序吗?一般来说,公司法不规定董事会程序或程序的详细规则。董事会如何制定议程,是否遵守正式的投票规则,以及其他一些临时程序问题由董事会自行决定。这是有道理的,因为根据生活的复杂性和不确定性,事前立法解决方案不一定可行。但是,董事会事后的司法审查可能是有益的。

根据这一假设,凡·戈科姆并不是因为没有遵守一些司法上的决策模式,而是没有任何充分的审议程序记录。换句话说,如果决策过程充分,那么法院将认可这个过程中做出的决定。因此,意见的基本要点是,董事会必须提供一些可信的当时的证据以它正在做什么。如果有此类证据存在,那么法院不会强加责任,即使董事会的决定被证明是错的。

通过如此集中意见,"凡·戈科姆案"的审理法院可以创造出一套符合组织决策制定教学的激励措施。该决定不利于高级管理层的议程控制,会惩罚那些简单通过动议的董事会。该决定鼓励调查、审议,关心和处理。该决定强烈鼓励董事会向外部顾问和财务咨询,这

① Daniel P. Forbes & Frances J. Milliken, "Cognition and Corporate Governance: Understanding Boards of Directors as Strategic Decision-making Groups", 24 *Acad. Mgmt. Rev.* 489, 494 (1999).

与证据团体合作一致可以通过外部专家咨询和评估来预防。[1] 甚至法院对董事会在单次会议后愿意采取行动的建议与“二次会议”也有助于防止群体思维的建议一致。

虽然凡·戈科姆所遭受的实质批评并不是完全不当的,但最终决定是有防范作用的。即使在“凡·戈科姆案”判决时,对于司法干预董事会决策过程过度的担心显然是被夸大了。严格遵守法院决策模式可能不是商业裁判规则适用的先决条件。然而,关于案件的事实,法院认定,董事会已放弃其责任,并允许自己被管理层左右的程度如此之大,以至于遵从董事会决议已经不适当了。此外,与重大交易有关的决定是有最终期限的。在这种情况下,董事会的流程失败会使他们承担责任。

然而,最后应该指出,“凡·戈科姆案”可能导致许多董事会决议被过度处理。在许多情况下,即使相对较小的董事会决策也将经过详尽的审查,并由专家进行详细介绍。为什么?答案在于相关参与者的激励机制。如果董事被认定违反注意义务,谁来为此埋单?董事。[2] 谁为受董事会雇用来提供意见的律师和投资银行家埋单?公司,最终是股东。假设你面临着潜在的灾难性损失,哪个人提供给你一份保险单。更好的是,你不必支付保费,别人也会这样做。因此,购买保险单不会让你花费什么。那么你为什么不买呢?

考虑对给公司提供咨询的律师进行激励也很重要,决定花多少时间和精力做出决策,这本身就是商业决策。因为这个决定是由责任问题驱动的,法律咨询通常对决策的制定至关重要。律师是否可以鼓励董事会过度投入决策过程?愤世嫉俗的答案是,由责任问题

---

① See generally Irving Janis, L. *Groupthink*(2d ed. 1982)(讨论集体决策的解决方案).

② 请注意,假设赔偿和保险都不可用。鉴于特拉华州的法律容易获得赔偿以及D&O 保险的合理可用性,董事会决策中经常会看到的谨慎令人费解。

驱动的更复杂的决策过程很可能导致更高的律师费用。一个不那么愤世嫉俗的解释是,法律上充满了运动、突变和错误。客户通常缺乏信息或意愿认识到他们的情况是证明规则的例外之一。相反,即使律师没有做错,客户往往会将不利的结果归咎律师。因为即使失败的案件相当于是百年一遇的洪水的上帝行为,律师也将被指责,所以律师往往在提供意见方面趋于保守(这里的保守主义并不是用于政治意义上的,而是在谨慎的意义上)。从经济角度来说,律师是厌恶风险的。在有风险的情况下,律师所做的最好的事情就是向客户指出确定结果所采取的策略。

总之,卖方和买方寻求法律咨询的动机是一致的。律师有强烈的动机鼓励客户在决策过程中花费大量的时间、精力和金钱,而公司董事会则有强烈的动机去采取这一建议。所有这些都表明,如果人们了解游戏中的经济动因,令人费解的事情就会变得容易解释。

第六节　合并谈判的披露

通常投标人至少在原则上达成协议之前,应尽量避免披露即将进行的收购。除此之外,推迟披露有助于防止潜在的竞争性投标人在早期阶段获得交易风险。如果目标公司同意对该谈判保密,则可能会承担联邦证券法规定的责任。

如果将披露调查视为提出两个不同的问题,这将是有帮助的。首先,双方何时有义务披露合并谈判?换句话说,他们需要在什么阶段宣布合并正在进行?其次,目标公司如何响应查询?假设目标公司没有义务确定地披露其计划,当股东或分析师询问谈判是否正在进行时,目标公司应如何回应?由于证券欺诈的责任性质,这些问题应单独处理。如果被告有义务披露,则该索赔的前提就是以泄露为由,但没有发言权。没有发言义务,沉默就不承担责任。但是,如果你说话,那么你就有责任说出事实和全部真相。

在"贝思克诉莱文森案"(Basic Inc. v. Levinson)中,美国联邦最高法院认为,目标公司不得在实质上的首次合并谈判中作出虚假陈述,其重要性是由"高度事实依赖的概率/幅度平衡法"[①]所决定。然而,"贝思克案"没有把公开披露作为实质性合并谈判的确定性义务,并且隐含地允许目标公司通过"不评论"声明回应查询。因此,双方可能在谈判过程中保持交易秘密。[②]

这些设置中的一个选项,当然是针对查询发出"不评论"的回复。但是不是一个"不评论"的回应就相当于说谎的遗漏?在"贝思克案"中,法院指出,"不评论"的声明确实是与沉默的功能相当,但也指出,沉默并不是非法的,因为缺少明确的披露责任。因此,没有这样的责任,"不评论"的回应并不是非法的遗漏。但是,一个没有评论的反应能构成事实上合并谈判正在进行中的相当明确的阻断信号吗?在"贝思克案"中,法院暗示,无论谈判是否真的正在进行,公司都会采取一贯的态度,即在收到关于兼并谈判的询问时,不要发表任何评论。如果他们这样做,没有评论的回应就没有信号效应。

第七节 并购合同

买方或卖方是否开始谈判,通过签署收购公司与被收购公司的

---

① 485 U.S. 224(1988).

② 参见《证券法》第 6835 号(1989 年 5 月 18 日)(如果这样做会危及交易的话,管理层在年度报告中的讨论和分析就不需要披露初步的合并谈判,只要满足某些其他条件)。

收购意向书(原则上的协议),双方将会对价格、结构等因素进行初步讨论。然后,谈判过程转向准备最终合并协议。同时,各方将进行尽职调查,寻求任何必要的监管批准,并开始准备股东投票。如果任何一个组成公司是《证券交易法》所指的报告公司,该公司将不得不准备征集文件代理权,特别是包含详细财务信息的委托书。由于该交易必须经过大多数已发行股份的批准,而不仅是出席会议的人员,所以经常会需要专业代理权征集公司的服务,以争取股东的支持。

一旦这个过程完成,双方将着手获得必要的董事会和股东批准。假设有必要的批准即将到来,他们将接近于交易完成。

在并购谈判进行过程中,关键问题之一是目标公司是否有义务或被允许寻找竞争性的投标。这通常在收购协议中解决,尽管有些条款有时被分解成单独的协议。作为目标公司管理层有计划搜索的一部分,自愿性拍卖将启动,或者仅通过宣布目标公司已经收到非征集的并购报价。在计划搜索中,董事会(或董事会委员会)通常选择一家投资银行公司向潜在收购方索取投标书。投标人将获得描述目标公司的招标文件和拟议的合并协议,并且可能会提供有限的机会来与目标公司管理层会见,并在投标前进行尽职调查。一旦投资银行公司确定了几个重点投标人,幸存的潜在买家就有机会进行更详细的尽职调查。与此同时,卖方的代表通常将开始与每个投标人谈判合并协议,以便董事会在决定接受哪一个公司中标时,向目标公司董事会提出一定的最终协议。然后,可能会有一个或多个额外的投标和谈判轮次。在筛选过程结束时,目标董事会将接受其中一个出价,交易将会按照传统的单一竞标模式进行。

1. 收购意向书

收购意向书将设定交易的初步架构(如合并或要约收购)、价格、对价形式以及其他核心条款。许多收购意向书明确表明不具有约束义务。的确,收购意向书通常意味着仅是书面提议。约束性收购意向书需要关注的一个问题是,它是否触发披露义务。再者,协商签订约束性收购意向书是否将耗费与协商实际的并购协议几乎同样长的时间。最后,当然,在尽职调查和谈判结束之前,各方可能都希望保留他们退出交易的权利。

然而,一个不具约束力的意向书仍然是一个有用的文件。第一,在谈判完成协议的漫长过程中,它创造了一种道德义务。第二,它提供了进一步谈判和尽职调查的框架和背景。第三,谈判意向书可能会帮助潜在的交易破裂者早一些出现。第四,在处理监管机构或融资来源方面可能有用,他们可能希望在交易之前看到合伙人的承诺。

因此,使用意向书的关键性法律问题是,是否将被视为具有约束力的合同。如果是这样,有意违约就会让违约方承担违约责任。如果目标公司企图与竞标人合并,一个具有约束力的意向书也将使竞争对手承担侵权合约的责任。① 在“联合收购公司诉法国巴黎银行案”(United Acquisition Corp. v. Banque Paribas)②中,法院采用了四项因素进行测试,以确定意向书是否具有约束力:(1)该文件是否包含明确的仅受书面协议约束的意图声明?(2)有一方部分执行,对方是否接受了该执行?(3)还有待协商的问题吗?(4)协议是否包含

---

① 对于通过诱使或以其他方式导致第三方不履行合同而故意不正当地干扰原告与第三方履行合同进而使原告产生金钱方面损失的,行为人应当对这种有意干涉合同的侵权行为承担责任。See *Restatement* (*Second*) *of Torts* § 766 (1979); also see Harvey Perlman, "Interference with Contract and Other Economic Expectancies: A Clash of Tort and Contract Doctrine", 49 *U. Chi. L. Rev.* 61 (1982). 对潜在商业优势的干预的另一种侵权行为很少适用于独家并购协议诉讼,因为公平的经济竞争通常是对这种索赔的抵制。See Belden Corp. v. Inter-North, Inc., 413 N. E. 2d 98, 101 – 03 (Ill. App. 1980); See also Mark Loewenstein, "Tender Offer Litigation and State Law", 63 *N. C. L. Rev.* 493 (1985).

② 631 F. Supp. 797 (S. D. N. Y. 1985).

需要明确的书面合同予以规定的复杂问题?①

2. 收购协议

典型的并购协议的内容是非常标准化的。的确,大多数并购协议的条款实际上是格式化的。大多数条款涉及基本的内务管理细节,例如谁负责获得监管部门的批准,限制新的借款或股利支付等。双方的律师可能会对一些条款的细节产生争论,但一般来说,所有人都是以大体一致的基本形式进行工作的。

(1)价格和对价条款形式

对股东来说,收购协议条款中利益最大的条款当然就是对价条款。价格和对价的形式的考虑也将是双方进行扩大谈判的重点。事实上,公平地说,一切都取决于这些条款。

估价是一个不精确的科学,正如我们将在第四章讨论的那样。在公开持有的目标公司的情况下,市场价值只告诉你单一股票的均衡价格。然而,正如我们所看到的,收购方通常会在收购中支付控制权溢价。在任何特定情况下,对于应当支付多少保证金很难有一个单一的正确答案。相反,买方会有一个报价区间,卖方也会有一个愿意接受的价格区间。假设这两个范围相互重叠,在当事方之间最终出现的就是谈判问题。鉴于这个问题的重要性,当然这些谈判通常由各公司的首席执行官在财务顾问的专业意见指导下进行,并受到董事会的监督。

当然,当目标公司被封闭式持有时,事情就变得更复杂了。在这种情况下,没有市场价格作为谈判的基线。相反,各方将使用各种金融工具(如第四章讨论的那些)来估计其各自的出价和报价。

使用盈利支付条款来调整价格:由于估值是这样一个不精确的

---

① 该测试源于早先涉及授予特许经营权的意向书的案件。See R. G. Group, Inc. v. Horn & Hardart Co., 751 F. 2d 69, 75(2d Cir. 1984).

科学,双方可能无法就最终价格达成一致。在这种情况下,如果双方在合并协议中包括事后价格调整,那么交易仍然可以向前推进。

在并购谈判中,当买方和客户发现在卖方的估值方面存在根本性的意见分歧时,或有盈利支付条款通常会出现。从根本上来说,这些分歧围绕卖家不确定的后期签约前景的不同观点。这种前景的本质上可能是技术性或商业性的。或者,他们可能只涉及任何一方根本不了解的未来状态。在这些不确定性方面,卖方比买方更乐观。这可能是因为有关卖方未来前景的私人信息,卖方不能向买方传达,或者可能仅因为买方和卖方对未来的状态有非常不同的期望。在卖方的估值问题上存在的观点差异如果没有得到解决,则可能阻止各方达成协议。

该收益调整条款是一个合同术语,可以帮助缩小这些差异。这样做是通过创建一个后期或有的支付义务,在卖方达到某些目标或超过预期的收入、利润、市场份额、技术成果或监管部门批准等预定阈值的情况下生效。[①]

例如,在"拉点诉美源伯根公司案"(La point v. Amerisource Bergen Corporation Corp.)中,[②]并购方美源伯根公司(Amerisource Bergen,ABC)与目标公司布瑞吉医疗公司(Bridge Medical)之间的合并协议包括一项收益调整条款,根据该条款,在合并结束后的头两年内达到了一定的财务目标的,布瑞吉医疗公司的原股东将获得额外的赔偿。具体而言,该协议规定"根据2003年和2004年布瑞吉医

① Brian J. M. Quinn, "Putting Your Money Where Your Mouth Is: The Performance of Earnouts in Corporate Acquisitions", *B. C. L. Sch. Res. Paper* No. 251 (November 12, 2011).

② 970 A. 2d 185 (Del. 2009).

疗公司实施的经调整 EBITA[①] 的收益规模,EBITA 将根据一般公认会计准则(Generally Accepted Accounting Principles,GAAP)计算,并根据合并协议的规定进行调整。2003 年,如果调整后的 EBITA 跌至 231 万美元以下,布瑞吉医疗公司原股东将不会获得收益支付;如果调整后的 EBITA 超过 429 万美元,则原股东将收到最大不超过 2100 万美元的收益。2004 年,如果调整后的 EBITA 未达到 546 万美元,那么布瑞吉医疗公司原股东将不会获得收益支付;如果调整后的 EBITA 超过 1183 万美元,则其将最多可获得 3400 万美元”。[②]

这个盈利支付条款有助于通过将布瑞吉医疗公司的最终估值推迟到可获得更多信息的时间点来帮助双方解决布瑞吉医疗公司产品的收入预期方面的差异。“如果买卖双方对卖方未来业绩的预期存在差异,并在相关期间产生差价,这些差异可能导致卖方估值差异很大,同意推迟解决这些差异直到未来卖方的实际表现被知道之后,收益可以帮助买卖双方保持一致判断,从而允许双方有效地对资产进行价格评估。”[③]当各方对未来的信息或期望不对称时,可能会出现这种差异。

这种事后价格调整的麻烦在于,他们创造了一个诱因,即收购方在收益期间遏制收益,只有在收益期结束之后才开始充分发展新收购的业务。通常,协议将包含旨在防止收购方这样做的某些规定。例如,在“拉点案”中,协议要求 ABC“全面,积极地推广[布瑞吉医疗公司的]目前的产品和服务”,并避免“直接或间接与[布瑞吉医疗公

① EBITA,指税息折旧及推销前利润,全称为 Earnings Before Interest, Taxes, Depreciation and Amortization。

② LaPoint v. AmerisourceBergen Corp.,2007 WL 2565709,at *2 n.3(Del. Ch. 2007).EBITA 是扣除利息,税收和摊销费用之前公司盈利的缩写。

③ Brian J. M. Quinn,“Putting Your Money Where Your Mouth Is:The Performance of Earnouts in Corporate Acquisitions”,*B. C. L. Sch. Res. Paper* No. 251(November 12, 2011).

司的]当前的产品、服务形成竞争”。此外，ABC同意“在约定收益期间诚信地行事”，并且“在约定收益期间不采取以妨碍[布瑞吉医疗公司的]股东获得收益能力为目的的任何行动”。当ABC涉嫌违反这些协议时，布瑞吉医疗公司的原股东可以成功地提起诉讼寻求赔偿。

这个问题当然是确保目标公司的原股东，能够有效监测收购方履行其义务。因此，盈利支付条款在紧密持有目标公司时最有效，即目标公司的原股东仍然以公司管理人员、董事会成员或其他相当能力的职位与公司保持关系时最有效。① 因此，获得内部信息对监测收购方的努力是非常宝贵的。

公共持股型公司波士顿科学公司(Boston Scientific Corp.)对紧密持股型公司先进仿生公司(Advanced Bionics Corp.)的并购案例提供了盈利支付条款有效运作的较好的条款示例。

根据合并协议，先进仿生公司股东在股权交割时收到7.42亿美元现金，通过与先进仿生公司的销售业绩相挂钩的盈利支付条款获得收到额外补偿的权利。约800名先进仿生公司的前股东和期权持有人有权按预计收取约32亿美元的支付价值。

合并协议包含一系列联合控制先进仿生公司的条款，用来保护收益受益方的利益。先进仿生公司的官员向由6人组成的执行委员会负责，该委员会由波士顿科学公司任命的3名代表和收益接受者任命的3名代表组成。一个多步骤的争议解决程序被用来处理僵

① 29%的私营公司收购中包含了盈利支付条款。See Brian J. M. Quinn, "Putting Your Money Where Your Mouth Is: The Performance of Earnouts in Corporate Acquisitions", *B. C. L. Sch. Res. Paper*, No. 251 (November 12, 2011). 相比之下，盈利支付条款不超过上市公司收购的7%。Brian J. M. Quinn, "Putting Your Money Where Your Mouth Is: The Performance of Earnouts in Corporate Acquisitions", *B. C. L. Sch. Res. Paper* No. 251 (November 12, 2011).

局。有争议的事情将会交给曼恩(Mann)和波士顿科学公司的首席执行官(或其继任者)。如果他们无法联合解决争端,波士顿科学公司的首席执行官有权单方面解决问题;如果曼恩或他的接班人不同意波士顿科学公司的决定,曼恩可以将此事提交给曼恩和波士顿科学公司首席执行官联合选举的 3 个独立商业人士委员会提出不具约束力的决议。最终,如果波士顿科学公司首席执行官就曼恩和执行董事会的观点做出决定,那么代表收益受益方的先进仿生公司股东代表就有权在法庭诉讼中挑战这一决定。

合并协议还特别规定:"为了收益受益方的利益,未经执行董事会批准",波士顿科学公司禁止替代联合首席执行官曼恩或杰瑞夫·格雷尼尔(Jeffrey Grenier),如果二者中任何一者不再是联合首席执行官,曼恩和波士顿科学公司的首席执行官必须共同商定任命继任者。①

实际上,合并协议将曼恩和执行董事会的收益受益方代表转变为波士顿科学公司遵守盈利支付条款的监督者。因此,案例"说明了在收购协议中详细阐述了在收益期间公司治理和其他业务限制对目标公司运作的重要性"。②

"温沙诉维亚康姆案"(Winshall v. Viacom International Inc.)进一步说明了合同特定性在起草盈利支付条款中的重要性。③ 维亚康姆公司与一家名为哈姆尼克斯音乐系统公司的公司进行了三角合并,该

---

① The M&A Jurisprudence Subcommittee, Negotiated Acquisitions Committee, American Bar Association Section of Business Law, "Annual Survey of Judicial Developments Pertaining to Mergers and Acquisitions", *Bus. Law.* 531, 537 – 38 (2008) (footnotes omitted).

② Ibid., 538.

③ Winshall v. Viacom Int'l Inc., 2011 WL 5506084 (Del. Ch. 2011).

公司制造了两个受欢迎的音乐视频游戏——"摇滚乐队"(Rock Band)和"吉他英雄"。由于合并,哈姆尼克斯公司成为维亚康姆公司的全资子公司,而哈姆尼克斯公司的原股东总共获得了1.75亿美元的现金和一个盈利支付条款,根据哈姆尼克斯公司在2007年和2008年的表现,给予其额外支付的或有权利。合并前哈姆尼克斯公司已经与电子艺术公司(Electronic Arts,EA)达成了分销协议。合并后,EA要求重新谈判分销合同,以便获得"摇滚乐队"及其续集的更广泛的分销权。为了给予EA更广泛的权利,哈姆尼克斯公司可以讨价还价,以便立即减少其支付EA的分销费用,这将增加原股东的收益。相反,在维亚康姆公司的指导下,哈姆尼克斯公司在收益期间结束后,协商减少未来几年的相应费用。

卖方哈姆尼克斯公司的股东知道与EA的交易,他们本可以通过合同保护自己,来规避收益期间该交易得到改善可能给其造成的损失。但是合同没有这样做。

哈姆尼克斯公司的原股东却起诉,声称构成违约和诚信公平交易的默示条款。特拉华州衡平法院院长利奥·斯特林(Leo Strine)表示:"诚实和公平交易的默示条款不是法院进行封堵的许可证。"斯特林院长阐述认为,该默示条款不给法院"只是因为原告未能就保护措施进行谈判就重写合同语言的许可,即使事后看来,这将使合同更有利"。相反,只有依据合同的背景来看,可以明确得出"如果缔约方就争议的行为在缔约阶段进行谈判,该行为会被禁止"的结论,合同一方才可以援引"诚信和公平交易"默示条款的保护。

所有诚信和公平交易的默示条款都需要在盈利支付条款的范围内。因此,买方应当克制住剥夺原目标股东讨价还价成果的任意或不合理行为。买方没有义务给予原有目标股东一个与他们之前讨价还价相比更好的交易。由此引发的教训就是目标公司股东应当非常重视盈利支付条款的草拟,该条款要考虑到可能影响目标公司盈利能力的可预见的未来变化。

不幸的是,即使是起草良好的盈利支付条款也可能无法达成双方的目标。最近的研究表明,目标公司并购后的业绩通常低于买方和卖方的预期,即使这些预期已经考虑了风险因素。持续高比例的达不到目标的失败例子表明,实践中的盈利支付条款并不能证明是克服信息不对称和道德风险问题的有效契约工具。① 因此,交易律师应该考虑是否有更好的方式让非公开持股的卖家向买家传达有关其公司未来前景的私人信息。

非现金交易价格的计算:如果对价形式不是现金,价格条款可能变得相当复杂。例如,假设目标公司的股东要收购被并购公司的股票。收购公司与目标公司股份的比例必须确定。然而,简单的说明交换股份的比例是不够的。合并协议的签署与交割时转让对价之间可能会有一个较长时间的延期。在此期间,收购方和目标公司的股票自然会随股市变动而波动。因此,合并当时所达成的比例可能不合适。

在理论上,市场波动的前景不应该导致对固定交换利率的偏好。如果收购方的股价相对于目标公司股价上涨,目标公司股东会获得一个高于预期的价格。如果收购方的股东获得对合并的投票权,那么他们可能会因此而制止交易。相反,如果收购方的股价相对于目标股票的价格下降,买方股东的收益将低于预期,则他们可能会妥协。在实践中,后者是更常见的情况。正如我们在第二章中看到的那样,投标者经常为目标公司付款。由于投资者意识到这一现象,收购公

---

① Brian J. M. Quinn, "Putting Your Money Where Your Mouth Is: The Performance of Earnouts in Corporate Acquisitions", *B. C. L. Sch. Res. Paper* No. 251 (November 12, 2011).

司的股价往往会因为投资者担心并购方过度支付的风险而下跌。

目标公司因此常常会坚持浮动汇率，也许是一个敞口，用以否定卖方股价上涨或下跌超过一定数额的交易。在这种情况下，各方首先设定每股美元价格，然后提供将该价格转换为相应数量的收购方股份的公式。一个通常的转换方式是这样一个公式：股东拥有的目标公司股份数量乘以一个数值，这个数值是通过将每股的协议合并价除以在股份交割日前的华尔街日报所设定的20个交易日内买方股份的平均收盘价计算得来。由此得出的是股东获得的收购方股数。使用一段时间内的平均价格而不是截止日期的价格，是用以平息暂时的市场波动。

该公式通常也设定要发行股份数量的上限和下限，如果一家公司的价格相对于另一方的价格发生了显著变化，那么还有多少股票换手交易的限制。最后，协议通常将提供现金代替部分股份。[①]

向股东收取款项：通过借助于合并而使目标公司股份自动成为收购方的股份，对价与价格条款还将诉诸可适用的并购法规。当然，这些股票实际上还是存在的，所以协议将提供一个机制来实现目标公司的可转换股票的交换。在现金合并中，相似的条款还将被制定用于分配相应的现金对价。

(2)保证和陈述

保证、陈述和约定构成了收购协议的大部分内容。陈述和保证基本上是各方对各自业务的事实陈述。根据《布莱克法律词典》，陈述是“引起某人采取行动，特别是签订合同”的一种事实陈述。相比之下，保证是“卖方承诺出售物品的声明或承诺”。然而，根据其他评

---

① 或者，目标人士可以选择一种解约条款，其董事会可选择终止交易，或至少在合并表决中向股东作出否定的建议。授予此类条款的收购方通常会坚持要求终止费用，如下所述。

论员的说法,“陈述是过去或现有事实的陈述,而保证是对现有或将来的事实是或将是真实的承诺”。[①]

理论上说,两者之间有很大的差异。声称违反陈述的诉讼通常是侵权行为,而声称违反保证条件的诉讼更像是出现在合同行为中。相应地,这种差异会影响当事人可获得的救济和诉讼时效等事项。

然而实际上,两者之间的差异已被证明是不重要的。“在收购协议中明确区分它们是一个令人头疼的问题,从法律上进行区分的必要性也不再那么重要。”[②]因此,“陈述和保证”已经成为合并辞令中的统一术语。

目标是绘制各自公司的详细图画,特别是目标公司(其陈述和保证通常比收购方更详细)。因此,“陈述和保证作为卖方和买方的安全网,如果在交易完成前,卖方或买方发现对方的声明或保证不是真的,他们有理由退出交易”。[③]

但是,在构建这样的安全网时,目标公司与收购者的利益之间存在固有的紧张关系。收购方需要广泛的陈述和保证以确保其获得与对价相应的标的。相比之下,目标公司不愿意给收购方一个全面的保险以应对在收购中可能出错的很多事情。目标公司要将声明限制于他所确定拥有和知道的事实上。同样,目标公司也想要将保证置于其控制的各项条件下。

广泛的陈述和保证的一个优点是,他们将关于其业务的各方声明转化为合同。如果一方说谎,另一方则不需要因欺诈提起诉讼,而可以提起违约之诉。因为比起欺诈行为违约行为更容易被证明。在前一种情况下,您不需要像科学家一样证明事情,所以使用陈述和保

---

① Leigh Walton, " Representing the Growing Business: Tax, Corporate, Securities, and Accounting Issues", *SL*054 *ALI - ABA* 897(2005).

② Ibid.

③ Western Filter Corp. v. Argan, Inc., 540 F. 3d 947, 952(9th Cir. 2008).

证使双方的相互披露更可信。用经济学术语来说,陈述和保证条款解决了由目标公司和收购方之间的信息不对称所造成的代理成本。

除了通用合同补救措施之外,收购协议中的陈述和保证条款通常也会在协议中的某些附加条款中引起重视。例如,通常会有一个要求,即目标公司的律师和会计师发表意见,表示陈述和保证是真实的。这使如果代表或保证是假的,那么这些顾问可能对疏忽负责。

合并协议通常也会规定虚假的陈述或保证是终止协议的理由。这样的条款当然只有在交易结束之前发现失实陈述才有用。“除非双方同意该条款继续生效,即在截止日期之后延长陈述和保证条款的效力,否则违反方不能因为在交易结束之后发现违约行为而被起诉。”①因此,在一些合并协议中,您可以看到交易结束后的补救措施,例如,一些协议创建一个代管账户,如果陈述或保证是假的,那么部分代管资金将被扣留并没收,有时还会有卖方因虚假陈述而同意赔偿买方的规定。

如上所述,存续条款可以在交易完成之后延长陈述和保证的适用时间。然而,当协议明确表示陈述和保证条款约束力在交易结束即终止时,“双方已经明确表示,他们的意图是,它们不能提供寻求对所谓的失实陈述的补救措施作为后期诉讼的依据,也就是说,当陈述和保证条款效力终止,任何有权起诉他们的权利也终止”。② 面对这样一个明确的条款,当然,交易结束前的尽职调查尤其重要。

在某些情况下,存续条款将规定一个有限的时间段,在此期间,陈述和保证条款在交易结束后仍然具有约束力。实际上,这样的时

---

① Western Filter Corp. v. Argan, Inc. ,540 F. 3d 947,952(9th Cir. 2008).

② GRT, Inc. v. Marathon GTF Technology, Ltd. ,2011 WL 2682898, at *13(Del. Ch. 2011). 如果协议意图声明和保证无限期地存续下去,法院认为对其采取的行动必须纳入适用的时效规定以达到及时的效果。Western Filter Corp. v. Argan, Inc. ,540 F. 3d 15 (9th Cir. 2008).

间段是合同的限制时效。因此,“如果明确表示,一项收购协议的规定中陈述和保证条款在一年内有效,那么这意味着任何对这种陈述是虚假的指称必须在一年时间到期之前”。[①] 在加利福尼亚和纽约,法院要求合同中必须使用“清晰明确”的语言设定限制期。[②] 但实际上,时间段的设定应该有足够明确当事方意图的证据。

陈述和保证将经常涉及合并协议所附的所谓“附表”。陈述中可能会声明,除非“附表 A”列明,否则目标公司与其任何董事和董事之间没有关联交易。反之,该附表可能包含一个非常冗长的目标公司管理层和董事与目标公司之间的关联交易清单。在合并协议中应明确处理的一个重要问题是,目标公司可以在多大程度上修改附表,而不必重新协商协议中的陈述和保证部分。

(3)约定

约定是关于双方在签署协议和交易完成之间的过渡期间(通常为两到四个月)的一系列行为承诺。一个关键的约定是在合并期限悬而未决时约束目标公司的商业行为。通常,目标公司被禁止做与过去做法相一致的普通交易以外的任何行为。通常,某些主要行为会被明确禁止,例如章程和章程细则、股息、股票回购等内容的变更。显然,这个约定旨在确保收购方得到其所交易的利益。然而,有鉴于目标公司管理仍将继续,则使关于这个约定的谈判往往变得有些尴尬。如果这些经理在收购后继续经营业务,他们可能会反对对他们酌处权的重大限制。此外,目标公司的经理人可能会关心一旦合并

---

① Western Filter Corp. v. Argan, Inc. ,540 F. 3d 14(9th Cir. 2008).(引用 Samuel C. Thompson 教授。)因此,“对于明确表述陈述和保证将在合同结束之后继续有效的存续条款的存在(或不存在),尽管它可能采取行动缩短其他时效适用的法规,不再去延长法规限制,至少如特拉华州那样的司法管辖区是如此,但这些法规被解读为禁止这种扩展。”Western Filter Corp. v. Argan, Inc. ,540 F. 3d 15(9th Cir. 2008).

② Western Filter Corp. v. Argan, Inc. ,540 F. 3d 15(9th Cir. 2008).

破裂或者交易不向前推进时的前述机会价值。包括允许目标公司人员以收购方同意的方式进行非正常交易行为的约定可以减轻这些担忧。这种规定通常也要求收购方不得毫无理由拒绝同意。

一项相当普遍的相关约定,是允许收购方在交易完成前对目标公司资产状况发生"重大变化"的情况下,终止协议的条款。法院对所谓"没有重大变化"的约定进行了相当狭隘的解释。例如,如果没有明确的合约表述,目标公司资产价值的大幅下降并不包括在内。相反,法院通常将这些条款解释为目标资产的实际状况或所有权变动。① 此外,法院对寻求援引该条款的当事方施加以一定责任,要求其证明所谓的重大不利影响将会是显著且持续的。因此,这样一个条款被视为"保护收购者免受发生未知事件的影响,这种事件以一种持续性行为对目标公司的整体盈利潜力有着非常显著的威胁。对一个理性的收购者来说,实质性不利影响是比较显著的"。②

以一个实务事件来说,对重大不利变化条款的司法敌意意味着收购者很少可以以该条款作为违约的正当性理由。例如,在"瀚森特种化学公司诉亨斯曼公司案"(Hexion Specialty Chemicals, Inc. v. Huntsman Corp.)③中,特拉华州法院强调,收购方对证明重大不利变化的存在承担重大的证明责任。事实上,这一证明责任太沉重了,"特拉华法院从未在合并协议的背景下认证发生了重大的不利

---

① See e.g., Esplanade Oil & Gas, Inc. v. Templeton Energy Income Corp., 889 F.2d 621(5th Cir. 1989); John Borders v. KRLB, Inc., 727 S.W.2d 357(Tex. App. 1987).

② IBP, Inc. v. Tyson Foods, Inc.(In re IBP, Inc. S' holders Litig.), 789 A.2d 14, 68(Del. Ch. 2001). See also Hexion Specialty Chemicals, Inc. v. Huntsman Corp., 965 A.2d 715, 738(Del. Ch. 2008)(因此,重要的考虑因素是目标业务是否发生了不利的变化,这是由公司在商业上合理的时期内的长期盈利能力而导致的,而这些期望将以数年而不是数月计量).

③ 965 A.2d 715(Del. Ch. 2008).

变化”。[1]

目标公司通常必须承诺,其董事会和管理层将尽最大努力获得必要的董事会和股东批准。法院一般会认可尽最大努力获得董事会批准的义务。[2] 然而,如下所述,法院对要求尽最大努力获得股东批准的条款的可执行性的态度是相当分化的。

(4)交易完成前的条件

合并协议,将包含若干各方有义务在交易完成前予以履行的先决条件。显然,所涉及的相关公司股东的批准是合并的基本先决条件。如果股票或债务证券构成对价支付形式,根据《证券法》的有效注册声明将是必要的先决条件(或者替代方案是律师意见,可以免除注册)。合并必须已经获得所有必要的监管批准;必须没有寻求阻止合并的未决诉讼。合并计划是否构成免税重组,税务顾问认为合并资格是否符合要求,所有陈述和保证的真实性和准确性,以及所有约定的限制是交易完成之前的一个基本条件。也可能需要各种其他条件来适应有关交易的具体情况。

(5)违约赔偿

假设所有先决条件已经得到满足,如果一方当事人拒绝推进股权交割进程,可以采取什么补救办法?显然,根据标准合同法规则计算的金钱损失是一个选择。事实上,许多合并协议包括在交易未能交割的情况下支付分手费(termination fees)作为违约赔偿金。

较有趣的问题是坚守派是否可以被迫推进交易。在“瀚森特种化学公司诉亨斯曼公司案”[3]中,在确定没有重大不利变化排除收购方义务之后,特拉华州法院认定,该目标公司有权实际履行合并

---

① 965 A.2d 738(Del. Ch. 2008).

② E. g., US Airways Group, Inc. v. British Airways PLC, 989 F. Supp. 482(S. D. N. Y. 1997).

③ 965 A.2d 715(Del. Ch. 2008).

协议。

但是,如果交易包含终止费用,双方通常会包含否决实际履行任何权利的条款。相反,在支付费用后,违约方可以自由离开。一般来说,法院应该自由地执行这些条款。基本的规范性原则不仅应该是合同自由,法律不倾向于将实际履行作为补救措施。例如,在“联合租赁公司诉RAM控股公司案”(United Retals, Inc. v. RAM Holdings, Inc.)①中,法院认为,尽管合并协议的有关规定不明确,但目标公司无权要求实际履行。相反,该目标公司只能要求收购方支付1亿美元的分手费。

3. 尽职调查

虽然起草收购协议是律师在谈判收购中的重要工作,但尽职调查可能是最重要的工作(至少对年轻律师)。尽职调查涉及两个问题:(1)按照各州法律关于注意义务的要求,协助董事会作出明智的判断;(2)协助编制披露文件,并对有关披露文件的公司和其他签字人的证券法责任起到保险作用。

不幸的是,没有关于尽职调查的清单。一般而言,既定情况下评估所要求的尽职调查程度是有一个变动量的,应当考虑到所涉责任的性质、被调查对象与公司的关系、知识、专长和过程中的作用等因素。而且,当然每个公司总是存在着不同而又独特的问题。尽管如此,但仍然有一些常见的做法可以用作指导。

尽职调查是个耗费时间的工作,因此是昂贵的。因此,它往往是年轻律师的工作,任何尽职调查审查的第一个关键因素是经验丰富的律师的监督。同时还要注意规范化。律师需要尽职调查清单等材料,以确保所有的基础项目都被覆盖。这里描述的过程只是许多可

① 937 A. 2d 810(Del. Ch. 2007).

能的系统之一,但它会被许多公司使用。

该过程的第一步是了解公司。律师需要对公司和行业有一般的了解。贸易期刊,同一类企业的公司招股说明书,以及本公司任何先前的招股说明书都是良好的信息来源。

下一步是编制所谓的《公司调查问卷》,旨在从公司信息中提取需要披露的文件,如代理人或注册声明。在公司以前进行收购的情况下,调查问卷通常是为了更新旧的代理关系和/或注册声明。此外,还有许多工作旨在更新以前的披露。

再下一步准备所谓的《文件清单》。律师必须向公司索取大量文件。许多这些文件必须作为附件附于代理书或注册文件之后。其他还提供了披露文件中陈述事实的依据。标准清单相当长,但是在公司调查问卷完成后还需要进行扩展和标注,因为问卷调查表的答案经常会引起调阅新的文档。一些普遍接受的项目几乎在每个尽调清单上,如公司的章程和细则,董事会和委员会的会议记录,主要合同,薪酬计划,资产清单,财务报表,与未决诉讼有关的任何文件的副本,以及所有先前或未决的 SEC 报备文件的副本。

无论如何,律师开始进行文件审查的同时,律师还应发出所谓的《D&O[①] 问卷》。本调查问卷列出了高级管理人员和董事会的个人信息。

最后到了评估阶段,这被称为企业实地核查。律师通常访问公司,审查问卷和制作文件。你要寻找漏洞和缺失内容。是否有遗失的文件或缺少的页面?有没有看似完整的东西?有什么没通过直觉测试吗?有没有什么你不明白的?如果有什么东西跳出来,那么你

---

① 即董事和高管人员。

需要提出问题。律师不能盲目依靠答案。您必须要求查看相关文件或其他公司的证明？这就要求律师操作精细。有很多关于年轻律师的反面教材，他们把自己当作交叉询问凶手的梅森先生。很多律师事务所因为律师的推进过于强硬，或者律师对待客户的方式令人不悦，因此失去了很多客户。你该怎么做呢？要保持机敏，不卑不亢，最重要的是知道什么时候让合作伙伴提出问题。无论如何，当律师从事尽职调查程序时，必须保持良好记录。因此，应准备文件备忘录，覆盖所有会话和所有审查的文件。

一旦律师的工作完成，就要准备尽职调查备忘录。备忘录列出了律师做了什么，发现了什么，出现了什么问题以及如何解决问题。当注册声明草案准备好时，草案和尽职调查备忘录提供给高级管理层和董事会。

客户在尽职调查中的作用是什么？除了与律师合作或者依赖律师以外，客户是否应该做任何事情呢？一旦收到尽职调查备忘录，他们应该亲自采取哪些措施吗？简言之，是的。每位董事和高级管理人员应参加讨论交易的所有会议。他们在签署前应仔细检查合同或披露文件，在理想情况下，应通过参考并入披露声明中的任何文件。董事应该向公司经理和律师询问有关交易和任何披露声明的内容，特别是任何看似奇怪的事情。

4. 并购中已发行证券的登记

在法定交易中，持有人所需交易股份的批准对所有股东具有约束力。实际上，法律规定创造了一个私人独自控制的领域，在该领域内，异议股东除非获得回购权，否则将被迫参与交易。因此，法定收购缺乏在要约收购、股票收购和代理竞赛中固有的个人意愿要素。1951 年 SEC 指出，《证券法》第 133 条规则适用中缺少个人意志要素。根据该规则，股东批准的兼并和资产出售被排除在销售定义之外。虽然只是一种类型的证券与另一种进行交换,但由于没有出售则意味着《证券法》的注册要求不适用于这种交易。

1973 年 SEC 撤销了第 133 条,并将其替换为第 145 条。根据新规定,法定收购被视为出售《证券法》第 5 条所规定的证券。因此,如果没有注册豁免,发行人则必须在交易中注册作为对价的证券。作为这种戏剧性的 180 度逆转的理由,SEC 认为,以前对个人意愿的关注只是"在形式主义意义上是正确的",但"忽视了交易的现实"。SEC 现在认为法定收购中的"公司行为"事实上有着重组的意志因素,因为它包含"个人股东自愿决定的总体影响"。①

在股票合并或资产出售股票中,收购方现在必须遵守《证券法》的登记披露和程序以及《证券交易法》的代理规则。虽然这可能会增加收购方的负担,但这对控制股东和目标公司的其他关联企业的影响在规则首次被采用时尤为重要。根据先前的《证券法》第 133 条规定,控股股东等目标公司关联企业可以立即自由转售交易中收到的证券。相比之下,根据最初通过的《证券法》第 145 条,目标公司的关联企业在交易中收到的注册证券被认为推定为"承销商",因此在转让该等注册证券时受到某些限制。然而,2008 年 SEC 修改了《证券法》第 145 条以消除这些限制。因此,目标公司的关联企业现在可以自由转售这些证券了。②

---

① 37 Fed. Reg. 23631,23632(Nov. 7,1972).

② 但是,如果目标公司关联企业成为并购方的关联企业时,就应当遵守《证券法》第 144 条关于转售的限制性规定。

第八节　排他性条款

收购过程中的公告常常会引来其他投资者作出竞争性的恶意报价。虽然很难准确评估竞争性收购提议的可能性，但是传统的收购只会将竞争性出价视为是对原始投标人的一种严重风险。原始出价者在提供报价时，会因为潜在收购方的存在产生实质性的前期成本。例如，在某些情况中，为确定适当目标企业而花费的搜索成本是非常有必要的。一旦明确了合适的目标企业，报价的准备通常需要外部的法律、会计、财务顾问共同服务。有时候，如果全部或者部分的购买价格使用现金之外的方式支付，收购者还将承受其他融资费用。最后，收购者也可能在与目标企业的谈判中放弃收购机会。然而，对收购方来说非常不幸的是，竞争者的出现可能会降低甚至消除已支付成本的预期回报率。在大量的收购竞赛中，都是后来加入的收购者取得了胜利。即使一些原始收购者最终收购成功，但他们所付出的代价也远远超出了他们的初始报价。①

1. 排他性兼并协议

公司兼并协议中的排他性条款，是为了防止（至少可以阻碍）其他竞争者报价来干涉此次交易。这样的条款通常被分为两种基本类型。履行承诺，即目标企业董事会同意在股东投票之前从事或者不从事某些类型的行为的承诺；终止费用，即如果交易无法顺利推进，目标企业付给原收购方明确数额的终止费用。

履行承诺可以被进一步分解成最大努力条款和各种形式的限制

---

① Richard S. Ruback, "Assessing Competition in the Market for Corporate Acquisitions", 11 *J. Fin. Econ.* 141, 147 (1983).

谈判协议。最大努力条款要求并购双方须穷尽他们的最大努力来促成并购交易。[①] 目的是确保被收购者的董事会不去试图违反协议。再者,最大努力条款通常也会约束收购方的董事会,使其尊重股东的利益。即使在一些案例中不要求收购方股东的批准,例如三角并购,收购公司同样乐意使用最大努力条款来促进交易的完成。

限制谈判条款会禁止目标企业从其他潜在的收购公司获取竞争性报价,即使目标企业被允许和第三方收购公司进行接触甚至开启相关谈判。相较而言,禁止谈判协议就会完全不允许这种商业谈判。禁止兼并规定,是一种中庸的说法。它是允许目标企业和其他潜在的收购公司进行谈判的,但是直到收购公司的原始报价被提供给股东之后,这些竞争者才可以实质性地参与并购活动。

在协议收购过程中,万一收购失败,给原收购公司适当的货币补偿是非常普遍的做法。[②] 取消费用就是其中一种非常常见的方式。当收购方没有能够获取预期利润的时候,取消费用实际上是付给他们的违约金。还有一种取消费用的演变,更类似于一种股票锁定,同样是为了给予收购方一种保障。收购方有权购买目标企业特定数量的股票,日后一旦目标企业被其他的潜在收购公司收购,原定的收购

---

① 文中所说的"最大努力"是给那些负有最大努力义务的人施加一个依诚信实施的最小责任。See Jewel Cos. , Inc. v. Pay Less Drug Stores Northwest, Inc. , 741 F. 2d 1555, 1564 n. 11 (9th Cir. 1984). But see Great Western Producers Co-op. v. Great Western United Corp. , 613 P. 2d 873, 878 (Colo. 1980) (依据特拉华法维持原判,认为最大努力条款仅施加以"合理的、勤勉的和善意的努力"). 朱尔(Jewel)教授的解释更符合在其他情况下使用最有效的术语,其中通常被定义为意味着"最大限度地利用责任人的合同利益,即使对于履行义务的人的利益已经耗尽"。See In re Heard, 6 Bankr. 876, 884 (bankr. W. D. Ky. 1980); generally E. Allan Farnsworth, "On Trying to Keep One's Promises: The Duty of Best Efforts in Contract Law", 46 *U. Pitt. L. Rev.* 1 (1984); Charles J. Goetz & Robert E. Scott, "Principles of Relational Contracts", 67 *Va. L. Rev.* 1089, 1111 - 26 (1981).

② See e. g. , Cottle v. Storer Communication, Inc. , 849 F. 2d 570, 578 (11th Cir. 1988); Beebe v Pacific Realty Trust, 578F. Supp. 1128, 1150 n. 7 (D. Or1984).

方就可以将这些股份以更高的价格出售给目标企业来挽回损失。也就是说，一旦收购程序无法顺利进行下去，目标企业需要支付一定的赔偿金以补偿原收购方制作投标文件的现金支出成本或者其他可能出现的费用。[①] 最高酬金是另一种基本方式。与之前提到的赔偿金不同，最高酬金要求目标企业按照并购成功的收购方报价的一定比例向并购失败的投标方支付一定费用。[②] 不管是哪种情况，目标企业支付的费用通常都在收购议案价格的1%至5%。[③] 该费用的支付通常都会由第三方购买目标企业股份达到一定数量来触发。[④] 同时也会包括目标企业或者股东拒绝通过收购议案从而终止了兼并协议等类似情况。[⑤]

不同法院对兼并协议中的排他性条款的可执行性的态度，存在非常大的分歧。从理论上来说，这些案件说明“合同法原则和公司法原则的微妙相互作用，虽然二者都无法完全控制结果”。[⑥] 到底是收购方的股东对公司兼并的批准是并购协议的前提条件，还是仅被收购方有义务去促成交易？这是排他性条款所带来的一个基本问题。只有在后一种情况中，董事会能够在股东批准之前按照自己的意向做出有约束力的承诺。虽然这截然不同的两种现行决策会产生对立

① 白衣骑士提议一个杠杆收购来应对恶意收购时，通常也会要求目标企业付一些约定费用以便开展一些准备工作。See e. g. , Cotlle v, Storer Communication, Inc. , 849 F2d 570, 572 (11th Cir. 1988); Hanson Trust PLC v. ML SCM Acquisition, Inc. , 781 F. 2d 264, 269 (2d Cir. 1986).

② See e. g. , In re J. P. Stevens & Co. , Inc. , 542 A. 3d 770, 777 (Del. Ch. 1988).

③ See St. Jude Medical, Inc. v. Medtronic, Inc. , 536 N. W. 2d 24, 27 (Minn. App. 1995) See Stephen M. Bainbridge, "Exclusive Merger Agreements and Lock-Ups in Negotiated Corporate Acquisitions", 75 *Minn. L. Rev.* 239, 246 (1990).

④ See e. g. , Revlon, Inc. v. MacAndrews & Forbes Holdings, Inc. , 506 A. 2d 173, 178 (Del. 1986); Hanson Trust PLC v. ML SCM Acquisition Inc. , 781 F. 2d 264, 269 (2d Cir. 1986).

⑤ See e. g. , Cottle v. Storer Communication Inc. , 849 F. 2d 570, 572 (11th Cir. 1988); Beebe v. Pacific Realty Trust, 578 F. Supp. 1128, 1150 (D. Or. 1984).

⑥ ConAgra, Inc. v. Cargill, Inc. , 382 N. W. 2d 576, 586 (Neb. 1986).

的结果,但是在股东诉讼之前,排他性条款从合同法原理上来看是具有强制力的。[①]

实际上,在有关排他性条款的案例中,多数法院会忽略或者仅口头协调相关纠纷,并不会严格依照公司法来对此条款多加关注。这样,其他法院就无法从判例中对此类案件取得足够的法律指导。在等待股东批准期间,现行的公司法并没有对并购协议作出相关规定。例如,当前的法律仅规定并购协议应当写明一些特定的基本信息或者一些有关并购的规定,并没有对这种重要的协议作出任何限制。[②]因此,一些法院便会从其他的法律法规中通过推论来寻求一个解决办法。问题就在于,这样的方式往往不会得到一致的结果。例如,许多公司法允许目标公司董事会单方面终止股东批准的公司兼并或者资产销售,只受到与第三方的合同约束而不需要必须采用股东诉讼的方式。美国科罗拉多州最高法院并不认为排他性条款可以约束目标公司董事会执行兼并计划,他们通过解释特拉华州资产销售规定中的终止条款来支持他们的结论。[③] 相反,第九巡回法庭通过解释加州的公司法来使排他性兼并协议生效,该法院认为董事们拥有董事会自由裁量权来做出有约束力的承诺,终止条款不仅间接支持这个观点,而且通过承认收购方拥有优先于股东议案的重要法定权利来直接支持业绩承诺的合法性。[④]

然而总体来说,一份排他性并购协议的法律效力不是由那些有

---

① 对比 ConAgra, Inc. v. Cargill, Inc., 382 N. W. 2d 576, 586 (Neb. 1986) 和 Jewel Cos., Inc. v. Pay Less Drug Stores Northwest, Inc., 741 F. 2d 1555, 1560 – 61 (9th Cir. 1984)。

② 美国《标准公司法》第 11.01(c)(2)条。

③ Great Western Producers Co-op. v. Great Western United Corporation, 613 P. 2d 873, 878 n. 6 (Colo. 1980).

④ Jewel Cos., Inc. v. Pay Less Drug Stores Northwest, Inc., 741 F. 2d 1555, 1563 n. 10 (9th Cir. 1984).

争议的法律解释来决定的，而是由同样值得商榷的对目标企业董事忠实勤勉义务的司法解释来决定的。公司法早就认定，公司董事的忠实勤勉义务要求他们行事时要以股东的最大利益为出发点。[①] 董事不能通过订立合同来规避这样的责任义务，这种企图转移董事法定义务的合同很明显是没有效力的。[②]

在“大西部生产公司诉大西部联合公司案”（Great Western Producers Co-op. v. Great Western United Corp.）中，[③]科罗拉多州最高法院通过解释特拉华州的相关法条来允许目标企业董事会违反排他性并购协议。《特拉华州公司法》第271(a)条要求目标企业的董事要保证资产销售提议必须以公司的利益为出发点。法院通过解释这个条款向董事强加一个持续性的职责，为的是让他们判断交易中的条款和条件是否切实考虑到了公司股东的利益。一旦一个竞争性的报价出现，目标企业的董事将被要求去深入调查这个新的报价。如果经过他们独立公正的评判，这个后出现的竞争性报价确实优于原定收购公司的报价，那么目标公司董事会肯定会选择更好的那个。因为董事们可能不能依法同意废除这个功能，当面对一个更高的收购报价或者收购进程发生变化从而使原定收购报价不再具有吸引力的时候，最大努力条款并不会把目标企业和原定的收购公司绑定在一起。尽管与原定的收购公司有约在先，但是如果董事会总结认为这样的收购计划对股东不利，目标企业董事会有权利也有义务不建

---

① Unocal Corp. v. Mesa Petroleum Co., 493 A. 2d 946, 955 (Del. 1985).

② See e. g., Jewel Cos., Inc. v. Pay Less Drug Stores Northwest Inc. 741 F. 2d 1555, 1563 (9th Cir. 1984); ConAgra, Inc. v. Cargill, Inc., 382 N. W. 2d 576, 587 – 88 (Neb. 1986); Great Western Producers Co-op. v. Great Western United Corp., 613 P. 2d 873, 878 (Colo. 1980).

③ 613 P. 2d 873 (Colo. 1980). Accord R-G Denver v. First City Holdings of Colorado, Inc., 789 F. 2d 1469 (10th Cir. 1986); ConAgra, Inc. v. Cargill, Inc., 382 N. W. 2d 576 (Ned. 1986).

议股东去批准原定收购公司的报价。正如大西部案法院所说:

[最大努力]责任……必须从不可预测事件和商业发展中的突发状况来分析,并且它不能被解释成要不惜任何代价去解决这些事件和突发状况。

在大西部案中饱受争议的最大努力条款没有明确要求目标企业董事会去推行这个交易,法院也不需要判定这样的条款是否具有约束力。虽然法院会强加一个持续性责任来评估交易条件的公平性,但是他们可能会认定这样的条款当属无效。顾名思义,仅按照合同的约定来推行并购而不尊重客观条件,这与法院对董事会的要求是相矛盾的。在"康尼格拉公司诉嘉吉公司案"(ConAgra, Inc. v. Cargill, Inc.)①中,内布拉斯加州最高法院在面对这样的条款时也是按照大西部案来进行解释的。

因此,当一个协议中包含了合适的信义义务除外条款时,再去解释最大努力条款的时候就不会存在争议了。信义义务除外条款可能就是简单地申明在并购协议中没有任何条文会免除董事会对股东的忠实勤勉义务。② 或者,信义义务除外条款可能会明确保留目标企业董事会寻求新报价或者与其他收购方谈判的权利,如果目标企业的忠实勤勉义务条款这样要求。还有最有力的版本直接免除了目标企业董事会向股东推荐原始收购方报价的义务,如果一个更好的报价产生或者允许目标企业终止此次并购。收购方通常都很抗拒这样的信义义务除外条款,因为当收购者们在讨论目标企业是否应当遵守

---

① 382 N. W. 2d 576 (Neb. 1986). See also R-G Denver v. First City Holdings of Colorado, Inc., 789 F. 2d 1469, 1474-75 (10th Cir. 1986).

② See e. g., ConAgra, Inc. v. Cargill, Inc., 382 N. W. 2d 576, 582 (Neb. 1986); Smith v. Van Gorkom, 488 A. 2d 858, 879 (Del. 1985); see generally William T. Allen, "Understanding Fiduciary Outs: The What and the Way of an Anomalous Concept", 55 *Bus. Law.* 653 (2000); R. Franklin Balotti and A. Gilchrist Sparks, "III, Deal-Protection Measures and the Merger Recommendation", 96 *Nw. U. L. Rev.* 467 (2002).

这种条款出现了意见分歧的时候,这大大损害了一个排他性并购协议的基本宗旨(尤其是在后续不断变化的收购进程中)。

然而,"康尼格拉公司诉嘉吉公司案"①表明了这样的条款也不是必需的。包含了信义义务除外的最大努力条款规定了此条款不会"免除任何一方董事会对其各自股东的持续性责任"。这类条文本可以被解释为——如果董事们发现这个收购报价已经不是对股东最有利的方案,他们继续征求股东同意的义务可以被免除。然而,法院仅表态,"合同双方都要意识到各方董事会对他们的股东都有不可推卸的忠实勤勉义务"。无论协议中有没有包含信义义务除外条款,法院显然相信董事们的忠实勤勉义务比合同规定的最大努力条款更重要。这样的解释在后来也得到了法院的支持,目标企业董事们被要求根据情况的变化来重新评估原定收购公司的议案。相比合同规定的义务而言,法定责任更被关注,因此康尼格拉公司允许目标企业董事会自由违反排他性并购协议,即使没有信义义务除外条款的存在。

相较而言,第九巡回法庭在审理茱尔化妆品公司诉佩莱斯西北药商公司案②中含蓄地拒绝了"大西部公司案"和对"康尼格拉公司案"的处理办法。法院明确了目标企业董事们的忠实勤勉义务要求董事会"要确保并购交易提议在指定的时间内是以股东的利益为出发点"并且要加入排他性并购协议来体现这个决心。③ 因此,这个排

---

① 382 N. W. 2d 576 (Neb. 1986).

② 741 F. 2d 1555 (9th Cir. 1984).

③ 741 F. 2d 1563 (9th Cir. 1984). Accord ConAgra, Inc. v. Cargill, Inc. 382 N. W. 2d 576, 589 – 95 (Neb. 1986) (White, J., dissenting); see also Crouse-hinds Co. v. InterNorth, Inc., 634 F. 2d 690, 703 n. 22 (2d Cir. 1980) ("我们知道不支持这种观点……认为[目标公司]董事被要求重新考虑已经签订且有义务向股东推荐的合并协议"); Taxaco, Inc. v. Pennzoil, Co., 729 S. W. 2d 768, 808 – 09 (Tex. App. 1987) ("一旦达成协议,[目标公司]不能逃避,引述信托义务,只是因为更高的要约随之而来"); Scott v. Stanton Heights Corp., 131 A. 2d 113 (Pa. 1957) (在面对之后更高的报价,董事会不需要对遵守资产出售协议向股东承担责任).

他性并购协议不会免除董事们应尽的义务,他们仍然需要最大限度地维护股东利益。然而,与大西部公司和康尼格拉公司相比,他们应该在并购协议产生前就确定遵守这个标准,而不是等到随后的其他竞争性报价出现时。鉴于不断变化的商业情况,董事们并不会被要求去重新评估原始收购方提供的报价。

公共企业的并购协议是否可以在基本结构上具有排他性呢?“茱尔和贝尔登公司诉北联公司案”(Jewel and Belden Corp. v. InterNorth, Inc.)①对这个问题给出了肯定的答案。现代公司法在并购协议的谈判中赋予了目标企业董事们相当大的责任范围。目标企业董事会有权去决定是否兼并或者如何选择一个合并伙伴。如果目标企业董事会单方面拒绝了原定的收购者,而又缺少股东的参与,那么兼并项目就会陷入僵局。目标企业董事会对兼并计划的拒绝不需要股东的批准,因为这个拒绝的决定被赋予董事会单方面自由裁量权。董事会保留了最初加入并购计划谈判的决定权,股东是没有权利启动并购谈判的。② 董事会也拥有唯一权利来协商有关并购的条款或者根据相关事项来达成最终并购协议。股东没有法定权利来修改或者否决特定条款,一般来说他们只能通过占多数股份的股东来

---

① 108 413 N. E. 2d 98(Ill. App. 1980).

② 在一些情况下,股东可能试图使用 SEC 规则 14a-8 的联邦股东提案规则引入像合并、出售资产或者清算这种重大公司变更。虽然规则 14a-8 要求发行人应当提供适格股东作出的代理材料提案,但是该规则也允许发行人排除“根据注册人的居籍法律而非证券持有人采取行为地法律”提起的议案。这一规定旨在防止股东侵犯根据各州法关于董事会自有职权和裁量权所规定事宜的权利。Exchange Act Release No. 20091, reprinted in[1983-84 Transfer Binder]Fed. Sec. L. Rep. ? 83,417 at 86,204. 但是,SEC 一般要求列入寻求发行人合并或者收购的股东提案,这种提案的方式一般是向发行人董事会提出建议,而不是董事会寻求并购方的收购。See e. g., Rorer Group, Inc., SEC No. Action Letter(Feb. 27, 1985); Richton International Corp., SEC No-Action Letter(July 21, 1983); Texaco, Inc., SEC No-Action Letter(Jan. 27, 1983); Harnischfeger Corp., SEC No-Action Letter(Dec. 15, 1981); Two B System, Ine., SEC No-Action Letter(Sept. 14, 1979).

决定批准或者不批准兼并协议。

在等待提交协议给股东批准的期间,“茱尔案”使用法定责任分配来协调董事和股东共同协商“赋予还是限制被收购方董事会的自由裁量权”问题,然后制定出一个有约束力的并购协议。为了确保股东在法律机制中能够起到作用,“茱尔案”禁止目标企业的董事采取任何方式剥夺股东为了公司未来而制定最终决议的权利——这意味着董事会在股东们着手考虑报价之前只能原地待命。当然,让董事会在签署并购协议和股东投票之间原地待命也正是排他性并购协议的目的所在。“茱尔案”明确支持了限制谈判条款,他允许目标企业董事会在股东着手考虑原始报价之前,把其他公司约束在并购协议中以让控制公司不与其他收购公司谈判或者接受其他第三方收购公司报价。“茱尔案”应该也支持最大努力条款,因为这些条款要求董事们主动建议股东来进行批准。尽管董事会可能同意不会因为商事环境的变化而反悔此次交易,但是这个协议不能影响股东的最终决定权。股东仍然有权利接受或者拒绝董事会承办的并购计划,他们可以自由回应当前的并购议案,或者选择回应其他收购方在董事会执行排他性并购协议后提供的投标报价,或者再索性耐心等待一个更好的报价。①

---

① 耶慕耳(Jetuel)和贝尔登(Belden)还讨论了如果与初始投标人的独家合并协议不一致,竞争投标人是否面临侵权责任的问题。他们明确表示,并非所有竞争性投标都将构成对合同的侵权。没有受托人,可强制执行的排他性条款确实给予有利的投标人一个明确的权利以获得目标公司管理层所承诺的行为。因为目标公司董事会只能束缚自己,所以投标人没有明确的合并权。相反,它只是一种合并期待。例如,最大努力条款只允许有利的投标人将合并向目标公司股东提交。如上所述,股东没有义务批准该项合并。因此,目标公司董事会受其合同义务的约束,但竞争对手将有实质性的自由向目标公司股东提供替代方案。虽然投标人的期望值将受到不公平竞争的司法保护,但有利的投标人并不是受各种类型的竞争保护。如果竞价者只是提出要约并确定向目标公司股东开放的选择权,则竞标者的行为不会引起诉讼。因为有利的投标人必须证明合同被违约,或是违约即将发生,只有当竞价者诱使目标公司董事会违反合同时才会导致责任的出现。因为“贝尔登案”的

尽管康尼格拉(Conagra)和大西部公司都解释了特拉华州的法律,但是长期以来还不清楚在特拉华州的法院中以哪种权威为主。特拉华州最高法院首先在“史密斯诉凡·戈科姆案”①中触及这个问题。潜在的收购方普利兹克认为,即使并购协议包含信义义务除外条款,环联公司的董事在某些特定情况下依然对股东有竞争信义义务。法院认为这不能被解释为接受更好报价的权利或向潜在第三方收购公司透露专有信息的权利。至少表明环联公司的董事会将继续受到合同义务的约束,即使出现其他更高的报价,他们也要向股东推荐原始报价。在随后法院讨论股东投票权在董事会中的分量时,这种观点得到了进一步支持——董事会只有两个选择:(1)根据董事会对议案的建议来推进并购计划和股东会议;或(2)撤销其与普利兹克的并购协议,并通知股东原定的股东会议被取消……但第二个诉讼程序将明显涉及重大风险,那就是董事会可能会被普利兹克起诉违反合同。法院通过这样的涉诉风险提示,建议目标企业董事会可以依法将自己约束在排他性兼并协议里面。但是董事会的法定权利仍然存在争议,因为法院关注的是一个完全不同的事情——董事会的谨慎义务。

环联公司的董事们最终没有得到商业裁判规则的保护,因为他

目标公司是“坚定一致”地反对竞争性投标,有利的投标人的侵权索赔失败。吉尔森(Gilson)教授表示,“茱尔案”应被解释为与“贝尔登案”保持一致:“至少有一个暗示,只是提出一个竞争性的提议不构成侵权的干扰”。Ronald J. Gilson, “The Law and Finance of Corporate Acquisitions”,837 n. 14(1986). Cf. Texacob Inc. v. Pennzoil, Co. ,729 S. W. 2d 768(P. 1987),其中鹏斯公司(Pennzoil)收到了对德克萨斯约 85 亿美元的判决,因为后者干扰了鹏斯公司与盖蒂石油公司的合并合同。这一决定被认为是一个不违反贝尔登规则的偶然事件。除了可能针对法院分析的任何批评之外,德士古公司还不仅是对盖蒂公司股份提出了要约收购。尤其是,它与盖蒂公司的主要股东,也是跟鹏斯公司达成协议的各方之间签订了股权交易合同,通过它们和其他盖蒂公司代表寻求盖蒂公司董事会的支持。See id. at 796 – 805.

① 488 A. 2d 858(Del. 1985).

们没有在向股东提交议案之前，认真考虑并慎重决定是否批准并购协议。环联公司辩称，从董事会在 1980 年 9 月签订的协议中规定的 2 个条款来看，董事们的谨慎义务已经完成了。(1)在市场调查期间，环联公司拥有接受第三方更优报价的权利；(2)环联公司可以分享其专有信息给其他任何的潜在投标人。在 10 月初，并购协议被修改为可以允许主动邀约竞争投标。环联公司将会被允许终止与普利兹克的并购协议，除非在 1981 年 2 月 10 日之前并购计划顺利实现，或者与第三方实现资产交易，或者以一个更优惠的条件达成最终收购协议。环联公司聘请了一位投资银行家来招揽其他投标，但是没有得到实质性报价。环联公司董事会试图证明 1980 年 9 月的决定是有效力的，从而使他们可以在接受普利兹克的报价时加入一些条件。他们认为，如果有其他更高报价出现，那么原始协议和 10 月的修正案允许他们终止与普利兹克的并购协议。换句话说，他们原先决议中的缺陷都是通过对其他竞争性报价的后续调查而修订的，也就是所谓的市场测试。法院给出了他们驳回此观点的几个理由。首先，他们认为原始的并购协议实际上并不允许董事会在收到其他更高报价时终止与普利兹克的并购计划。其次，在其看来，10 月的修正案和协议的签订背景并不允许目标企业进行有别样企图的市场测试。董事会不能因为一个更好报价的出现便随意退出。环联公司应当尽其最大努力在 1 月早期邮寄一份关于普利兹克报价的代理申明来有效缩短市场测试期。公告称普利兹克已经行使锁定期权并且完成融资，而这可以帮助其击败其他竞争收购者。最终，法院显然相信凡·戈科姆在市场测试期的行为可能会影响招标的进程。

然而，凡·戈科姆并不要求目标企业董事会在企业并购期间与其他竞争性收购者接触来完成他们所谓的谨慎义务,[①]而是要求董事会行事时必须有可信的依据,从而确定兼并计划是为了股东的利益而进行的。不受约束的市场测试仅是完成董事会职责的一个手段,而要确定企业的内在价值,最好是由独立的财务专家来给出公正的评价。二者结合使用可能是最安全的方法,但是即使只有后者被使用,董事的谨慎义务同样也应当完成。[②]

凡·戈科姆支持基于特拉华州法律对交易保护机制所进行的分析。目标企业董事会赞成一个排他性并购协议也必须有执行方面的公示化决定。然而在特拉华州法律的演变中,交易保护机制往往会与目标企业董事会防范恶意收购产生混淆。因此,我们将在本书第七章再来思考这个问题。

2. 锁定

鉴于排他性条款在投标威胁中的相对脆弱性,使用一个额外的手段来确保受原始收购者的收购行为得以成功进行是十分必要的,即一个能更有效地阻止其他竞争性出价的方式。交易策划人在锁定条款发现了这一机制。锁定条款由目标企业制定,以使原始收购者和其他出价者相比赢得竞争优势。因此,这个机制一般会包括这些手段,如非常高额的"分手费",或者是目标企业使用收购防御策略以

---

① 然而凡·戈科姆并未考虑谨慎义务就决定拍卖控制权,Relvon, Inc. v. MacAndrews & Forbes Holdings, Inc. ,506 A. 2d 173(Del. 1986)。特拉华州法律建议露华浓公司(Revlon)拍卖职责应该适用于控制权发生改变的并购,如公众控股变成了私人控股的情形。See Omnicare, Inc. v. NCS Healthcare, Inc. ,818 A. 2d 914,928(Del. 2003).

② See TW Services, Inc. 股东诉讼 Fed. Sec. L. Rep. (CCH) ll94,334 at 92,179 n. 8(Del. Ch. 1989)(董事们需要作出一个合理的知情选择);See Amsted Indus. Inc. 诉讼,1988 WL 92736(Del. Ch. 1988)(拍卖程序的替代方案).

便在收购竞赛中保护原始收购者。[①] 锁定条款的使用通常是达成协议(一般有别于并购协议),它会授权并购者去购买目标企业的股权或者资产。和取消费用一样,它通常由第三方收购者购买目标企业流通股票达到一定百分比而触发。[②]

股权锁定会授权原始收购者在将来购买目标企业拥有的但是还暂未发行的股权。如果在股东对并购协议进行投票之前行使股权锁定,则原始收购者可以使用这些额外的期权来投票以推行并购计划,从而确保并购协议获得必要的批准。如果是第三方竞标者最终胜利,原始收购者可以行使股票期权在公开市场上出售这部分股份,或者将其出售给最终的收购者,从而弥补其部分或全部沉没成本。最后,股权锁定要求买方为了控制权而必须交易这部分股权,所以增加了最终的收购成本,从而可以从源头上阻碍很多的竞争收购者。

资产锁定条款会授权给原始收购者,来购买目标企业的重要资产。尽管资产锁定通常是用来引诱潜在的收购者,但他们原则上还是希望为目标企业阻拦竞争性收购者。因此,期权主体通常是竞争性收购者最想得到的资产或者是目标企业生产经营中的重要资产。[③] 资产锁定有时候被称为购买“皇冠上的宝石”的期权,这形象地说明

---

① 所谓的股东股权锁定,原始投标者签订锁定协议来限制目标企业相关股权进行交易买卖。股东股权锁定似乎在单个股东或者股东团体已经取得目标企业控股股权的这类企业中作用更大。然而正如在前文中讨论到的,当针对少数股东的股份锁定已是既成事实。那么这可能就不为特拉华州法律所认可了,至少是对那些董事会作为协议一方的情形。

② E. g. Hanson Trust PLC v. MLSCM Acquisition Inc. ,781 F. 2d 264,267(2d Cir. 1986);Mobil Corp. v. Marathon Oil Co. ,669 F. 2d 366(6th Cir. 1981),cert. denied,455 U. S. 982(1982);DMG, Inc. v. Aegis Corp. ,No. 7619, slip op. (Del. Ch. 1984),再版于 9 *Del. J. Corp. L.* 437,439(1984)。

③ See Hanson Trust PLC v. MLSCM Acquisition Inc. ,781 F. 2d 264,267(2d Cir. 1986);Mobil Corp. v. Marathon Oil Co. ,669 F. 2d 366(6th Cir. 1981),cert. denied,455 U. S. 982(1982).

了它们是目标企业的关键性资产。

关于锁定的有效性的讨论,在很大程度上变成了竞争性报价是否为收购谈判进程中的一个正当部分。与排他性并购协议一样,这个机制往往会与目标企业董事会对恶意收购的抵抗相混淆。

第九节 回购权

并购和销售公司资产,可以比作私人支配权的一种形式。如果达到法定人数的股东赞成这次交易,那么持反对意见的股东就不能阻止这次交易。的确会有少数股东认为这种不符合他们期望的交易是不公平的,他们可能希望继续投资这个企业或者他们会认为这个交易价格是不公平的。公司法规对那些为了获得更优条件而拖延交易的股东不提供救济,公司法规允许多数股东通过挤出合并来限制少数股东。相关法规给那些不满意的股东的只有对所持股票的购买价格申诉的权利,也就是所谓的回购权。

从理论上来说,回购权是非常直观的。简单地说,它给那些不支持并购计划的股东一个公正评估股价的权利并且会用现金回购这些股票,如果这些股东愿意遵守其中复杂的法定程序。但不幸的是,要把这个简单的理论付诸现实竟然无比艰难。的确,目前这种回购权理论的地位是非常不健全的。①

1. 操作流程

(1)评估的有效性

所有的评估法规都为有限责任公司规定了回购权,然而这却无

---

① 控股股东的信义义务为回购权奠定了基础。但结果是不幸的,至少从理论学说来看的话是这样。

法得到推广。回购权是否能在任何国家任何类型的交易中得到承认呢？在很多国家，回购权在很多基本交易中得以使用，包括公司并购、重大资产销售甚至是修改公司章程时。例如，美国《标准公司法》第 13.02(a)(4)条规定，修改公司章程造成反向股票拆分可以引发回购权。

相较而言，根据《特拉华州普通公司法》第 262 条，特拉华州法律规定了回购权只可以在公司并购中产生，并且不包含所有的并购。第 262(b)(1)条规定，进入证券交易市场的公司或者股东人数超过 2000 人的公司都不可以获得回购权。[①] 然而第 262(b)(2)条又规定，如果在公司并购中的对价是存续公司股票之外的东西，并且另一家公司的股票进入证券交易市场或者被超过 2000 名股东持有或者以现金代替部分股份，[②]那么这些公司的股东可以获得回购权。[③]

(2)估价权的资格

为了获得回购权的资格，特拉华州法律第 262(a)条要求股东：(1)在并购期间连续持有该公司股票；(2)在股东投票之前，按照特拉华州法律第 262(d)条的要求给公司提交书面申明，明示自己要求获得价值评估权；(3)不能投赞成票或者书面同意此次并购。美国《标准公司法》第 13.21 条的规定也基本如此。

(3)回购权的排他性

一个关键性的问题就是回购权到底是不是一种排他性的权利。特拉华州最高法院在“温伯格诉 UOP 案”(Weinberger v. UOP, Inc.)的判决表明了回购权是具有排他性的，除非存在欺诈、虚假陈

---

① 这里的证券交易市场包括纳斯达克交易商自动报价系统。

② 这个规定被使用在三角并购中，当那些存续公司作为收购方全资子公司而消亡的时候。这个规定允许使用收购方公司股票作为对价。

③ 标准法(Model Act)也有相似的规定，尽管这个版本要复杂得多，因为存在大量的有关利益冲突的例外规定。美国《标准公司法》第 13.02(b)条。

述、自我交易、故意浪费公司资产或者明显的过度干预这些情况。[①] 然而,后来的“拉布金案”(Rabkin)决议却允许原告提起一个集体损害诉讼,只要他们能找到证据证明此次交易有违公平。[②] 因此,回购权仅适用于那些原告对价格的适当性存有疑问的案件。

2. 如何进行估价

从理论上来说,一般证券市场上的股票价值就是这家公司在未来产生的股息的现期贴现值。[③] 这看起来有点不合理,因为许多公司并没有股息。然而随着学说的发展,长期以来所有公司投资之后把利润当作股息分给股东们。这就算是未来股息的预测,也是股票价值的一种体现。

上述的观点目前存在两大问题。首先,人们如何确定公司未来会付给他们多少股息呢?很显然,人们无法预测未来的股息,这是个非常困难的任务。其次,人们如何将未来的股息红利折算成现有价格呢?这是个很简单的关于资金时值原理的问题。

(1)计算原理:资金时值加上现值折扣

即使没有风险问题,人们也更希望尽早把财富落袋为安。这就是为什么财富具有时间价值:人们更倾向于获得即刻的回报而不是未来可能发生的收益。金钱的时间价值解释了为什么借款人会加收利息,存款人能够获取利息。在银行存钱获得的利息以及贷款需要付出的利息都是对上述时间价值的一种补偿。

假设简在第一国民银行存了1美元,银行会给简利息以补偿她暂时放弃这1美元的使用权。假设银行的年利率是6%,一年之后简

---

① Weinberger v. UOP, Inc., 457 A.2d 701 (Del. 1983).

② Rabkin v. Philip A. Hunt Chemical Corp., 498 A.2d 1099 (Del. 1985).

③ 可得的有关估价的介绍包括 Jay W. Eisenhofer, John L. Reed, "Value Litigation", 22 *Del. J. Corp. L.* 37 (1997); Samuel C. Thompson, "A Lawyer's Guide to Modern Vluation Techniques in Mergers & Acquisition", 21 *J. Corp. L.* 459 (1996)。

将能够获得 6 美分的利息，这样她的账户上就有了 1.06 美元。下面就是一个计算存款的将来价值的公式

$$FV = A_i\left(1 + \frac{r}{m}\right)^{mn}$$

FV 表示存款在将来某个时候的价值；*A* 是原始的存款数额；*r* 是存款利率；*m* 是每年中利率的复合次数；*n* 是存款的年数。

假设吉尔在银行存了 1 美元，利率是 6% 并且按照季度复合。按照下面的方法来计算，3 年后吉尔的账户总额将会变成 1.20 美元：

$$FV = \$1(1 + \frac{0.06}{4})^{12} = \$1x1.05^{12} = \$1x1.20$$

对于企业价值评估起到关键作用的"当前价值"就是由资金时值来决定的。如果我承诺在一年之后付给你 1 美元，那么这样的承诺对你当前而言又有多少价值呢？我们通过计算这个承诺的"当前价值"来回答这个问题。我们先不去管一年之后的 1 美元价值是多少，先想一想我们当下要投资多少才能在一年后得到这 1 美元。就像这样，通过计算当前价值能得出未来价值的一个方程式。换句话说，当前价值的计算方式是未来价值计算方式的反转

$$PV = \frac{A_n}{(a + k)^n}$$

PV 代表当前价值；*A* 是未来的收益数额；*k* 是所试用的利率，也就是贴现率；*N* 是取得未来收益所需要的年数。假设安妮塔（Anita）承诺 5 年后付给卡罗尔 1 美元。按照这个计算方式，这个承诺的当前价值就是 75 美分

$$PV = \frac{\$1}{(1 + 0.06)^5} = \frac{\$1}{(1.06)^5} = \frac{\$1}{1.34}$$

这里的贴现率是一个简单的资金机会成本，根据风险来调整。这是估价权中一个非常简单的计算方式，但却是难以在实际生活中

使用的。[①] 机会成本看似很好理解——简单来看就是对另一项类似事物的投资的回报率。不幸的是,要定义"另一项类似事物的投资"是非常困难的。同样地,如何调整风险也是一个高度主观性问题。

(2)计算方法取决于预期红利的当前价值

就像上文所述,一只股票的理论价值就是它所有预期红利的当前价值。但是由于未来是不可预测的,因此估算未来利润是一项危险的工程。尽管有少数非常复杂的计算方法被用于此处,但是它们很少被用于法律语境中。相反地,更加简单的计算方法通常被用于规划或者诉讼中。这两种方法使用目前的股息来当作未来的红利。这些方法假设公司会永久地派发红利并且用这样的公式来计算当前价值。

永续年金是一种不会停止的持续定额现金流。永续年金的当前价值是用每批收益除以折现率所得

$$PV = \frac{A_i}{k}$$

PV 代表永续年金的当前价值;A 是每批收益数额;k 是折现率。假设安同意付给芭芭拉每年 1 美元当作永续年金,适用的贴现率是 10%。那么这个永续年金的当前价值就是 1 美元除以 0.10 等于 10 美元。

股息计算中的零增长模型是指假设股息在未来永恒不变。股票的价值因此就是由当前股息除以一个合适的贴现率所得

$$V = \frac{D}{k}$$

V 代表企业价值;D 是每年的股息;k 是贴现率。假设阿科美公

---

① CAMP 公式经常被用来估计折现率。See e. g. , Cede & Co. v. Technicolor, 1990 WL 161084 (Del. Ch. 1990); see generally Samuel Thompson, "A Lawyer's Guide to Modern Valuation Techniques in Mergers & Acquisitions", 21 *J. Corp. L.* 459 (1996).

司每年的股息是 1 美元,贴现率是 8% ,那么每股的价值就是 1 美元除以 0.08 等于 12.5 美元。

上述的计算方法对那些因快速成长所需而大幅度保留利润的公司是不太适用的,因为这样的计算方法无疑会严重低估这类公司的价值。有一种解决方式是为这些成长中的公司调整计算公式

$$V = \frac{D}{k - g}$$

g 代表一个成长中的公司。最通常的增长因素就是股本回报率(Rate of Return on Common Stockholders' Equity,ROE)乘以盈利保留率。ROE 是由利润除以股东股权所得。盈利保留率是公司留存利润的百分比。如果股息和贴现率保持不变,持续增长的计算公式会得出高于零增长模型的结果,因为它的分母更小。假设阿科美公司目前股息是每年 1 美元,股本回报率是 0.05,盈利保留率是 80% ,贴现率是 8% ,那么阿科美公司股票的价值就是 25 美元

$$V = \frac{\$1}{(0.08 - [0.05x0.80])} = \frac{\$1}{0.08 - 0.04} = \frac{\$1}{0.04}$$

(3)特拉华州版块法

特拉华州版块法在不同的州有不同的形势,但是大体上都要求采用三种不同计算方式的加权平均值:净资产价值法、收益的资本化值法和市场价值法。净资产价值是基本账面价值方法的变体。账面价值是一种资产负债表计价方法。一家公司的账面价值,简单地说就是它的净资产价值。假设阿科美公司总资产有 73,000 美元,总债务有 60,500 美元,那么阿科美的账面价值就是它们的差额——12,500 美元。为了确定每一股的账面价值,只要简单地用公司的账面价值除以总发行股份数量就可以了。

作为一种价值估算方法,账面价值法只有一个优点,虽然这是很重要的一个优点。即使很多公司在财务上可能不够成熟,但几乎每

家公司都有资产负债表。因此,每家公司的账面价值都可以通过这个表来快速地确定下来。不幸的是,按账面价值法得出的价值通常都很不可靠。因为它仅由资产负债表得出,因此账面价值是无法统计出资产负债表之外的无形资产的,如商业信誉。账面价值还有一个不可靠的方面就是资产负债表上记录的资产都是一种历史成本,并不能真实反映出它们当前的真实价值。最后,因为账面价值只是简单地记录了资产和负债,所以它不能反映特定公司对特定资产的使用而产生的协同效应。换句话说,账面价值法更多的是反映公司的清算价值而不是它正常运转下去的价值。①

净资产价值评估法试图完善这些缺点。正如宾夕法尼亚法院规定的那样,它包括了"所有种类的财产和价值,无论是动产还是不动产、有形的还是无形的,也包括了公司商誉还有持续经营的价值"。②如果正确理解,净资产评估法会要求计算公司资产在当前市场上的真正价值。然而宾夕法尼亚法院却反对给予净资产价值过重的地位。③ 但是在实施时,他们在账面价值和净资产价值之间产生了疑惑。例如,他们担心净资产价值是建立在历史成本上的并且忽略了持续经营价值。④ 但是净资产价值法实际上从持续经营价值角度计算了有形和无形资产。宾夕法尼亚的先例因此反映出了他们对于这个术语的误解。

---

① 持续运营估价会考虑到公司在并购交易后会产生的持续性的价值。换句话说,持续运营价值是指公司在被出售时应该值什么价格。清算估值法假设公司会被解散,所有资产被变卖。总体来说,持续运营价值会更值钱。如果公司运营良好,公司资产之间会有协同效应,从而使得整体总价值比单一价值相加更为值钱,但是如果公司管理不善,则会降低资产价值。

② 关于 Watt & Shand,304 A. 2d 694,698 n. 7(Pa. 1973)。

③ 参见 Watt & Shand,304 A. 2d 694(Pa. 1973);关于 Spang Indus.,Inc.,535 A. 2d 86(Pa. Super. Ct. 1987)。

④ 关于 Watt & Shand,304 A. 2d 694,700(Pa. 1973)。

收益的资本化值被包含在特拉华州版块法所有演变中,虽然有一些微小的差异。在所有形式中,收益资本化估值法试图克服账面价值过于依赖于公司损益表而不是其资产负债表的问题。这种估值方法是用公司的每股收益除以一个合适的资本化率所得。① 主要的难点就是如何确定一个合适的资本化率。从理论上来说,资本化率相当于乘数估值法,也就是所谓的市盈率的倒数。当然问题是人们必须要知道公司股票的价格才能确定资本化率,因此这种方法常常被用于没有股票市场价格的有限责任公司。一个适当的资本化率应该根据与其相似的其他公司的市盈率得出。②

宾夕法尼亚和马萨诸塞州的先例说明,法院在根据特拉华州版块法评估公司收益的时候是存在一些微妙差异的。马萨诸塞州使用了"盈余价值"这一版本,它是由公司 5 年的盈利平均值得出的,不计算非经常性损益。相较而言,宾夕法尼亚使用"投资价值"的版本,它要求评估具有代表性的收益图。因此投资价值需要估价者更大程度上的主观评价,而评估者需要决定什么构成了最具代表性的数据。

最后一点,特拉华州版块法还包括了市场价值。特拉华州版块法假设其所包含的三种数据都不能单独地反映公司的公允价值,但是它们三者的加权平均值就是该公司的公允价值了。如果有些公司还具有一定的市场价值,如何来区分其公允价值和市场价值呢?可能答案要么就是市场价值不能反映控股权溢价,要么就是股票交易市场是没有效率的。如果一家公司没有市场价值会怎么样呢,会变

---

① 假设阿科美公司去年收益 2.10 美元每股,均价除以企业利润率是 16,适当的资本化率是 0.0625,阿科美公司每股收益除以资本化率得出每股 33.60 美元。

② See Universal City Studios, Inc. v. Francis I. DuPont & Co., 334 A. 2d 216, 219 (Del. 1975) 使用其他 9 家类似企业的市盈率;Gibbons v. Schenley Indus., Inc., 339 A. 2d 460, 471 (Del. Ch. 1975) 使用并购当天的市盈率;Felder v. Anderson, Clayton & Co., 159 A. 2d 278, 285 (Del. Ch. 1960) 使用该企业 5 年内的平均市盈率。

成有限责任公司那样吗？以往的一些特拉华州案例建议在这种情况下可以“重建”一个市场价值。但这个步骤很神秘，有点类似于解答有多少天使可以在针尖上跳舞一样。在实践中，通常会涉及账面价值和收益资产化值的一些变种。

这三种计算方法没有一种是完全可靠的。净资产值不可靠是因为它具有很高的主观性。公司持续运营价值在一定程度上不同于它的账面价值，因此净资产值的重要性应该降低。收益的资本化值不可靠是因为收益是非常不稳定的。在极端情况下，在一个完善的非周期性行业中收益应该是相对稳定的，并且收益的资本化值应该稳定在一个高点。在另一个极端下，在一个没有过往收益的初创期企业中，以收益为基础的价值的重要性就微乎其微了。市场价值的重要性应该主要取决这个公司股票的市场厚度。

无论如何，应当分别用这三种估值方法得出结果，然后再算出它们的加权平均。在上诉审查下，初审法院对于三种计算方法的权重分配是由滥用自由裁量权标准来决定的，[①]但这是非常具有讽刺性的，因为整个过程充满了极大的随意性。例如，被引用频率极高的斯潘工业公司案的判决中，宾夕法尼亚上诉法院认为由于上述原因，净资产值应该占的比重较小。该法院判决分配净资产值法的权重为80%，而不是像一审法院那样按照三等分的方式来处理。[②]

(4)温伯格和它的现金流量贴现法

特拉华州版块法综合了不同种类的计算方法，三种方法都互不相关并且基于不同的假设和理论，因此会得出迥异的结果。法院轻率地将三种计算方法随意地分配权重无疑加重了问题的严重性。但

---

① See e. g. , Piemonte v. New Boston Garden Corp. , 387 N. E. 2d 1145, 1153 (Mass. 1979).

② 关于 Spang Indus. , Inc. , 535 A. 2d 86, 90 – 91 (Pa. Super. Ct. 1987)。

这种计算方法唯一的优点就是简单易懂,因此特拉华州版块法很受不专业的法官和陪审团欢迎。

作为一个估价者,特拉华州衡平法院拥有比其他法院更大的优势。作为一个专门法院,特拉华州法院获得了大量的估价经验。作为一个衡平法院,专业的法官不需要担忧来自于陪审团的干扰。因此,我们也可以理解特拉华法院可以更多地去关注估价精确度而非简便程度。

在"温伯格案"中,特拉华州最高法院正式放弃了特拉华州版块法(因此这个计算方法至今保留"特拉华州"也算是一种不合理)。法院认识到版块法从金融理论的视角来看是毫无意义的,法院因此着手更新特拉华州法律。奇怪的是,它却恰恰向除了估价法研究之外的所有垃圾科学敞开了大门:"我们相信,一个更佳的估价法一定包括使用一些金融界上广为接受的技术或者方法来进行价值证明的过程。"①因此法院解释道:"市场价值、净资产值、股息红利、盈利前景、企业性质和其他已知因素或并购时可以确定的因素,要跟关于反对意见股东的利益价值的调查紧密联系起来。"

在"温伯格案"之后的数年里,特拉华州衡平法院主要依靠贴现现金流(Discounted Cash Flow Model,DCF)估值法。DCF 主要包含下面几个步骤:

* 估算一下公司在未来一段时间内会产生的现金流。依照惯例,假设所有现金流都在财政年度末尾被统计。②

---

① Weinberger v. UOP, Inc. ,457 A.2d 701,713(Del. 1983).

② 在"Cede & Co. v. JRC"("西德公司诉 JRC 并购公司案")2004WL 286963(Del. Ch. 2004)中,法院认为截至并购发生时基于管理机制的估价是受到他们青睐的,并且要对合并后的管理机制调整或新管理机制的形成给予合理怀疑。忽略了同期管理机制的专家估值有的时候完全被低估。同上,原告的专家忽略了支持他估价的管理机制,他通常不会得到信任。

＊在未来特定时间段的结尾确定最终价值(Terminal Value)也就是现期贴现值。最终价值(TV)可以通过两种方式来计算:

股息贴现可使用零增长模型或者稳定增长模型来计算。

收益的资本化值。

＊通常在公司的估计资本成本中设置一个适当的贴现率。人们经常使用 CAPM 这个方法来得出一个适当的贴现率。

＊通过折现可以估算出预期现金流和最终价值。下面就是计算的代数公式

$$V = \left[\sum_{0}^{n} \frac{C_n}{(1+k)^n}\right] + \frac{TV}{(1+k)^n}$$

V 代表公司的价值;Cn 是每 n 年的现金流;k 是贴现率;n 是从目前到特定项目结束时的年数;TV 是最终价值。

举个例子的话会更好理解。假设估价者选择了 4 年的特定项目并且预期现金流、股息红利和利润如表 1 所示:

表 1　4 年特定项目的预期现金流、股息红利、利润情况

年份	预期现金流(美元)	股息红利(美元)	利润(美元)
第 1 年	100	10	75
第 2 年	110	12	80
第 3 年	125	12	85
第 4 年	140	13	90

假设未来估价者使用 CAPM 来预测一个贴现率。按留存率乘以股本回报率的常用方法得出 3% 的增长率,使用 15% 的资本化率,再通过收益的资本化率来计算出最终价值。在这些假设下使用 DCF 估算企业的价值等于 726.52 美元。

$$V = \left[\frac{\$100}{(1+0.10)}\right] + \left[\frac{\$110}{(1+0.10)^2}\right] + \left[\frac{\$125}{(1+0.10)^3}\right] + \left[\frac{\frac{\$90}{0.15}}{(1+0.10)^3}\right]$$

计算公式的前 3 项是前 3 年每年的贴现现金流。最后一项是使用收益的资本化率来计算出最终价值。需要注意的是，最终价值(450.79 美元)贡献了公司总价值的 60% 有余。

在贴现现金流法中，使用稳定增长模型来计算最终价值时也是类似，除了最后的加法稍有不同。如果使用稳定增长模型，最终价值是用股息红利除以贴现率与增长系数之差

$$V=\left[\frac{\$100}{(1+0.10)}\right]+\left[\frac{\$110}{(1+0.10)^2}\right]+\left[\frac{\$125}{(1+0.10)^3}\right]+\left[\frac{\frac{\$13}{(0.10-0.03)}}{(1+0.10)^3}\right]$$

计算之后会得出一个比收益资本化率法较低一些的最终价值(415.24 美元)。

(5)最近发展状况

近年来，特拉华州衡平法院已经不再专注贴现现金流法的研究。正如一位法官解释道："贴现现金流分析法得出的公司价值和类似公司或类似交易法估算得出的价值差不多，我相信这些方法都可以准确地估算出公司价值。"①类似公司法要求该公司要根据与其相似的上市公司来调控其股票价格。类似交易法着重关注近期发生的与其相类似的收购行为中的成交价格。

虽然这个新的多因素试验法没有回归到特拉华州版块法，但是使法院尝试了融合三种估价方式的理念。② 估价因此更像一门艺术而不是科学。

---

① Hanover Direct, Inc. S' holders Litig., 2010 WL 3959399 at ＊3 (Del. Ch. 2010).

② Niso Abuaf, "Valuing Illiquid Equity Securities in Light of Financial Crisis of 2007 –2009", 20 *Journal of Applied Finance* 110,113,(2010)(大部分从业者将这种方法三角化。三角化彰显了科学的谦卑和法律的谨慎。也就是说，如果我们不知道确切方法是什么，我们可以不武断，而是选择考虑所有合理的估价方法并融合它们，通过引用一个范围而不是引用一个点去进行估价).

(6)合并产生的价值

《特拉华州普通公司法》第262(h)条规定,取得估价权利的股东有权要求获得他们所持股份的公允价值,要排除掉此次并购可能造成的股票价格波动。这样的说法会不会使控股权溢价失效?在"阿姆斯壮诉马拉松石油公司案"(Armstrong v. Marathon Oil)中,马拉松石油公司和美国钢铁公司在1982年3月11日完成了合并。美国钢铁公司事先以125美元每股的价格现金投标收购了马拉松石油公司的股票。在此次并购中,美国钢铁公司以100美元每股的价格新发行了债券。在随后的估价进程中,俄亥俄州最高法院认为现金投标价格125美元与估价进程中的股票公允价格是无关的。[①] 根据类似于特拉华州和俄亥俄州估价法规,法院认为控股权溢价和那些控股股东的股份价值是无关的,相反,原告所持股份价值由1982年3月10日的市场价决定,也就是75美元。

相比而言,在"温伯格案"中,特拉华州最高法院在《特拉华州普通公司法》第262(h)条有关公允价值的规定中认为只有"并购中可能发生价值增长的投机行为是被排除在外的"。当然"投机"这个用词,并没有直接出现在法律文本中。然而,法院把对于"价值投机"的驳回描述成了"估价过程中非常罕见的例外",衡平法院因此可能会认为"包括企业性质在内的未来价值要素在并购发生之前就是已知的或者能证明的,它们不是投机行为的产物"。[②] 因此,在此次并购中控股权溢价支付的证据往往是有效力的。

尽管特拉华州最高法院在法律文本中缺少了通俗的语言,但是法院选择的方法是具有重大意义的。正如我们所见,如果特拉华州法院在法规中使用非常通俗的语言,他们应该以合并前的市场价格

---

① Armstrong v. Marathon Oil Co.,513 N.E.2d 776(Ohio 1987).

② Weinberger v. UOP,Inc.,457 A.2d 701,713(Del.1983).

为基础并且向下调整来消除并购造成的升值。有种猜想可能会被股价法规的历史证明是有效的,这种猜想希望以假设并购没有发生的价格来给持反对意见的股东所持股份进行估价。但是以合并前的价格为基础是很难实现的。鉴于控股权溢价的普遍性,如果这样的规则生效,那么谁还会援引估价法规呢?此外,那些持反对意见的股东是否能够得到一个公平的溢价是个很现实的问题。为了解决这个问题,我们必须从合并成交价格入手来开展相关工作。

假设在原始收购和冻结合并期间有一段间隙,收购者对公司经营战略做了一些改变,增加了价值。假设原告应该承认与并购的协同效应使得合并后的实体会比之前更具价值,形成了垂直一体化公司达到了更大的规模。这些信息与在估价程序中和最终的并购的价值估算有什么关联呢?在众多不同的决议中,特拉华州最高法院认为在购买控股权股份之后增加的价值应该被认定为持续经营价值,那些要求股份回购的股东有权享有这些收益。衡平法院以"无异于奖励异议股东一定比例的控制权溢价,而衡平法院认为这是不可取的"为理由,拒绝接受这些价值的要素。特拉华州最高法院持不同意见,他们认为"在价值估算中潜在的假设是异议股东们想让并购不发生并保持他们的投资头寸"。[①] 需要注意的是,这样的假设可能会导致"马拉松石油公司案"的结果,那就是如果并购不发生,就不会发生控制权溢价。然而,特拉华州最高法院会不会倾向于这个结论是值得怀疑的。

3. 流动性折价和少数股权折价

少数股权折价,是指对公司中持有少数股权股东的股份进行估价时的一种模式。少数股权折价会降低公司中少数股权的估算价值,以凸显控股股东的影响力。流动性折价反映了非流动性投资通

---

① Cede & Co. v. Technicolor, Inc., 684 A. 2d 289, 298 (Del. 1996).

常只具有较低的价值。在相同条件下,市场退出机制的缺少造成了此类股票的高风险。

人们是否会认为少数股权折价和流动性折价在估价权进程中是合理的,也许要从这种估价权的目的来分析。在"骑士油公司案"(Cavalier Oil)中,特拉华州最高法院认为,估价权是为了评估公司实体的价值而不是特定股东所持股份的价值。① 如果按照这样来理解,那么估价权的目的是与少数股权折价理论相悖的,因为无论是少数股权还是多数股权都与评估公司整体价值没有关系。如果这样分析,特拉华州法院应该会认可流动性折价,因为缺乏流通性的股份会增加其资本成本从而影响公司的持续运营价值。然而,法院对这两种折价都不予认可。法院好像对这两种折价的态度完全相同,说明了他们对这两种折价的概念差异并不够了解。实际上,法院混淆了这两种概念。

相比于特拉华州的观点,ALI 原则认为实现股东估价权时,对公司价值的评估"不应该存在少数股权折价或者流动性折价(除非特殊情况发生)"。② 这里的特殊情况是指"不仅仅是股份缺乏市场交易,法院只能在发现异议股东试图在价值评估中不按分配比例而刻意为自己谋取利益的时候应用这种例外规定"。新泽西州最高法院采用了 ALI 原则的这种观点,认为特殊情况不包括"公司策动的限制股票转让;异议股东追求他们的合法权益时"。③

一个更好的方法会去更多地关注个案分析,而不是为所有案件

---

① Cavalier Oil Corp. v. Harnett, 564 A. 2d 1137, 1144 - 45 (Del. 1989). 法院有关于股票公允价值的结论看起来是与法律条文相悖的。尤其是《特拉华州普通公司法》第 262(g)条要求法院确定股东是否具有回购权。第 262(g)条规定了法院可能要求股东将他们的股份交给未决回购程序中的登记法院。《特拉华州普通公司法》第 262(g)条还规定:"确定了股东的回购权之后,法院应该按他们的股份公允价值付款,并给付相关利息。"这里提到的"股份"并不是指所有股份,而是指那些拥有回购权的股东所持有的股份。

② ALI Principles 7.22(a).

③ Lawson Mardon Wheaton, Inc. v. Smith, 734 A. 2d 738, 749 - 50 (N. J. 1999).

规定一个笼统的法规。例如，“骑士油公司案”中提到的深层交易就是控股股东主导的挤出合并。法院认为“不能根据少数股东股份的全部价值来处以罚金，控股股东在估价程序中通过买断小股东股份来获取暴利是不公平的”。[①] 在挤出合并中，为了防止控股股东牟取暴利因此禁止少数股权折价是完全合法的。然而，在流通性折价这种情况下可以使用，因为缺乏流通性的股票对少数股东和控股股东都会产生相同的影响。

鉴于这些分析，是流通性折价还是少数股权折价更适合法院监督下的回购呢？在这种背景下，有限公司的小股东受到大股东压迫时，通常援引法定解散程序作为救济。在许多州，法院可以允许大股东回购小股东的股份来避免公司解散。如果法院这么做了，那就必须确定这些股份的公允价值。这样看来流通性折价又显得很合理，因为缺乏流通性会降低股票价值。相比之下，少数股权折价就不是那么合理了，它只会奖励那些充满着压迫的不当行为。[②]

第十节　事实合并

1. 股东诉讼

我们发现交易策划者经常设计交易结构以便于避开股东投票和回购权，然而交易方案不是凭空发生的。股东因为这个特殊设计的交易结构而失去的投票权或回购权，可能会通过援引“事实合并学说”而找回。这个学说是建立在等效原理基础上的——像事物应该

---

① Cavalier Oil Corp. v. Harnett, 564 A. 2d 1137, 1145 (Del. 1989).

② See e. g., Brown v. Allied Corrugated Box Co., 154 Cal. Rptr. 170, 176 (Cal. App. 1979).

被对待的那样去对待它。换种说法就是实质重于形式。

假设一个收购方和一个目标企业达成协议,通过反三角并购完成合并。因此,收购方股东将不具备投票权并且无法获得回购权。收购方的异议股东辩称,反三角并购相当于一个事实并购。如果法院也这么认同,那么将会忽略交易的外在形式而将这次交易视为正常的并购,双方股东因而可以获得投票权和股份回购权。

在"哈里通诉阿科电子案"(Hariton v. Arco Electronics)中,特拉华州最高法院拒绝了事实合并学说。[①] 阿科电子公司同意出售所有资产给劳拉电子公司以换取其283,000股的股份。随后阿科打算解散并把劳拉的股票分配给原有股东作为最终的清偿红利。阿科电子公司的一名股东起诉称这个名义上的资产销售实际上是公司合并。法院同意了这个观点,但是法院认为形式重于实质。事实合并学说冒犯了公司法中公司合并法规和资产销售法规之间的同等地位。换句话说,法律规定了多种协同机制来达成实质性的成果。每个法定的收购类型都有"各自的重要意义",法院不能为了提供不同形式的收购以供股东选择而去推翻已成型的法定决议。

相比之下,宾夕法尼亚法院一直尝试去坚持这个学说。在1957年,宾夕法尼亚立法机关修改了州公司法,很明显就是为了消除事实合并学说。尽管立法史很清楚地表明了这种意图,但宾夕法尼亚州最高法院在法里斯诉格伦·奥尔登公司案中认为事实合并学说依然存在。[②] 1959年立法机关再次修改法律,这次明确地把"废除事实合并学说"写入了法条。随后宾夕法尼亚法院舍弃了事实合并学说,由

---

① Hariton v. Arco Elec. ,Inc. ,188 A. 2d 123(Del. 1963).

② Farris v. Glen Alden Corp. ,143 A. 2d 25(Pa. 1958).

第三巡回法庭来宣告其失效。①

在那些仍然承认事实合并学说的州,那些法院用来支持这个学说的理由都很老套:形式不能重于实质,该如何对待就如何对待,等等。关键是如何去确定两个交易是类似的从而对他们一视同仁。通常的规则是去判断此次交易是否改变了公司的主体结构从而会使股东们需要放弃原来公司的股份而违背意愿地去接受另一个公司主体的股份。一个较规范的因素清单一直在演变,包括:股东对价的分配;董事会构成的变化;股东构成的变化;股票价值的变化;公司营业种类的变化。②

除此之外还有政治上的担忧,事实合并学说真的有道理吗?换句话说,为什么特拉华州法院和宾夕法尼亚州立法机关拒绝承认事

---

① Terry v. Penn Central Corp. ,668 F. 2d 188,192(3d Cir. 1981). 虽然事实合并理论在宾夕法尼亚州不是个好的法律,但是格伦·奥尔登公司(Glen Alden)决议仍然值得学习。这涉及一个有趣的机构化交易,由策划者在法律思维中的想象力来实施。一家名为 List 的公司拥有格伦·奥尔登公司 38.5% 的股权,并且希望整合两家公司。未达成目的,利斯特(List)公司出售其资产给格伦·奥尔登公司以换取格伦·奥尔登公司股权。然后利斯特公司清算并分发其持有的格伦·奥尔登公司股权给 List 公司股东。因为 List 公司比格伦·奥尔登公司大很多,利斯特公司股东持有了格伦·奥尔登公司 76.5% 的股权。格伦·奥尔登公司的股东作为原告,希望行使他们的回购权。此次并购恰好落入了特拉华州法律和宾夕法尼亚州法律之间的空隙。按特拉华州法律规定,处于合并中的公司股东拥有回购权,但是出售全部资产的公司的股东并不具有此权利。按宾夕法尼亚州法律规定,缔约双方都拥有回购权,并且在资产出售行为中出售方的股东拥有此权利,但购买方的股东没有。格伦·奥尔登公司是宾夕法尼亚州的公司,而利斯特公司是特拉华州的公司,因此,如果这两家公司合并,那么两家公司的股东都将得到回购权。如果格伦·奥尔登公司出售其资产给利斯特公司,按照宾夕法尼亚州法律格伦·奥尔登公司股东会得到回购权。然而,如果利斯特公司出售资产给格伦·奥尔登公司,两家公司股东都没有回购权。通常,格伦·奥尔登公司董事会会单独批准此次收购。然而在这次交易中,格伦·奥尔登公司显然得到充分授权但是没有未发行股份分配给利斯特公司。因此,格伦·奥尔登公司股东被允许间接投票,因为他们对公司章程修正案的批准对于发行股份来说是很有必要的。

② See e. g. , Pratt v. Ballman-Cummings Furniture Co. ,495 S. W. 2d 509,511(Ark. 1973);Good v. Lackawanna Leather Co. ,233 A. 2d 201,207 –08(N. J. Super. Ch. 1967).

实合并学说呢？他们是否简单地把公司利益置于股东利益之上呢？答案是否定的。法律规定了各种各样的途径来完成一次收购。因为没有一种收购技术是恒定不变的。如果让法院重新定义一个法定的替代品，我们会失去多样收购形式的一大优点——财富创造优势。

另一个有用的方法就是通过比较事实合并学说和公司全部资产销售的定义来寻求答案。从表面上来看这两个问题非常不同。在事实合并学说中，问题是法院是否会重新定性此次交易。在公司全部资产销售中，交易定性一直是资产销售。然而，实际上这两种情况的救济方式是一样的。未经股东批准的交易如今必须经过股东批准。在更深层次上，这两个问题之间存在某些联系。股东批准是一种确保问责的方式。收购完成之后，在职者就不再受命于股东或者受制于自我交易的市场惩罚。我们因此预测，当目标企业破产或者管理部门不再受股东或者市场惩罚控制的时候，法院可能会引用事实合并学说。

2. 后继者责任规则

在一场并购中，收购者要依法履行各种责任。在两个公司的平等合并中，合并后的公司需要对收购方和目标公司的债权人负责。然而其他的交易结构可能会导致不一样的结果。

在三角并购中，收购方不是交易中的缔约双方，缔约双方其实是目标企业和收购方的子公司。因此，只有这个收购方子公司应当对目标企业的债权人负责。如果这个子公司无法满足债权人的诉求，债权人就只好要求法院揭开子公司的面纱去直接执行收购方的资产。在许多州，这表明一味地坚持有限责任原则其实是“纵容欺诈行为和促进不公正行为”。[①] 因为揭开公司面纱是超过文字表面意思

---

① Van Dorn Co. v. Future Chemical and Oil Corp. ,753 F. 2d 565,570 (7th Cir. 1985); Minifie v. Rpwley,202 P. 673,676 (Cal. 1921).

的，所以说公司并购中这么做的前景是不好的就够了。[①]

揭开公司面纱，在交易购买目标企业股份时也可以起作用。在这类交易中，收购方最后成了目标企业的控股股东。并购法中关于责任转移的规定并不适用，相反，诉求未被满足的原目标企业的债权人会刺破目标企业公司面纱从而从收购方得到补偿。

甚至这个救济方式，在收购方购买目标企业所有或大部分资产时无法适用。但是对一些例外情况而言，这些责任仅由卖方承担。正如第三巡回法庭解释道：

在公司法很好的规则下，当一个公司销售或者转移它的所有资产给另一个公司时，之后的实体是没有承担先前债务的责任的，包括先前的侵权责任。

有四个公认的例外符合后继者责任规则。收购方可能会承担后继责任，当(1)主动承担责任；(2)交易实际上构成合并或兼并；(3)此次交易存在欺诈行为的并且试图逃避责任；(4)收购方完全是目标企业的延续。

后继者责任规则，是为了企业间缔约而设计的。它保护了债权人和异议股东，也为了促进纳税责任的确定、促进企业资产无偿让渡。这个学说体现了责任会跟随合并后实体的政策。然而，当转让形式不能准确表现其公司本质时，法院就会认为合并后的新公司只是旧公司的一种伪装。[②]

"事实合并学说和纯粹延续"这些例外"会被相同对待"。[③] "同样的证据和每个决定都有关"，并且相同的因素被用来决定"是否这

---

① 为了讨论有关刺破公司面纱的法律规定，see Stephen M. Bainbridge, *Corporate Law* 48 –71 (2d ed. 2009)。

② Polius v. Clark Equipment Co., 802 F. 2d 75, 77 –78 (3d Cir. 1986) (引用忽略).

③ Berg Chilling Systems, Inc. v. Hull Corp., 435 F. 3d 455, 464 (3d Cir. 2006).

些例外都能适用”。[①]

当确定是否每个例外都能适用时,裁判者要考虑公司股票是否是资产购买价的一部分;两个公司之间是否具有业务、控制管理层上的连续性;所谓的后继公司是否要承担之前公司的债务。并不是所有的因素都要出现在事实合并中,也不是公司延续一定要发生。关键问题在于确认合同双方合并的意图是否超过了资产销售的意图。[②]

例如,在“费城电力公司诉赫拉克勒斯公司案”(Philadelphia Electric Co. v. Hercules, Inc.)[③]中,法院给赫拉克勒斯公司施加了后继者责任,因赫拉克勒斯公司收购了宾夕法尼亚工业化工有限公司(PICCO)绝大部分资产。赫拉克勒斯公司使用本公司普通股股份购买了 PICCO 的资产,协议中有很多规定都暗示了赫拉克勒斯公司和 PICCO 之间存在极大的延续性。例如,收购协议要求 PICCO 要尽最大努力保证自身企业组织的完整,还要将现有员工提供给赫拉克勒斯公司使用,并且相关客户和供应商都要继续维持。[④] 赫拉克勒斯公司雇用了 PICCO 的管理层和所有的员工,并且得到了 PICCO 的公司名称使用权。管理层还要求 PICCO 尽快解散。最后,“赫拉克勒斯公司继续运营 PICCO 的工厂,生产同样的产品并且向 PICCO 的客户说明 PICCO 树脂变成了赫拉克勒斯公司旗下的有机物部门”。[⑤]

相较而言,许多案例说明当收购方使用现金购买目标企业资产而不是使用股份购买时,一般是不会被认定发生事实合并的。[⑥] 同样地,如果交易前后的两个公司没有相同的管理层,没有相同的股东,

---

① Luxliner P. L. Export Co. v. RDI/Luxliner, Inc., 13 F. 3d 69, 73(3d Cir. 1993).

② Ibid.

③ 587 F. Supp. 144(E. D. Pa. 1984), aff'd, 762 F. 2d 303(3d Cir. 1985).

④ Ibid.

⑤ Ibid.

⑥ See Gehin-Scott v. Newson, Inc., 1994 WL 2530, at *3(E. D. Pa. 1994)(引用案例).

法院也不会认为发生了事实合并。[①] 而且,“至少已有两个法院认定,如果出售方公司继续存在但是不从事任何商业运营的话,是不会被认定为事实合并的”。[②]

已经有很多明确的文章延伸了后继者责任规则。并且,很多州对产品责任索赔案件采用了更加自由的后继者责任规则。例如,在加利福尼亚州,继续制造和卖方公司相同类型产品的收购方,需要对卖方之前在同条生产线生产的这类产品负责。[③] 新泽西和宾夕法尼亚的法院也纷纷效仿,其他一些州也是如此。[④]

在“特纳诉沥青事故公司案”(Turner v. Bituminous Casualty Co.)[⑤]中,密歇根州最高法院明确了实质性延续例外在产品责任案件中的适用。据此,购买了另一公司全部或大部分资产的收购方,在因对这些资产的使用而引发的相关产品责任索赔诉讼中会取得胜诉。法院要确定收购方是否延续了原公司员工、资产、基本商业运营和公司名称,并且假定卖方的责任和义务对正常运营活动来说是必需的。

根据联邦劳动法规定,一个类似实质性延续标准的测试,被用来确定收购方是否有义务接受代表原卖方员工的工会继续代表被收购后的部门的员工。根据联邦制定的标准,如果收购方被视为卖方的

---

① See e. g. ,East Prairie R -2 School Dist. v. U. S. Gypsum Co. ,813 F. supp. 1396,1401(E. D. Mo. 1993).

② Village Builders 96,L. P. v. U. S. Laboratories,Inc. ,112 P. 3d 1082,1089 -90 (Nev. 2005).

③ Ray v. Alad Corp. ,560 P. 2d 3,11(Cal. 1977).

④ Ramirez v. Amsted Industries, Inc. , 86 N. J. 332, 431 A. 2d 811 (1981); Dawejko v. Jorgensen Steel Co. , 290 Pa. Super. 15, 434 A. 2d 106 (1981). See generally Lefever v. K. P. Hovnanian Enterprise, Inc. ,734 A. 2d 290,294 -295 (N. J. 1999)(只有13个州采用了产品线异常责任或者简单规则,这些州的人口占到美国总人口43%).

⑤ 244 N. W. 2d 873(Mich. 1976).

后继者,那么被认证为卖方员工的集体谈判代表可以继续保留其认证,并且交易后的公司员工大部分都是在之前的卖方公司工作。[①] 为了将收购方认定为后继者,收购方和卖方必须存在实质性延续。[②] 相应地,当收购方“购买了卖方重大资产,不改变原公司的商业运营”时,才会被视为实质性延续。[③] 这种分析的焦点在于,那些被收购的相关业务部门是否在所有权转移之后各方面都基本上维持不变。[④]

---

① NLRB v. Burns Int'l Sec. Servs. ,Inc. ,406 U. S. 272,279(1972).

② Full River Dyeing $ Finishing Corp. v. NLRB,482 U. S. 27,43(1987).

③ Golden State Bottling Co. ,Inc. v. NLRB,414 U. S. 168,184(1973).

④ International Union of Elec. ,Radio $ Mach. Workers(IUEW) v. NLRB,604 F. 2d 689,694(D. C. Cir. 1979).

第四章 挤出并购、控制性销售和类似的控股股东交易

第一节 控股股东的信托责任

在早期普通法中,股东可以在不考虑其他股东利益的情况下进行表决。[①] 股东以股东身份可以自行进行表决,是作为一般事项存在法律中的。[②] 虽然股东通过表决控制公司,但自我交易责任仍可能出现。

即便缺席累计投票,控股股东的投票权仍足够选出整个董事会成员。意识到该种董事会不能独立于控股股东,法庭很早便将董事会

---

① 参见 Haldeman v. Haldeman, 197S. W. 376, 381 (Ky. 1917) ("股东会议投票表决时,股东可以仅以自身利益进行投票,股东仅代表自己")。

② See Thorpe v. CERBCO, Inc. , 1993 WL 443406 at * 5 (De. l Ch. 1993); Gab-hart v. Gabhart, 370 N. E. 2d 345, 355 (Ind. 1977).

的信托责任扩大到控股股东身上。[1] 代理概念对看待此类问题提供了一个有效的方法,在相似的替代责任原则下,控股股东应当对董事(作为其代理人)的行为承担责任(作为主体)。换句话说,打破股东独立于公司和其他人的概念并非必要。相反,控股股东应对其代理人的错误行为承担责任。[2] 确定的是,法庭不要求提供证据证明控股股东和董事会之间存在代理关系,而会询问股东是否控制公司以及董事会是否缺少独立性。

第二节 控股股东的识别

美国联邦证券法推定,持有 10% 或以上投票权股票的股东即拥有控制权。[3] ALI 原则也推定如果一个股东持有 25% 以上投票权的股票即拥有控制权。一个股东持有相当少量股权仍可以实施有效的控制是非常正确的。例如,约翰 · D. 罗克费勒(John D. Rockefeller)在著名的标准石油公司董事长职位争夺中仅以 14.9% 的股权便成功取得董事长职位。然而,在此种设定中,明线推定是不合适的。将信托义务施加于控股股东的基础不仅是因为其持有特定数量的股票,而在于股东和董事会之间创造了一种事实上的代理关系。换句话

---

① See Southern Pac. Co. v. Bogert,250 U. S. 483,487 –88(1919)(“大多数的股东有权利进行控制,但当公司或公司人员或董事行使控制权的时候,其占用了对小部分股东的信托责任”). 对这一主题的标准引用参见 Pepper v. Litton,308 U. S. 295(1939),其中道格拉斯(Douglas)法官很著名的论断,即“董事是受托人。因此是主导或控股股东或一群股东”。Id. at 306(citations ommited).

② 参见 Summa Corp. v. Trans World Airlines,Inc. ,540 A. 2d 403(Del. 1988)(当“非独立的董事会”实施挑战性行为时应当对控股股东强加责任)。

③ A. A. Sommer,Jr. ,“A Who's ‘In Contorl’? –SEC”,21 *Bus. Law.* 559,568(1966).

说,问题在于董事会的大部分人员是否相对于所谓的控股股东缺乏独立性。[①] 确定这种关系是否存在必然建立在个案研究基础上。任一明线规则不可避免地被任意设置,从而证明了其的过度和不足。

在特拉华州法律之下,如果一股东持有大多数投票权的股份或者能行使对公司决策的控制就被认为拥有控制权。[②] 如果一股东持有 50% 以下投票权的股份,原告必须提供实际控制公司行为的证据。[③] 例如,特拉华州高等法院在"卡恩诉兰什通信系统公司案"(Kahn v. Lynch Communication Systems, Inc.)中,[④]认定持有 43.3% 股权的股东行使控制权并不是基于其持有的股权数,而是基于董事

---

① 参见 Odyssey Partners, L. P. v. Fleming Companies, Inc. ,735 A. 2d 386,407 (Del. Ch. 1999)("一方声称董事会的多数人拥有控制权,据此该公司对证明董事会大多数成员中的部分缺乏独立性承担举证责任")。换句话说,正如特拉华州副大法官杰克·雅各布斯(Jack Jacobs)准确观察到的,在此背景下关注的是"控股股东对流程操作的可能性,和控股股东继续存在甚至可能影响完全知情股东投票的担忧"。在 re Wheelabrator Technologies Inc. Shareholder Litigation, 663 A. 2d 1194,1205(Del. Ch. 1995)修订版中,如果股东缺乏操纵过程的能力,就没有理由背离股东有权为自身利益行事的传统观点。

② 参见 Ivanhoe Partners v. Newmont Mining Corp. ,535 A2d 1334,1344(Del. 1987)("股东只有在拥有公司的多数股权或对公司的商业事务实施控制的情况下才承担信托责任");Solomon v. Armstrong,747 A. 2d 1098,1116 n. 53(Del Ch 1999)("在特拉华州法律之下,控股股东的概念包括法律上的控制和事实上的控制")。反之,如果公司行为需要绝对多数股东投票,且大多数股东持股低于绝对多数的临界值,则实际控制可能不存在。参见 Gould v. Ruefenacht,471 U. S. 701,705(1985)(联邦证券法律意见指出,如果存在绝对多数条款,则可能不存在控制)。

③ See Emerald Partners v. Berlin,726 A. 2d 1215,1211 n. 8(Del. 1999);Kahn v. Lynch Communication Sys. ,638 A. 2d 1110(Del. 1994). 类似标准在其他判例中被采纳,参见 Locati v. Johnson,980 P. 2d 173,176(Or App. 1999)"一股东为了成为拥有信托责任的控股股东必须(1)是一个拥有大多数股权的个人或,因其他原因对该公司拥有控制权,或者(2)是一个拥有大多数股权或以其他方式拥有控制权的小群体股东的成员。" See Essex Universal Corp. v. Yates,305 F. 2d 572(2d Cir. 1962)(对持股 28. 3% 的股东施加责任,让其通过证明另外一部分可以以多数票击败持股 38. 3% 的股东或其他可能导致股东一致反对持股 28. 3% 的股东而反驳控制推定的责任).

④ 638 A. 2d 1110(Del. 1994).

会服从于股东的意愿。[①] 相反,特拉华州衡平法院在西部国家公司中认为,持股46%的股东因缺乏足够的控制权而免于对其他股东承担信托责任,“其记录不仅证明了公平谈判,还表明美国高通公司从未以任何方式不正当强迫某种合并交易进入特别委员会。的确,某种程度上来说西部国家公司受到了进行交易的压力,但此种压力来源于监管限制、产品和资本市场而非美国高通公司”。[②]

第三节 背景:母子公司交易

公司法中一个中心的法律拟制观点是公司作为法律上的人,拥有自然人大部分的权利和权力。公司所拥有的一个决定性权力来源于持有另一公司的股份,于是,一个公司可能独立持有另一公司全部或部分的股份。例如,如果A公司持有B公司100%的股权,我们以A公司为母公司,B公司为全资子公司。如果A公司仅持有B公司51%的有投票权的股票,A公司仍是母公司,但B公司此时被称为控股子公司。这种命名变化反映了B公司所有权构成的重要变化。A公司仍是主要持股人,但现在存在持有B公司少数股权的外部股东。逻辑上将这些外部持有者变成了少数股东。(如果A公司以其持有少于大多数股权的股票控制B公司,B公司称为少数控股子公司。)

---

① 卡恩(Kahn)强调应当将董事会的控制纳入控股股东声称的不当行为的审查标准之中。在“卡恩案”中,控股股东试图通过并购来排挤小股东。然而,在此种交易中,控股股东承担证明该交易“整体公平”的举证责任,如果该交易被独立董事委员会或者被大多数完全知情的少数股东证明,关于公平问题的举证责任则转移给原告。通常,无利害关系董事批准控股股东交易将为小股东应对排挤挑战提供一层重要保护。

② 参见修订版本 Western Nat. Corp. S'holders Litig. 2000 WL 710192, at *23 (Del. Ch. 2000)。

除了法律可能强加的任何行政性要求外，公司法很少关注母公司与全资子公司之间的交易。相反，母公司与控股子公司或少数控股子公司之间的交易已经是一个热门诉讼领域。不难理解的是，小股东常认为母公司利用其对子公司的控制权来获益而让自己承担费用。在此类案件中，少数股东坚称，母公司和董事会应当对其负有相同的忠诚义务。

典型的母子公司案件仍是特拉华州高等法院在“辛克莱石油公司诉莱维恩案”中的观点。[①] 辛克莱石油公司持有子公司辛克莱委内瑞拉石油（Sinclair Venezuelan Oil）97%的股权，剩下3%的股权被小股东持有。一小股东对辛克莱石油公司与森文公司之间的三次交易提出质疑：(1)森文公司支付大额现金股利；(2)辛克莱石油公司利用其他全资子公司发展委内瑞拉以外地区的石油业务；和(3)辛克莱石油公司就森文公司与另一家辛克莱石油公司子公司之间的合同所采取的行动。

法院针对此类争议适用什么审核标准？特拉华州高等法院确定了此种情况下两个潜在适用的标准：商业判断规则（business judgment rule）和内在公平规则（intrinsic fairness rule）。在商业判断规则之下，森文公司董事会从存在争论的善意推定中受益，在内在公平测试下，由董事举证证明在严格保密的情况下，该交易对森文公司是客观公平的。在该案中，使用何种标准十分重要或者是最重要的。在通常情况下，对某一争端负有举证责任的一方败诉了。

在“辛克莱石油案”中，法庭将适用内在公平规则而不是商业判断规则，当母公司获得了“排除子公司并由子公司承担费用的”利益。[②]

---

① Sinclair Oil Corp. v. Levien, 280 A.2d 717 (Del. 1971).

② Sinclair Oil Corp. v. Levien, 280 A.2d 717, 720 (Del. 1971). Also see Case v. New York Central Railroad Co., 204 N.E.2d 643 (N.Y.).

换句话说,母公司拥有的信托义务仅限于自我交易。更严格的内在公平规则仅在母公司同时作用于交易双方时,同时母公司利用其地位从交易中提取超出正常比例的利润且对少数股东造成了损害的情况。

“辛克莱石油案”的意见可见于在此之前,法院对“盖蒂石油公司诉斯凯利石油公司案”的判决摘要中。在该案中,一石油进口监管机构认为盖蒂控制了斯凯利公司,因此,该机构进一步决定斯凯利公司无权单独分配进口原油。斯凯利公司起诉盖蒂,认为其有权得到盖蒂原有份额。法庭使用了商业判断规则支持了盖蒂拒绝分配斯凯利公司原有份额。没有使用内在公平规则是因为盖蒂未从斯凯利公司处获利。盖蒂没能从其未得授权的东西中受益。据此,此处没有自我交易,因此没有内在公平性审查,也就没有责任。

“辛克莱石油案”的观点之后变为森文公司的股息支付政策是否违反了辛克莱石油公司信托责任。森文在适用期内支付了大部分的股息——股息实际上已经超过了收入。原告辩称股息来源不当动机,即辛克莱石油公司对现金的需求。在此争端中,法庭适用了商业判断规则,鉴于小部分股东得到了按比例分配的股息,辛克莱石油公司并未获得超出正常比例的利润。股息在相关法定资本范围内,并且没有大到浪费公司资产的境地。据此,原告无法反驳商业判断规则的诚信推定。在判决中,法庭建议对股息决策适用内在公平测试,因为辛克莱石油公司有两种类型股票,但仅对母公司持有的该类型股票分配股息,未对少数股东持有的该类型股票分配股息。该案所涉及的种类冲突将在下一节讨论。

法庭接下来接受了原告关于辛克莱石油公司阻止森文公司扩大的诉求,对于该问题,大法官采用了内部公平规则,认定辛克莱石油公司不适当和不公平地阻碍了森文公司在委内瑞拉以外地区扩大运营。在上诉中,特拉华州高等法院观点逆转,认定采用商业判断规则进行评定。原告指出辛克莱石油公司没有侵犯森文公司的机会，在不确定由森文公司运营是否合适的情况下，子公司是否在委内瑞拉以外地区开展活动是辛克莱石油公司自身的商业判断。① 以上再次说明，关键点在于辛克莱石油公司并没有从森文公司带走任何本属于森文公司的东西。

最后，法庭关注了辛克莱石油公司另一子公司与森文公司之间的合同。辛克莱石油公司利用其权力让森文公司与另一辛克莱石油公司全资子公司缔结仅将石油出售给全资子公司的合同。当该全资子公司违反合同时，辛克莱石油公司阻止森文公司对该子公司提请诉讼履行其合同权利。法庭对此问题适用内在公平规则。强迫森文公司与辛克莱石油公司全资子公司缔结合同本身就是自我交易。鉴于该合同已违约且未履行，更重要的是，辛克莱石油公司以牺牲少数股东利益的方式从该合同中获取了超出正常比例的利益。据此，辛克莱石油公司必须证明该合同没有执行且其并不能执行该合同对森文公司本质上是公平的。

第四节　销售控制

假设一母公司或其他控股股东，希望将其持有的子公司的股份出售给第三人。在所有可能性中，该“控股股票”将基本上以超出该股票市场价的价格出售。或者，在一个没有活跃股票市场的密切公司的情况下，其出售价格高于少数股股票的价格。出售股东是否需要对未能与少数股东分担控制溢价而承担责任？

---

① 参见 David J. Greene & Co. v. Dunhill Int'l, Inc. ,249 A. 2d 427 (Del. Ch. 1968) (援引企业机会原则，使母公司对剥夺多数持股子公司的机会负责)。

我们可以想象至少三种标准适用于此种交易:(1)共享规则(A sharing rule),该类型股票的每一个持有人均平等享有按比例出售持有人股份的权利。(2)无共享规则(A no sharing rule),控股股东可以以有购买意愿的买家提供的最高价格自由出售其股权。(3)信托责任规则(A fiduciary duty-based rule),该规则关注股权销售是否损害了少数股东的利益。

标准的选择是否取决于买家愿意支付控制溢价的原因呢?回想一下股票有两种权利:经济权和投票权。单股股票几乎未给予持有人对公司控制权。单股股票的市场价格仅反映了该股份未来应付股息的估计现值。有些人购买控股股票,通过选举董事会成员的能力获得了对公司巨大的控制权。如果购买者认为其可以利用控股地位从公司获取非按比例的特殊权益(如丰厚的薪水、必备品等),那么该种控制权就是有价值的。注意此类出售并不必然使少数股东的情况更糟糕。出售股权的控股股东可能也做同样的事情。或者购买者认为出售的股权在其手中比在现在的管理层手中更有价值。可能现在的管理层不是很好的管理者,有能力的管理者替代现有的管理层能够提高股票价格并使买方获利。[①] 当然,问题在于购买动机很难判

---

① 如果这样,当然,一个人必然会想知道为什么买家不试图通过任何所有要约购买所有流通股,即一人向所有股东开放,买方将购买任何和所有向其提交的股份。例如,假设某公司有 100 股流通股,目前每股交易价格为 10 美元,现在控股股东持 40 股,潜在买家恰当地相信在自己的管理之下该公司的股票将价值 20 美元。如果该买方成功以 19 美元每股的价格购买了控股股票,当股票价格的上升反映在其治理之下的公司价值时,该股票将会产生 40 美元的利润。然而其他所有股东,也将自动按比例得到该收益。买方在法律上无法实施任何行为去获得非比例的收益。结果是,买方给予其他股东 600 美元的利润。相反,如果买方能够以任何低于 19 美元的价格购买所有的流通股,利润将会超过 100 美元。此外这么做,不需要说服其他股东出售股权。假设的买方将会取得投票控制权,只要至少持股 51% 的股东愿意以低于 19 美元的价格出售股权。然后在随后的合并中以大致相同的价格逼走少数股东。买方不愿意提出购买任何和全部股份的最可信的理由是——不愿意把太多鸡蛋放在一个篮子里或者因为资金短缺。

断,并且更重要的是经常出现混合动机。然而至少,潜在的不良动机表明需要一个销售控制政策。

1. 一般规则

作为一般规则,股东——控股或非控股——当他们认为合适或者有买方愿意提供这样的条件时就可以出售股票。[①] 在公司中拥有少数股权的风险之一就是大多数人可能在不与少数股东协商的情况下决定出售或决定不出售。但是规定一般规则的判例通常会继续确定一些例外情形。细目清单上经常包括此类不当行为,如在某些情况下的出售表明买方打算掠夺或表明买方的错误管理行为,出售涉及欺诈或对保密信息的错误使用,对属于公司资产的错误销售或包括出售包括公司溢价的销售。

2. 出售给掠夺者

假设苏珊(Susan)的股东、阿科美公司的控股股东,将其控股股票销售给洛林·鲁特,洛林继续掠夺阿科美公司。于是她清算了所有资产,从银行账户偷取现金,然后逃亡到一些太平洋岛屿,她架设了一个卫星天线,并使用不良收益纵情酒色。然后死于纵情酒色经常导致的令人讨厌的某一疾病。在付出了高昂代价后,少数股东起诉苏珊的股东。苏珊的股东承担何种责任?

在掠夺案例中并没有许多的真实销售。在最重要的"德班诉第一西部银行信托公司案"(DeBaun v. First Weatern Bank and Trust Co.)裁决中,控股股东知道了许多警告该买卖存在的潜在问题的信息。一份潜在买家的信用报告,表明其之前许多商业失败案例。购买价格过高导致买家必须利用公司资产才能支付所需的价款。卖方

---

① 对于一般规则的表述,See Treadway Companies, Inc. v. Care Corp., 638F. 2d 357, 375(2d Cir. 1980); Clagett v. Hutchison, 583 F. 2d 1259, 1262(4th Cir. 1978); Zetlin v. Hanson Holdings, Inc., 397 N. E. 2d 251, 254(Or. 1951); Glass v. Glass, 321 S. E. 2d 69, 74(Va. 1984)。

股东已经获得但没有利用该欺诈判决要求对买方进行执行。“知道这些事实”,卖方知道或应当知道这一买卖会对少数股东利益有损害。[①] 因此,作为一般规则,没有义务进行调查。然而,当买方向控股股东提供了可疑的特性和/或可疑的高价时,控股股东有义务对买方计划进行合理的调查。[②]

3. 出售职位

假设洛林·鲁特从苏珊股东那购买一部分控股股票。作为他们协议的一部分,股东承诺将董事会的控制权转让给鲁特选择的新董事。他们通过顺序辞职实现控制权的转移。假设该公司有三位董事:股东,法兰克·弗朗克和科瑞恩·科尼。在《特拉华州普通公司法》第141(b)条和《特拉华州普通公司法》第(a)(1)条之下,弗朗克可以在任何时候辞职,其职位将被剩下的大部分董事填补。苏珊股东和科尼根据法定授权推荐鲁特进入董事会,然后科尼辞职,其空缺由苏珊股东和鲁特填补,直到鲁特和她提名的股东掌控董事会全部席位。然后新任董事会提名鲁特和她的朋友做负责人,通过日常控制而没有通过正式股东投票已经改变了领导权限。由谁承担责任呢?

作为一般规则,因违反公共政策,所以销售公司职位是可撤销的。归属于出售公司职位的控制溢价的任何部分必须没收,应归属

---

① DeBaun v. First Western Bnak and Trust Co. ,120 Cal Rptr. 354,360(Cal. App. 1975).

② 参见 Harris v. Carter,582A. 2d 222,235(Del. Ch. 1990)(尽管卖方不是买方的担保人,但当相关情况会提醒一个合理审慎的人其买方有不诚信或某些方面不诚信的风险时,卖方有责任做出合理审慎的第三人会进行的调查)。也参见 Gerdes v. Reynolds,28 N. Y. S. 2d 622(Sup. Ct. 1941)(价格的严重不足应使卖方发出询价通知);但是参见 Clagett v. Hutchison,583 F. 2d 1259,1262(4th Cir. 1978)(每股股票价格34.75美元交易价格在7.50美元和10美元“不能说是非常不合理的,就让卖方通知公司或剩余股东该交易的欺诈可能性”)。

于少数股东。[①] 但假设买方获得大部分的投票权股票,则买方一直等到下一年度股东大会。如果没有累积投票,买方的控制权可以选举全部董事会成员。然而,中小股东没有理由对此进行投诉。或者,股东可以召开特别会议剔除现有董事会去选举新的董事会成员。即使董事会可以被无理由替换,或者愿意全体辞职,少数股东仍没有理由对此进行投诉。对持有大多数股票的卖家和/或买家通过顺序辞职强加责任仅在物质上简单地提升形式而几乎没有政策意义。但是如果控制权股票少于大多数股票呢?至少在理论上,如果在会议上将该问题提交给他们,那么其他股东可能会做一些愚蠢的事情——像为其他董事投票。在那个案例中,责任应当施加于用于转让控制权且没有股东投票的顺序辞职上。

在主要的裁决中,"艾塞克斯通用公司诉耶茨案"(Essex Universal Corp. v. Yates)中,[②]第二巡回法院一个由 3 个高效率的法官组成的审判庭在这个问题上分为 3 种不同的观点。首席法官伦巴德认为,如果买家购买超过 50% 的投票权股票,其是没有责任的,因为无论如何买家最终都会控制董事会。然而,如果买家购买少于 50% 的投票权股票,那么销售职位的责任是存在的,除非买家"将保证投票选择大多数董事会成员作为实际确定性保证"。因为买方所要求的 28.3% 的股份"通常等同于大多数股权股票的控制",首席法官伦巴德将对反对者施加举证责任。相反,弗兰德利法官认为,一个顺序辞职计划如果与公共政策相对立则是可撤销的,除非"新选举是纯形式上的选举,例如,当卖方持有 50% 以上的股票"。毕竟当买方购买少于 50% 的股权时并不确定其将会实际上当选。最后,克拉克

---

① See Brecher v. Gregg, 392 N. Y. S. 2d 776 (Sup. Ct 1975); Gerdes v. Reynolds, 28 N. Y. S. 2d 622 (Sup. Ct. 1941).

② 305 F. 2d 572 (2d Cir. 1962).

(Clark)法官认为这种安排本身不是违法的。相反,它们的合法性是一个需要在审判时确定的事实问题。疑问是如何确定?

4. 篡夺公司机会

我们最后举一个最久远的公司案例之一,“佩尔曼诉费尔德曼案”(Perlman v. Feldmann)。[①] 纽波特钢铁公司,正如其名字所表明的,是一家钢铁制造商。在朝鲜战争期间,相对于可用钢材的供应量来说钢材的需求是非常高的。基础经济学告诉我们钢材的价格应该会大幅上涨,但实际上价格并没有上涨,因为杜鲁门政府对钢铁实行了价格管制。纽波特钢铁的主要股东,C. 拉塞尔·费尔德曼设计了“弗尔德曼计划”,钢铁买家有义务向纽波特钢铁公司提供免息贷款。纽波特钢铁公司实际收到的有效价格既包括名义上的购买价格也包括所避免的利息费用的现值。这是合法的但也是见不得人的绕过钢铁价格控制的方式。

一制造商财团决定通过购买一家钢铁公司,来确保他们获得钢铁。当然,一种方式可以是通过合并或要约收购一家钢铁公司,在此种方式下目标钢铁制造公司的全体股东将会同等享有该财团所愿意支付的收购溢价。相反,该财团成立了威尔博特公司,特拉华州的一家公司,然后以超过市场价格的大幅溢价购买了纽波特钢铁公司弗尔德曼的控股股权。少数股东什么也没有得到于是起诉。在这些事实中,法庭支持了少数股东“个人因有利的市场情况而得到公司优势的虹吸效应”的意见,违反了弗尔德曼对少数股东的信托责任。

一个简单的例子可以会有所帮助。假设现在有 10 股纽波特钢铁公司流通股,弗尔德曼持有其中 3 股。在接下来的 10 年中纽波特钢铁公司预期每年销售 120 美元的钢铁。忽略支出,假设预计年收

---

① 219 F. 2d 173(2d Cir. 1955).

益为 120 美元或每股 12 美元,其中 10 美元表示以控制价格的钢铁销售,2 美元表示因弗尔德曼计划产生的现金流。每股股票价值多少?实际上,我们将不得不考虑货币的时间价值、将现金流投入未来的风险和将预期现金流折为现值的风险。为了使问题简单化,我们忽略其复杂性并假设每股股票价值 120 美元(每股每年 12 美元乘以 10 年)。如果威尔波特通过购买费尔德曼的股票获得了控制权,它将决定谁可以购买纽波特钢铁公司的产品。可以推测,威尔波特将会强迫纽波特钢铁公司将其全部产品卖给威尔波特,对这一事实法院作出了许多判断。但是又怎样呢?只要纽波特钢铁公司正常运作,威尔波特支付了控制价格的最高价格,少数股东比起在费尔德曼的控制之下并没有更糟糕。因此,问题的关键在于威尔波特也可以决定是否继续保留费尔德曼计划。如果威尔波特购买了纽波特公司且继续保留费尔德曼计划,将每年为钢铁支付 120 美元。如果威尔波特购买了纽波特公司但取消了费尔德曼计划,每年为钢铁将仅支付 100 美元。假设威尔波特支付每股 150 美元购买费尔德曼的股票(共计 450 美元)然后取消了费尔德曼计划,费尔德曼每股股票得到了比股票价值多 30 美元的控制溢价。现在其他人的股票仅值 100 美元(每股每年 10 美元收入,反映了费尔德曼计划收入的损失,再乘以 10 年)。威尔波特从而为价值仅 300 美元的股票支付了 450 美元,但是威尔波特将每年在支付钢铁价格上节约 20 美元,这将在后 10 年转化为 200 美元的预测收入。所以威尔波特净价值 50 美元。其持有的纽波特公司股份价值下跌的 150 美元由其在成本上节约的 200 美元所抵销。

因此,"佩尔曼诉费尔德曼案"从而介绍了一些非常特别的事实:(1)公司独特获利机会仅在政府控制价格时才能使用。(2)该获利机会的价值可以被资本化并在卖方的控股股东和买方之间进行分配。(3)少数股东因此失去了本在普通交易中可以获得的大量收益。据此理解了"佩尔曼案"是一个简单的案例。但"佩尔曼案"并不代表控股股东必须按比例给予其他股东同样出售股权机会的观点。相反,该案件仅代表控股股东不可以侵占其他股东的销售机会的观点。在"辛克莱石油案"中同样可以得到十分类似的结果。控股股东获得"因排除少数股东并由少数股东支付费用的"利益。少数股东不仅被排除在溢价卖出股份的机会之外,而且结果他们的处境更糟糕。

超脱佩尔曼独特的事实,公司机会问题在哪里最可能会出现呢?可能出现在收购的结构上。假设洛林·鲁特以溢价购买股东控股股权的要约接近苏珊公司的股东,应该有责任吗?如果我们采用"辛克莱石油案"类比,就会得出不会有责任的结论。大股东只要不剥夺小股东有权利得到的东西就可以做任何他想做的。在这些事实下,不存在剥夺公司机会。但是假设鲁特以由鲁特的公司并购阿科美这一略微不同的提议接触股东,股东拒绝了这一并购提议,但是提议溢价出售控股股份给鲁特。在这些事实之下,"佩尔曼案"的法庭可能会对控股股东施加责任。"佩尔曼案"的法庭发现费尔德曼通过安排仅有费尔德曼和其朋友分割的溢价违背了对小股东的信托责任。苏珊的股东实质上也做了同样的事情。原始方案是所有股东都可以参加收购要约,但是控股股东拒绝继续进行这一方案,控股股东实际上说:"如果你不以高于其他人可以得到的价格购买我的股份,那就不成交。"鲁特别无选择只能继续,因而拒绝了小股东可以分享控制溢价的机会。股东滥用其地位夺取了所有股东都可以获得的机会。

5. 构造更好的控股权出售方式

法庭没有对控股股东必须与少数股东分享控制溢价施加一般性义务。法庭做出的常规解释是控股股东以明显高于给予非控股股东的价格出售这一行为本身不是错误的。该销售行为仅在特定情形下是错误的,比如,销售给掠夺者、销售职位或夺取公司机会。相反,许多学者对某些分享或公平机会规则的争议很大。[①] 我们应该采用这样一个规则吗? 在短期内是不需要的。

少数股东与控股股东共同持有一公司股票时需要承担的风险在于,控股股东可能在销售股权溢价时不给予少数股东参与的机会。如果少数股东增资时存在控股权区域(control block),那么少数股东支付的价格可能会比在没有控股股东的情况下支付的价格低。换句话说,假设披露充分,那么不管交易中发生怎样的利益取舍,少数股东都会获得充分的补偿。同时,即使控股区域在少数股东增资后才形成的,理性股东在做价格决策时都应当将可能形成的控制权区域作为风险进行考虑。

当然,有些有限理性和其他交易成本等对完成合同的障碍,削弱了前面争议的力量。即使定价机制没有充分保护少数股东,那么对于赞成不共享规则仍存在有效率的理由。例如,如果我们认为企业收购后通过取代低效率现任经理来提高经济效率,则控股股东一般应当被允许保留自己的溢价。因为新的控股股东仅需要购买控股权区域,所以不公平的分配降低了收购的费用,这将导致更多的收购。此外,给予控股股东一个特殊的溢价,基本上是收买他们以出售股权从而退出公司。所以,不分享原则应有助于替换低效率的现任管理人员。

"辛克莱石油案"类比提供了正确的默认规则。只要控股股东没有实施任何使少数股东处境更糟糕的行为,那么其应当被允许以市

---

① 比较 William D. Andrews, "The Shareholder's Right to Equal Opportunity in the Sale of Shares",78 *Harv. L. Rev.* 505,506(1965)(股东应有基本相同条件的机会参与出售)与 Frank Esterbrook & Daniel Fischel, "Corporate Control Transactions",91 *Yale L. J.* 698(1982)("创造利润的股东应被允许保留,但要受制于交易的其他方的地位至少与交易前的一致")。

场所能承受的任何条件出售股权。这样做符合少数股东的合理期望并促进在管理方面有效率的变化。如果控股股东实施的交易一定会损害少数股东的利益,但是后者将采取措施阻止该交易,那么通过提供强制性支持来阻止此类交易,建立于"辛克莱石油案"基础上的默认规则能使议价和执行成本降低到最低程度。

第五节 拒绝出售

审理"辛克莱石油案"或"佩尔曼案"的法庭没必要通过模糊董事会与股东之间的信托责任而使案件变得困难。思考下出售职位的那些案例:这些案例的真正的问题不在于出售控股权区域,而在于董事放弃其应作出有依据的商业判断的职责。董事没有行使其很好的个人商业判断,而只是无意识地遵守合同义务。

只有在极少的时候会找到在没有任何董事责任问题的情况下,明确提出股东责任问题和股东责任的案例。特拉华州首席法官艾伦在"孟德尔诉卡罗尔案"(Mendel v. Carroll)中的观点是一人在类似案件中可以期待其能得到一个明确的案例。卡罗尔家族共同控制了凯蒂工业公司,在不同时间内持有48%~52%的股权。即使他们没有持有完全多数的股权,但他们作为最大股东的地位确保了他们对公司的有效控制。

卡罗尔家族提议了一个挤出合并将会以每股26美元兑现少数股东的股权。董事会成立了由独立董事组成的专门委员会来考虑该提议。另一个由桑福德·彭斯纳(Sanford Pensler)组建的团队提出了每股28美元的竞争性报价。卡罗尔家族撤回了并购提案,但也宣布他们无意出售股权。[①] 卡罗尔家族反对彭斯纳的提案并有效阻止了该提案的推进。少数股东起诉并声称卡罗尔家族违反了其信托责任且董事会违反了信托责任。

如果卡罗尔家族的董事对彭斯纳的提案进行了投票,卡罗尔家族将同时作为交易双方。因为董事会成立了独立董事组成的专门委员会作出此次决议,然而,因此使卡罗尔家族位于董事会决议作出程序之外,在此并没有卡罗尔家族的成员是否具有信托责任的复杂问题。相反,我们有两个明显的问题:(1)董事会是否因没成功反对大股东的利益而违反了自身的信托责任。(2)大多数股东是否违反了自身对小股东的信托责任?

关于董事会的责任,原告声称最初提出的挤出合并相当于控股权的转移。在特拉华州公司并购法律中,控股权的转移会导致董事会产生最大化股东价值的信托责任。[②] 卡罗尔家族的提案仅为26美元,彭斯纳提供了28美元。彭斯纳的提案更好,董事会有责任接受该提案。但董事会以卡罗尔家族不会出售股权进行回应,如果卡罗尔家族不接受则该交易不可能进行。结果,董事会对股东的应接受最好交易的信托责任因卡罗尔家族的不让步而受到限制。原告回应董事会,在这些情况下有义务反对多数股东的利益。原告建议董事会应当将剩下的股权出售给彭斯纳集团,从而将卡罗尔家族的股权稀释直到其不能控制公司。

首席法官艾伦留下了董事会有时可能需要反对多数股东利益的可能性。因为董事会对多数股东也有信托责任,然而,他将这种可能

---

① 作为一个商业问题,为什么卡罗尔家族如此坚定地不出售股权?我们只能推测,当然,一个猜测是该公司有大量空闲的现金流。据说该公司"充斥着现金"。该公司董事会的钱足以提出每股14美元股息。

② See Revlon, Inc. v. MacAndrews $ Forbes Holdings, Inc., 506 A. 2d 173 (Del 1986).

性限制在多数股东过度或尝试损害少数股东利益的案例中。事实上,并没有这种案例。艾伦指出原告的几点主张是不成立的。第一,因为卡罗尔家族在相关时间内都拥有实际控股权,他们所做的任何事情并不是控股权的转移,并购的先例在此没有关联。第二,艾伦也提出了28美元对股东来说是比26美元更好交易的命题的问题。卡罗尔家族已经拥有了控股权,他们的提案不会包括控制溢价。彭斯纳集团尝试去购买控股权,事实上他们仅愿意支付2美元的控制溢价,这表明他们可能是对股东虚报低价。当然,艾伦不需要决定彭斯纳提出的28美元实际上比卡罗尔家族的26美元更好还是更差。没有证据表明董事会有利益冲突时,他一般会把这个问题留给董事会。

回到控股股东的信托责任,佩尔曼诉费尔德曼案件中多数观点将股东类比为合作伙伴,需特别关注法官卡多佐在迈因哈德诉萨蒙案件中关于董事会的著名格言。如果我们从字面上理解卡多佐,合作伙伴可能不会对其他人有自私的行为。如果我们从字面上理解佩尔曼,没有可能是"公司信托"。如果我们将迈因哈德和佩尔曼置于孟德尔的事实中,我们肯定会得出卡罗尔家族行为是自私的结论,可能是由于他们希望保持对公司现金流的控制。

艾伦接触过出售控股权的案件。一方面,他意识到以溢价出售控股权的合法性。然而,另一方面,他指出以高于市场溢价出售控股权的责任可以施加在出售给掠夺者、职位出售或篡夺公司机会的典型案例中。但是孟德尔涉及了相反的情况:当控股股东拒绝出售控股权,且该拒绝行为阻止了一次收购。在这方面,艾伦认为是不需要自我牺牲的。卡罗尔家族没有出售控股权的义务。

结合控股权出售的案例,我们建议当少数股东的处境在交易后比交易前更糟糕时应当对控股股东施加责任。为什么该规则不能扩大到控股股东拒绝出售股权的案例中呢?一个可能的答案是,侵权中所确认的关于作为和不作为的区别。另一个答案是,这样的规则相当于一种私有土地征用权——想要购买的人可以有效指责多数股东的利益,从而迫使他们出售。最后,实际上,少数股东是否受有损失并不清楚。他们为自身股票支付的价格可能避免了卡罗尔拒绝出售的风险。

第六节 挤出并购和其变形

在挤出并购交易中,即使少数股东拒绝,但控股股东也会买下少数股东的全部股票。挤出并购交易通常使用三角合并来实现,即控股股东的全资子公司并购目标公司。并购者联合两个公司形成单一形式。在并购后,其中一个公司存续,但存续的公司依法继承了两个公司全部的资产、义务、权利和责任。另外,合并也会将每个公司的股份转换为合并协议中所确定的相关对价。假设并购协议中提供给少数股东的是每股股份将收到 50 美元的现金,那么当并购开始后,他们的股份将依法转变为一个承诺现金支付的借据。

公司法关于合并最初要求股东一致通过。一致性要求产生严重的阻碍问题,这一要求允许持异议的少数股东阻碍卡尔多－希克斯(Kaldor-Hicks)有效交易。在 19 世纪,大多数州将必要投票减少为流通股票的绝大多数投票。几个州略微提高了投票要求,如 2/3 比例,但是没有一个州保留了古老的一致性的要求。

综合考虑,这些规则为控股股东提供了一种形式的私有土地征用权。即使其他股东投票反对合并,但其股份也可能单独使足以通过合并决议。假设合并通过了,少数股东将被迫接受合并协议中确定的条款。

尽管少数股东无法阻止挤出合并,但他们并非完全没有补救方法。当各州立法从一致性要求向前走的时候,他们也创造了法定评估程序。回想下评估权下异议股东所拥有的公平决定股份价值和支付股份现金价值的权利,前提是异议股东符合指定程序。然而,在实践中,评估并不是一个非常有吸引力的补救方法。让股东达到法律允许行使评估权的地步就像通过迷宫一样。对于粗心的人来说其设置了许多陷阱——其中最重要的是要求股东通过在股东对合并决议投票之前书面通知公司股东意图的方式来完善自身的评估权利。事实证明,合并收购的股份价格的不公平通常只有在股东投票之后才能发现。此外,许多司法管辖区域在评估程序中不允许使用集体诉讼。因此,行使评估权将会花费巨大,因为每个异议股东都需要聘请自己的律师。相反,如果异议股东在评估权之外通过集体诉讼或派生诉讼引入欺诈或信托责任诉讼,那么股东在要求赔偿诉讼上可能会比评估权诉讼上获得更多的赔偿。

因为集体诉讼和派生诉讼比评估程序具有更多的优势,这种程序的排他性就是关键问题。评估是否应被视为排他性的救济,或者说异议股东即使在没有资格使用评估救济办法时仍被允许挑战此次并购呢?这一问题主要发生在买家不是管理和/或控股股东的公司私有化或挤出并购交易中,原告声称存在违反信托责任或存在欺诈等。这个问题就变为异议股东是否有权寻求评估程序之外的救济办法。

特拉华州关于这一问题的现行法律起源于特拉华州最高法院在“温伯格案”的观点中。[①] 一个名为信号公司集团的企业集团购买了UOP公司50.5%的股权。之后的某一时间,信号公司通过信号公司一全资子公司和UOP间的挤出合并决定以每股21美元的价格购买

① Weinberger v. UOP, Inc., 457 A.2d 701 (Del. 1983).

UOP 公司剩下 49.5% 的股权。原告以各种理由质疑此次并购的公平。在这个意义深远的意见中,法庭提出了一些重要原则。虽然一些声明已经经历了大量的后续修改,但“温伯格案”仍是任何挤出并购讨论的起点。

1. 商业环境:为何排挤少数股东?

在得到 UOP 大部分的股权之后,信号公司面临任何成功的要约收购所导致的共同问题。收购者通过要约收购获得目标公司的控制权,总会有一些拒不合作的股东。这些目标公司的股东无论是由于反对还是纯粹无能为力,甚至即使该要约是对任何或所有流通股票的现金投标,其仍根本不愿意接受要约。摆脱少数股东是非常直接的——目标公司和收购者全资子公司之间的三角合并伎俩。

问题仍然存在:为何摆脱少数股东?什么是成本—效益分析?是在成本方面的分类账,主要因素是控股股东在挤出合并中将要支付给少数股东的价格。因此,在分类账这边的主要计划的问题是法律在何种程度上排除控股股东支付低价。

分类账的好处在于通过挤出合并来消除成本。如果目标公司是公众公司,将其私有化可以消除与代理规则和公众公司要求定期披露申报的成本。单独所有权也能给予控股股东将资产从一子公司向另一子公司转移和处置的灵活性。

对少数股东承担的信托责任在何种程度上会影响挤出合并呢?换句话说,遵守前款规定是否能使控股股东的活动足够复杂化,以证明与少数股东有关的成本是合理的。诚然,母公司与控股子公司之间的交易是诉讼很多的领域。然而,为了平衡,控股股东的责任风险通常不会证明与挤出合并相关的费用(和诉讼风险)的合理性。

回想特拉华州最高法院在“辛克莱石油案”中确定的两个潜在适用于目标公司和控股股东交易的法律标准:(1)商业判断规则;

(2)内在公平规则。[①] 当母公司获得因排除子公司并由子公司承担费用的利益时,法庭会采用内在公平测试而不是商业判断规则。选择使用何种规则的原因在于举证责任因适用何种规则而发生转移。在商业判断规则下,推定董事会是诚信的,原告则必须反驳此种诚信推定。在内在公平规则下,董事会负有证明在密切关注之下交易对公司是客观公平的责任。

尽管控股股东的信托责任看起来对经营公司的自由造成了重大限制,但实际上信托责任并没有那么重要。多数股东承担责任的情况是十分有限的。在通常情况下,责任仅在少数股东对有一定挑战的利益存在预期然后没有得到按比例份额的时候存在。只要控股股东愿意向少数股东支付按比例分配的任何利益,就不应成为主要的责任考虑。[②]

为什么控股股东这么频繁地坚持排挤少数股东呢?两个答案可以解释。一方面,控股股东可能计划提取超过按比例分配的一些公司收益。另一方面,控股股东可能只是简单地厌恶风险并希望避免潜在的异常诉讼结果。法院在多大程度上会审查这些交易多数取决于哪种回答更可信。

2. 商业目的测试

在"辛格诉米罗华公司案"(Singer v. Magnavox)中,米罗华公司的股东质疑了在反向三角合并中北美飞利浦所获得的公司协议。[③] 因为北美飞利浦凭借先前的要约收购间接持有米罗华公司84.1%的流通股。股东对合并提案投票结果是一个预先决定的结果。合并生效后,原告股东寻求判令合并无效并基于合并是欺诈性的且被告股东和作为控股股东的北美飞利浦违反了信托责任的基础上要求的补

---

① Sinclair Oil Corp. v. Levien, 280 A. 2d 717 (Del. 1971).

② 对于这些问题有一个很好的讨论, See Ronald J. Gilson and Bernard S. Black, *The Law and Finance of Corporate Acquisitions* 1237 -52 (2d ed. 1995)。

③ Singer v. Magnavox Co., 380 A. 2d 969 (Del. 1977).

偿性赔偿。

在辛格案件中，受质疑的挤出合并完全符合特拉华州相关的并购法律。然而特拉华州最高法院认为符合法律形式并不能终止调查："不平等的行为不能简单地因为其法律上的可能性就变成应获得准许的行为。"从而，法庭对并购公司排挤少数股东的能力施加了某些限制。在这些限制中包括所谓的商业目的测试，即并购不能因"排挤少数股东作为唯一目的"而生效。

如果商业目的测试仅基于目标公司利益，挤出合并的生效就变得十分困难。在许多案例中，公司私有化的好处主要归于控股股东。然而在后续决定中，特拉华州最高法院通过要求并购只作用于母公司的善意目的，而有效地废除了商业目的测试。① 因为有能力的交易策划者可以很容易制造一次书面案件审理，显示某一并购提高了母公司的商业利益，而商业目的测试只留有形式。特拉华州最高法院在意识到商业目的测试给予少数股东毫无意义的保护之后在"温伯格案"中抛弃了该测试。②

---

① See Tanzer v. International General Industries, Inc., 379 A.2d 1121 (Del. 1977).

② Weinberger v. UOP, Inc., 457 A.2d 701, 715 (Del. 1983). 在 Coggins v. New England Patriots Football Club, Inc., 492 N.E.2d 1112 (Mass. 1986)，马萨诸塞州法庭在这一方面拒绝遵循"温伯格案"。马萨诸塞州法庭同时保留了商业目的测试并解释该测试要求并购对目标子公司的一些合法商业利益起作用。情况常常如此，被反对的并购的利益流向控股股东，法庭认为这是不当的。然而即使在与柯金斯相似的司法管辖区，谨慎的交易计划经常制造必要的书面审理，显示由挤出并购提供的目标子公司的声称权益。参见 Dower v. Mosser Industries, 648 F.2d 183 (3d Cir. 1981)（并购使子公司获得了商业扩张贷款）；Grimes v. Donaldson, Lufkin and Jenrette, Inc., 392 F. Supp. 1393 (N.D. Fla. 1974), aff'd, 521 F.2d 812 (5th Cir. 1975)（相关公司之间的许可交易，否则会被视为利益冲突）；Teschner v. Chicago Title & Trust Co., 322 n.e.2d 54 (Ill. 1974)（并购意图减少公司支出和简化内部程序）；Alpert v. 28 Williams Street Corp., 483 N.Y.S.2d 667, 473 N.E.2d 19 (1984)（并购允许公司从不排除少数股东权益情况下不进行投资的投资者处获得额外的资金）；比较 Leader v. Hycor, Inc., 479 N.E.2d 173 (Mass. 1985)（反向股票分割影响了公司私有化，因为股票的公开市场成本并没有证据证明该股票的市场不景气）。结果，柯金斯（Coggins）只是提高交易成本，为不谨慎交易者制造陷阱并为交易律师提供工作。

3. 排挤和公平

解析"温伯格案"的决定非常困难。它提醒某人在一些拼图丢失和另外一些拼图来自一个完全不同的拼图时,可以尝试完成一个拼图。法庭推翻了一些先例,创造了一个全新的挤出并购的救济办法,但拒绝追溯。部分意见因此仅适用于未来的案件,而其他部分仅适用于当时未决的案件。更糟糕的是,"温伯格案"中所宣布的有预见性的规则已经经历了重大的后续修改。

根据"温伯格案",挤出并购必须满足一个"完全公平"的标准。[①] 反过来,完全公平有两个组成部分:公平价格和公平交易。控股股东支付公平价格的义务提出了在第三章第九节中讨论的估值问题。在这里我们关注控股股东公平对待少数股东的责任。

即使在 UOP 获得少数股东的地位后,信号公司持有一堆多余的现金却无法找到这些现金可以盈利的用途。说明自由现金流固有的代理成本,信号公司的董事会未能通过股利或股票回购向股东支付现金。相反,在考虑并拒绝许多提议后,信号公司将其注意转移到了 UOP 上。信号公司的董事要求就可能收购 UOP 少数剩余股份准备可行性研究报告。阿利奇先生和迟提尔先生准备了该报告。他们都既是信号公司的职员也是 UOP 和信号公司的共同董事。利用 UOP 保密信息,阿利奇和迟提尔得出了结论,以每股 24 美元的最高价格购买 UOP 剩余 49.5% 的股权,这对信号公司来说是个很好的投

---

① 完全公平标准仅适用于多数股东通过并购寻求排挤少数股东。根据特拉华州最高法院的判决,"特拉华州法律对控股股东实施非强制性招标或交换要约直接从少数股东处获得股权不施加完全公平责任"。Solomon v. Pathe Communications Corp. ,672 A. 2d 35,39(Del. 1996)(引文省略)。代替整个公平标准,特拉华州法院审查了交易结构确保交易是自愿的,以及披露的充分性和完整性。当要约在结构上非强制性且充分披露时,法庭将是否接受要约的决定权交给股东。See *re Pure Resources S' holders Litig.* ,808 *A. 2d* 421,433 -46(*Del. Ch.* 2002);*re Aquila Inc. S' holders Litig.* ,805 *A. 2d* 184(*Del. Ch.* 2002);*re Siliconix Inc. S' holders Litig.* ,2001 *WL* 716787(*Del. Ch.* 2001).

资。在可行性研究报告完成后,信号公司执行委员会决定以每股21美元的价格进行挤出并购,据称执行委员会相信该价格应是公平的价格。

克劳福德代表UOP进行与信号公司之间的谈判,克劳福德以前是UOP的董事长但曾与信号公司存在很长一段时间的雇佣关系。确实,法庭用“在UOP的信号公司的人”来描述克劳福德。当该问题被放在UOP董事会面前时,被信号公司提名的UOP董事会成员本人通过电话会议出席了董事会。他们离开会议允许非信号公司提名的董事自由讨论,但在最终投票之前回来了。尽管他们没有投票,但记录显示他们会投赞成票。

法庭认为,这一行为至少从三个方面违反了公平交易责任。

第一,阿利奇(Arledge)和迟提尔(Chitiea)的报告是利用UOP保密信息准备的。这对某个同时担任两个公司董事的人是完全可行的,即使这两家公司是母公司和子公司的关系。[①]“但是这些共同董事对两家公司有同样的尽责。”[②]阿利奇和迟提尔不能利用他们作为UOP董事的职位让信号公司获利。

第二,此处缺乏公证。作为一个寻求实施挤出交易的控股股东,信号公司对少数股东的信托责任包括对所有重要事实的全面披露。[③]阿利奇和迟提尔的报告是十分重要的——理性的投资者在决定如何投票时认为报告中的信息和报告准备的方式都是重要的——但是该报告并没有对UOP独立董事或少数股东进行披露。

---

① See Roberts v. Prisk,284 P. 984,987(Cal. App. 1930)(施加责任或未来避免利益冲突交易时“除了相互董事会之外,必须存在欺诈或缺乏信任或一些信任破坏”).

② San Diego,Old Town,and Pacific Beach R. R. Co. v. Pacific Beach Co.,44 pp. 333,334(Cal. 1896).

③ 比较 re Wheelabrator Technologies, Inc. Shareholders Litigation,663 A. 2d 1194,1198(Del. Ch. 1995)(“特拉华州法律对董事会全面和公平披露在其控制下会对股东投票产生重要影响的全部重要事实施加信托责任”)。

第三,此处缺少公平交易。作为一个审慎事项,克劳福德和信号公司附属的董事会成员应当在谈判中主动回避。然后应由一个 UOP 独立董事会特殊委员会研究报价和进行相关谈判。如法庭解释的:“尽管完美是不可能或预期的,如果 UOP 认命了一个外部董事组成的独立谈判委员会与信号公司公平进行谈判那么结果可能就会完全不同。”[①]有指导意义的是,法庭继续将“这方面的公平”等同于“一个理论上完全独立的董事对他们面前的事项”可能期待实施的行为。请注意这一期待在何种程度上等同于我们形成的与董事会决议司法监督相关的权力/问责制二分法。只有存在可能有自我交易的证据时,问责制的关注点才越过从司法审查方面保持董事会裁量权的无效假设。如果独立和非关联董事已经实施了该交易,问责制关注点将被最小化,法庭适当地给予董事更多的尊重。

然而不像忠诚度设置的义务,非关联董事(或该事项的股东)批准的挤出并购没有改变审查适用的规则,即商业判断规则。如特拉华州法庭在“卡恩诉兰什通信系统公司案”[②]中所解释的,“独立董事委员会或多数知情的少数股东批准的交易将公平形式问题的举证责任从控股或主要股东转移到原告异议股东处。但是,即使一个有兴趣的现金逐出合并交易获得了多数少数股东或无利益关系董事独立委员会的知情同意,一个完全公平分析也是司法审查的唯一适当标准”。法庭继续强调,举证责任仅在如果多数股东没有决定合并条款和独立委员会拥有“真实议价能力其可以在公平独立核算基准上,与多数股东一起行使议价权”时转移。

---

① Weinberger v. UOP, Inc., 457 A. 2d 701, 709 n. 7 (Del. 1983).

② 638 A. 2d 1110, 1117 (Del. 1994).

4. 挤出、信托义务和评估

"温伯格案"对整体公平的基本要求并不是一个新发展，尽管对公平交易的强调构成了该规则的一个重要细化。① 公平要求的好处是什么？但是，如果没有有效补救措施呢？在"信号公司案"和其衍生条款中，法定评估并不是并购不能满足整体公平测试的唯一补救措施。相反，权利受到不法侵害的股东可以引入集体诉讼来要求弥补金钱损失，即使他们不满足评估要求。这对允许赞成并购的股东在随后决定并购是不公平地改变其观点并寻求损害赔偿有着显著的优势。

相反，"温伯格案"的法庭裁决，任何关于并购公平性的未来挑战一般必须通过评估程序做出。（案件随后可作为集体诉讼进行。）正如法庭所解释的，"原告的金钱补救通常应限于本文所建立的更自由化的评估程序"。法庭承认评估可能"在某些情况下不充分，尤其是涉及欺诈、虚假陈述、自我交易、故意浪费公司资产或过多且明显故意的情况下"。授权衡平法院在这些情况提供替代性赔偿措施，如给予恢复原状之损害赔偿，②但法庭应在评估程序中实施替代措施。③

---

① See Singer v. Magnavox Co.，380 A. 2d 969，980（Del. 1977）（需要挤出并购证明一个"完全公平"标准）.

② 恢复原状之损害赔偿给予股东股票在判决时估量的股票价值，因此给予股东并购利益分红。这至少在理论上被认为制止了"虚报低价"的实施，其中投标人提供的价格低于理论上评估程序中可行的价格，很少有股东愿意行使他们的评估权。然而在实践中，恢复原状之损害赔偿给予股东一个出售选择权。换句话说，异议股东可以被视为一直是公司的股东。这允许异议股东可以利用多数股东提高股票价格的成果。如果公司比市场的更糟糕，他至少可能得到评估价格加利息。结果，恢复原状之损害赔偿的可能性让评估变成了一个无风险主张。

③ 鉴于随后法庭退出了该立场，值得全文引述有关段落："8 Del. C. §262 中的规定，如本文所解释的，关于评估范围和完善方法在现金挤出并购中应控制经济补救措施可适用于少数股东。因此，我们回到 Stauffer v. Standard Brands，Inc.，187 A. 2d 78（Del. Supr. 1962）和 David J. Greene & Co. v. Schenley Industries，Inc.，281 A. 2d 30（Del. Ch. 1971），授权股东诉诸评估的基本补救方法。" See Weinberger v. UOP，Inc.，457 A. 2d 701，715（Del. 1983）.

“温伯格案”似乎明确将评估作为挤出并购的排他性补救措施。如果一少数股东认为并购是不公平的,他的补救措施是提起评估程序。这意味着不会有集体诉讼且股东应当完善他的评估权利。然而,在接下来的“拉布金案”意见中,特拉华州最高法院将其全部收回了或者至少收回了大部分。

在 1983 年 3 月 1 日,奥林公司从特纳 & 纽沃尔公司处购买了菲利普 · A. 亨特化学公司 63% 流通股。奥林公司每股向特纳 & 纽沃尔公司支付了 25 美元。双方同意,如果奥林公司在一年内购买亨特公司剩下的股票,奥林公司向少数股东也将支付每股 25 美元。当时,奥林公司说它“现在无意图”购买剩余股权。然而法庭注意到,“很显然,奥林公司总是期望拥有亨特公司 100% 的股权”。无论如何,仅在 1 年多之后,在 1984 年 3 月 23 日,奥林公司会见投资银行计划以每股 20 美元的价格购买亨特公司剩余股权。在短时间内,奥林公司就计划了每股 20 美元的挤出并购。

不满的原告股东拒绝了评估,并引入集体诉讼质疑该并购不公平。被告以评估是排他性评估措施要求驳回原告请求,衡平法院同意被告且驳回了原告请求。然而,特拉华州最高法院撤销了该裁决,认为衡平法院的观点“致使”在“温伯格案”①中“我们关于公平交易

---

① Rabkin v. Philip A. Hunt Chemical Corp. ,498 A. 2d 1099,1104(Del. 1985). 法庭对奥林公司与亨特公司少数股东不公平交易的确信让人很迷惑。假设当时奥林购买亨特的多数股权,然后尽快以每股 20 美元的价格购买了剩下的少数股权。法律没有规定更多的支付控股溢价是无异议的。特纳 & 纽沃尔公司在这里坚持的是奥林在以低于 25 美元的价格现金排挤少数股东之前至少等待了一年。法庭似乎将一年规则解释为,特纳 & 纽沃尔公司在做某种努力鼓励 Olin 向少数股东每股支付 25 美元的价格,和奥林依照某些协议这么做,但它事实上可能仅是特纳 & 纽沃尔公司避免控股销售诉讼的尝试。诚然,“拉布金”是一个对驳回起诉授权议案的上诉案件。然而,法庭通过给予原告证明合同中每股 25 美元的权利,含蓄地承认了至少这么一个合同权利潜在存在。然而如果如此,它是从哪里来的? 是否是法庭所说的原告是在特纳 & 纽沃尔公司和奥林之间该合同的第三方受益者? 诚然,法庭注意到亨特董事侵占资产的可能,但法庭也正当地支持原告寻求“强制执行合同权利来获得每股 25 美元”。

的广泛讨论毫无意义”。诚然,“温伯格案”考虑到当估值股票在评估程序中对信托责任的违反。然而最终,评价主要关注价格的充足性。如果说对控股股东与少数股东的交易问题有其他成功的并行抨击,那么集体诉讼为损害赔偿提供了更有效的工具。“拉布金案”含蓄地承认了这个事实,留给评估的实行范围非常有限。在“拉布金案”之后,评估显然仅在原告单独诉请价格公平的情况下才是排他性的。[①] 尽管法庭并没有明确表述,但这一结论不可改变地从 3 个方面予以决定:(1)特拉华州最高法院拒绝衡平法院对“温伯格案”的“狭窄”解释;(2)特拉华州最高法院强调该案件涉及“不公平交易”的收费;(3)原告所声称的不公平交易的事实足以使驳回集体诉讼的决定无效。换句话说,特拉华州最高法院走了一个圆圈。为了确保少数股东在挤出并购中有一个有效救济措施,法庭重新打开了集体诉讼及其派生诉讼的大门。

相反,示范法(Model Act)发展方向相反。但有两个例外,美国《标准公司法》第 13.02(b)条中说到股东拥有的评估权“可以不反对”一个已经完成的并购。一个例外是授权诉讼纠正决策过程中的严重程序错误,例如未能获得需要的投票数。另一个例外是在股东批准的并购是因欺诈获得而排除了评估允许的集体诉讼。还要注意在合并完成之前寻求的公平救济的隐含案例。最后,排他性原则并不排除在董事违反注意和忠诚义务的情况下要求损害赔偿的集体诉讼。因此,“凡·戈科姆案”类型的诉讼是不禁止的。[②]

5. 股东通过的作用

如同其他的忠诚索赔义务,股东通过和(或)批准不是索赔的阻碍。相反,股东有效行为将举证责任从被告转移到了原告。考虑到

---

① See Cede & Co. v. Technicolor, Inc. ,542 A. 2d 1182(Del. 1988).

② Smith v. Van Gorkom,488 A. 2d 858(Del. 1985).

可能具有决定性的举证责任分配结果,当然,这对被告来说是一个非常重要的好处。

在一个挤出并购中,控股股东的利益冲突被归咎于目标子公司的董事会。从而,这种并购被认为是一种自我处置交易,被告控股股东承担举证责任且/或控股的董事证明该交易对少数股东是公平的。如果一个挤出并购是被无利害关系股东的大多数——所谓的"少数股东中的大多数"——所证明的,然而,举证责任转移到了原告,证明该并购是不公平的。审查标准仍是完全公平,其基本公平的价格和公平交易成分,但是现在原告承担举证责任证明在一方面或两方面缺少公平。①

6. 通过简式合并的挤出并购

简式并购是仅当收购公司持有非常高比例——在许多州,至少90%——目标公司的股权时适用的法定并购技术。因为这样一个彻底控制子公司的董事不太可能完全独立于母公司且股东的投票结果应是事前的结论,既不是子公司的董事也不是股东得到对并购的投票。相反,在许多案例中,影响简式并购的决议仅归属于母公司董事的自由裁量权。

在特拉华州法律下,子公司股东通过简式并购逼走少数股东可以获得评估权。母公司被要求既通知少数股东并购将会生效也通知少数股东可以行使评估权。然而,不像挤出并购通过标准合并法规生效,特拉华州法庭并没有将"温伯格案"中完全公平规则适用于简式并购。

在"格拉斯诉优尼科勘探公司案"(Glassman v. Unocal Exploration

---

① See re *Wheelabrator Technologies*, *Inc*. *Shareholders Litigation*, 663 *A*. 2*d* 1194, 1203(*Del*. *Ch*. 1995); also see Kahn v. Lynch Communicaiton Sys., 638 A. 2d 1110(Del. 1994); Rosenblatt v. Getty Oil Co., 493 A. 2d 929(Del. 1985).

Corp.[①])中，一子公司的少数股东提起集体诉讼起诉母公司及其董事会，声称后者违反了其在“温伯格案”中确立的完全公平和全面披露的信托责任，从而提出了关于控股股东合并合法性的索赔。在驳回该索赔时，特拉华州最高法院承认“母公司和董事会实施的简式并购是自我交易信托”。然而，法庭也承认简式并购法规本质上考虑“与任何合理的公平交易概念不一致的简易程序”。

公平要求明显与法规冲突。如果公司受托人遵循第 253 条授权的缩短过程，就不可能建立整个公平的公平交易。相反，如果公司受托人建立谈判委员会，聘请独立的财务和法律专家等，然后将会失去法规所提供的重要利益——简单、快速和经济的完成并购的程序。我们通过落实会员大会(General Assembly)意图解决该冲突。为了达到该目的，第 253 条必须解释为避免建立完全公平的要求。

据此，法庭认为，“缺少欺诈或非法性，评估是适用于少数股东拒绝简式并购的排他性补救措施”。

在这种情况下，我们也重申“温伯格案”中关于评估范围的陈述。关于公平价值的确认必须建立在所有相关因素的基础上，包括在适当情况下的损害赔偿和未来价值的元素。因此，如果并购的时机是利用低迷市场，或公司周期性收益的低点，或在预期的积极发展之前，那么评估价值可以调整来解释这些因素。

因简式合并而产生的评估程序中的货币救济可能与因违反信托

① 777 A.2d 242(Del.2001).

责任产生的集体诉讼有所不同。评估行为中固有的程序障碍意味着股东通常没有可行的补救措施。

特拉华州法官利奥·斯特林说这一类案件与适用于受标准并购影响的排挤少数股东的案件之间的明显不一致。

当提出收购少数股东的交易时,是否让强大的资本市场的发展来控制控股股东且让目标公司董事会适用信托责任的严格(和通过诉讼增强的)标准呢?或者如果不采取严格的保护措施,可以获得更多的股东财富,只要多数股东没有误导或强迫少数股东就可以进行收购?这种灵活性是否事实上因其鼓励流动性产生的对少数股东的要约收购且鼓励收购者支付高额溢价以购买控制权而有利于少数股东呢?知道控制将伴随着允许随后的以相对非诉讼发生的"私有"交易的法律规则?

现在,特拉华州判例法有两条关于这一问题的不同的回答。一个是,解决了控股股东与目标董事会磋商关于收购少数股东并购协议的情况,我们的判例法强调对少数股东反对不公平的保护。另一个是,解决了当控股股东寻求通过在特拉华州公司法第253条下的简式并购随后的要约收购来获取公司剩余股权的情况,特拉华州先例促进了资本在意向性买家和卖家之间自由流动,只要卖方的同意不是通过不充分或具有误导性的信息或通过错误的投诉获得的。

这两条权威线似乎将经济上类似的交易,仅因为控股股东持有方法的不同而视为完全不同的交易。即使这两种基本方法(磋商并购和要约收购/简式并购)对少数股东产生类似威胁,两者之间的差异仍然存在。确实,可以认为方法的区别是交易。对少数股东而言,当实行适当的保护策略由有权力拒绝和考虑少数股东中多数意见的独立委员会进行磋商的并购来进行严格审查,比一种更危险的形式的私有化交易(由大多数股东提出的未经磋商的要约收购)更具有保护性。后一种交易比起所描述的合并保护性更少,因为大多数股东可以获取内部信息,迫于在简式合并中被挤出或者变为部分少数公众小股东的风险的压力,该要约要求分散的股东尽快决定是否售出。这种差异造成了法律中可能的不一致。①

然而,到目前为止,这种差异仍未解决。

这种方法上的差异,确实有鼓励控股股东在既不是"单方面两步挤出并购"或"协商性两步挤出并购"时构造挤出交易的实用效果。前者"是指在控制人单方面进行第一步并购要约且承诺通过第二步简式并购减少任何现存股东的私有化交易"。② 后者"是指根据控制人和子公司之间的协议实现的相同交易结构"。③ 在此类交易中,子公司的董事将会同意其被称为"首选项",即如果要约收购并未使控股股东超过实现短期合并所必需的90%的临界点,子公司将向控股股东发行足够的新的股份使后者超过90%。

这些被称作斯林克斯线的案例认为,既不是要约收购也不是简式合并将涉及控制董事会,除了董事会关于发出一个表明其在表格14D-9中的声明的联邦法律义务,信托责任分析根本不适用于即便

① See re Pure Resources, Inc., S'holders Litig., 808 A. 2d 421, 434-35 (Del. Ch. 2002).

② See re CNX Gas Corp. S'holders Litig., 2010 WL 2705147 *1 n. 1 (Del. Ch. 2010).

③ See e. g., re Pure Resources S'holders Litig., 808 A. 2d 421 (Del. Ch. 2002); Re Aquila Inc. S'holders Litig., 805 A. 2d 184 (Del. Ch. 2002); Re Siliconix Inc. S'holders Litig., 805 A. 2d 184 (Del Ch. 2002).

是在简式并购之后的要约并购。[①] 结果,“格拉斯曼案”关于简式合并的规则扩展到在要约并购之后的使控股股东超过90%的临界点的并购情况。斯林克斯的方法是有意义的,因为其完全公平地予以适用,控股股东必须站在交易的两方。然而,在一个要约收购中,控股股东仅站在交易的一方,而少数股东站在交易的另一方。

尽管这样一个交易不会受到“温伯格案”是否完全公平的审查之影响,但这并不一定意味着其完全免于司法审查。大法官决定的一种观点“认为单方面的两步挤出并购不会受到实质性审查,如果(1)其受制于少数股东出售条件中不可放弃的大多数股东;(2)控股股东承诺如果其获得超过90%的股权则以相同的价格完成即时的简式合并;(3)控股股东没有实施任何报复性威胁;和(4)目标公司董事会的独立董事有完全的行动自由和足够的时间对要约并购作出反应”。[②] 然而,另一条法官判例的线则简单地认为“除非该要约在结构上是强制的,否则一个单方面的两步挤出并购不会受到完全公平标准的审核”。[③] 剩下的一个问题就是希望特拉华州最高法院将这些问题全部解决了。

---

① See e. g. ,re Pure Resoures S' holders Litig. ,808 A. 2d 421 (Del. Ch. 2002); Re Aquila Inc. S' holders Litig. ,805 A. 2d 184 (Del. Ch. 2002); Re Siliconix Inc. S' holders Litig. ,2001 WL 716787 (Del. Ch. 2001).

② CNX Gas Corp. S' holders Litig. ,2010 WL 2705147 at *4.

③ 相同地,该法庭注解了第三条判例线,潜在地适用一完全公平规则,但这些更老的判例与特拉华州法庭的先例不一致,该先例认为控股股东可以“自由[对剩余股权]以任何其选择的价格作出要约收购只要它不:(1)通过明确或暗示如果[目标公司的]少数股东没有投标将会发生损害事件对目标公司少数股东实行结构上的强制;或者(2)通过隐瞒或错报重要事实来误导[目标公司的]少数股东。” See re Pure Resources, Inc. , S' holders Litig. ,808 A. 2d 421,433 (Del. Ch. 2002).

7. 通过反向股票拆分的挤出并购

(1)股票拆分

在口语表达中,“股票拆分”这一术语经常被用来描述股票股利,即发行的股份数量相等或超过流通的股份数量。然而在法律的资本术语中,这是一个术语的滥用。股票股利是向股东已授权但未发行的股份,可以受董事会单独行为的影响。相反地,股票拆分则是通过修订公司章程减少股票面值而实现的。

假设 ABC 公司董事会想实施一个 2∶1 的分割,其中,每个股东将最终拥有每股分割后的 2 个新“股”。ABC 公司的董事会会建议股东通过关于将股票每股价值从每股 5 美元减少为 2.5 美元的公司章程修正案。每个股东之后将会对之前持有的每一股股票收到两个新的普通股股票。因为股票拆分是通过减少股票面值来实现的。据此,董事会不需要重新指定盈余,“作为资本……如果股份是由公司根据其股票拆分来进行分配,而不是对在公司股票中宣称支付的股息进行支付”。① 这是因为资本是所有流通股的总面值。这里流通股的数量变为了 2,但是每股的价值是之前价值的 1/2,所以资本没有变化。

(2)反向股票拆分和挤出并购

这种类型的交易一个有趣的问题是由所谓的“反向股票拆分”提供的,其经常被用作挤出持有少数股份的少数股东。例如,参考“利德诉海可尔公司案”(Leader v. Hycor, Inc.),②在该案件中公司的股东,通过了将每股价格从 1 美分变更为 40 美元的公司章程修正案。如同正常股票拆分,该交易不会对海可尔资产负债表产生影响。

然而,当海可尔公司的股东以持有的分割之前的 4000 股“旧”股

① 《特拉华州普通公司法》第 173 条。

② 479 N. E. 2d 173(Mass. 1985).

票获得了一个新的分割后的股票,你可能会问这对持有少于4000股的股东来说发生了什么?如果你持有1000股股份,你会获得1/4股的股份?像大多数州,马萨诸塞州允许但不要求公司发行零星股票。当一公司让股东持有分数的股票时,该公司可能通过向持有分数股票的股东支付股票的公允价值将其现金收购。海可尔公司的反向股票拆分的影响(和可假定的意图)是挤出公司的少数股东,他们中的所有人持有的股份均少于4000股。然而,奇怪的是,这些交易是否因此受到适用于挤出合并或封闭性公司挤出的信托责任的审查仍然不确定。

海可尔公司涉及由马萨诸塞州公司进行的私有化交易。法庭并没有决定海可尔公司是否应当被视为封闭性公司而因此适用马萨诸塞州法律对此类公司所要求的严格信托责任,法庭得出了海可尔公司达到了该标准的结论。减少有关成为公众公司的成本是一个合法商业目的,且反对的少数股东无法提供有害性更少的替代选择。[①]

特拉华州衡平法院认为,如果"一控股股东利用反向分割排挤少数股东没有其他程序性保护,该交易将适用完全公平进行审查且存在作为被告的信托人的举证责任"。[②] 法庭是这样解释的,因为反向分割与挤出并购功能等同。

如果一控股股东允许董事会成立一个正式授权和正常运作的特别委员会,或者如果该交易以正确制定少数股东中多数投票为条件,那么举证证明交易不公平的责任就转移到了原告。如果控股股东允

---

① 479 N. E. 2d 177 -78 (Mass. 1985). Also see Goldman v. Union Bank and Trust,765 P. 2d 638(Colo. Ct. App. 1988)(法庭审查通过反向股票拆分实施的基础通常要求被告证明该交易的合法商业目的);Teschner v. Chicago Title & Trust Co. ,322 N. E. 2D 54(Ill. 1974)(当原告不能证明交易是欺诈、不公平或有不当目的时,无权因通过反向股票分割实施的挤出获得救济);Lerner v. Lerner,511 A. 2d 501(Md. 1986)(通过反向股票分割实施的挤出受限于信托责任理由).

② Reis v. Hazelett Strip-Casting Corp. ,2011 WL 4346913(Del. Ch. 2011).

许使用两个保护设置,则该交易可以避免完全公平审查。①

请注意,这一观点因此在标准审查方面产生了与简式并购相同的二分法。

在任何案件中,使用反向分割股票挤出少数股东也因为需要修改公司章程的事实而有所减轻。确实,根据美国《标准公司法》,一个反向股票拆分触发了团体投票和评估权利。②

第七节 控股股东在场情况下出售公司

在"麦克马林诉贝兰案"(McMullin v. Beran)③中,大西洋里奇菲尔德公司(Atlantic Richfield, ARCO)是 ARCO 化学公司(ARCO Chemical)的大股东(持股 80% 以上)。在 1998 年春,ARCO 收到莱昂德尔石油化工公司(Lyondell)的主动询问,表达了收购 ARCO 化学公司的兴趣。ARCO 通知了 ARCO 化学公司的董事会,其(说来也奇怪)授权 ARCO 调查研究销售 ARCO 化学公司。ARCO 和里恩戴尔石油化工公司之间的磋商最后被特拉华州最高法院以对任何 ARCO 化学公司的股份以每股 57.75 美元的现金邀约并购告终,后续经常清理性的挤出并购仍以同样的价格进行。④ ARCO 化学公司董事会通过了该交易,美林(Merrill Lynch)的公平意见得到了承认。少数股东起诉,声称 ARCO 化学公司的董事会对 ARCO 公司负有义

① Reis v. Hazelett Strip-Casting Corp. ,2011 WL 4346913(Del. Ch. 2011).

② 参见美国《标准公司法》第 10.04(a)(4)条(团体投票);美国《标准公司法》第 13.02(a)(4)条(评估权)。

③ 765 A.2d 910(Del. Sup. 2000).

④ ARCO 没有简单地将 80.1% 的股权出售给里恩戴尔石油化工公司令人困惑,这可能导致挤出并购。他们是否是担心"佩尔曼诉费尔德曼案"的问题呢?

务且因为 ARCO 需要快钱而通过了该交易,ARCO 化学公司的董事会错误地授权了与 ARCO 进行磋商的责任,该要约收购的文件未能披露重要事实。特拉华州衡平法院将失败归于诉求请求。特拉华州最高法院撤销了该判决,并将案件发还下级法院复审。

特拉华州最高法院(前法官 Holland)强调 ARCO 化学公司的董事(被指认为是)在 ARCO 的口袋里。ARCO 化学公司的董事因 ARCO 的利益而草率通过了该交易,而没有确定该交易对少数股东来说是否是一个好的交易。但是,另外,ARCO 化学公司的董事会在此情况下应该做什么呢?法庭认为,即使有大股东在场,ARCO 化学公司的董事也具有将股东财富最大化的责任,但也承认大股东的出席肯定阻碍了董事会寻找被大股东反对的替代性交易。

法庭因此对独立董事会成员所面对的真正问题给予了较少关注。ARCO 通过的任何交易都将会通过股东投票,ARCO 反对的任何交易都将在此类投票中失利。从理论上来看,如果独立董事认为 ARCO 中意的交易是不好的交易,他们有几个选择,任何一个选择在现实世界中都不被证明是合适的。

独立董事可以投票反对该交易,但 ARCO 和其中意的买家可以通过将该交易构造成要约收购或股票收购从而终止董事会的运作。[①] 独立董事会成员可以联系少数股东,鼓励少数股东在挤出并购事件中行使他们的评估权,正如法庭建议的,但评估救济措施的无效使某人对该选择的优点持有怀疑。

在极端情况下,董事会可以授权 ARCO 化学公司发行足够的股票来稀释 ARCO 对问题的控制权直到他们不能再控制。一旦 ARCO 没有控制权,一个替代性的交易将实施。当然,在 ARCO 董事会控制

---

① 如果 ARCO 施压推进该方法,当然,表 14D-9 的计划将不得不披露独立董事的反对意见。

的观点下,这一决定是最不可能的。作为一个原则问题,更重要的是艾伦法官在“孟德尔诉卡罗尔案”[①]中指出的,董事会在面对一个大股东的时候很少需要这些措施。

可能会怀疑许多董事有足够的独立性采取如此激烈的步骤。另外,通过决议时意见必须被提交的和必须给出自己通过决议的独立董事的出席对鼓励经理做出更好的决定有很长的路要走。确实,此推定是给予在此种设定下给予独立董事突出角色的证明。

真正困惑的是,ARCO 和 ARCO 化学公司的律师没能使用 ARCO 化学公司董事会适当独立的行为美化该交易。这几乎好像是 ARCO 开始创造了如何不构造此类交易的书本案例。他们应当做什么呢?提名独立董事委员会可以与里恩戴尔石油化工公司讨价还价,为委员会外聘法律顾问和财务顾问,要求这些财务顾问进行尽职调查,对所有重要文件进行充分披露,等等。[②]

---

① 651 A. 2d 297(Del. Ch. 1994).

② 优民科公司是否加强审查标准适用于控股股东在第七章开始从事的销售?

第五章　并购中的股东投票和股东投票中的并购

因为合并或资产销售需要股东批准，规制股东投票的州法律明显应与协商中的并购高度相关。同样，因为公众公司为了进行股东投票通常需要寻求代理，所以联邦代理规则也在谈判协议中发挥作用。因为州法律允许异议股东通过提出一个替代性的候选人计划来质疑董事会的选举并且州法律允许异议股东通过寻求代理来支持该计划，所以投票规则对获得公司控制权也创造了一个替代性的工具，即代理权竞赛。

以往，代理权竞赛对在公司控制上产生变化并不是一个非常重要的工具。诚然，它们是最直接的做法。然而，正如我们所看到的，代理叛乱者面临重大障碍。在面对目标公司董事会的抵制时，要约并购或其他形式的股权购买对敌意收购来说通常是一个更有效的工具。

然而，有效合并防御的出现和国家反对收

购的立法给予代理权竞赛以新的生命。作为首要合并防御措施的毒丸计划的出现,是一个特别重要的因素。一个标准毒丸计划包括通过董事会的赎回条款,这使计划在敌意竞标者寻求选择一个致力于解除毒丸计划的新董事计划时,对先前提出的代理权竞争来说容易受到攻击。[1] 结果,代理权竞争和收购战争变得非常错综复杂。确实,许多最近的代理权竞争已经从属于敌意要约收购。

第一节　股东投票:州法律

1. 概述

股东通常仅在会议中投票,[2]该会议必须至少每年召开一次(称为年度股东会)。另外,所有立法对所谓的临时会议有一些规定,例如临时会议在一些特别事项发生且不能等到年度股东会议召开时举行。关于临时会议召集人的规定在州与州之间存在差异。几乎所有州的公司法允许董事会召集临时会议。大多数允许特定持股比例的股东在一起召集临时会议。很少有州允许特定公司员工,例如董事长或董事会主席召集临时会议。美国《标准公司法》第 7.02(a)(1)条授权董事会和其他章程或法律授权的人召集临时会议。美国《标准公司法》第 7.02(a)(2)条授权至少持有 10% 有投票权股份的股东召集临时会议。章程可以指定一个更低的或更高的比例,但不能超过 25% 的投票权。相反,《特拉华州普通公司法》第 211(d)条的修订版规定,仅董事会和其他章程或法律授权的人能够召集临时会议。

---

① See §7.1 B.

② 大多数州允许股东不参加会议通过无异议书面赞同来进行投票。参见,例如美国《标准公司法》第 7.04 条规定,大量少数股东,包括特拉华州,即使股东有异议时仍允许股东以书面形式投票。参见,例如《特拉华州普通公司法》第 228 条。

大多数股东将不会出席无论是年度股东会还是临时会议。有成千股东的大公司经常在小会堂甚至是非常大的会议室举行股东会。大多数股东通过代理投票。(在某种意义上,代理投票在公司法上与在场投票具有同等意义。)20 世纪 30 年代,美国联邦证券法广泛地调控代理投票。因此,美国联邦法律比起州法律规定了更多的股东投票机制。一般来讲,州法律规制股东投票的实质方面,例如股东获得多少票,何时可以投票和他们对什么进行投票这一类型的问题。美国联邦法律规制股东投票和股东有权获得的披露的程序。

2. 通知和法定人数

无论股东是亲自投票还是通过代理投票,如果投票行为要生效,必须满足法律规定的通知和法定人数要求。例如,美国《标准公司法》第 7.05(a)条要求,不晚于 10 天但不早于 60 天对年度股东会议和临时会议进行通知。在美国《标准公司法》第 7.05(b)条的规定下,年度会议的通知不需要表明会议召开的目的,尽管美国联邦代理规则要求如此通知。在美国《标准公司法》第 7.05(c)条却相反规定,只有在通知中明确的问题才能在临时会议中审议。

标准法的法定缺席人数是大多数有投票权的股份,尽管公司章程可以明确更高或者更低的数字。① 尽管有一些相反的判例,但标准法通过离开会议这一手段有效地阻止股东"打破法定人数"。如果股东的股份在会议上亲自或通过代理人进行投票,则股东的股份被认为是为会议剩余人数的法定人数目的而投票的。②

---

① 与美国《标准公司法》第 7.25(a)条的规定一样,特拉华州法律也是类似的,除非其禁止章程设定少于 1/3 有投票权的股份的法定人数。参见《特拉华州普通公司法》第 216 条。

② 参见美国《标准公司法》第 7.25(b)条;但是参见,例如,Levisa Oil Corp. v. Quigley,234S. E. 2d 257(Va. 1977)(股东可以通过离开会议打破法定人数);Textron, Inc. v. American Woolen Co. ,122F. Supp. 305(D. Mass. 1954)(股东出席会议但在法定人数确定之前离开,如果这样,不得计入法定人数)。

3. 批准议案所需要的投票

下面将讨论，在符合关于董事选举和并购的特别规则的情况下，美国《标准公司法》第 7.25(c) 条规定“关于……的问题是通过的，如果对该问题的赞同票超过反对票”。相反，《特拉华州普通公司法》第 216 条认为，“持有多数股份的股东本人或通过代理人在会议上投出的赞同票和有权就该问题进行的投票是股东行为”。这两个陈述的区别是模糊的而不是显著的。假设有 1000 股有权投票的股份，800 股股东或是亲自出席或是通过代理人参加，其投票结果如下：

赞同的 399 股，反对的占 398 股，弃权的占 3 股。

在美国《标准公司法》的规则下，因为赞同的股数多于反对的股数，所以议案通过。然而在特拉华州的规则下，该议案必须经出席会议的大多数股数——401 股——投赞成票才能通过，因此该议案未能通过。实际上，当美国《标准公司法》忽视缺席股数时，特拉华州将其视为未投票的股数。①

4. 董事的选举

(1) 大多数投票

正如刚才所讨论的，在许多案例中，州公司法考虑，股东行为需要在股东出席股东会议有规定法定人数时的大多数股东的确认投票。然而，关于选举董事，州法律直至最近规定仅需要多数股东投票。例如，《特拉华州普通公司法》第 216(3) 条以前提供“董事应当经亲自出席或通过代理人参加会议且有权选举董事的股东的多数投

---

① 公司章程比起默认法定最低比例需要更高比例的投票，无论是全面还是特定的问题。州公司法也通常要求某些特别问题需要经更高比例投票通过。例如，美国《标准公司法》第 10.03 条要求公司章程修正案经有投票权的多数股东通过。再次，假如有 1000 股有投票权的股票，其中 800 股亲自或通过代理人参会。为了适用公司修正案，501 票必须同意通过。对于并购(第 11.04 条)或出售公司全部或大体上公司全部资产(第 12.02 条)需要同样的投票。特拉华州的法律也是类似的。

票通过”。对于美国《标准公司法》第7.28(a)条的解释也适用了多数标准,认定该条款意思是“拥有最多股数的个人可以被选为董事,直到在选举中选出规定的董事人数”。

美国联邦代理规则通过提供早期的SEC规则14a－4(b)适用于州法律,即发行人必须给予股东关于选举董事的代理卡上的3个选择:一个股东可以对所有董事候选人投票,对所有候选人投反对票,或通过删除特定候选人的名字对其投反对票。

这些规则的有效效应,是这些公司选举系统并没有为董事提供直接或间接投票。相反,一人不是通过授权代理人投票给特定候选人,就是授权代理人不对特定候选人投票。缺席有竞逐选举,因为仅需要多数投票,只要有股份的持有人授权其股份支持候选人,即使其他股份持有人不对现任董事会提名的候选人投票,该候选人也将被选为董事。

简单多数原则的起源有点不清楚。它的提出大概是为了解决在竞争性选举中非常常见的案例,即候选人比董事空缺多的情形。在势均力敌的比赛中,缺席和被宠坏的选票可能意味着比席位空缺数更少的候选人可以获得大多数的投票。在最糟糕的案例中,这更可能通过利用板岩投票(Slate Vote)作出,该选举可能因为没有一个董事获得足够的票数而失败。简单多数投票避免了该风险以及可能随之而来的不利后果。

随着时间推移,对现任董事会提名的一些或全部提名人保留投票权成了股东激进分子的普遍对抗战术。例如,2004年股东在华特·迪士尼公司的反抗,股东激进分子反对首席执行官麦克·艾斯纳(Micheal Eisner)和某些其他候选人的选举。在之后存在的简单多数原则下,即使持有大多数股份的股东保留其投票选举的权利,艾斯纳也要再次选举。在该事件中,持有迪士尼公司43%股权的股东保留了投票权。尽管艾斯纳被重新选举,但这个高持股比例的投票权被视为一个有力的对抗。不久之后,他发起了一个继任程序。

州法律的发展:迪士尼事件的插曲触发了改变传统简单多数原则的重大利益,使该进程从一个仅传递反抗信号的机会变为一个真实的选举。在 2006 年,特拉华州通过修改关于董事选举的法律,使其适应多种多数投票形式以对激进分子的重大压力进行回应。

一些特拉华州公司已经通过自愿采用所谓的辉瑞政策对董事激进分子在迪士尼事件之后的压力进行了回应——以第一个采取该政策的杰出公司名称命名,即董事获得大多数保留投票需对董事会提交辞职。《特拉华州普通公司法》第 141(b)条进行了修改以适应此类规章制度。它是这么做的,通过提供"(董事)辞职在该辞职书送达时生效,除非该辞职书明确后续的生效时间或其生效时间取决于其他某个事情或其他事项的发生。以董事在重新选举中没有获得特定投票作为辞职条件时,该董事可能认为这是不可撤销的"。

这些所谓的辉瑞政策或简单多数最大化政策的问题,至少从股东激进分子方面来说,是董事会保留拒绝未获得必需的多数票数的董事辞职的权力。在"韦斯特兰市警察与消防退休系统诉亚舍立技术公司案"(City of Westland Police & Fire Retirement System v. Axcelis Technologies, Inc.)①中,特拉华州最高法院确认董事会有实质的自由裁量权实施该行为。亚舍立技术公司有 7 名董事交错成 3 类。2008 年准备重新选举的 3 名现任董事并没有获得大多数投票。根据公司的"多数 +"(plurality-plus)政策,3 名董事提交了辞职信。董事会拒绝了 3 名董事的辞职。一名股东发起第 220 条下关于查看公司相关书籍和文件的要求,准备提起一个派生诉讼质疑董事会的

① 1 A.3d 281(Del. 2010).

决定。为了阻止股东实施非法调查,特拉华州法庭会在有可以推断一些错误行为可能发生的可靠基础的情况下批准查看文件的要求。在这个背景下,承认第220条下的要求有时是有价值的,法庭注意到"问题在于董事作为受托人因公司的最大利益需要这些董事继续服务这么一个无私的、知情的商业判断或董事会是否有一些不同的、不可告人的动机"。[1] 因此,似乎可以公平推断,商业判断规则将是法院根据这些政策评估董事会决定的标准。

激进分子也反对辉瑞公司风格的方法,因为它通常通过改变董事公司治理方法达到目的,而不是通过修改规章制度或章程。同样地,政策的连续性受制于董事的自由裁量权。

股东激进分子因此开始使用14a-8规则,提出章程修正案批准真正的多数投票。英特尔自愿采纳在其他问题上进行规章制度修改被激进分子看作模范。在此之下,未获得多数投票的董事不能被选举。至于现任董事在其再次选举时未能获得多数投票的,在《特拉华州普通公司法》第141(b)条之下,有点复杂,董事的任期在接任者选举出之后结束。英特尔(又称"多数+")模型需要这样一个董事的辞职。

比起公司章程因为后续的董事会批准要求,股东激进分子更倾向于规章制度方法。然而在大多数州,股东通过的章程将容易受到后续董事会的修正甚至上诉。回想下《特拉华州普通公司法》第109(a)条规定,公司章程可以授权董事会修改规章制度的权利,但是这样的规定没有剥夺股东剩下的修改规章制度的权利。

股东和董事会同时修改章程的权利,提出了循环修正案和反修正案的问题。假设股东采用了多数投票的规章制度,然后董事会利

---

① 1 A.3d 291(Del.2010).

用其同时修改规章制度的权力废除新的规章制度条款。美国《标准公司法》允许股东阻止此类事件的发生。美国《标准公司法》第10.20(b)(2)条授权董事会采用、修改和废除规章制度,除非“股东在修改、废除或采用一个规章制度特别地规定董事会不得修改、废除或恢复该规章制度”。然而,缺少此类限制时,董事会明显保留其修改甚至废除规章制度的权利。如果董事会这么做,股东的补救措施大概局限于采用限制修改条款,这次包括必要的限制,和/或选择一个更符合规范的董事会。

《特拉华州普通公司法》第109条,缺少任何类似授权于股东的权利。更糟糕的是,因为董事会仅有采用或修改规章制度的权利,如果在公司章程上授予董事会该权利,一个禁止董事会修正案的规章制度可以说与章程不一致,因此是无效的。

在“美国国内租车公司诉克罗斯案”(American Int'l Rent a Car, Inc. v. Cross)中,①特拉华州衡平法院建议,作为规章制度修正案的一部分,股东“可以移除董事会进一步修改讨论中的条款的权利”。然而特拉华州几个其他先例中的法官意见却是相反的。例如,在“通用数据通信工业公司诉威斯康星州投资委员会案”(General DataComm Industries, Inc. v. State of Wisconsin Investment Board)②中,大法官斯特林将“重大的法律上的不确定性”注释为“是否,当缺少明确的控制性身份,一股东采用的规章制度可以免于上诉或免于董事会的修改”。在“半人马四期基金诉国家团体公司案”(Centaur Partners, IV v. National Intergroup, Inc.)中,③特拉华州最高法院处理了一项股东提议的限制董事人数的规章制度。正如所提议的,该规

① 1984 WL 8204(Del. Ch. 1984).

② 731 A.2d 818,821 n.1(Del. Ch. 1999).

③ 582 A.2d 923,929(Del. 1990).

章制度包含禁止董事会修改或对其进行上诉的条款。注意到该公司的章程给予董事会通过采用规章制度修改董事会人数的权利,特拉华州最高法院发表意见认为提议的规章制度“如果采用将会是一个无价值的制度”。结果,限制董事会关于规章制度的权力在特拉华州或其他州会符合要求似乎是可疑的同样也缺乏美国《标准公司法》类型的条款。

然而,为了回应股东激进分子的压力,特拉华州通过增加如下的句子修改了第216条:“股东采用的规章制度修正案,其指定投票对重新选举董事是必要的,不可以进行后续修改或被董事会废止。”立法机关没有对规章制度条款进行明确的确认,要求董事当选必须获得多数票。然而,第216条似乎明确暗示它们的有效性,如果是这样,那么确保这样的规章制度不会被随后的单方面董事会行为所削弱。

国会拒绝批准的早期参议院立法版本,之后成为2010年的《多德-弗兰克法案》包含多数投票指令。在此之下,公众公司需要接受任何在非竞争性选举中未获得多数票数董事的辞职,除非董事会一致拒绝该董事的辞职。然而,面对国家发展和多数选举成为常态的现实,国会选择省略任何形式的多数票表决。

评价:多数投票体制的批评家主张失败的选举对公司有失稳效应。选择和审核一个董事候选人是一个长期和昂贵的过程,通过新的股票交换列举标准来认定董事的独立性使其变得更复杂。例如,假设,股东选出唯一合格的审计专家坐在审计委员会。在这些标准下,公司将会立即违反其职责。

批评家也抱怨合格的个人将被阻止服务。加强的责任、《萨班斯-奥克斯利法案》和其他相关规则施加的增加的工作负担和法律的发展,使公司招聘合格的外部董事更困难。股东不投票的风险将会使董事会服务变得更加缺乏吸引力，特别是考虑到董事会成员要证明他们的声誉。

最后，批评家要求，至少在其实施至今，多数投票“仅仅是镜花水月”。[①] 小威廉 · K. 舍斯特伦（William K. Sjostrom Jr.）和杨生金（Young Sang Kim）对公司采用一些多数投票规章制度的形式进行了事件研究。他们发现对采用多数投票并没有统计上的有意义的市场反应。[②] 其影响在于多数投票的竞争创造了很少的股东价值。

（2）累积投票

在标准投票规则下，多数股东可以选举整个董事会。这就是为什么潜在买家与非控股股东的股份相比，对控制权寄予更高价值的原因。累积投票对选举董事提供了一个可选择的途径，可以确保董事对少数股东的代表。一个例子可以帮助理解。

假设 ABC 公司有 3 个股东：A 股东，持有 250 股；B 股东，持有 300 股；C 股东，持有 650 股。[③] 章程指定董事会应有 4 名董事。在标准投票程序下，董事将由会议上每股有一个投票权基础的多数投票选出。[④] 例如，假设，A、B 和 C 每个人都支持 4 位不同的候选人。下面将是结果（见表 2）：

---

① Wiiliam K. Sjostrom Jr.，Young Sang Kim，“Majority Voting for the Election of Directors”，40 *Conn. L.* 459（2007）.

② Ibid.

③ 该例子来自 Micheal P. Dooley，*Fundamentals of Corporation Law* 376（1995）。

④ 参见，美国《标准公司法》第 7.28（a）条。如果你将董事投票看作为候选人名单（slate 投票）可能会有帮助：每股股票使其持有者对决定哪个候选人名单（slate）可以当选有一个投票权。或者，你可以将每个董事的职位看作仅能由一个人坐上的位子。每一个股份使其持有者对决定位置的占有人投出一票。

表 2　可能的几种情况

A - 1:250	B - 1:300	C - 1:650 当选
A - 2:250	B - 2:300	C - 2:650 当选
A - 3:250	B - 3:300	C - 3:650 当选
A - 4:250	B - 4:300	C - 4:650 当选

结果,C 选出了整个董事会成员。这是非常重要的,因为董事做出最重要的公司决策。在这个例子中,董事会将会被 C 提名的人完全控制。

相反,在累积投票中,每个股东可以投票的数是由持有的股份数乘以选举的董事职位数决定的。每个股东可以将其全部票数投给其中一个候选人(或者将其票数分配给两个或更多的候选人)。[①] 获得最多投票数的董事将当选。在这个例子中,A 有 1000 个票数可以投票;B 有 1200 个;C 有 2600 个。在 A 和 B 分别的投票中可以分别提名自己并将其全部票数投给自己。A 获得 1000 票,B 获得 1200 票。C 提名自己或者其的朋友 C - 1、C - 2 和 C - 3。但是 C 无法就选出其全部的提名者而进行投票。例如,C 可能对其自己投 1100 票,对 C - 1 投 1000 票。C 和 C - 1 都会当选。然而,对于 C 来说不幸的是,其只剩下 500 票分给 C - 2 和 C - 3,据此,他们不能当选。

下面的公式用以决定在累计投票下股东可以选出的董事的人数

$$X = \frac{Y \times N1}{N + 1} + 1$$

N 是选举董事的全部人数;$N1$ 是一股东希望选举的董事的人数;Y 是流通股股份总数;X 是选出要求董事人数($N1$)所需要的股份数。如果这个等式中 $N1 = 4$,你会发现 C 为了选举全部的 4 名董事

① 参见,美国《标准公司法》第 7.28(c)条。

需要961个股份。请注意,即使B和C将他们的票数累计在一起,他们也不能阻止A选举至少一名董事。如果你计算出所有的排列,你会发现在这种假设下A可以选出1名董事,B可以选出1名,C可以选出2名。除非3名股东都同意,否则没有任何股东联合可以选出全部4名董事。

累积投票在19世纪晚期十分流行。许多州采用强制累积投票作为其州宪法的一部分。其他州也通过法律进行了同样的规定。然而,在最近的几十年,累积投票在公众公司急剧缺少了支持。累积投票的反对者认为,其制造了对抗的董事会,导致了在正式董事会之前由多数股东小集团举行的私密会议中做出了重大决定。今天,只有8个州有强制性累积投票的规定。[①] 美国《标准公司法》、特拉华州和其他绝大多数州允许在一个选择性加入基础上的累积投票。[②] 换句话说,标准投票在这些州是默认规则,但是公司可以在公司章程中约定累积投票。当然在所有州,累积投票仅限于选举董事——不允许股东将累积投票用于其他类型的股东决议。

(3)分类董事会

通常,全体董事会每年选举一次,无论是通过标准投票还是累积

---

① 美国《标准公司法》第7.28条的统计比较(列明了亚利桑那州、加利福尼亚州、夏威夷州、肯塔基州、内布拉斯加州、北达科他州、南达科他州和西弗吉尼亚州)。加利福尼亚州公司法对外国公司提供了可以适用的各种法规规定,如果该公司在加利福尼亚州进行其多数商业行为和其多数股份持有人是加利福尼亚州居民。在Wilson v. Louisiana-Pacific Res., Inc., 187 Cal. Rptr. 852(App. 1982),加利福尼亚州的累积投票规则适用于一犹他州公司满足上述对隐形商业条款挑战的测试。法庭认为:"一个公司某一时期只能在一个州实施其主要商业行为;且其在某一时期多数股份的持有人只能是一个州的居民。如果一个公司在这个州满足这些条件,其他州没有资格基于相同或类似条件规制该公司股东投票的方法。也可以称为其他州不能对这么做声称有利益。"Wilson v. Louisiana-Pacific Res., Inc., 187 Cal. Rptr. 860(App. 1982).

② 参见《特拉华州普通公司法》第214条;美国《标准公司法》第7.28(b)条;参见一般美国《标准公司法》第7.28条的统计比较(列明了30个选择性加入累积投票的州和12个选择性退出累积投票的州)。

投票,有一年任期。[①] 然而作为选择,公司章程或规章制度可以规定分类董事会或分期分级董事会。[②] 在这个模式中,董事会被分为两类或三类。在有两类董事的董事会中,成员有两年任期这样只有一半的董事需要在给定的年份中进行选举。在有三类董事的董事会中,董事有三年任期,这样只有 1/3 的董事每年进行一次选举。

分类董事会导致了控制的含义的重大变化,并且经常被用于对抗投票代理权角逐和公司并购者。例如,在分为三类的分级董事会下,股东在替换董事会绝大多数成员前必须等到两年一次的年度循环。当然,对分类董事会来说,为了实际上推迟控制权的变化,分类计划必须保护董事会免受股东将会无缘由地开除董事或对董事会进行新任命的可能性。公司章程中的分类董事会条款,因此通常伴有另外的保留董事会单独决定董事数量和填补董事会席位空缺的权利。如果通过州法律进行授权,分类董事会计划的起草者也限制或废除股东召开临时股东会或无缘由开除董事的权利。

5. 批准收购

(1)合并

在早期普通法中,合并需要全体股东一致通过。一致同意要求制造了潜在的滞留问题,因为不同意的少数股东可能怀着被边际补贴所满足的希望而阻止合并交易。一致性逐渐让位于绝对多数制投票要求,在特拉华州进一步降低为流通股的多数一致通过。示范法走得更远。如果法定人数出席会议,如果支持合并计划的人多于反

---

① 在美国《标准公司法》第 8.05(b)条下,董事的任期期满于下一次年度股东会议伴随着董事的选举。在《特拉华州普通公司法》第 141(b)条下,董事任职持续到继任者选出。

② 参见,例如,《特拉华州普通公司法》第 141(b)条股东。有意思的是,美国《标准公司法》第 8.06 条仅在有 9 名或更多的董事时才允许交错董事会。

对合并计划的人，那么该合并将通过。[①] 大约有 1/3 的州保留一些绝对多数投票要求的形式，然而，通常有 1/2 的股份有权进行投票。[②]

在绝大多数州，股东投票在交易符合简式合并时是不需要的。简式合并法规对在母公司和其中一个子公司之间的合并来说是一个特别条款。法规仅在母公司持有子公司流通股的高比例股份（通常 90%）时才能被援引。[③] 早期简式合并法规通常要求交易经每个公司的董事会通过。两个公司的股东都不允许投票。然而美国《标准公司法》第 11.05（a）条和《特拉华州普通公司法》第 253（a）条反映了关于简式并购一个更多自由主义的现代趋势。两个法规在母公司至少持有 90% 子公司股份的情况下，授权了简式并购。如果那个临界值满足，仅母公司的董事会需要批准该并购。[④] 子公司的董事会和子公司少数股东均没有话语权。该假设似乎是这两个选举都将是预先决定的结论。

在特拉华州法律下，股东投票权在不符合简式并购资格的某些交易中被取消，如果下列三个条件满足：①合并协议没有修改存续公

---

① 美国《标准公司法》第 11.04（e）条。

② 纽约，最显著的绝对多数抵抗者，1998 年修改其法律关于后来成立的公司要求多数有投票权的股份的通过，参见《纽约州商业公司法》第 903 条。另外，纽约州法律允许之前存在的公司通过修改公司章程选择多数投票规则。相同地，鉴于纽约作为保留管辖权的长期重要性，这一行为可能预示着其余股份持有人对绝对多数投票要求的进一步削弱。

③ 法规在这个背景下消除股东投票权是有意义的，因为子公司股东任何投票结果是预先决定的结论，也因为母公司如何对持有的子公司的股份进行投票是一个对母公司董事会的商业行为而不是母公司股东的商业行为。

④ 然而，如果母公司没有存续或者合并条款将会导致母公司章程的变化，母公司的股东必须批准该交易。参见《特拉华州普通公司法》第 253（c）条、美国《标准公司法》第 11.05（c）条。

司的公司章程。②存续公司的流通股不受交易影响。① ③该交易未将流通股股票增加到20%以上。如果三个条件都满足,存续公司股东的通过是不需要的。然而,仍需要其他子公司股东的批准。②

(2)出售全部或实质上全部资产

回想董事会拥有的基本上不受约束的不需要股东批准的处置公司资产的权力。当董事会试图处置公司全部或实质上全部资产时,股东批准是需要的。③ 在《特拉华州普通公司法》第272(a)条下,需要投票的是大多数流通股股份。相反,在美国《标准公司法》第12.02(e)条下,需要的仅是出席会议的持有多数股份的股份和其投票。在两个案例中,仅有出售资产的公司的股东有权进行投票。④

(3)证券交易所上市标准

正如本书第三章所介绍的,交易策划者经常组织交易来忽略股东对提议的并购的投票。尽管就目标公司股东而言这很难做到,但简化交易结构——如资产购买、三角合并或要约并购——可以消除

---

① 特别地,《特拉华州普通公司法》第251(f)条规定:"这种子公司的每一流通股立即优先于合并生效日成为同一优先股的股份或在合并生效日后存续公司的库存股票。"这一奇观的语言想要阻止《特拉华州普通公司法》第251(f)条在所谓的反向三角合并中的适用。在这种交易中,目标公司被收购公司的子公司合并,目标公司存续。没有所引用的语言,《特拉华州普通公司法》第251(f)条可以被用来阻止目标公司股东投票,其与两个条件将被满足。

② 《特拉华州普通公司法》第251(f)条,在《特拉华州普通公司法》第262条,存续公司的股东在此类交易中拒绝行使评估权。

③ 《特拉华州普通公司法》第271条,在1999年,标准法案采用修正案吸收了一个新的术语。在修改后的美国《标准公司法》第12.02(a)条中,如果该交易"将会使该公司没有有意义的连续的商业行为"是需要股东批准的。

④ 请注意,我们讨论的仅是这一部分的处置资产。购买资产决定仅被授予董事会,尽管股东行为可能通过从属的法律管理方式所间接需要。这特别可能在购买公司将发行大量的与该交易有关的股票时是正确的。例如,在美国《标准公司法》第6.21(f)(1)(ii)条下,为了考虑如果该股份发行"将占该公司有投票权股份的20%以上且在该交易之前立即成为流通股"时股东必须批准股份担保而不是现金担保。主要的证券交易所买卖在他们的上市标准上也施加了类似要求。

购买公司股东的投票权。尽管州法律没有为此类股东提供追索权，除了仅有少数州在事实合并主义有实质性效用时，证券交易所上市标准可能介入去满足股东权利之间已知的裂痕。

例如，《纽约证券交易所公司上市指南》第 312.03 条，在相关部分这么规定：

(c)发行普通股或可转变为普通股的证券或可行使为普通股的证券需要股东同意，在任何交易或其他相关交易中，如果：

i)已经存在的或即将发行的普通股的投票权在发行普通股或可转变为普通股的证券或可行使为普通股的证券之前所持有的投票权的比例等于或高于20%；或者

ii)发行的或即将发行的普通股股份的比例，在发行普通股或可转变为普通股的证券或可行使为普通股的证券之前所持有的投票权的比例等于或高于20%。

然而，在涉及下列发行时不需要股东批准：

——任何以现金形式公开销售证券的；

——真实非公开融资，如果该非公开融资涉及下列销售：

——普通股至少以发行人的普通股的账面价值或市场价值的现金出售；或

——如果可转换为普通股的债券或可行使为普通股的债券的出售现金，其兑换价格或转变价格至少应为发行人的每股股份的账面价值或市场价值。

美国证券交易所和纳斯达克有类似的规则。

如果并购者使用其自身持有的普通股或可转变为普通股的证券或可行使为普通股的证券作为并购中的报酬，且该交易的影响是将并购者流通股的数量增加到占之前流通股的20%,并购者必须获得其股东的批准。结果,一些交易在州法律之下不需要获得被并购公司股东的同意,但在州法律之下由于上市标准要求必须获得股东批准,包括:

- 在三角并购中,并购者的全资子公司与目标公司合并。因为在州法律之下只有子公司的股东需要投票,在这个交易结构中只有目标公司和并购者子公司的股东进行投票。当然并购者的子公司只有一个股东,也就是并购者本身。并购公司的董事会而不是股东将决定如何就持有的子公司的股份进行投票。
- 购买全部或实质上另一公司的全部资产。
- 要约并购或其他对目标公司股份的购买。

当然,严格根据法律意义上,股份交易规则不需要基础交易的批准。相反,其仅需要股票发行的同意。然而,作为一个实际的问题,并购公司必须披露发行的目的。结果,需要的投票变成了一个关于并购的实际上的全民表决。

6. 集体投票

通常所有有投票权的股东,作为一个单独集体进行投票。然而在一些情况下,股东被分为两个或更多投票集体,每个集体由一个或多个种类或系列股票组成。例如,当公司章程修正案或提议的重组影响一个特别种类或系列股票时,该种类或类型的可能将有权作为一个分离的集体对提议的修正案进行投票。确实,即使该种类或系列没有投票权,该集体也有权投票。

美国《标准公司法》第11.04条需要集体对几个情况下的并购进行投票。首先,一种或一系列股票在并购计划预期将该股票转化为其他有价证券、现金或其他权利时,有权作为一个分离集体进行投票。一种或一系列股票在并购计划,包含如果公司章程修正案的实施将触发集体投票的规定时，有权作为一个分离集体进行投票。其次，美国《标准公司法》第 10.04 条详细规定了公司章程八种明显变化触发集体投票：(1)将该类别的全部或部分股份转换或重新分类为另一类别的股份；(2)将其他类别的全部或部分股份转换或重新分类为此种类别的股份；(3)对该类别全部或部分股份的权利变化、优先权或限制；(4)将该类别的全部或部分股份转变为该类别不同数量的股份；(5)创造一个新类别的股份，该类别股票拥有的分类或解散的权利先于或优于该类的所有股份；(6)在修正案生效后，增加任何类别的授权股份的权利、优先权或数量，该类别股票拥有的分类或解散的权利先于或优于该类的所有股份；(7)限制或否定现存有先买权的该类别的部分或全部股份；或(8)取消或以其他方式影响已经累积但尚未授予该类别全部或部分股份的分配权利。按照第 10.04(b)条，如果该修正案以其中一种特定方式影响一系列股份，该系列股份有权以分离集体进行投票，如果一个修正案以实质上类似的方式影响两个或更多种类或系列股份，受影响的该种类或系列的股份必须作为单独集体投票。最后，对受影响的种类股份授予投票权，即使公司章程规定该种股份没有投票权。

相反，《特拉华州普通公司法》第 251 条表面上没有注意对并购的集体投票。同样地，第 251 条没有注意无投票权股票被授予对并购的投票权。

按照《特拉华州普通公司法》第 242(b)(2)条的规定，集体投票在特拉华州法律下仅在公司章程修正案中一系列或类型的股票受不利影响时才触发。特别地，法规规定了对修正案条款的集体投票，“如果修正案将增加或减少该类别总计的授权股份数量，增加或减少该类别股份的票面价值，或更改或变更该类别股份的权利、优先权或特别权利以至于产生不利影响”。该分析在该类别股份缺少投票权的情况下不改变,这通常是优先股的情况,因为第242(b)条授予集体投票权,即使该集体被条款否定了投票权。

相比更具体的美国《标准公司法》模式而言,特拉华州法的“不利的影响”语言更加不确定,因此更可能产生诉讼。例如,在“道尔顿诉美国投资公司案”(Dalton v. American Investment Co.)[①]中,美国化学师学会在一个其与柳卡迪亚全资控股的子公司之间的三角合并中被柳卡迪亚公司投资。美国化学师学会是存续的实体。美国化学师学会普通股东被现金挤出,但优先股股东身份仍保留。美国化学师学会一些优先股持有人被起诉。因为该并购计划将修改美国化学师学会的公司章程,优先股股东诉求作为一个分离集体对并购计划的投票权。并购前的章程包含了两个相关的条款:(1)董事会被授权赎回而不是召集优先股股东。(2)如果董事会要约买入一些(但非全部)的优先股股份,该要约被超额认购,待赎回股份将被确定很多。并购计划用偿债基金以及召集条款替代了这些条款。在偿债基金条款下,董事会将在20年内每年收回优先股股份的5%。在某种程度上,董事会在给定的年限内在公开市场上赎回优先股股份,这些股份被计算为兑换赎回义务的信用。大法官认为,该修改并没有不利地影响优先股股东,据此,他们无权作为分离集体进行投票。诚然,如果优先股的市场价格低于章程中明确的赎回价格,董事会在偿债基金之下将会通过购买市场上的股票满足其义务。结果,以溢出价格被现金挤出的明显机会被证明是虚假的。然而,正如大法官指出的,修正案没有剥夺优先股股东所拥有的明显的权利。

那么“不利的影响”的措辞如何影响其他案件呢?假设公司董事会提议的修正案会将优先股股票从8%降为5%。该修正案无疑不

---

① 490 A.2d 574(Del. Ch.),aff'd,501 A.2d 1238(Del. 1985).

利地影响优先股,且该种类的持有者将有权作为分离集体进行投票。假设必需的普通股大多数股份投赞同票,但提议的修正案没有被必需的优先股种类的大多数股份所通过。会发生什么呢?修正案没有通过。因为该修正案的通过需要全部种类股份的通过。

现在,假设公司董事会提出一个修正案,拟设立一个新的优先股种类,且该优先股拥有的权利优先于已经存在的优先股。该修正案不利地影响已经存在的优先股的权利,其索赔从属于先前的索赔人,但是该修正案并没有“变更或改变优先股股份的权利——优先权或特别的权利”。尽管创造一个持有优先权利种类的股份可能增加对现有的普通股和优先股的经济损害,其确实没有“变更或改变”任何种类股票的权利。正如过去一个特拉华州判例所解释的,“一个类别股份在资本化方案中的相应地位与其他类别股份相比,不得与该类别股份的权利相混淆”。[①] 该修正案影响到前者,而不是后者,但只有后者受到法规规制。

7. 股东检查权

进行代理竞赛的异议股东,通常想要直接与其追随股东进行沟通。另外,股东可能想解除其他的公司名册和记录,以获得可能支持其主张的信息。联邦代理规则限制异议股东的邮寄权利,但不限制检查权。于是,异议股东必须考虑州法律的检查权。

股东检查权的州立法,必须平衡两个竞争性的关注点。一方面,股东有合理利益使用代理制度使董事会对其负责。另一方面,每人希望邮件分发器能够获得股东名单或竞争者能够获得公司交易秘密

① Hartford Accident & Indemnity Co. v. W. S. Dickey Clay Mfg. Co., 24 A. 2d 315,318(Del. 1942).

和其他专利信息。[①]《特拉华州普通公司法》第220(b)条,通过要求股东主张检查权须提出书面要求以确定检查权的"适当目的"。立法进一步将"适当目的"定义为"与某人作为股东的利益合理地相关"。如果公司否定股东要求接触公司记录,那么股东可以在衡平法院起诉。在(c)下,当股东仅要求接触公司股东名单或股票账簿的,公司负有举证责任,证明股东的此项要求不适当。然而,当股东要求接触其他公司记录时,股东必须证明他的这一行为具有合适的目的。该法令的框架造成了几个问题:

首先,要求接触股东名单的何种原因构成合适的目的呢?尝试调查所谓的公司错误管理通常被认为是合适的目的,尽管股东必须有一些做出该项要求的实际的基础,且不允许进行非法调查。[②] 收集有关评估股票价值的信息是合适的目的。[③] 要约并购或向其他股东告知合适目的以通知他们有需要处理的要约并购,并向他们征求投标。[④] 为这一章最适当的目的,与同道的股东讨论相关计划的代理人竞争是一个合适的目的。[⑤] 不适当的目的包括以竞争者的利益试图发现商业专利信息,为个人商业探求发展前景,进行通谋诉讼,为了

---

① Cf. Cooke v. Outland, 144 S. E. 2d 835, 842 (N. C. 1965) ("考虑到现代公司的巨大规模和它们记账的必然复杂性质,允许其成千上万的股东随意浏览公司记录显然是不可能的,不仅因为公司试图保持其记录的有效性,而且因为公司适当经营业务的需要").

② See Nodana Petroleum Corp. v. Atate, 123 A. 2d 243, 246 (Del. 1956); Helmsman Mgmt. Servs., Inc. v. A & S Consultants, Inc., 525 A. 2d 160, 165 (Del. Ch. 1987); Skouras v. Admiralty Enters., Inc., 386 A. 2d 674, 678 (Del. Ch. 1978).

③ See State ex rel. Nat'l Bank of Del. v. Jessup & Moore Paper Co., 88 A. 449 (Del. Super. Ct. 1913).

④ See Crane Co. v. Anaconda Co., 382 N. Y. S. 2d 707, 346 N. E. 2d 507 (1976).

⑤ See Hatleigh Corp. v. Lane Bryant, Inc., 428 A. 2d 350 (Del. Ch. 1981).

追求个人社会或政治目标。①

下一个合适目的(追求非社会经济或政治目标)已被证明对于特拉华州法庭来说是一个特别有问题的主题。在著名的"国家代表皮尔斯伯里诉霍尼韦尔公司案"(State ex rel v. Honeywell, Inc.)②的决定中,属于一个反战集体的原告尝试制止霍尼韦尔公司为军队制造杀伤破碎炸弹。在购买霍尼韦尔公司的一些股票后,原告要求获得霍尼韦尔公司的股东名单和有关制造此类炸弹的公司记录,法庭强调原告声称的理由是建立在其之前存在的社会和政治观点之上而不是任何经济利益之上的。据此,法庭在开庭时认真地限制其持有的事实:"我们并非有意暗示具有善意投资利益的股东不能以此起诉,除非诉因是担心由于生产军需品对霍尼韦尔公司的长期或短期经济影响。"法庭进一步指出"该诉讼在一股东对放弃营利性战争合同对其在霍尼韦尔公司投资不利影响的善意担心时可能是合适的。"同样地,霍尼韦尔公司更关注合适目的的声明措辞而不是目的本身的有效性。只要某人的社会议程可以穿上经济结果语言的外衣,其就可以获得股东名单。③ 这种形式主义的方法是否有意义呢?特拉华州衡平法院似乎认为没有意义,正如至少一个衡平法院观点所认为的,特拉华州法律实际上拒绝了霍尼韦尔公司关于股东目的必须与"增

---

① Tatko v. Takto Bros. Slate Co., 569 N. Y. S. 2d 783 (App. Div. 1991). 一旦股东证明了合适目的,该股东有权获得"公司占有的,保管或控制的全部满足该合适目的所必需的文件"。See Saito v. McKesson HBOC, Inc., 806 A. 2d 113 (Del. 2002). 因此,相同地,股东可能不会被拒绝获得"必要的文件仅因为该文件是由第三方准备的或因为该文件在日期上早于该股东在公司中的第一次投资"。

② 191 N. W. 2d 406 (Minn. 1971) (说明特拉华州法律).

③ See Conservation Caucus Research, Analysis & Education Foundation, Inc. v. Chevron Corp., 525 A. 2d 569 (Del. Ch. 1987) (一政治集体成功地获得了 Chevron 的股东名单,其声称的目的是警告其同道的"股东所谓的如果 Chevron 继续进行在安哥拉的商业行为将会发生的可怕经济后果").

强公司经济价值"有关的要求。[①]

其次,法庭在何种程度上将会仔细审查声称的原因呢?一方面,特拉华州法庭明确保留仔细审查股东声称目的的权力,用以决定股东需求途径的原因是否是真实的原因。另一方面,特拉华州法庭明确表示,不合适的第二目的的存在不足以否定股东的需求。因为"一股东通常会有一个以上的目的,[第220(b)条]形成的结构是为了表明股东的首要目的必须是合适的;任何第二目的,无论合适或不合适,是不相关的"。[②]

最后,原告何时有资格获得股东名单?所有公司都保留股东名单记录。然而,当投资者通过经纪人购买公众公司的股票,他们的股份被记录在所谓的"行号代名"(street name)上。经纪人将股票置于存储机构的监管之下,例如储蓄信托公司(Depository Trust Co.),然后利用所谓的"被任命者"(nominee)向发行人注册股份。当然,经纪人保留记录以确定股份的受益的所有人。结果,公众公司的股东名单记录文件将包括大部分的行号代名。例如,被众多存储处所使用的被任命者的名称,而不是真正受益的所有人的名称。一个所谓的西德名单确定了经纪公司代表存储机构的被任命者持有股份。[③]非对象受益的所有人(A Nonobjecting Beneficial Owner, NOBO)列表通过提供没有被反对被标记的受益所有人地址和名称列表来穿透核

---

① Food & Allied Serv. Trades Dep't, AFL – CIO v. Wal-Mart Stores, Inc., 1992 WL 111285 at *4 (Del. Ch. 1992).

② BBC Acqusition v. Durr-Fillauer Medical, 623 A. 2d 85, 88 (Del. Ch. 1992). 然而,当公司能够表明不合适的第二目的,法庭可以限制股东接近的目的以保护公司正当目的。Safecard Servs., Inc. v. Credit Card Serv. Corp., 1984 WL 8265 (Del. Ch. 1984).

③ 列表上的名字来源于最大储蓄公司储蓄信托公司使用西德公司(Cede & Co.)作为其候选名字这一事实。

查行号名称。[①] 在纽约州法律之下,股东有权获得西德和 NOBO 名单。确实,如果公司没有编制这一名单,纽约州授权股东将要求公司编制该名单。[②] 相反,特拉华州法律授权股东有权获得之前存在的上述两种类型的名单,其并不要求发行人在股东的要求下编制一个 NOBO 名单。[③]

第二节　联邦代理人规则

1. 起源

大多数股东,既不参加公司年度股东会也不参加临时股东会。相反,他们通过代理参加会议和进行投票。股东邮寄一个卡片(称为委托书卡片)其中已经注明了他们的投票。该卡片授权代理人按照卡片上的指示进行投票。委托书卡片可以明确股份如何进行投票或可以简单给予代理人决定股份如何进行投票的自由裁量权(令人困惑的是,旧材料有时将代理卡片和代理人称为无解释资格的代理)。

1934 年当美国联邦证券交易法首次采用代理人规则时,州公司法对公司与股东交流问题在很大程度上保持沉默。典型的州立法仅要求公司向股东发出股东会议通知,表明何处何时召开股东会。大

---

① SEC《证券交易法》规则 14b –1 在发行人的要求下要求经纪人收集 NOBO 名单。然而,股东是否有权要求发行人制造这么一个名单或获得之前存在的 NOBO 名单的问题,却留给了州公司法。

② Sadler v. NCR Corp. ,928 F. 2d 48(2d Cir. 1991).

③ RB Assocs. Of NJ. , L. P. V. Gillette Co. , 1988 wl 27731 (Del. Ch. 1988) . Also see Luxotticca Grooup S. p. A. v. U. S. Shoe Corp. ,919 F. Supp. 1091 ,1093(S. D. Ohio 1995) (因为俄亥俄州立法仅授权对记录的检查,“如果任何公司的记录存档”,法庭拒绝为了股东检查而要求发行人编制一个 NOBO 名单) ; Cenergy Corp. v. Bryson Oil & Gas P. L. C. ,662F. Supp. 1144 (D. Nev. 1987) (公司并非必须对自身未控制的信息进行创作) 。

部分州的法律规定,仅要求通知能简单确定需要进行投票的事项——且一些州甚至没有要求与年度股东会议相关的最小限度的披露。(在许多州,公司条例仍不需要比最小限度通知更多的信息交流。)

然而到1934年,我们已经看到大型公众公司的发展有成千名股东且使用代理制度进行投票。关于证券交易法的国会听证,提供了许多关于现任经理利用公司股东名册和公司资金就股东会议征求代理人的指控。显然,因为现任经理人是要求代理人的人,所以委托书卡片和相关材料是为了鼓励股东向现任经理人所希望的那样进行投票而设计的。代理制度因此声称帮助了现任董事和经理保持他们的职位。

国会最终决定,将披露作为在联邦一级对代理制度进行监管的主要工具。现任公司经理和董事在没有给予股东足够的信息来作出明智的投票决定时不得征求代理人。异议者向现任者提出代理权的要求也需要类似的披露。

在几个立法错误出现后,国会舍弃了以SEC为基础的建立在信息披露基础上的代理管理体制。正如所采用的《证券交易法》第14(a)条中规定的:

> 根据本标题第12条,对于任何人,利用邮件或通过任何州际贸易或任何国家证券交易的手段、方式或其他都是非法的,违反SEC为公众利益或保护投资者而必要或适当订立的规则及规定,以侵犯或允许使用其名称就任何证券征求任何代理或同意或授权(获得豁免保证的除外)。

注意第14(a)条并不是自动生效的。其仅在SEC采用实施规则和规定时才发生效力。根据这种广泛的授权，SEC 制造了一个复杂的规制体制，控制代理被征求的方式，因此，决定股东决策的方式。

2. 监管框架

按照《证券交易法》第 14(a)条，联邦代理规则仅拓展到根据该法律第 12 条规定注册在美国证券交易所的公司。据此，实质上，所有公众公司都被代理规则所规制，而非公众公司则获得豁免。因为第 14(a)条简单表述在违反 SEC 禁止性规则的情况下征求代理是非法的，然而，剩下的监管框架不仅是由立法所规定而且是由整个 SEC 规则所规定。

(1)什么是代理权征集(solicitation proxies)?

《证券交易法》第 14(a)条中出现了这一词语，“solicit”的定义是整个规制构架的关键。“solicit”标准的法律定义不仅包括“直接请求提供、撤回或保留代理，也包括……可能间接完成这样一个结果的交流或是构成一个链条上一步，该链条的设计是为了最终完成这样一个结果的交流”。[①] 基础问题在于该交流是否合理地计算出影响一个股东投票，如果影响，则是代理权征集。

征集的扩大定义对预期异议者来说，长时间制造了主要的障碍。在“司蒂庞克公司诉吉特林案”(Studebaker Corporation v. Gittlin)[②]中，例如，被告吉特林是原告司蒂庞克一位存有不满的股东。吉特林和他的同伴要求变更董事会并宣称如果他们的要求没有满足则进行

---

① Long Island Lighting Co. v. Barbash, 779 F. 2d 793. 796(2d Cir. 1985). 在该案中，一环保人士组织跑到报纸和电台刊登批判被告电气设施的管理。该设施的经理声称该组织与异议股东一起进行代理权竞争。现任经理起诉了环保人士，声称他们的广告构成一代理权征集。在雷夫 · 温特(Ralph Winter)大法官(前耶鲁大学公司法教授)的强烈异议下，法庭拒绝审理该案件所施加的明显的美国宪法第一修正案的问题。相反，采用了本文中引用的“征集”(solicitation)的定义，法庭回到了决定被告在此定义下是否实施了代理权征集。

② 360 F. 2d 692(2d Cir. 1966).

代理权竞争的意图。当谈论到现任董事会的分裂,吉特林向纽约州法院起诉要求检查公司股东名单和其他账簿和文件。在适用的纽约州法律下,只有持股5%或以上的股东才有权检查此类文件。因为吉特林仅持有5000股,他集合了其他42个书面授权股东持有的股份合计持股超过5%。司蒂庞克现任董事会以第14(a)条起诉吉特林,声称集合书面授权的过程是一种代理权征集。

吉特林首先辩称司蒂庞克缺乏起诉所谓的代理权征集的基础,法庭拒绝了这一辩称。正如法庭所宣读的立法历史,国会没有打算让现任董事成为一个代理权竞争的被动观察者。另外,美国联邦最高法院将个人股东的违法代理规则的行为原因定性为衍生性质。①据此,吉特林案件的法庭推断,该行为的原因确实属于公司,其因此可能以自己的名义采取行动。②

回到定义的问题,法庭注意到第14(a)条的董事会申请"代理、赞成或授权"的征集。据此,法庭认为,任何与股东的交流根据代理规则将被视为征集,如果该交流是一个试图以代理权征集为结果且为代理权竞争的成功做准备的一个持续性的计划。因为集合授权是该计划的一部分,它因此根据代理权规则是一个征集,吉特林准备和散发代理权委托书(proxy statement)优先于代理权征集违反了规制要求。吉特林因此不得不通过散发代理权委托书给42个股东并征集他们的授权。

然而,考虑到该决定对吉特林的影响,法庭宁愿概要地忽略"Gittlin重新开始的不方便性"。在当时SEC的规则下,与10个人进行交流不受征集定义的规制。换句话说,吉特林如果仅与10个人进

---

① See J. I. Case Co v. Borak, 377 U. S. 426 (1964).

② 但是比较 Diceon Elec., Inc. v. Calvary Partners, L. P., 772 F. Supp. 859 (D. Del. 1991) 认为在第14(a)条规定下发行人没有起诉损害赔偿的基础。作为一个实践性的问题,"吉特林案"因为给予现任董事另一个避开异议股东的武器。

行交流则不需要准备、起诉和分配委托书。如果吉特林可以获得股东名单,他可以利用名单去辨别大股东。他之后可以与 10 名大股东交流而不需要给予他们委托书。这些交流的结果,在于他可以决定他是否在代理权竞争中期待得到支持。这将帮助他决定进行代理权竞争是否值得做。但是法庭要求吉特林通过准备委托书来获取名单,因为他与 42 个股东的谈话是一个意图进行代理权征集持续性计划的一部分,当然,他不得不超过 10 名股东的限制,仅是为了满足法定的 5% 的阈值。该观点因此迫使吉特林在其决定进行此项竞争是否值得做之前引发代理权竞争的更多成本。

对于异议股东来说幸运的是,随后的规则的发展减少了吉特林案件的负面影响。在《证券交易法》第 13(d)条下的 SEC 规则现在要求持有公众公司 5% 以上的股东必须向 SEC 提交其持股报告。另外,在第 13(f)条下,大多数机构投资者(如养老金和共同基金)无论持股多少必须报告他们的全部持股情况。因为这些报告是公众可以获得的,吉特林状况下的股东很少经常需要早期获得股东名单。相反,股东现在可以使用这些报告来确定大股东,然后接近 10 名大股东让他们了解代理竞赛的优势。

另外,SEC 在 1992 年扩大了代理规则用以鼓励股东之间的深入交流,在很大程度上通过豁免多数的交流使其不属于征集的定义。更重要的一般不适用的豁免是:

- 规则 14(a) -8(a)(1)(1)豁免股东意图如何投票和其如此投票理由的公共表述。
- 规则 14(a) -8(b)(1),因许多例外,豁免不寻求“对于一个安全持有人作为代理人的能力”和并不提供或征求“撤回、缺席、赞成或授权形式”。结果,例如,一报纸社论建议一个反对现任经理的投票现在是决定性地排除了。[①] 请注意,该规则因此强调——尽管很难消除——明显地与第一修正案相关的与股东投票有关的监管言论。

- 规则 14a－8(b)(2)保留长期存在的对征集 10 名或以下人员的豁免。

- 规则 14a－8(b)(3)豁免某人与股东具有商业关系的代理人投票建议的供应。(一些公司现在向机构投资者提供此类的投票建议。)

最后,规则 14a－12 后来修改允许"摸底"代理权征集,其转变了"吉特林案"的观点。连同可以通过电子邮件和网络进行的在线交流,这一规则的改变将会增强股东交流和使代理权竞争更容易。另外,该修正案也第一次通过允许经理就将来的没有经代理权征集程序的代理声明问题与股东进行联系的方式平整了竞争环境。

(2)代理人规则

在 SEC 规则 14a－3 中,现任董事会在代理权征集的第一步必须是股东公司年度报告的分配。[②] 年度报告包括详细的经济表述和公司商业管理的观点。这试图给予股东最新的关于该公司在做什么的信息和给予股东一个接触良好管理是如何进行的基础。

一旦年度报告在股东手中,代理权征集程序就可以开始了。征集者的目标是让股东签署委托书和确定委托书的日期,以征集者所想的方式进行投票。因为该程序的最终目标是委托书,其可以帮助最初地集中于一个简化地符合适用规则的委托书样本(见表 3,显然,这些数字是不可量化的)。

---

① 请注意,在规则 14a8－(2)b 中所有的豁免限制于他们没有豁免于规则 14a－9 的欺骗性和误导性代理权征集的交流。

② 年度报告可在代理权征集前或可以与代理权征集的材料放置在同一程序包内发送给股东。主要观点是年度报告在股东作出投票决定时必须在股东手中。

表3　简化地符合规则14a－4的委托书例子(正面)

代理人代表董事会所征求意见

投票爱丽丝·埃布尔、比尔·布莱克、坎迪斯·查尔斯和其他人，每人具有代替的权力，在此处是ACME公司200X年4月29日召开的年度股东会议及休会期间签字确认的股份的代表并进行投票。

管理部门建议且将对以下董事(除非其他指定的)进行投票

1. 爱丽丝·埃布尔、比尔·布莱克、坎迪斯·查尔斯、德尔塔·道恩、埃迪·伊格尔、弗雷德·麦克

对全部提名人投票，选中此框【 】

保留投票权，选中此框【 】

对某一提名人进行投票，在下面空白处写出提名人名称：

管理部门建议且将对以下(除非其他指定的)进行投票

2. 提名杜威奇特姆&豪律师事务所(Dewey Cheatem & Howe LLP)作为独立公众会计师。

同意[ ]　　反对[ ]　　弃权[ ]

管理部门不建议且将投票反对以下股东提议(除非其他指定的)：

3. 提供关于有毒化学品的信息。

同意[ ]　　反对[ ]　　弃权[ ]

(结束)

简化地符合规则14a－4的委托书例子(反面)

4. 在他们的自由裁量权中，代理人被授权对此类在此次会议前合适地提出的其他商业问题。

鼓励您通过在背面进行标记合适标记框，详细说明您的选择，但您不需要标记任何标记框，如果您愿意对董事会候选人进行投票，请简单地在以下空白处签名和签署日期。除非您签名和交回此纸，否则该委托书不能以您的股份进行投票。

签名：____________________

日期：____________________

该样本卡被设计来符合规制委托书形式的SEC规则14a－4的要求。第一利益条款可以在表3的上部找到(卡片正面)，该卡片确定设立股东代理人的当事人。在该案例中，其是现任董事会。这一

表述明确表述了其是否与现任董事会关联与否。①

另外应注意的可以在段落中此句之后找到。通过签署该卡片,股东任命3人——埃布尔、布莱克和查尔斯——作为代理人(如代理中介人)和授权他们按照卡片上的指示进行投票。注意该委托书不是一个永久的权利授权——代理人仅有权在临时股东会议上进行投票。

现在看卡片涉及董事选举的部分(例如,在表3正面的第一段)。在SEC规则14a-4(b),征求人必须给予股东三个选择:为所有董事候选人投票,反对所有董事候选人,通过删除他们的名字来投票反对特定董事。请注意,该条款不需要有助于候选人。

现在看下面两个序号的段落。考虑到其他在会议上投票的问题,征求人必须再次给予股东三个选择。但是这次选择是:支持、反对或放弃。

回到表3(该纸片反面)。第一段(序号4)给予代理人权利去使用他们的自由裁量权为其他会议前形成的事项投票。在SEC规则14a-4(c)下,除非委托书包括一个向这个委托书中的表达陈述,否则股东的股票不能就未列举在委托书上的事项进行投票。自由裁量权的权利应是非常重要的。假设一个异议股东出席股东会且提出一个被现任董事会反对的议案。如果董事会已经授权自由裁量的权力传达在卡片的第四段中,那么这些卡片所代表的股份可以用来投票以反对该议案。如果不这样,董事会可能必须收集清楚出席会议的股东的投票。(然而,如果收集代理权一方提前知道有特别事项会在会议前提出,该自由裁量权的授权将不会生效。)

下段的表述告诉股东,如果他们提交一个未包含指示的签名片,

---

① 另外,SEC规则14a-9提供了明确区分一当事方的委托书是从另一当事方持续性欺诈的失败。例如,当一代理权竞争发生时,两方典型地使用不同颜色的卡片。

那么他们的股票如何被计票。这是解决一个共性问题,即漠不关心的股东根本不表明他们的股票如何投票,仅是签名然后寄回。在此类案件中,这种表述给予代理人了在 SEC 规则 14a－4(e)下如何以指明的形式进行投票的自由裁量权。

虽然是实质性构成部分,签名区域也可以看作纯粹形式上的。在这一问题上这部分的代理可以撤回。股东在选举之前的任何时刻都可以自由改变他们的想法和撤回之前授权的委托书。在实践中,股东有两种方法撤回之前的委托书:(1)通过出席股东会和亲自投票;或(2)通过给予一个后来新日期的委托书。当股东在超过一张卡片上签名时,只有最近的卡票有价值——所有的先前的卡片因此被撤回。因此,日期十分重要。

连同代理卡,SEC 要求征集者向征集股东提供一个包含授权有关即将投票问题披露的代理声明。代理声明的封面通常包括州法律要求的何处何时召开会议的通知,且会表述会议上表决的议案。有关年度会议的代理声明,该会议将选举董事,将通常开放候选人的传记信息。代理声明也将包括披露董事会委员会、董事会和高管薪酬(见下部分),公司和董事和初级职员的关系,以及向股东提出的任何其他事项的说明。

按照规则 14a－6,一个初步的代理卡和声明必须在代理首次被请求前至少提前 10 个日历日提交 SEC。然而,涉及一个非竞争性的仅涉及如选举董事和决定独立审计等基本问题的年度会议时不需要提交初步资料。在其他案例中,最后的代理卡、代理声明和其他征集材料(如至股东的信件)的复印件必须在上述资料首次使用日之前提交 SEC。

在代理竞赛中,一个关键因素是反叛者与股东直接交流的能力。为此目的,反叛者将想获得公司股东名单。然而 SEC 规则 14a－7 规定,不需要现任董事提供股东名单复印件给异议股东。现任董事会有一个替代选择:他们可以提供股东名单给异议股东或他们可以要求异议股东提供代理文件给公司,其有义务迅速将这些材料邮寄给股东(异议股东承担费用)。现任董事会通常选择后者,因为这给予他们对征集代理权程序更多的控制。然而,通常地,异议股东能够通过在州法律下寻求获得股东名单来规避这种限制。

3. 代理竞赛

法律和经济学者亨利·曼尼(Henry Manne)对代理竞赛的著名表述为"最昂贵、最不确定和较少使用的多样性技巧"为了获得公司控制权。[①] 最近几年之前,没人质疑他的评定。酝酿代理战争的异议股东面临许多法律和经济障碍。许多州法律允许公司采取措施——反收购措施/驱鲨术(shark repellents)——使其对反叛者通过代理竞赛获得董事会控制权更加困难。这些中更重要的是分级董事会,累计投票制的排除和分类股份计划。其他妨碍包括管理的资讯优势和代理人异议股东并非严重的控制权竞争者的投资者认知。然而,对一个将成反叛者股东的两种最通常障碍是管制费用支出的规则和股东无兴趣。然而,除去这些不利因素,在最近几年代理竞赛已经变得有点更加平常,当一套新的支持代理竞争激励补贴的出现。特别是如在本章一开始所提到的,作为收购反击的毒丸计划的出现鼓励敌意投标人与要约并购同时提出一个代理人内容。

(1)费用支付

代理竞赛是花费巨大的。任何严重的竞争需要律师、会计师、经济建议者、印刷工的服务和代理征集。[②] 这其中没有一项是便宜的。

---

① Henry G. Manne, Merger and the Market for Corporate Control, 73 *J. Pol. Econ.* 110, 114 (1965).

② See generally Randall S. Thomas & Catherine T. Dixon, Aranow & Einhorn on Proxy Contests for Corporate Control § 2.03[C][1] (1998) (列举了潜在支出).

即使是次要支出,例如邮寄支出,当一人必须与典型的公众公司中成千上万的股东交流时费用增加得非常快。花费其他人的钱通常比花费某人自己的钱更愉快,现任管理人员和异议股东都想公司支付他们的费用。

就理论上而言,现任董事对公司资金无法无约束地接触。然而在实践中,现任董事很少支付他们的支出。在州法律下,董事会可以使用公司资产用以支付反对异议股东时发生的支出,提供合理费用总额和竞争涉及政策问题而非仅是一个"纯粹的私人权利斗争"。[①]只有最没有建议性的现任管理人才会发现很难满足这个标准。董事会很少需要律师为政策异同问题来解析异议股东的代理资料。这种研究一定会成功:如果异议股东同意全部管理政策,为何尝试驱逐他们?

相反,异议股东最初必须承担他们的费用。异议股东无权要求以公司资产进行报销。更确切地说,异议股东仅在一合适解决办法被董事会和股东大多数所通过时才能得到报销。[②] 当然,如果现任管理层获胜,他们不可能善意地看待异议股东要求费用报销的请求。实际上,异议股东为了任何费用报销的希望必须获胜。

费用报销规则连同代理诉讼规则是相当重要的。在"J. I. 凯斯公司诉博拉克案"(J. I. Case Co. v. Borak)[③]中,特拉华州最高法院依据第14(a)条规则认为代理诉讼是直接性质的也是派生性质的。结果博拉克允许管理层代表以公司名义起诉异议股东。[④] 作为一个特

① See Rosenfeld v. Fairchild Engine & Airplane Corp. ,128 N. E. 2d 291(1955), reh'g denied,130 N. E. 2d 610(1955).

② See Steinberg v. Adams,90 F. Supp. 604(S. D. N. Y. 1950); Grodetsky v. McCrory Corp. ,267 N. Y. S. 2d 356(Supp. Ct. 1966).

③ 377 U. S. 426(1964).

④ See Studebaker Corp. v. Gittlin,360 F. 2d 692(2d Cir. 1966).

别的问题,现任董事会因此有另一个避开异议股东的武器。如果特拉华州最高法院已将代理诉讼视为直接性质,那么只有股东有权因违反代理规则进行诉讼。尽管董事会仍可以利用诉讼反抗异议股东,其将不得不在董事作为股东的单独资格进行诉讼。如果这样,他们将不能使用公司资源负担诉讼费用。因为公司被允许以自己名义对违反代理规则进行诉讼,然而董事会可以使用公司的财产支付此类诉讼中的法律费用。相反,因为费用报销规则,异议股东的诉讼支出由其本身支付。

这一领域一个潜在的重要发展发生于2008年,当特拉华州最高法院裁决了一股东以代理支出规则进行的诉讼。美国州县和市政工人联合会(American Fderation of State, County and Municijzal Employees, AFSCME)的养老基金援引了SEC规则14a-8对CA规则提出了修正案,依据一成功实施短期的指定代理竞赛的股东有权获得合理费用报销。CA公司反对将该议案纳入代理声明并要求SEC的无异议函支持对该提议的拒绝。①

在回复CA公司的请求前,SEC援引特拉华州新的宪法性规定,允许SEC向特拉华州最高法院证明自己的问题。SEC证明了两个问题:(1)在特拉华州法律之下,美国州县和市政工人联合会是否对股东行为提议了一个合适的主题;(2)如果采纳该提议是否导致CA公司违反特拉华州法律?

特拉华州最高法院认为,该提议是一个股东行为的合适主题。法庭认为在《特拉华州普通公司法》第109条和第141(a)条之间有一个递归循环。前者允许特拉华州公司的董事(只要公司的章程提

① CA, Inc. v. AFSCME Employees Pension Plan, 953 A. 2d 227 (Del. 2008). 在SEC 14a-8规则下,符合指定资格要求的股东可以提出一份议案和附随的支持声明,其长度不超过500字,以便纳入公司的代理声明和公司的代理卡。上述议案必须在股东会上提交并进行投票。

供,就像 CA 公司的做法一样)和股东采用、修改或废除规章制度。后者授权董事会管理商业和公司事务排他性的权利。冲突出现是因为第 109(b)条对规章制度允许的范围施加了重要限制:“规章制度可以包括任何规则,其中有关公司商业、公司事务的有关行为和公司权利或权力或公司股东、董事、管理人员或雇员的权利或权力可以与法律或公司证书不一致。”明确立法或章程与规章制度之间的冲突没有什么困难。但是如果该章程名义上符合法律的规定,但精神与其冲突呢?

这里出现了一个循环是因为,一方面,第 141(a)条规定“在这一章之下组织的每个公司的商业和事务应当由或被董事会指导”。一规章制度限制董事会组织的权利因此似乎与第 109(b)条允许规章制度“与法律不一致”相冲突。另一方面,第 141(a)条也规定董事会管理权力是充分的,“除非此章另有规定”。根据第 109 条通过的其他有效的规章制度是否挤穿了这一漏洞?

特拉华州最高法院拒绝“用教义正确地说出一条光明的线”,这将分化可以允许股东采纳过分侵犯董事管理公司权利的那些规章制度。然而,有关选举董事过程的规章制度,转到“一个特拉华州公司的股东拥有合法的和受保护的兴趣的主题上”。

另外,法庭也注意到,如果采用,该提议将会导致 CA 公司在某些判例上违反特拉华州法律。该提议要求董事会偿还一个成功的代理竞赛竞争者,即使适当福利原则的适用阻止董事会这么做。此类判例的例子,法庭指出代理竞赛为“个人或小的考虑,或促进非进一步或不利于公司的利益”的实施。为了不妨碍特拉华州法律下的董事会受托责任,该提议必须包括一个按照当这样做会违反董事会受托责任时董事会可以拒绝赔偿异议股东这样做的受托责任。

在回复 CA 公司时,特拉华州立法机构采用《特拉华州普通公司法》第 113 条,其清楚地授权代理支出报销的规章制度。该规章制度必须在异议股东请求代理的会议记录日期之前采用,因此阻止异议股东同时选举董事和修改规章制度。第 113 条也允许规章制度对报销施加一系列的条件。规章制度可以对异议股东寻求选择短期挂账而非替换全体董事会设置报销的条件。报销的总数可以基于异议股东候选人所获得的投票比例决定。条件清单是非排他的。

尽管第 113 条在很大程度上将 CA 公司的决定编撰为法典,立法没有清楚要求被受托。法庭为了生效是否将遵循 CA 公司的决定且继续要求规章制度包括被受托仍是不确定的。如此做的一个先例是特拉华州最高法院对待的特拉华州强制投票的立法。在“史密斯诉凡·戈科姆案”①中,特拉华州最高法院认为董事在未经推荐允许的情况下不能向股东提交并购方案。特拉华州立法后来通过采用《特拉华州普通公司法》第 251(c)条推翻了该结果,该条款规定:“协议条款可以要求该协议提交给股东,无论董事会是否在任何时候决定接下来宣布该协议不再适宜的建议,并且建议股东拒绝该协议。”在“欧慕尼凯公司诉 NCS 医疗保健公司案”(Omnicare, Inc. v. NCS Healthcare, Inc.)②中,法庭认为第 251 条没有胜过董事的受托责任。但是,如果董事在任何情况下都不能履行受托责任……第 251 条的条款……是“推定有效的摘要”,然而,这种规定在并购协议中可能未“有效确定或限制董事在特拉华州法律下的受托责任。”③然而,如果是这样,那么第 251 条的意义是什么呢?在任何案例中,欧慕尼凯公司因此对司法命令处于一个明确先例的地位,第 113 条规章制度在立法关于此点保持沉默的情况下仍包括受托人责任。

---

① 488 A. 2d 858(Del. 1985).

② 818 A. 2d 914(Del. 2003).

③ 818 A. 2d 937 -38(Del. 2003).

(2)股东的漠不关心和其他相关问题

异议股东的问题,据说是混合其他股东的合理的漠不关心。作为理论,一个合理的股东将仅在这么做的预期利益大于其成本时才会花费精力去做出明智的决定。考虑到代理陈述的长度和复杂性,特别是在股东从争先的当事方接收多种通信的代理竞赛中,在投票之前阅读代理陈述的机会成本相当高而且非常明显。股东也可能不希望从代理声明中发现反对管理形式的理由。最后,大多数股东的持股比例太小从而没有任何对投票结果有异议的影响。据此,股东可以期待签署一个对于仔细考虑的期待价值的相对低价值。因此理论上股东是缺乏兴趣的。简单来说对于通常的股东,必要的对做出明知的投票决定的时间和精力投入是不值得的①。

相比较仔细考虑竞争当事方的争论,股东一般采用所谓的 Wall Street 规则:转换易于争斗。如果股东满意,他们将投票赞成管理层。相反,不满的股东早就卖掉了。结果,股东倾向于为管理层投票,即使该决定不是知情股东应当追求的。因此异议股东存在对于该项投资没有可观的资金回报的风险。

(3)代理竞赛的(轻微的)复兴

从 20 世纪 90 年代开始,各种因素联合在一起使敌意要约并购的吸引力更少了,代理竞争变得更加有吸引力,并购技巧也不断出新。可能对代理竞争复兴的最重要的因素是两个最高法院的决定。在"派拉蒙通信公司诉时代华纳公司案"(Paramount Communications, Inc. v. Time Inc.)②中,特拉华州最高法院在很大程度上削弱了目标并购人

---

① Frank H. Easterbrook and Daniel R. Fischel, "Voting in Corporate Law", 26 *J. L. & Econ.* 395, 402 (1983); Martin Lipton, "Corporate Governance in the Age of Finance Corporation", 136 *U. Penn. L. Rev.* 1, 66 – 67 (1987). 该问题更加复杂的是,相当数量的股东将试图自由化少数知情股东努力的可能性。

② 571 A.2d 1140 (Del. 1989).

防御衡量的标准。在特拉华州法律下,现任董事必须证明敌意要约对公司政策施加了威胁且他们的应对是与威胁有关的且合理的措施。[①] 时代华纳公司既承认更广类型的可辨识的威胁又削弱了比例要求。结果,有效的管理收购防御应该更容易通过。不仅这一趋势使敌意要约收购更困难,这也鼓励了投标者在进行要约并购前通过实施代理权进行。如果当选,投标者的提名人经常可以降低目标公司的防御且因此允许要约并购进行。

在“凯迪拉克公司诉通用动力公司案”(CTS Corp. v. Dynamics Corp.)[②]中,美国最高联邦法院第一次支持一个州并购法反对宪法的挑战。自从“凯迪拉克案”以来,州并购法经常经受宪法的审查。通过建立对敌意要约收购人的新障碍,他们使要约收购更加没有吸引力。因为许多公司允许目标公司的董事会放弃适用特定投标,他们也鼓励要约前的代理竞赛。

代理竞赛可能将永远不会变成平常的事情,他们仍然是昂贵和有风险的。然而他们对公司控制仍是市场的必要部分。只要外部人想要购买公司,而现任董事和经理人想要保持独立,那么代理竞争将会是买方工具箱的一部分。

4. 代理参与的争论

在2003年,SEC对公司董事选举的过程提出了一个戏剧性的变化。在州法律和联邦法律下,董事提名机制是在现任董事会的控制下。当选举董事时,现任董事在公司代理声明中提名一个代表。是对股东没有在投票时的提名候选人机制。相反,想要提名董事的股东必须承担在现任董事会提名的人中选出一个代表,进行代理竞争的合理支出。

---

① See Unocal Corp. v. Mesa Peteoleum Co. ,493 A. 2d 946(Del. 1985).

② 481 U. S. 69(1987).

如果采用了提议的规则 14a－11 将会允许股东在特定事项发生且符合一些限制的情况下，[①]可以在代理陈述和选票中替换他们的提名人。股东提名的董事因此可以以一个非常类似于股东赞助的提案以提交给股东投票的方式选举进入董事会。

正如所提议的，规则 14a－11 考虑了在两个选举周期上延伸的两步过程。在这一规则下，如果两个触发事件中的一个发生了，那么股东可以在公司代理卡片和声明上替换他或她的提名人。第一，规则 14a－8 提议授权股东已经被多数流通股股东在股东会议上通过的提名权。第二，股东至少代表 35% 的投票权，其在代理卡片上保留其股份投给任何现任董事会提名人的权利。在任何案例中，在下一次股东会议之前，股东提名人将会被包含在公司代理声明和投票之内。

SEC 未能在该提议上有所行动，既没有采用也没有撤回。代替 SEC 的行为，一些积极的投资人开始提出规则 14a－8 的提案来修改规章制度以允许股东可以进行公司代理。作为回应，公司董事辩称道，这一提议在规则 14a－8(i)(8)下应当被排除，其允许该问题排除“有关公司董事会关系或类似管理体的选举”的提案。

当 SEC 同意规则 14a－8(i)(8)规定，有关代理的规章制度提案应被排除，美国州市县和市政工人联合会的退休金计划间接通过寻求一个命令要求美国国际集团(American International Group，AIG)在代理声明中包括一个美国州县和市政工人联合会寻求代理途径的提案挑战了该决定。第二巡回法院认为，美国国际集团不应排除该提案。[②] 相关的法律问题应该是规则 14a－8(i)(8)，是否允许公司

---

① 为了对该提案进行详细描述和批判，参见 Stephen M. Bainbridge，“A Comment on the Sec' shareholder Access Proposal”，*Engage*，*April* 2004，*at* 18。

② AFSCME v. AIG，Inc.，462 F.3d 121(2d Cir. 2006).

排除所有有关公司选举的提案还是仅排除有关在特定选举中特定席位的提案。然而,法庭并没有涉及该问题,而是将其观点建立在行政法的借口上。

在1976年,SEC下发了一个声明中插入了“选举排除限制在股东提案被用来反对在即将举行的选举中处理以确定的董事会席位的请求”和拒绝“更广泛的解释是,选举排除适用于股东有关更有可能制定选举程序的提案”。① 大概在1990年,SEC逆转了它的观点,采纳了新的观点,“尽管最初以特别的和不一致的方式”。② SEC通过下发不干涉信件的非正式方式来应对发行人要求排除此类提案的要求。只有在美国州县和市政工人联合会诉讼的法律意见书中SEC才正式宣布新政策。

法庭承认,对于SEC观点的转变应该有有利的政策原因。它也承认SEC有权改变自己的观点。然而,当规则是模棱两可时,正如本案中关于规则14a-8(i)(8)的排除,SEC在没有理由的情况下不应改变其解释。相反,SEC有“解释其偏离以前规范的责任”。③ 据此,法庭认为它会推出作为权威机构的1976年的声明。

在美国国际集团决定之后,SEC开始一个规则制定的过程用以决定是否应该修改规则14a-8(i)(8)来允许或否认股东可接触到公司投票。在2007年11月28日,SEC宣布对于规则14a-8(i)(8)的修正,该规则规定如下:

(i)问题9:如果我符合程序性的要求,公司是否可以依照其他何种规定排除我的提案?……

---

① AFSCME v. AIG, Inc., 462 F.3d 128(2d Cir. 2006).

② AFSCME v. AIG, Inc., 462 F.3d 123(2d Cir. 2006).

③ AFSCME v. AIG, Inc., 462 F.3d 129(2d Cir. 2006).

(8)有关选举:如果该提案涉及提名或选举公司董事会或其他类似的管理层,或者此类提名或选举的程序。

该修正案因此逆转了1976年声明且有效地推翻了"美国国际集团案"的实质性结果。然而,在同一时间,SEC宣布其继续研究该问题的意图。

2008年奥巴马总统当选将SEC的控制权从共和党变到了民主党手中。新的共和党SEC主席玛丽·夏皮罗(Mary Shapiro),立即宣布交易所将会重新讨论代理参与问题。作为回应,一个商业联盟宣布他们打算挑战SEC监管代理参与的权力。

代理参与的支持者因此说服国会在2010年《多德-弗兰克金融改革法》中将SEC有采纳代理参与规则的权力纳入进去。[1] 该法案第971条不需要SEC这么做。[2] 另外,如果SEC选择这么做,第971条表述了国会的意图即SEC"应当在设置此类代理参与的条款时有广泛的界限"。[3] 特别是,第971条明确授权SEC免除"发行人或一类发行人"受任何代理参与规则约束且特别要求SEC"在其他情况下,考虑"代理参与"是否""不成比例的施加压力给小的发行人"。[4]

第971条的规定可能是不必要的。正如所指出的,SEC关于代理参与的规则制定程序在时间上先于《多德-弗兰克金融改革法》很多时间,因此国会对其的施压是多余的。关于SEC授权的问题,代

---

① Dodd-Frank §971.

② S. Rep. No. 111 -176, at 146(2010)(discussing proxy access provision then numbered § 972).

③ Id.

④ Dodd-Frank §971(c).

理参与几乎肯定在 SEC 拥有不受质疑权威的披露和程序范围内。[①] 然而,通过采用第 971 条,国会确实预示了对任何即将到来的 SEC 法规的预期挑战。

在任何案例中,当 SEC 宣布最后一次采用新的规则 14a - 11 后,《多德 - 弗兰克金融改革法》很难就此止步。[②] 该规则将要求公司在其代理材料中包括现任董事会的提名人,至少持股 3% 的股东的提名人,且该股东至少在前 3 年连续进行提名。[③] 一个股东只能提出一个较短的候选人名单,由至少一名提名人或最多公司董事会成员中的 25% 组成以其中较大者为准。[④] 奇怪的是,这种权利甚至适用于拥有足够表决权的控股股东选举出整个董事会时的少数股东。当 SEC 学习到了这一规则的影响后,这一规则适用于小公司推迟了 3 年。[⑤]

该案件以及 2003 年的提案,为了使某自然人能够在规则 14a - 11 下提名,该自然人必须满足合适的证券交易列举出来的该公司的标准的独立定义。2003 年的提案也考虑到提名人必须满足一系列关于提名股东或集体的独立标准(例如,没有家庭或雇佣关系)。SEC 当时明确地关注到该提案可能被用来提名不能广泛作为整体代表股东但是仅代表他们提名人的股东的少数利益的特别利益董事。相反,正如所采纳的,规则 14a - 11 不包括这样的要求。据此,一个真实的危险在于股东提名董事会认为自己是提名股东的代表而不是所

---

① See Stephen M. Bainbridge, The Scope of the SEC's Authority Over Shareholder Voting Rights, Engage, June 2007, at 25 (analyzing revelant case law and legislative history).

② "Facilitating Sahreholder Director Nominations", *Exchange Act Rel. No.* 62,764 (*Aug.* 25,2010).

③ Id. at 108. 另外,该规则允许股东集团为达到 3% 持股比例的要求而集合他们的持股数。

④ Id. at 26.

⑤ "Facilitating Sahreholder Director Nominations", Exchange Act Rel. No. 62, at 70 - 71 (Aug. 25,2010).

有股东代表。①

然而,异议股东不能为了控制绕开代理竞争而使用该规则。公开目的为寻求公司控制权的股东不能使用该规则提名董事。类似地,公开目的为选举比该规则授权人数更多董事的股东不能使用该规则提名董事。在其他案例中,此类股东不得不进行一个传统的代理竞赛。

同时,SEC 修改了规则 14a－8(i)(8)。如所修改的,新的规则表述为一个提案如果有下列情况可能被排除:

> (i)将取消提名人的参选责任;(ii)将一名董事在其任期结束前从管理层中移除;(iii)质疑一名或多名被提名人或董事的能力、商业判断或品格;(iv)为了董事会选举而寻求在公司代理材料中包括一个特别的个人;或者(v)其他可能影响即将来临的选举的结果。

在采用这些修订时,SEC 解释说代理参与规则不再是可自动排除的。相反,扩大对广泛股东集体的代理参与权利或创造替代性代理参与权利的规章制度是明确授权的。然而,一股东提案减少或限制代理参与权利是不允许的。

然而,在"美国商业圆桌联合会诉 SEC 案"(Business Roundtable v. S. E. C.)②中,美国哥伦比亚地区上诉法院在一美国商业圆桌联合会和美国商会提起的诉讼中没有采用规则 14a－11。即使 SEC 明确有权利采用该规则,法庭发现 SEC 已经:

---

① 一提名股东必须提交提醒其注意在该规则下提名候选人的表 14N。该披露表述必须包括如果在提名人和提名股东之间存在的任何关系。17 C. F. R. § 240. 14n－101。披露至少允许其他股东考虑利益冲突。

② 647 F. 3d 1144(D. C. Cir. 2011).

任意和偶然的失败……足以评估新规则的经济影响。此处,委员会不一致地和投机取巧地构建了该规则的成本和利益;未能充分量化该规则的明确成本或解释为何此类成本是不能量化的;忽视了支持其预言性的判断;反驳自身;且未能对批评家提出的实质性问题进行回应。

法庭同意了一些人的争论,如果代理参与是有效采用的,一董事将不仅拥有权利而且也有责任去反对股东的被提名人:

美国律师协会委员会对联邦证券规则评论道:"如果董事会所决定的股东的提名人,相对于董事会独立提名委员会所提名的人而言被认为是不适合的,那么董事会将被其受托责任迫使作出合适努力去反对该名被提名人,正如现在董事会在传统代理竞赛中所做的事情一样。"

法庭也果断拒绝了 SEC 的要求,即股东激进主义对公司绩效是有利的。

请愿人也主张,我们也同意,委员会在得出规则 14a-11 将会提高董事会绩效和通过促进意见不同的股东提名人的选举增加股东价值所依赖的不充分的经验主义的数据……委员会承认批评家所提出的众多的研究达到了积极的结果……例如,一个批评家提交了一个经验主义的研究证明"当不同意见的董事赢得了董事会席位,这些公司在代理竞赛后两年内表现增加了 19% ~40%"……委员会完全忽视了这些研究"因为由后续研究引发的问题,研究作者所承认的限制性,或其本身关于研究方法或范围的担心"。

委员会反而完全依赖两个相对无说服力的研究,一个涉及"混合董事会"(包含一些不同意见的董事)的影响,另一个涉及通常意义上的代理竞赛的影响,根据股东价值……确实,委员会“认识到了瑟内奇(2009 年)研究的局限性”,且注意到“其对于股东价值创造的长期发现很难去解释”……按照公认的(最好的情况)“混合”市政证据……我们认为委员会没有充分支撑其增加股东提名董事选举的潜在性将会提高董事会和公司表现和股东价值的结论……

类似地,法庭同意这些认为某些机构投资者——最值得注意的是工会养老基金和州与地方政府养老基金——将会利用代理参与作为牺牲其他投资者利益来提取私人利益的手段:

尽管所有权和持有要求有很好的理由相信有特别利益的机构投资者将能够使用规则,且正如多个批评家提出的,“公共和工会基金”是“最可能利用代理参与”的机构投资者。……尽管如此,委员会未能对争论拥有特别利益的投资者,例如利益在工作上的工会和州与地方政府养老基金可能对股票价值更有兴趣,可以期待其会追求自我感兴趣的而不是最大化股东利益的目标,且将可能导致公司即使在被提名人不愿意被选举的情况下发生支出的这一评论进行回应。

华盛顿特区巡回法院的观点,并非该事情的终结。在本书出版时,SEC 将会如何进一步(如果有)行动是不清楚的。SEC 可能回到规则创造阶段并重新尝试。或者,SEC 可以将该问题留给私人订制。在巡回法院观点之后,SEC 将其计划对规则 14a-8 的修正案开始施行。据此,想要实施代理参与的股东现在可以在此规则下提出提案来修改发行人的规章制度,以允许股东提名的人被包含在代理卡中。

5. 代理诉讼

有很多违反代理规则的方法,因为有许多技术规则必须遵守,但是最可能承担责任的是非法代理征集行为。除非代理人征集人送交一份代理声明给股东,否则征集代理的行为是违法的。使用未提交给 SEC 的材料进行代理征集也是违法的。最后,使用错误或误导性的征集材料进行代理征集也是违法的。在测试这些问题时,我们关注这几个问题:(1)是否存在违反代理规则的诉讼理由呢?如果存在,谁有权提起诉讼?(2)原告为了在此类诉讼中胜诉必须拿出什么证据?(3)对于受损害一方的补救措施是什么?

(1)隐含的私人诉权

无论一个人多么仔细审查《证券交易法》第 14(a)条,其在该法律或法规下都找不到私人的诉讼理由。然而,在"J. J. 凯斯公司诉博拉克案"中,特拉华州最高法院暗示了该法规的一个私人诉权。凯斯公司提议的与"美国博拉克牵引机公司案"(American Tractor Co. Borak[①])合并的案件中,博拉克公司持有凯斯公司大约 2000 股,并在此基础上寻求禁止并购,特别是,该公司的代理材料是错误的且是误导性的。博拉克公司诉称此次并购以很少的利润通过,且如果没有错误和误导性陈述是不会被通过的。凯斯公司辩称博拉克公司没有起诉的法律基础,因为联邦代理规则没有规定私人的诉讼理由。

对于私人诉权来说,除了缺乏法律法规授权,克拉克法官所代表的法庭的观点认为这样的行为是事实上存在的。对于仅靠一叶蔽体的司法能动主义,克拉克法官意图在《证券交易法》第 27 条的规定中找到诉权的法律基础。其注意到第 27 条给予地方性法院关于"衡平法中的所有诉讼和法律中的行为带来的任何执行责任或指责"的审判权,克拉克法官主张"执行权意味着使该法令所提供的恢复权有效实施的权力。使恢复权有效实施的权力意味着利用诉讼当事人通常

---

① 377 U. S. 426(1964).

可以使用的程序或行为的权力……”然而，他的论点是假的。第27条部分说到了该法令所强加的责任，但是在第14(a)条或创造此类关于股东责任的其他规则中都没有此类规定。

作为司法命令的执行者，博拉克公司很容易被理解。一个私人诉权的存在不是因为国会想要其存在，而是因为大多数最高法院这么说的。然而，隐含的私人诉权的一般合法性超出了我们的范围。①相反，我们仅考虑到克拉克法官对这一特别诉权的政策司法。

克拉克法官对其动机是诚实的——他想要阻止欺诈和其他代理妨碍。根据克拉克法官，私下强制对SEC的努力提供了“一个必要的支持”。他暗示对于察觉代理妨碍来说股东比起SEC处于一个更好的位置。然而，再一次，这一争论是虚假的。大多数股东不仔细审查代理材料。相反，他们本性是漠不关心的。他们缺乏欲望和动机去密切监控公司。克拉克法官毫无疑问地知道个人股东不可能作为公司事实和公正的胜者出现。相反，其试图提供激励让原告的律师更加积极地代理诉讼则似乎更有可能。

在这一点上，我们必须短暂地离题去讨论威慑经济学(economics of deterrence)。继杰里米·边沁之后，许多现代的威慑理论假设一

---

① 适用于证券法的分析，参见Joseph A. Grundfest，简化联邦证券法下的私人行动“Disimplying Private Rights of Action Under the Federal Securities Laws: ‘the Commission's Authority’”，107 *Harv. L. Rev.* 963 (1994)；Micheal J. Kaufman，“A Little ‘Right’ Musick: The Unconstitutional Judicial Creation of Private Rights of Action Under Section 10(b) of the Securities Exchange Act”，72 *Wash. U. L. Q.* 287 (1994)；Marc I. Steinberg and William A. Reece，“The Supreme Court, Implied Rights of Action, and Proxy Regulation”，54 *Ohio St. L. J.* 67 (1993). 注意特拉华州最高法院关于创造隐含的行动权的标准在最近几年已经变得强硬了，一些下级法院已经质问为何博拉克公司今天仍以同样的方式来决定，甚至是为何它今天仍然有效。参见，Reschini v. First Fed. Sav. & Loan Ass'n of Ind.，46 F.3d 246，255 (3d Cir. 1995)（观点是博拉克“作为一个对1934年《证券交易法》和规则14a-9的解释仍是善法。然而，其并不明确博拉克其本身如果今天第一次出现，仍否仍以同样的方式判决”）。

个自然人是成本和收益的理性计算器。一个理性的计算器,在法律活动成本超过其收益时不会违反法律。可以确定的是,犯罪人是理性计算器的观点似乎是不合适,但是有证据显示理性计算器存在的犯罪性行为。尤其是像证券诈骗之类的经济犯罪。[①] 威慑经济理论因此争论反对的数量反映了可期待的利益和与犯罪有关的制裁。当潜在违反者察觉到从该活动中潜在的收益比潜在的惩罚多,反对就会增加。相反,当可期待的制裁超过期待的利益反对就会减少。相似地,可期待的制裁是名义上制裁的功能和定罪或处置的可能性。[②]

明确的名义上的对违反代理规则的制裁是十分严厉的。违法行为可以交由司法部门进行刑事起诉,SEC 可以采取行动禁止违反或禁止因违反行为而采取的行动,SEC 也可以提起行政诉讼,要求其遵守 SEC 的规则。然而,正如克拉克法官所指出的,SEC 仅有有限的资源。SEC 察觉和对违反代理进行起诉的机会是相当小的。因为可期待的处罚是多样的名义处罚和定罪的可能性,对违反代理规则的可期待处罚是相对低的。据此,我们不能期待 SEC 的强制力能够提供一个足够程度的威慑。

借助私权诉讼所获得的各种形式的衡平的和金钱的救济会提高

---

① Richard A. Posner, *Economic Analysis of Law* 223 -223(4 th ed. 1992).

② 更准确来说,威慑寻求最小化与犯罪有关的社会损失,这可以被视为该活动其(活动损失)自身所制造的损失的功能,实施禁止该活动的成本(实施成本),和对该行为施加的处罚(处罚成本)。活动损失是反对数量和其他反对导致的损失的功能。实施和处罚成本主要由威慑发生的程序的阶段来区分。实施成本是社会对察觉和证明错误行为人有罪的成本。处罚成本是接下来处罚的成本。对社会和对个人由强加处罚和其他创造的外在事物导致的成本的总和是对社会的纯处罚成本。任何最小化社会成本的尝试必须尝试最小化全部 3 个因素的总和,而不仅是活动损失。如果活动成本是决定社会成本的唯一因素,社会成本可以仅简单通过增加名义上处罚或制裁的可能性来最小化直到可预期的处罚远超过可期待的利益。然而,增加执行活动需要增加执行支出和增加社会执行成本。类似地,名义上处罚的增加会提高与施加处罚有关的外部事物——例如有益活动的威慑——因此增加对社会的处罚成本。See Gary S. Becker, "Crime and Punishement: An Economic Approach", 76 *J. Pol. Econ.* 169(1968).

名义制裁的水平。然而,更重要的是,如果原告提起诉讼的法庭鼓励实施所谓的“私人法律顾问”(private attorneys general),察觉和制裁的可能性将会相应提高。

克拉克法官给原告法庭带来的内生动力,显示了他将私权诉讼视为直接且自然衍生的本性特征(令人瞩目的是,他这样做是因为博拉克公司强烈认为只有诉讼本质上是直接的)。在博拉克公司所决定的当时,现代联邦集体诉讼程序还没有被采用。如果代理行为仅允许以直接程序进行,原告律师仅限于代表个人股东,源于代理诉讼的偶然性的费用无法充分吸引优秀的律师。(这一情形在类似于博拉克公司的案件的情况下将会更糟糕,即原告只寻求公平救济。)然而,因为暗示的行为原因有一个派生的要素,原告的律师可以有效地代表所有股东进行起诉,名义上以公司的名义进行起诉,涉及更广的损害请求和更大的偶然的费用。

美国联邦最高法院在其下一个主要的代理人决定中强调促进私人法律顾问变得更加显著,即“米尔斯诉电力奥特利公司案”(Mills v. Electric Auto-Lite Co.)①中,默根特勒排铸机公司持有 Auto-Lite 超过 50% 的股份。反过来,美国制造公司持有默根特勒 1/3 的投票权股份,其对默根特勒有投票控制权且因此控制默根特勒控制的 Auto-Lite。Auto-Lite 和默根特勒同意合并。该并购协议需要 Auto-Lite 2/3 流通股投票通过,因此需要至少一些少数股东的确认通过。原告声称用以征求这些投票的代理材料是错误和有误导性的,因此起诉禁止该股东投票。

在其关于补救的意见部分,美国联邦最高法院强烈鼓励原告律师的成员担任私人律师。法庭认为原告股东“其通过他们的公司和

---

① 396 U.S. 375(1970).

职员构成违反证券法的行为,应当通过公司或其存续主体对违法行为的支出进行赔偿”。认真关注原告的律师有权获得律师费仅因为发现违法行为——没有规定原告最终在损害赔偿意义上的胜诉。确实,在“米尔斯案”中,股东最终什么都没有获得,但是原告的律师费是由公司支付的。[①] 米尔斯因此对律师甚至在该违法行为中,没有明确损害的案件中,起诉创造了一个有力的经济的动机。

“米尔斯案”中对原告律师违反代理规则的清楚命令或多或少被之后的最高法院的裁决所抵消了。[②] 今天,判例法要求原告的诉讼理由必须从追回的损害赔偿中创建一个共同基金或一些重大的非货币利益以便给予费用。[③] 因为禁令救济可能满足实质利益标准,但是,即使在似乎不可能最终会发生金钱损害的情况下仍有起诉诱因。

(2)代理诉讼请求的关键因素

当代理诉讼建立在声称欺诈的基础上时,必须考虑四个关键因素:①所称不实陈述或遗漏的重要性;②因果关系;③依赖;和④被告的心态。我们在下面的部分逐一考虑这些因素。

重要性。回顾“米尔斯诉电力奥特利公司案”[④],原告是奥特利公司的股东,其被 Mergenthaler Linotype 公司控制,随之被美国制造公司控制。原告声称用于股东对在奥特利公司和默根特勒并购的投票的代理资料是错误和具有误导性的,因为这些资料未能披露所有奥特利公司的董事都是默根特勒的提名的人。

---

① Mills v. Eltra Corp. ,663 F. 2d 760 (7th Cir. 1981); Mills v. Electirc Auto-Lite Co. ,552 F. 2d 1239(7th Cir. 1977).

② 参见 Alyeska Pipeline Service Co. v. Wilderness Society,421 U. S. 240(1975)(认为缺乏法律授权,法庭不应该仅简单因为原告作为私人律师而判决律师费)。

③ See Goldberger v. Integrated Resources, Inc. ,209 F. 3d 43 (2d Cir. 2000); Amalgamated Clothing and Textile Workers Union v. Wal-Mart Stores, Inc. ,54 F. 3d 69 (2d Cir. 1995); Smillie v. Park Chemical Co. ,710 F. 2d 271(6th Cir. 1983).

④ 396 U. S. 375(1970).

在“米尔斯案”下，一个声明或疏忽当“它可能被一个在决定如何投票进程中的理性股东认为是重要的”时候是重要的。换句话说，该声明或疏忽必须有“一个重要的倾向去影响投票过程”。今天，它仍然是这样，重要性仍是诉讼理由的基本要素，但是重要性的定义变化了。在“TSC 工业公司案”中，美国联邦最高法院在证券法下采用了一个统一的关于重要性的标准：是否“存在一个理性股东可能认为这在决定如何投票时是重要的实质的可能性”。[①]

对米尔斯的疏忽为何在今天的标准下会变成重要的呢？一方面，代理陈述确实告诉股东默根特勒持有奥特利公司 50% 以上的股权且前述两个公司的董事都通过了该并购。可论证地，理性的股东应当能够自己发现默根特勒选举了奥特利公司的全部董事。另一方面，事实趋向于证明此次并购是由利益冲突的董事会批准的，而这可能被理性股东认为是重要的。如果代理声明凸显了所有奥特利公司的股东是默根特勒任命的事实，利益冲突已经用标记表明，股东可能更加认真地评定这一并购（注意在评估披露事情的重要性时，法庭忽略大多数股东是理性且漠不关心的事实）。

在“弗吉尼亚银行诉桑德伯格案”（Virginia Bankshares, Inc. v. Sandberg）[②]中，美国联邦最高法院通过对使用依赖与意见陈述的注解进一步提炼了实质性标准。第一美国银行（First American Bancshares, FABI）持有弗吉尼亚银行 100% 的股权。反过来，弗吉尼亚银行持有美国第一弗吉尼亚银行 85% 的股权。弗吉尼亚银行将第一美国银行并入自身，支付第一美国银行股东每股 42 美元。在弗吉尼亚州法律下（适用的标准），并购者需要 2/3 投票。因为弗吉尼亚银行持有 85% 的投票权，代理征集对该交易的生效是不必要的。然

① TSC Indus., Inc. v. Northway, Inc., 426 U.S. 438, 449 (1976).

② 501 U.S. 1083 (1991).

而,弗吉尼亚银行从其他股东那里征集了代理权。在相关部分,代理声明表示:“并购计划已经由董事会通过了,因为其为第一美国银行公众股东达成一个更高股份价格提供了一个机会。”原告桑德伯格(一少数股东)声称其股份价值60美元,董事会知道42美元是一个低的价格,尽管如此但董事仍继续了这一较低的并购价格,因为他们希望不要丢掉董事会的席位。苏特法官的大多数观点总结了这一声明是重要的,但经过了令人惊讶的曲折分析。苏特法官的统一意见总结了更加简洁的决定性的法律规则:

如我所理解的法庭的观点,该声明“在董事会的意见中,这对股份是一个高的价格”,如果事实上这一价格不是一个高的价格且在董事知道的情况下,那么会发生责任。如果事实上这一价格不是一个高的价格但董事诚实地相信,则不会产生责任。该声明“董事投票接受该提议是因为他们相信这一提议提供了一个高的价格”,如果事实上董事真实的动机是十分不同的将不会产生责任,除非在该提议事实上没有提供一个高的价格且董事知道的情况下才会产生责任。

斯卡利亚(Scalia)法官继续警示,然而:

不是所有的句子都有“法官意见”在其中,或者提到董事行为的动机,引导我们进入这个心灵丛林。实际上有时这样的句子将事实表示为事实而不是意见——在这一情况下不需要做其他的只需要使用第14(a)条的一般责任规定。我认为现在就是这一情况。我认为,这一案件中关于这一问题的声明解读为分别确认董事意见的事实以及该意见所依据的事实的准确性时是最公平的。

因果关系。法律明确规定,代理权诉讼原告寻求金钱赔偿必须证明该违法行为对股东的伤害——但这是一个有趣的因果关系。在米尔斯案件中,美国联邦最高法院认为原告通过展示代理征集本身(而不是缺陷)在交易完成中是一个必要的环节来证明因果关系。[①] 注意在这一标准下几乎任何违法"导致"损害。在大多数交易中需要股东的批准,代理征集在完成该交易时将是一个必要的环节,因为征集对获得必要的股东投票是必要的。

在"米尔斯案"中,美国联邦最高法院留下了一个问题,即"如果管理层控制足够数量的股份来通过交易而无须少数股东的任何投票的情况下是否存在因果关系"。在"弗吉尼亚银行案"中,其事实已在前一节中叙述,联邦最高法院认为在这一情况下不存在必要的因果关系。[②] 在代理权征集的"弗吉尼亚银行案"裁决中,原告提出了两点解释,在这两点解释中,原告都声称支持对因果关系的发现。第一,原告声称第一美国银行想要少数股东以友好的原因通过该提议,一个解释,法院认为太投机不能提供必要的因果关系。第二,更重要的是,原告声称弗吉尼亚银行寻求股东批准来隔离该交易在州法律关于受托责任规则下所受到的挑战。在法庭对事实的认定上,法庭也拒绝了这一争论。在弗吉尼亚州法律下,弗吉尼亚银行仅在该交易在充分披露且由少数股东的大多数通过的情况下违反受托责任时可以豁免。如果弗吉尼亚银行在代理资料上撒谎,将不会存在有效的通过。缺乏有效的通过,弗吉尼亚银行不会获得股东投票的保护,且代理权征集在此次并购中不会成为必要的一步。缺乏上述证明,

---

① Mills v. Electric Auto-Lite Co. ,396 U. S. 375,385(1970).

② Virginia Bankshares, Inc. v. Sandberg,501 U. S. 1083(1991).

原告不能证明因果关系。[1]

依赖。根据先前的观点,依赖在代理规则下不是原告诉讼理由的必要因素。[2] 然而,第九巡回法院认为"未依赖声称的误导性或欺诈的代理征集缺乏依据第14(a)条下进行直接(与衍生物相反)公平行动的基础"。[3] 法庭随后肯定了该规则,授权有表决权的股东直接起诉未依赖声称的虚假陈述的股东,如果提出的诉讼是在股东投票发生前提出。法庭解释了"在选举前就知道代理声明中存在重大遗漏的股东不能直接起诉,因为一个明知存在重大遗漏的股东并非依据该声明进行投票。另外,股东在选举之前不能够起诉,因为满足'依赖'条件的股东……只能是那些在投票后才知悉符合起诉条件信息的股东。"[4]

在"斯特尔诉直布罗陀经济公司案"(Stahl v. Gibraltar Financial Corp.)[5]中,第九巡回法庭否定了任何存续的依赖要求。直布罗陀经济公司董事会提出对公司章程的修正以豁免董事违反受托责任时的金钱责任。在代理权征集材料中,董事会声称其不知道任何相关的未决诉讼。然而,股东斯特尔个人卷入了一个此类诉讼中。明知征集材料是错误的,他起诉要求禁止此次投票,但是未能获得初始禁令。在会议中,斯特尔投票反对该修正案。在修正案通过后,他提出了一项旨在推翻该结果的修正性投诉。第九巡回法庭认为斯特尔缺乏起诉的基础,因为他明显可以不依赖误导性的声明。相信"否认忽

---

① 如果弗吉尼亚银行是诚实的,则可能存在认可那么代理就会成为必要的一步,但是因为此处没有一个误导性的申明,原告仍会失去。Cf. Howing Co. v. Nationwide Corp.,972 F. 2d 700(6th Cit. 1992)(upon remand by the Supreme Court for reconsideration in light of Virginia Bankshares,认为缺乏州法律的通过的救济措施在于挤出并购满足因果关系要求).

② See Cowin v. Bresler,741 F. 2d 410(D. C. Cir. 1984).

③ Gaines v. Haughton,645 F. 2d 761,774(9th Cir. 1981).

④ Western Dist. Council v. Louisiana Pac. Corp.,892 F. 2d 1412,1415 - 16(9th Cir. 1989).

⑤ 967 F. 2d 335(9th Cir. 1992).

视错误声明的股东的地位,而授予这些被欺骗的股东是有些不和谐的”,第九巡回法庭撤销了这一裁决。据此,甚至这些“没有依赖声称的错误声明对代理进行投票的股东有权依据第14(a)条去起诉——无论在投票作出前或作出后”。

尽管法庭的政策分析初次看起来是合理的,但在严密的测试后它被证明是误导性的。第九巡回法庭在斯特尔之前的管理体制仅是在事后查看才是有问题的。然而,从事前角度来看,该管理体制对确定正确动机作用比较好。一股东收到了代理权征集材料且他知道材料具有误导性,旧的管理体制要求股东立即行动。如果该股东立即起诉,那么法庭在股东投票前有一次机会解决这一问题。如果法庭发现材料不实声明或疏忽,法庭可以要求正确披露。同样地,股东有一次作出明确决定的机会。然而,如果股东一直等到会议之后,在阻止公司的行为上将会有更多的成本和困难。作为一种给予股东起诉动力的方式,年度会议仍旧是能够解决问题的,旧规则相应会做得很好。

此外,它对涉及政策的误解,第九巡回法庭也修补了其对先例的分析。在决定原告有起诉基础时,法庭依赖美国联邦最高法院在“弗吉尼亚银行案”中的决定。依赖在“弗吉尼亚银行案”中并不是一个问题。然而“弗吉尼亚银行案”中的事实是,很清楚原告没有被误导。因此,原告没有满足依赖的要求。第九巡回法庭认为:“因为起诉的基础在于管辖权……我们认为美国联邦最高法院对桑德伯格的第14(a)条的行动意味着原告在诉称的代理投票甚至当他自己没有依赖不实声明之后可以提起直接行为。”但这是错误的。[①]

① 另外,第九巡回法庭给予美国联邦最高法庭更多的信誉。一人怀疑美国联邦最高法庭的任何人在决定“弗吉尼亚银行案”时是否考虑了这一问题。在证券领域适用美国联邦最高法院的决定,一人通常不应假设法官知道他们做了什么。See Stephen M. Bainbridge & MituGulati,“How do Judges Maximize?(Same Way Everybody Else Does-Boundedly):Rules of Thumb in Securities Fraud Opinions”,51 *Emory L. J.* 83(2002).

虽然起诉基础和价值问题往往是相互交织的,但突出的问题主要还是归结到如“事实上的损害”此类问题。我们似乎可以有理地假设斯特尔(Stahl)受有损失,可能使其股票价值减少。因此适当的问题不是斯特尔是否有起诉基础,而是否是依赖第14(a)条诉讼基础的因素。为什么之后第九巡回法庭将此作为起诉的基础呢?如果依赖是诉讼理由的因素,斯特尔可能有基础但可能不会是该类股东的合适的代表且他自己不会有起诉基础,因为他不能证明诉由中的一个必要因素。如果依赖是诉讼行为的因素,更重要的是,桑德伯格在“弗吉尼亚银行案”失去法律意义的问题上没有依赖不实声明。不像诉讼基础的问题,法庭应考虑裁决权,不答辩和证明起诉行为的一个因素和最高法院后来未能强调桑德伯格缺乏依赖将不会有任何先例性的影响。然而,如果一人有鼓励私人律师的政策目标,而斯特尔恰恰就是他们想要鼓励的人,他知道公司说谎且被激励对此问题进行诉讼。据此,一人可以构建此问题确保斯特尔可以有诉讼理由。这正是第九巡回法庭所做的。令人好奇的事情在于最高法院在很大程度上通过其保守的公平进行引导,其排斥私人法律顾问已经很多年了。然而,第九巡回法庭最保守的法官柯辛斯基(Kozinski)有一个观点,仅在促进私人法律顾问的使用时具有意义。这是很奇怪的。

被告的心态。在“弗吉尼亚银行案”和“TSC 工业公司案”中,美国联邦最高法院拒绝决定被告为了对第14(a)条的行为中的欺诈负责是否必须有故意的行为或仅仅疏忽。[①] 关于发行人责任,以及经理

---

① 注意弗吉尼亚银行触及相信的观点和表述使心态问题——为什么董事投票支持并购——与此类观点无关。此类案件中的问题变得简单——“董事是否知道有关事实的不实陈述?”如果弗吉尼亚银行的股票价值60美元,当董事会成员知道其价值60美元时宣布其价值42美元,原告可以起诉。

人和董事们的责任,法庭一般认为疏忽是足够的。[①] 关于其他参与人,例如证明经济声明包括代理声明(当并购投票时已经完成)的会计师,至少一个法庭认为原告必须证明明知。[②]

救济方法。可能在代理诉讼中最常见的救济是一些预期解除的形式,例如对股东投票的事前禁令。法庭通常禁止公司继续股东会直到涉及代理的当事方提供一个新的代理声明,纠正已经确定的任何违规行为,并解决代理问题。然而,追溯到金钱救济,在适当的案件中是可以适用的。损害必须证明,这意味着原告必须给予金钱损害。因为违反本身不是一个损害,原告必须展示一些因违反行为导致的真实损失或伤害。

最极端的选择,至少从公司角度来说,是将交易置于一边。例如,在"米尔斯案"中,并购可以不进行且两家公司恢复到其作为单独个体的本来状态。这一选择被选择的情况很少。法庭倾向于查看此次并购和类似交易,就像厨师看煎蛋卷:一旦鸡蛋被炒,你不能将它们放回蛋壳。当并购开始,所有形式的合并已经开始。雇员被解雇或改变,资产(如银行账户)混淆或再分配,运行程序改变等。法庭非常了解合并程序因此仅在其可以这样做且不会损害公司的整体价值以及没有其他救济措施时才会将并购放在一边。

---

① See Wilson v. Great American Indus., Inc., 855 F. 2d 987 (2d Cir. 1988); Gerstle v. Gamble-Skogmo, 478 F. 2d 1281 (2d Cir. 1973); also see Shidler v. All American Life & Fin. Corp., 775 F. 2d 917 (8th Cir. 1985) (拒绝严格责任是标准的争论)。

② Adams v. Standard Knitting Mills, 623 F. 2d 422 (6th Cir. 1980).

第六章 要约收购和其他股票收购方式

第一节 非法定收购形式

如前所述,目标公司董事会在所有法定收购形式中扮演着守门人的角色。在将交易提交股东会表决前需要目标公司董事会先行通过,当然,最终终止交易亦如此。如果董事会不同意潜在并购交易,则收购方必须借助三种非法定收购实现收购目的,即委托书争夺、股份收购或要约收购。

1. 股份收购和要约收购

在缺少累计投票权的情况下,持有 50.1% 的已发行股票投票权可以确保获得选任整个董事会的权利。收购方更换现任董事会以后,之前董事会的反对意见便再无意义。收购方可以通过在公开交易市场收购或以私下协议的批量交易的方式获得必要股份。这些手段存在明显的缺点——过于耗时。由于 SEC 规章要求披露持股超过5%的股东,因此,最终必须对这些收购方案进行披露,有时甚至可能泄露得更早。无论如何,关于收购方案的消息通常会抬高股票价格。调查和其他交易成本也可能增加。以高于市场价格的溢价私下协议的批量交易会导致人们对信托义务的担忧,等等。

要约收购的出现,旨在提供一条绕开这些顾虑的捷径。要约收购是对目标公司股东的公开要约,潜在收购方在要约中表明以特定价格和条款收购目标公司股份。收购要约有固定期限。要约可以针对目标公司某一类或几类证券的所有或部分股份。之后,同意通过该要约"收购"的股东,将股份委托给中介机构保管直到收购要约结束。届时,收购方可以但并非必须"收购"全部预售股份。如果收购人选择收购这些股份,则中介机构向股东发放预定的股票对价。否则,中介机构将预售股票退还股东。

2. 要约收购和委托书争夺

长期以来,委托书争夺一直是"成本最高、不确定性最大且在诸多收购手段中应用最少"的获得公司控制权的方式。[①] 如本书第五章所述,反对者可能会考虑发起委托书争夺所面临的诸多不利的法律和经济因素,包括:(1)在任者信息上的优势;(2)投资者的长期认知经验——反对者并非真正的控制权争夺者;(3)交错董事会,这意味着即便是成功的委托书争夺也只能改选少数董事;(4)对反对者偿付的种种限制,而在任董事会实质上则可以不受限制地接近公司财务;(5)理性股东的漠不关心。

20世纪60年代,现金要约收购作为一种有效替代措施出现,受上述不利因素的影响相对较小。当时,该方式的一个主要优势就是

---

① Henry G. Manne, "Mergers and the Market for Corporate Control", 73 *J. Pol. Econ.* 110. 114(1965).

几乎不存在任何管制措施。自20世纪30年代以来,委托书争夺受到诸多联邦法规的限制,对潜在收购方施加了繁重的披露义务。准备和审查必要披露文件的高昂费用直接增加了收购的交易成本。更微妙的是,强制披露规则强制反对者披露控制权变更可能发生的收益,压缩了其利润空间。相比之下,在1968年《威廉姆斯法案》通过以前,现金要约收购几乎不受任何管制。因此,要约若略高于市价便能成功,而且收购方可以获得非比例性收益。

《威廉姆斯法案》通过以后,要约收购面临类似于委托书争夺的披露义务(并因此承担交易成本)。尽管如此,要约收购仍然比委托书争夺更有利可图。虽然《威廉姆斯法案》无疑压缩了收购方的利润空间,但要约收购仍然可以通过控制权变更获取非比例性收益。《威廉姆斯法案》带来的变化,削弱而非消除了现金要约收购的优势。

例如,假定目标公司已发行股票110股,当前交易价为每股10美元,其中收购方持有10股。收购方相信在自己的管理下该公司的股票将价值20美元。如果收购方通过委托书争夺获得公司控制权,在其管理下股价升至能够反映该公司价值的水平,那么收购方持有的股票将带来100美元的利润。但是,所有其他股东也将自动按比例获得相应收益。没有什么合法的方法可以让并购方不按照比例获取收益。为此,并购方将给予其他股东(无疑这些股东很多都对管理投了赞成票)1000美元的收益。

相比之下,如果要约收购能够以低于每股19美元的价格收购所有非自己持有的已发行股份,那么其收益将超过通过委托书争夺所能实现的100美元。当然,收购方无须说服所有其他股东出售其股份。只要至少有46股股份持有人愿意以低于每股19美元的价格出售,那么我们假定的收购方将获得表决控制权。之后便可以在后续并购以相同价格排除其余的少数股东。

这种情形发生的可能性有多大？答案是：非常大。与委托书争夺不同，要约收购并不自动按照股权比例给予股东变更控制权收益。实际上，目前他们的收益份额取决于收购方所支付溢价的多寡。没有任何规则要求溢价需要按照收益的股权比例分配。相反，溢价不会超过获得目标股票控制权所需的水平。诚然，《威廉姆斯法案》规定的强制披露义务使股东能够估算并购方所带来的收益。集体行为问题有碍于实现全部收益所需的强硬协商。在缺少竞争要约或管理层抵制失败的情况下，股东缺少提出获得更多收益的机制。因此，可以预见，理性股东出于聊胜于无的心理，会接受收益少于股权比例的溢价。

除了使收购方能够从控制权变更中获得更大份额的收益，要约收购（如果后续紧跟排除少数股东的并购措施）还能使收购方消除控制一家带有少数股东的公司所造成的复杂情形。如果委托书争夺后仍保留少数股东，那么公司董事会无法实现股东排他性权益或牺牲少数股东利益。由于要约收购和排除少数股东并购排除了少数股权，所以并购方可以在公司治理过程中随心所欲。

总之，根据这些因素预测，要约收购比委托书争夺更容易获得成功。数据也证明了这种预测。委托书争夺成功的概率不足五成，而相比之下，要约收购在大多情形中都能成功。当要约收购更高的成功概率与更高收益相结合，便不难预见收购方为何对这种方式偏爱有加。另外，在要约收购发生的绝对数量和发生频率方面，数据均证实了这一预测。尽管 20 世纪 90 年代委托书争夺出现上升，但是很多是由于收购活动的普遍上涨所造成的。事实上，如第五章所述，这一期间的许多委托书争夺与要约收购相伴出现。

第二节　要约收购联邦法规的演变

在1968年《威廉姆斯法案》通过之前,美国联邦证券法和州公司法均不存在对要约收购的管制规定。如前所述,这种管理规则的缺失是要约收购所具备的相对其他收购形式的内在优势,并由此在这10年的前期出现要约收购数量大幅增长的局面。1965年新泽西州议员哈里森·威廉姆斯提出议案,要求联邦法规保护目标公司免受他称之为"工业破坏"的恶意公司对"光荣老公司"①的袭击。尽管1965年的法案没有获得通过,但其于1967年被再次提出。1967年的议案对各利益的处理更平衡且主要强调信息披露和反欺诈。正如威廉姆斯和其他议员所强调的那样,该议案试图在目标公司和收购方之间实现平衡。正如后续修订案一样,《威廉姆斯法案》包含四个主要利益组成部分:

1.《证券交易法》第13(d)条是对目标股权抢滩收购(beachhead acquisition)行为的规定。("抢滩收购行为"一词是指,在收购方宣布发起要约收购之前通过公开市场或私下协议批量收购目标股权。)

2.《证券交易法》第13(e)条是对发行人自我要约收购行为的规定。公司的权限包含自我回购股票的权利。股权赎回和回购须遵循公司注册所在州的法定资本法规。但是,因要约收购而适用法定资本法规的情况下,需同时符合第13(e)条规定。

---

① 公司袭击者是一个起源于20世纪60年代的贬义词,尤其用于描述真实目的并非收购目标公司而是通过绿票讹诈或向其他收购方大宗出售目标股票的方式借助要约收购程序快速牟利的收购人。

3.《证券交易法》第14(d)条是对要约收购的一般性规定。该法以及SEC据此制定的规章同时对要约提出披露和程序性要求。

4.《证券交易法》第14(e)条是对与要约收购有关的欺诈行为的禁止规定。

毫无疑问,《威廉姆斯法案》极大地改变了收购的游戏规则。它取消了诸如突然公开报价收购股票(Saturday night special)等颇受追捧的袭击手段;增加了目标公司股东可以获得的信息量,从而有预见性地提高收购所支付的控制权溢价。最后,它极大增加了联邦政府在公司治理过程中的作用。

第三节　抢滩收购和其他股票收购

对可能的收购方而言,尽可能长时间地对其在目标公司权益和收购计划进行保密是一件非常重要的事情。潜在收购计划一旦被披露,目标公司股票价格便会飙升。目标公司管理层可能开始针对收购制定防御措施或寻求替代交易。其他潜在收购方可能会开始紧盯目标公司以期提出竞争要约,因此,初始收购方的信息披露可能完全沦为为他人确定收购目标并暴露出目标公司的不堪一击。在《威廉姆斯法案》通过之前,潜在收购方在公开要约之前私下批量收购目标公司股票的现象非常普遍。在一些情况下,收购方在公开收购之前已在事实上成功获得目标公司的控制权。但是,当前《证券交易法》第13(d)条与SEC据此制定的规章成为早期预警系统,它有效地、强制性地要求对即将发生的控制权争夺战进行早期披露。

1. 披露义务

《证券交易法》第13(d)条要求,对依据《证券交易法》第12条登记的任何类型的表决权证券,持有该已发行股份超过5%受益权的任何人必须在收购之日起10天内向SEC、发行人以及该股票所属证交所提交一份表13D披露报告。[①] 对于之前所提交文件的任何重大信息修改,必须自修改之日起10天内进行披露。在下文中,我们将按照其重要组成要素进行具体阐述:

任何人:假定两家(个)公司或个人正共同收购目标公司。他们计划各自收购目标公司低于5%的股份,并认为他们将因此获得接近10%的股份而无须提交表13D披露报告。该计划将无法得逞。《证券交易法》第13(d)(3)条规定,如果两个或两个以上的人作为并购的共同体,那么其持有或处置发行人股票时将被视为"一个人"。因此,如果该共同体各成员所持股份总和超过5%,则必须提交表13D报告。

通常来讲,认定存在共同体需要存在某些类型的协议。不仅必须存在协议,而且协议必须规定特定的行为类型。《证券交易法》第13(d)(3)条指出,符合认定标准的行为类型包括股份的"收购、持有或处置"。在《威廉姆斯法案》通过不久之后,出现了这样一个问题:两个或两个以上的人为表决权之目的共同行动(如在委托书争夺的过程中合作)是否属于该条所定义的共同体。各法院对这一问题各

---

① 第13(d)(3)条的报告要求同样适用于收购依据《1940年投资公司法》注册成立的封闭型公司或免于依据《证券交易法》第12(a)(2)(G)条注册的保险公司,即对这两类公司任何类型的表决权证券,收购数额超过发行份额5%的,也应适用该条的报告要求。一些无意影响发行人控制权的机构投资人可以提交一份简短的表13D,当然只要求披露持股数量和股东性质。参见规则13d-1(b)。所有其他持有5%的股东必须提交详细的表13D。表13D要求披露的范畴更宽(包括持股目的),并且对修改频率提出了更高要求。(表13D通常按年度提交)

执己见。[①] 后来,SEC 制定了规则 13d－5(b)(1),扩大了法定的宗旨表,并将表决权包含在内。因此,当两个或两个以上的股东一致同意为表决权之目的而共同行为时,即便他们不打算进一步收购任何股份,但也属于共同体的范畴。虽然 SEC 是否具有实质修订法规的权力并不明确,但该规则的制定似乎解决了现有争议。

证明存在必要协议是一个复杂且颇具难度的事实问题。一方面,"《证券交易法》第 13(d)条给予个体宽泛的自由来讨论未来签订协议的可能性,而无须根据《证券交易法》的规定提交报告"。[②] 另一方面,协同行动的协议无须采取正式或书面形式。[③] 可以通过与特定状况有关的证据来证明协议的存在。[④] 综合考量,这些因素给推定的共同体成员带来极大的不确定性。鉴于违反《证券交易法》第 13(d)条的惩罚力度较小,人们会怀疑很多共同体不提交报告属于违规。

收购主体:在涉及共同体的情况下,法规中的"各收购方"具有极特殊的意义。假定共同体各成员签订据以设立《证券交易法》第 13(d)条意义上的共同体协议时,其合计股份超过 5%,但是所有共同体成员均不再进一步收购股份。为此,他们是否承担立即提交报告

---

① 对比 GAF Corp. v. Milstein,453 F. 2d 709(2d Cir. 1971)(认定存在共同体)和 Bath Indus.,Inc. v. Blot,427 F. 2d 97(7th Cir. 1970)(不存在共同体)。

② Pantry Pride,Inc. v. Rooney,598 F. Supp. 891,900(S. D. N. Y. 1984). 另可参见 Lane Brayant,Inc. v. Hatleigh Corp.,1980 WL 1412 at 1(S. D. N. Y. 1980)"第 13(d)条很少干预获得上市公司大量股份各方的如下行为:相对自由获得信息、主要探讨签订协议可能性的行为以及相对自由经营的行为(除非他们确实做出必须根据证券法规展开协商的决议)"。因此,在没有其他证据表明存在共同行动意图的情况下,仅证明共同体成员之间的关系或各成员之间共享信息或相互提供建议是远远不够的。类似地,如果投资分析人在没有签订任何协议而心照不宣地保持一致交易行为,不能因此认定其属于共同体。See K－N Energy Inc. v. Gulf Interstate Co.,607 F. Supp. 756(D. Colo. 1983).

③ Morales v. Quintel Entertainment. Inc.,249 F. 3d 115,124(2d Cir. 2001); Wellman v. Dickinson,682 F. 2d 355,362－63(2d Cir. 1982).

④ Morales v. Quintel Entertainment. Inc.,249 F. 3d 115,124(2d Cir. 2001);SEC v. Savoy Indus.,587 F. 2d 1149,1163(D. C. Cir. 1978).

的义务,或者他们提交报告的义务是否仅在进一步收购新股的情况下才适用?第七巡回法庭最早判定,共同体必须收购除签订协议时原有股份以外的新股才有提交报告的义务。[①] 相反,第二巡回法庭则判定,即便共同体成员无意收购新股,但在其签订协议共同行为之时共同收购股份的行为也因此适用报告义务。[②] SEC 在制定规则 13d－5(b)时采纳了第二巡回法庭的观点,规定"如果两个或两个以上的人一致同意为收购、持有、表决或处置(股票)的行为而共同行为",则构成法律意义上的共同体。

持有依据《证券交易法》第 12 条登记的任何权益证券超过 5% 的受益权:规则 13d－3(a)认为,如果一个人有权(依据合同、谅解、安排、关系或其他)就相关证券进行表决、处置(或就证券表决或处置发出指示),则认定其为股权受益人。另外,规则 13d－3(d)还规定,如果一个人有权在 60 天内(如通过行权、证券转换、取消或终止委托等方式)获得该证券的所有权或以影响发行人控制权之目的收购该权利(不论是否在 60 天内行使权利),则其应当被认定为证券受益人。券商、抵押权人和承销商在正常业务过程中持有证券的,不应将其视为证券受益人。最后,SEC 长期以来认为,控股公司是其子公司所持有证券的间接受益人,因此,如果控股公司及其子公司合计持有 5% 以上有关类型已发行股份的,必须提交报告。所有法律用语均可归结为一点:受益人是一个比证券所有权更宽泛的概念。即便一个人不享有证券所有权,但也可以被认定为证券受益人。如果一个人享有或与他人共同享有股份表决或处置权,那么他/它也属于受益人。

任何人在取得超过 5% 的受益权之日起 10 天之内:根据《证券交

① Bath Indus., Inc. v. Blot, 427 F. 2d 109 (7th Cir. 1970).

② GAF Corp. v. Milstein, 453 F. 2d 715 (2d Cir. 1971).

易法》第13(d)条的规定,收购人有10天的时间提交表13D披露报告。这为期10天的窗口期从收购人获得5%以上证券之日起算。如果存在共同体且成员在签订协议之日合计持有超过5%的证券,则窗口期从各成员签订共同行为的必要协议之日起算。

法定时间框架具有可预测时效效果。意图或期待发起恶意收购的收购方,将会尽可能悄无声息地买断多达4.9%的股份。只有完成所有准备工作,才会符合5%的门槛标准。一旦超出这一标准,收购方可能会积极收购股权以期获得尽可能多的股份而无须在为期10天的窗口期内通报目标公司。在提交报告之前收购发行人10%股份的这种现象非常普遍,此外,据说还存在收购甚至超过25%股份的情况。

修改披露报告:如果报告中的事实发生任何实质变化,根据规则13d-2(a)的要求,报告各方应立即就表13D提交变更报告。"实质"包含(但不限于)任何收购或处置1%及以上有关证券类型的情形。诚然,"立即"并非是起草者所能选择的最精确的表述方式,因为它会带来需要根据个案进行事实认定的问题。① 一般而言,多数法律人会推定"立即"意味着不超过几天的时间。②

2. 表13D披露报告

关于SEC的其他形式要求,表13D没有采取与纳税申报类似的"填表"的形式。相反,诸多条目指出许多问题必须以陈述方式提交。其中有3项所要求的披露陈述需要强调:条目2对身份的披露规定;条目4对目的的披露规定;以及条目6对协议或谅解的披露规定。

---

① Scott v. Multi-Amp Corp., 386 F. Supp. 44, 61 (D. N. J. 1974); SEC v. GSC Enterprises, 469 f. Supp. 907, 914 (N. D. Ill. 1979).

② See Kamerman v. Steinberg, 123 F. R. D. 66, 72-73 (S. D. N. Y. 1988) 否定即决审判的动议是基于陪审团能够合理判断出周末的事件本可以在下一个周一的商业活动一开始就被披露出来。

条目 2——身份:对个体而言,条目 2 的披露规定不会造成实质问题。个体必须对诸如姓名、办公地址、职务以及是否曾经有过违法行为等事项进行披露。关于最后一项,条目 2 明确要求对报告人在过去 5 年是否存在犯罪行为进行披露,但交通违法或类似的轻微犯罪除外。如果是,报告人必须披露犯罪的性质和时间、法庭名称和地址以及所判刑罚。条目 2 还要求对报告人过去 5 年是否存在被判决或许可令裁定禁止日后违反证券法规或被认定存在证券法规方面不检点行为的情形进行披露。

对于公司实体而言,情况更复杂。除了要求披露诸如公司登记注册所在州要求的事项之外,C 项说明要求每一执行董事(executive officer)和控制人履行条目 2 所规定的披露义务。如果控制人本身是公司,则要求所有中间公司、最终控股母公司的所有管理人和董事履行条目 2 所规定的披露义务。奇怪的是,并不清楚是否要求就各中间公司的执行总裁和董事履行条目 2 的披露义务。

条目 4——目的:条目 4 是表 13D 的核心,也是认定哪些属于共同体成员和大多数《证券交易法》第 13(d)条诉讼的依据。该条目的说明要求披露"报告人可能关乎或导致[所规定的 9 种行为或第十个一般性条款中任何]'类似于前款所列举行为'的任何计划或方案"。其中,所列举的行为有:(1)对目标公司证券的收购或处置;(2)涉及目标公司或其子公司的兼并或其他重大交易;(3)对大量目标公司资产进行出售或转让;(4)目标公司董事会或管理层的变更,等等。除了条目 4 各项说明所规定的诸多细则之外,各法院还判定,要求报告人必须明确说明其是否有意控制发行人或正做此考虑。①

---

① See Dan River, Inc. v. Unitex Ltd., 624 F. 2d 1216, 1226 n. 9 (4th Cir. 1980); Chromalloy American Corp. v. Sun Chem. Corp., 611 F. 2d 240, 247 (8th Cir. 1979); SEC v. Amster & Co., 762 F. Supp. 604, 613 - 14 (S. D. N. Y. 1991).

在实践中,条目 4 的披露内容倾向于模板化并将所有可能的目的考虑在内,但著名的厨房水槽案除外。该报告人披露了自己正在考虑的选项,但在冗长的陈述中隐瞒了其日后的一切可能行为的真实意图。尽管各法院偶尔也批评厨房水槽案的这种隐瞒做法,但它却仍然是条目 4 披露义务中最安全也是最常见的披露形式。

条目 6——合同和谅解:条目 6 要求对发行人证券相关的任何形式的合同、安排、谅解或关系进行披露。就最低限度而言,条目 6 要求披露报告共同体各成员之间的协议或谅解条款。如果该协议已经被落实为书面材料,则必须根据条目 7 的要求将协议作为证据材料附于披露报告之后。

3.《证券交易法》第 13(d)条之诉

没有人希望被解雇,因此目标公司董事和管理人通常拒绝恶意要约收购便也不足为奇了。《证券交易法》第 13(d)条规定的诉讼是最常见的收购防御措施之一。该诉讼通常认为存在某种形式的未披露行为。假定收购方提交的表 13D 披露报告中包含如下条目 4 的披露内容,即"收购方已决定对目标公司进行大规模的股权投资。在收购方认为市场条件适当的情况下,可能会不时在公开市场收购或出售目标公司普通股股份"。在提交初始表 13D 之前,收购方与一家专门致力于股份收购的知名证券公司签订了一份居间合同。合同规定:(1)由券商收购目标公司 4.9% 的普通股股票;(2)收购方补偿券商为收购而承担的任何损失;(3)对并购过程中所实现的任何收益(包括通过并购或向并购方出售股份所实现的任何利润),券商在扣除常规承销费和 5% 的额外费用后将盈余部分返还并购方。收购方的任何材料均未披露该"泊车"(parking)协议。目标公司提起诉讼,声称收购方未披露泊车协议而且为充分披露其是否有意控制目标公司,违反《证券交易法》第 13(d)条的规定。

显然,SEC 有权指控要约收购规则的违规行为。在民事诉讼中,SEC 可以采取从收缴利润到适当披露在内的各种制裁措施。当然,SEC 无法提起刑事诉讼,但可以选择将案件移交司法部门提起刑事诉讼,正如 20 世纪 80 年代对内幕交易丑闻的普遍做法一样。

恶意收购要约所针对的目标公司经常向 SEC 通报违规行为,并要求 SEC 对收购方提起诉讼。SEC 的惯常做法是:极少对违反《证券交易法》第 13(d)条的行为主动提起诉讼。事实上,大多数《证券交易法》第 13(d)条诉讼是由目标公司提出的。

提出《证券交易法》第 13(d)条个体诉讼的首要障碍是其诉讼地位问题。具体而言,对此存在两个明显问题——对这两个问题的处理常常混乱不堪:(1)《证券交易法》第 13(d)条究竟是否存在默示个体诉权?(2)假定《证券交易法》第 13(d)条确实内在包含个体诉权,则原告是否有资格在案件中主张该诉权?对于第一个问题,多数法院认定《证券交易法》第 13(d)条内在包含个体诉权。对于后一个问题,必须一分为二地进行讨论。目标公司股东在《证券交易法》第 13(d)条项下是否享有诉讼资格?目标公司在《证券交易法》第 13(d)条项下是否享有诉讼资格?

对于股东的诉讼资格,多数法院认为,股东有资格根据《证券交易法》第 13(d)条寻求禁令而非经济救济。因此,股东通常无法就《证券交易法》第 13(d)条的违规行为获得补偿。[①] 因此,希望就《证券交易法》第 13(d)条错误或误导性报告提起诉讼的股东,只能退而求其次,即寻求《证券交易法》第 18(a)条或规则 10b-5 所提供的赔

---

① See Sanders v. Thrall Car Mfg. Co., 582 F. Supp. 945, 960-61 (S. D. N. Y. 1983), aff'd, 730 F. 2d 910 (2d Cir. 1984); Rosenbaum v. Klein, 547 f. Supp. 586, 591 (E. D. Pa. 1982); Issen v. GSC Enterprises, Inc., 508 F. Supp. 1278, 1295 (N. D. Ill. 1981); Myers v. American Leisure Time Enterprises, Inc., 402 F. Supp. 213, 214 (S. D. N. Y. 1975), aff'd men., 538 F. 2d 312 (2d Cir. 1976).

偿救济。《证券交易法》第18(a)条对投资者的适用程度通常极有限。若要根据《证券交易法》第18(a)条获得救济,投资者必须证明自己对错误或误导性报告存在确实的关注,即投资人实际看到了该报告并据此做出决策。[①] 这一要求已被证明有碍于《证券交易法》第18(a)条规定的集团诉讼主张——该类主张的唯一有效诉讼途径。另外,很难证明存在《证券交易法》第18(a)条所规定的损害,原因是该条要求错误报告必须对证券价格才产生实际影响(必须证明错误报告与原告投资损失、投资收益减少之间存在因果关系)。[②] 规则10b-5也是潜在可行的救济依据,但由于投资者必须证明存在故意且必须是证券的购方或卖方,因此在这种情形下作用甚微。[③]

对于目标公司,同样也缺少就《证券交易法》第13(d)条违规行为寻求赔偿的资格。[④] 起初,美国联邦法院几乎清一色认定发行人有资格依据《证券交易法》第13(d)条获得禁令救济。[⑤] 然而,在经常被引用的"自由国家(Liberty National)案"中,诉讼资格问题与允许性救济措施的问题被混为一谈。为此,有必要谈谈后一问题的基本背景。在"荣多诉莫西尼纸业公司案"(Rondeau v. Mosinee Paper Corp.)中,发行人就被告未能提交表13D提起诉讼。第七

① See Gross v. Diversified Mortgage Investors, 438 f. Supp. 190, 195 (S. D. N. Y. 1977).

② Cramer v. General Telephone & Elec., 443 F. Supp. 516, 525 (E. D. Pa. 1977), aff'd, 582 F. 2d 259 (3d Cir. 1978).

③ See Ernst & Ernst v. Hochfelder, 425 U. S. 185, 193 (1976).

④ See Hallwood Realty Partners, L. P. v. Gotham Partners, L. P., 286 F. 3d 613 (2d Cir. 2002)认定目标公司无权享有第13(d)条损害行为的诉权。

⑤ See Florida Commercial Banks v. Culverhouse, 772 F. 2d 1513, 1519 n. 2 (11th Cir. 1985)(援引了第一、第二、第四、第七、第八和第九巡回法庭的判例); Portsmouth Square, Inc. v. Shareholders Protective Comm., 770 F. 2d 866, 871 n. 8 (9th Cir. 1985); Gearhart Indus., Inc. v. Smith Int'l, Inc., 741 F. 2d 707, 714 (5th Cir. 1984).

巡回法庭发布了强制令,但实际上它本可以禁止被告5年内于表13D的应当提交日与实际提交日期间和就任何已收购股份做出表决。美国联邦最高法院推翻了这一强制令,理由是原告未能证明存在不可挽回的损害,并且适用于对该损害采取强制令认定其无效的方式。法院表明,在适当的现实情况下,存在苛刻程度较低的救济方式,如禁止被告就新股进行表决、收购,在认定合规之前禁止其发起收购。① 但是,自"荣多案"之后,《证券交易法》第13(d)条违规案件的审判法院对认定一种救济措施的裁定变得异常保守。通常,法院只是签发命令要求通过修改报告或补充提交表13D的方式对违规行为进行救济。各法院认为自己没有获得授权,因此不愿意裁定准予采取更有效的救济方式。②

在"自由国家案"中,目标公司寻求积极的公平救济措施,要求收购方放弃所有目标股份。第十一巡回法庭从广义上认定——着重强调目标公司管理层和股东在恶意收购情形下的利益冲突,"第13(d)条中不存在自由公司所请求的救济措施的诉讼理由"。③ 请注意法官是如何混淆3项不同法庭调查的:诉讼理由、庭审资格以及所寻求

---

① Rondeau v. Mosinee Paper Corp.,422 U.S.49(1975).

② See Dan River,Inc. v. Icahn,701 F.2d 278,287(4th Cir. 1983)(由于前期的不充分披露,法院不会就股份签发"禁令");Treadway Companies,Inc. v. Care Corp.,638 F.2d 357,380(2d Cir. 1980)(在报告瑕疵得到补救且"股东有充分的时间领悟该信息"的情况下拒绝签发强制令);Chromalloy American Corp. v. Sun Chem. Corp.,611 F.2d 240,248-49(8th Cir. 1979)(在已提交表13D修正稿的情况下,法院不会对"冷却期"提出要求);Energy Ventures,Inc. v. Appalachian Co.,587 F. Supp. 734,743-44(D. Del. 1984)(在已经适当提交报告的情况下,临时禁令救济被视为欠妥的);University Bank & Trust Co. v. Gladstone,574 f. Supp. 1006,1010(D. Mass. 1983)(否定了在收购方已经做出补救披露情况下发布强制令的做法)。在SEC提起的泊车(parking)案中,一种采取禁令的少数例外得到认可。See SEC v. First City Fin. Corp.,Ltd.,890 F.2d 1215(D.C. Cir. 1989).

③ Liberty nat'l ins. Holding co. v. charter co.,734 f.2d 545,567(11th cir. 1984)(强调另加)。

的救济措施的存在。颇具指导意义的是,后续第十一巡回法庭的决议将“自由国家案”判决限定于正在寻求的救济措施。如果目标公司仅对修正披露提出要求,则目标公司有适当资格。[1]

第四节　要约收购披露义务与程序法规

《威廉姆斯法案》所宣称的目标,是保护目标公司股东。[2] 披露义务规定了据以实现该目标的主要手段;因此,法案同时对目标公司管理层和收购方施加了繁重的披露义务。[3] 当然,《威廉姆斯法案》还为股东规定了一些程序性保护措施。然而,通常而言,法案的程序性规定主要是为了强化披露规定的效力,因为程序规定通常“要求或禁止特定行为,从而投资者能有更多的时间充分利用披露信息”。[4]

据此,收购方必须发布表14D-1披露报告,其中包含如下相关内容的信息:收购方身份、资金来源以及成功并购后有关兼并目标公司或对其进行实质变更的任何计划。如果所有或部分要约收购的价

---

① Florida Commercial Banks v. Culverhouse, 772 F. 2d 1513, 1519 (11th Cir. 1985).

② S. Rep. No. 550, 90th Cong., 1st Sess. 3 (1967); H. R. Rep. No. 1711, 90th Cong., 2d Sess. 3 (1968). Also see Rondeau v. Mosinee Paper Corp., 422 U. S. 49, 58 (1975).《威廉姆斯法案》对目标公司股东的保护程度争议颇多。See Daniel R. Fischel, Efficient Capital Market Theory, the Market for Corporate Control, and the Regulation of Cash Tender Offers, 57 *Tex. L. Rev.* 1 (1978).

③ See Schreiber v. Burlington Northern, Inc., 472 U. S. 1, S (1985) (“很显然国会主要依赖披露义务实现《威廉姆斯法案》的宗旨”); See also Piper v. Chris-Craft Indus., 430 U. S. 1, 28 (1977).

④ Schreiber v. Burlington Northern, Inc., 472 U. S. 1, 9 (1985).

格采取证券而非完全现金的形式支付,那么收购方的要约文件很可能需要包含《证券法》登记说明书,且一般需遵循《证券法》和与证券要约有关的州《蓝天法》。类似地,如果公司就自己的股份发出要约收购,需要遵循《证券交易法》第13(e)条[主要对第14(d)条和第14(e)条中适用于第三方要约收购的信息披露和程序规则进行追踪]一系列SEC规则的要求。

1. 要约收购的界定

尽管《威廉姆斯法案》确定了大量要约收购管理制度,但法案从未实际对法案及相应的下位法意义上的要约收购作出界定。针对这种情形的明显的合理解释是,国会和SEC希望在处理可能不属于法规界定的新颖交易形式时保持一定管理上的灵活性,然而法规界定范围内的交易形式也会令人产生同样的疑惑。

没有人怀疑《威廉姆斯法案》适用于"传统"要约收购——其定义大致为:在特定期限内,以特定价格和条款对上市公司某一种或几种类型的所有或部分证券发出公开要约进行收购。但是,通过私下协议批量收购或通过二级市场收购,以及其他"非传统"收购方式是否也适用该法案?

这一问题的出现与20世纪70~80年代出现的两种股份收购方式有关:渐进式要约收购(creeping tender offer)和清道式要约收购(street sweep)。"渐进式要约"一词其实属于误用。并购方从来没有发出传统收购要约。相反,收购方直接在公开市场收购足以实质性地控制目标公司的股份数额。一旦收购实现对目标公司的控制,它将紧接着启动与目标公司的合并计划以巩固自己的控制权并排挤其余少数股东。

相比之下,清道式要约收购从传统的要约收购着手,该要约后续会被撤回。设计这种收购策略旨在利用收购中的套利现象。套利者试图通过在公开市场收购目标公司股票,并以差价转让给收购方。股票价格上涨(通常后续会伴随出现要约收购)往往促使不愿承担风险的目标公司股东选择出售股票。因此,愿意承担交易终止风险的套利者能够收购大量的目标公司股票。在清道式要约收购中,名义收购方将撤回要约收购,并通过公开市场或私下协议的方式批量直接从套利者手中收购目标公司股份。例如,在“汉森信托公司诉SCM公司案”(Hanson Trust PLC v. SCM Corp.)中,[①]汉森公司(及其关联公司)对SCM公司所有已发行股份发出要约。在汉森公司因SCM公司的防御措施而终止要约收购之后,汉森信托公司达成了5项私下协议交易并在公开市场与套利者达成1笔收购交易,从而共计持有SCM公司25%的已发行普通股。

为确定这些交易是否应当被视为要约收购,并由此适用《证券交易法》第14(d)条及其基本规则,法院往往会考虑威尔曼测试中的八个要素:

> (1)积极并广泛向公众股东要约;(2)针对发行人相当比例的股份;(3)以高于市场普遍价格的溢价收购;(4)要约条件固定而不容协商;(5)要约取决于接受要约股东的最低收购限额或预定收购股份的最大限额;(6)要约期限固定;(7)被要约人面临出售压力;(8)在获得目标公司大量股权之前或迅速获得大量股权的同时宣

① Hanson Trust PLC v. SCM Corp., 774 F. 2d 47(2d Cir. 1985).

布收购计划。[①]

被视为要约收购的交易,无须具备所有上述要素。实际上,可能无须满足多半要素。正如法院所强调的一样——决定性要素需要根据个案确定。虽然如此,公开性和出售压力被视作最重要的两个要素。这两个要素使一项收购方案具备要约收购的特征。

威尔曼测试内在的模糊性并不妨碍其广泛适用。尽管 SEC 尚未正式通过威尔曼测试标准,但 SEC 的执行人员制定了该测试以用于诉讼程序,并且经常呼吁法院根据个案适用该测试标准。[②] 例如,第九巡回法庭依据威尔曼测试,认定卡特·霍利·赫尔(Carter Hawley Hale)公司发出的渐进式要约收购不属于法案意义上的要约

---

① Wellman v. Dickinson,475 F. Supp. 783,823(S. N. D. Y. 1979),aff'd on other grounds,682 F. 2d 355(2d Cir. 1982). 应当注意,规则 10b-13 禁止收购方在要约收购悬而未决期间公开或私下收购目标公司股票。根据该规则,收购方可以在要约收购启动之前收购目标公司股票。See Heine v. Signal Companies, Inc.,[1976-77 Transfer Binder] Fed. Sec. L. Rep.(CCH)95,898,1977 WL 930(S. N. D. Y. 1979)为了在私下协议的交易中批量收购股票而推迟宣布自我要约收购的行为不违反该规则;尤其是因为,Signal 公司已经从 SEC 工作人员处获得与一系列交易方案有关的不采取行动的函件。类似地,只要期权期限不延长到要约收购期间,在要约收购启动之前签订收购目标公司股票的期权协议也不违反该规定。原因是,除非要约收购期间已经开始起算,否则该规则并不禁止签订这种协议。很显然,规则 10b-13 不会影响收购方发出渐进式要约收购的能力;它对不涉及要约收购的收购争夺战完全不适用。相反,该规则将或多或少地影响清道式要约收购:虽然初始要约收购悬而未决,但它禁止收购方就要约后从套利者和其他目标公司持股人手中收购股票。然而,该规则对清道式邀约收购的影响似乎不大。在第一种情形中,可能难以发现并证明存在这种收购安排。更重要的是,收购方和套利者已证明他们能够在达成要约收购之后快速达成协议。例如,对发生在同一天内超过两小时的要约收购被撤销的六项交易中,汉森信托公司能够并购 SCM 公司 310 万股股份(约占已发行股份的 25%)。只要收购方和套利者能够迅速做出反应,规则 10b-13 的限制作用就很难明显对它们形成掣肘。

② David J. Segre,"Open-Market and Privately Negotiated Purchase Programs and the Market for Corporate Control",42 *Bus. Law.* 715,727(1987).

收购。①

但是,在汉森信托公司案中,第二巡回法庭对威尔曼测试的合理性提出质疑,认为“强制性的‘石蕊测试’似乎既不明智也无必要”。②案件争议在于,属于要约收购的清道式要约收购是否需要符合《威廉姆斯法案》规定的披露义务和程序要求。要约收购在汉森公司迅速完成批量收购之后终止,SCM 公司主张禁令救济(禁止汉森公司收购新股或依据现有股份行使表决权),并认为汉森公司批量收购属于违反第 14 条的要约收购。第二巡回法庭没有采用威尔曼测试标准,相反,援引了用以确定债券要约是否符合《证券法》第 4(1)条规定的私募(private)豁免条款的指导原则。为此,主要争议问题变成被要约人是否属于老练的投资者并因此不需要受到《威廉姆斯法案》的保护。法庭适用该标准认定,汉森公司的清道式要约收购不属于新的要约收购,也不是“事实上”已撤回要约收购的维续。汉森信托公司的目标被要约人均为专业投资者,他们完全有提防能力。

2. 要约收购的启动

基于某些原因,确定要约收购的起始时间至关重要。一方面,它决定了收购方何时开始履行披露义务。另一方面,诸多要约收购法规包含从要约启动日起算的期限。规则 14d－2(a)对要约收购的起始时间作出了规定。该规则确定了认定要约收购启动的两个重要事项,其中最先发生事项即视为要约收购的起始时间。根据规则 14d－2(a)的规定,向股东公开或送达要约文件则意味着要约开始起算;根据规则 14d－2(b)的规定,除了少数例外情形,任何公开宣布收购计划的行为均视为要约开始。因此,如果收购方就其身份、目标公司身

① 争议要约实际上是目标公司在二级市场就自己公司股票实施的防御性股票收购计划——渐进式自我要约收购。Sec v. Carter Hawley Hale Stores, Inc. ,760 F. 2d 945 (9th Cir. 1985).

② Hanson Trust PLC v. SCM Corp. ,774 F. 2d 47,57(2d Cir. 1985).

份、要约收购的证券数额以及愿意支付的价格等信息进行披露,则视为收购已经启动要约收购程序。如果满足如下条件,则要约前的通报不视为收购程序开始:(1)没有说明目标公司股东出售(tender)股份的方式;(2)所有书面通报文件仅针对 SEC 和发行人。

3. 披露义务的内容

收购方必须在要约起算日向 SEC 提交表 14D－1 披露文件。必须将表 14D－1 的多数信息通报目标公司股东,但是《威廉姆斯法案》为收购方提供了两种信息公告方式。首先,是收购方在报纸上发布长文公告,这也是最不常用的一种方式。通常,这种方式需要准备一份包含所有必要披露信息的广告并发布于《华尔街日报》《纽约时报》以及一种或两种在美国全国范围内发行的其他报纸。这种方式并不广泛流行,原因是购买广告需支付昂贵的费用,而且更重要的是,由于无法保证多数目标公司股东能够注意或关注该广告。

除此之外,更普遍的做法是收购方在报纸上发布收购方案摘要后,直接向股东寄送详细的披露报告。即便这种方式没有产生更高费用,可能与第一种方式的费用不相上下,但至少这种方式可以在相当程度上确保所有目标公司的股东能够收到收购方案通告。对于委托报告,发行人必须向收购方提供股东名单或同意自行承担费用并以收购方的名义寄送收购要约文件。

要约收购中的多数披露信息类似于表 13D,只是更详细且相当程式化。只需根据说明填写常规的模板文件即可。其中最有技术难度的问题是对软信息(soft information)的披露。假设有两个公司:塔吉特公司和阿夸尔公司,假定塔吉特公司当前股价为每股 15 美元。阿夸尔公司对塔吉特公司进行了综合评估。阿夸尔公司策划了将塔吉特公司并入现有公司的经营方案,委托中介机构评估塔吉特公司资产,并对未来收益和经营成果等内容作出了预测。最终,阿夸尔公司决定以每股 25 美元的保留价格进行收购。换言之,阿夸尔公司认为以高达每股 25 美元的价格收购塔吉特公司有利可图。很显然,阿夸尔公司有义务对真实的保留价格进行披露。但是问题在于,究竟该如何处理据以计算保留价格的评估和预测结果?是否必须进行披露?

长久以来,软信息披露没有得到重视。近年来,SEC 制定了安全港规则,允许对某些诸如评估和预测的软信息进行披露。[①] 但是,由于该规则并不强制进行披露,所以未能解决所面临的问题。应当注意,此处的问题不同于证券法中自由采用工厂漏报(mill omissions case)的情形——该情形的根本问题是被告负有提示义务。此处,收购方承担提交涵盖重要披露信息的表 14D-1 的积极义务。因此。此处的问题在于争议软信息是否重要,并因此必须进行披露。对于第三巡回法庭在弗林诉巴斯兄弟案的裁定观点,[②] 大多法院认为并不存在对软信息进行披露的积极义务。换言之,不可以将未披露软信息视为严重漏报。然而,在弗林案中,第三巡回法庭认为,各法院必须对诸如资产评估和未来收益预测是否属于重大信息进行个案分析。适用的标准给股东带来的利益是否大于由此造成的损害。法院考虑的因素包括:信息准备人的资质、希望由此实现的目的、信息的独特性以及是否存在其他可靠信息来源。

多元化的投资人更倾向于哪种规则?回到上述假设,如果在信息公布之前目标公司股票市价为 15 美元。假定收购方评估预测认为,以 25 美元以内的任何价格实施收购都有利可图。该交易的总收

---

① 相关条款为《证券交易法》规则第 3b-6 条。

② Flynn v. Bass Bros. Enterprises, Inc., 744 F. 2d 978, 988 (3d Cir. 1984).

益为每股 10 美元,即股票现行交易价与阿夸尔公司愿意支付的最高价格之差。显然,阿夸尔公司不希望对每股股票支付超过 25 美元的价格。至此,问题变成如何在塔吉特公司股东和阿夸尔公司之间分配交易收益。如果强制阿夸尔公司对保留价格所依据的软信息进行披露,将发生如下不利情形:塔吉特公司股东将非常清晰地了解到公司对阿夸尔而言有利可图并据此提出更高的价格要求。塔吉特公司本身也会接受阿夸尔公司所披露的提高价值的想法或利用该披露信息,作为说服竞争收购方加入交易的手段。

因此,披露强迫收购方分享所获取的信息,从而导致利益从第一个收购方转移到目标公司股东和后续收购方。这种利益转移使潜在收购方不愿对收购活动进行投资,从而减少了整体收购的发生率。换言之,收购方的收益越低,投资程度越低。因此,强制披露使交易量减少而交易价格提高。我们需要再次确定,使控制权收益在特定情形中最大化的规则和提高收购发生率的规则,两者究竟哪一个有利于多元化投资者。同前文一样,一些学者认为,由于多元化投资者与塔吉特公司同样具有成为阿夸尔公司股东的可能性,所以这类投资者并不关心收购利润如何分配。事实上,这类投资者可能更倾向于选择使交易发生率提高的规则,即允许收购方保留软信息的规则。

在第一个例子中,这种分析是基于制定收购游戏规则无须考虑对非多元化投资者的影响这一假定。当然,这种假定具有争议,①但却是投资组合理论的合理延伸。处于收购“不利”一方的风险,类似于持有业务范围被禁止公司的股票之风险。换言之,这是一个非系

① See Victor Brudney, "Equal Treatment of Shareholders in Corporate Distributions and Reorganizations",71 *Cal. L. Rev.* 1072,1100 n. 85(1983)(要求投资者为了保护自己免受控股人适当行为之害而进行多元化投资而不试图防止适当行为本身的这种方案,其道德准则无法自圆其说)。

统化风险——投资者可以借助多元化消除这一风险。为此,组合投资理论认为,投资者不需要也不应当因自愿承担非多元化的非系统风险而获得补偿。由于合股投资和类似投资以低成本实现多元化提供了现成的机会,因此法律不应当为拒绝通过多元化自我保护的投资者提供专门的保护措施。换言之,正如侵权法关于风险承担不救济(assumption of risk bars recovery)的原则一样,法律应当将非多元化投资者视为已"承担风险"。如果一种规则以牺牲多元化投资者利益的方式来保护非多元化投资者,那么保护后者的依据极不充分。

然而,承认应当保护多元化投资者并不能解决上述争议。如前文一样,如果未能满足某些条件,那么上述分析会不同。例如,如果收购方在体系上比目标公司更可能为私人持有,则理性的多元化投资者可能更倾向于使控制权溢价得到最大化的规则。更重要的是,如果理性的多元化投资者认为收购公司董事会和管理者会以不利于股东的方式挥霍收购所带来的收益,那么投资者可能更倾向于选择能够使现有资金最大化的规则。需要注意,证据表明收购公司股东一般不会从收购中获利——这恰恰表明收益被挥霍的事实。如果是这样,理性投资者可能会更倾向于这样一种规则,即使交易数量最大化且平均溢价高于通过牺牲部分人利益而使另一部分人获益的规则实现的价格。这种分析体现了与弗林案稍不同的权衡测试标准。适当的权衡测试认为"该信息给股东带来的潜在帮助"重于收购方披露信息中的专属利益。

4. 程序规则

除了基本披露条款之外,《威廉姆斯法案》还为目标公司股东规定了一些程序保护条款。例如,股东有权在要约期限届满之前的任何时间撤回预受要约股票。《证券交易法》第 14(d)(5)条规定,预受要约股票只能在要约起算 7 天内和收购程序启动 60 天(前提是要约没有被终止且在60天期限内持续存在)之后的任何时间撤回。但是,SEC规则14d-7允许在要约起算15天内撤回。如果要约收购期间出现竞争要约,那么可以行使撤回权。因此,股东有大量机会改变主意,在出现更优要约选择的情况尤其如此。

规则14e-1要求,收购方的要约期限不得少于20个工作日。另外,在要约条款出现实质变更后,收购方必须将要约期限至少延长10个工作日。尤其是,如果要约价格提高,那么收购方必须将要约至少延长10天。

在部分要约收购中,如果预受股票数量超出部分要约收购数量,规则14d-8要求收购方按照股份比例收购。这能够确保所有接受要约的股东至少均有机会获得部分股票溢价。该规则取消了《威廉姆斯法案》通过之前的对一方有利的做法,即收购方采取先来后到的做法进行部分收购。这种做法迫使股东接受要约,以避免成为公司控制权变更后的其余少数股东。为了取消类似做法,规则14d-10规定,如果收购方在要约期间提高支付对价,那么已经接受要约的股东有权获得新增对价。

5. 换股要约(exchange offer)中的证券登记

换股要约,是指以股票或其他证券支付部分或所有对价的一种要约收购。虽然收购公司可能会使用其他形式的证券或财产,但通常目标公司的股东会以其持有的目标公司股份交换收购公司发行的股份或债券。

《证券法》第2(3)条从广义上将"销售"或"出售"等词定义为"包含为获得利益而出售、处置证券或证券利益的所有合同"。自1933年该法案通过以来,这一定义将换股要约纳入其范畴。一些非上市公司股份换股(或其他证券)可能符合某一条登记豁免条款。根据公开收购要约实施的股份换证券要约不太可能符合任何豁免条款,因此交易过程中发行的证券必须进行登记。

如 1968 年最初通过时一样,《威廉姆斯法案》不适用于换股要约。该法案旨在弥补这样一个法律漏洞:委托书争夺和换股要约需分别遵循《证券交易法》委托书争夺下位联邦法规和《证券法》登记规定,而现金要约收购则不受管制。但是 1970 年,该法案得到修订并同时适用于现金和换股要约。因此,目前收购方必须遵循两种法律制度中的披露和程序性规则。

6. 目标公司的义务

只要目标公司董事的行为存在善意,就不承担与潜在收购方进行谈判的法律义务。同样,目标公司董事会也没有义务对假设性问题或要约进行具体回应。但是,一旦真实要约提上议程,目标公司董事会必须履行各州公司法意义上的信托义务,谨慎考虑收购方案。①当然,经营判断规则"在管理过程中赋予其宽泛的自由裁量权,从而使行为符合其所理解的公司最大利益"。② 但是,需要注意,适用该规则的必要前提是必须作出明智的决策。③

在对真实收购方案进行评估时,如下为相关的法定考虑因素:

---

① See Norlin Corp. ,v. Rooney,Pace Inc. ,744 F. 2d 255,267(2d Cir. 1984)("我们已对公司管理人提出谨慎审查变更控制权好处的要求……[并且]也责令其在分析过程中咨询投资专家……这种做法的目的是确保在采取行动之前而非事后进行合理审查");Simith v. Van Gorkom,488 A. 2d 858,872(Del. 1985).("其他人对此享受经济利益的情形要求董事履行积极的保护义务,并在出现的情形中对该类信息进行严肃的评估……")

② Berman v. Gerber Products Co. ,454 F. Supp. 1310,1319(W. D. Mich. 1978).

③ Simith v. Van Gorkom,488 A. 2d 858,872(Del. 1985)(董事必须充分了解"可能获得的所有重大信息")。根据不同的情形,独立董事对任何方案的看法可能格外重要。See Panter v. Marshall Field & Co. ,646 F. 2d 271,294(7th Cir. 1981)("如果董事会多数意见来自独立董事,应当重视经营判断规则规定的善意推定。").

(1)就如下方面,要约价格是否充分:(i)目标公司现时和历史价格;[①](ii)资产账面价值和重置成本;(iii)收益预测;(iv)"隐形"或表外资产;(v)收益或市值增长前景;(vi)市场状况;(vii)资产清算价值;(viii)在收购针对全部股份的情况下,潜在业务销售价格(应当提供目标公司的全面财务状况);(ix)其他处境类似公司的锦旗销售价格;(x)其他类似公司近期的"友好"收购和恶意收购的溢价;(xi)从其他收购方处获得更高价格的可能性。

(2)要约所提供对价的性质,如现金、证券(如果是证券,与证券有关的公司的前景)。

(3)收购方是否正在寻求收购全部或部分目标股份;如果是部分要约,对其余股东的影响是什么?即如果部分要约收购成功,少数股东的前景,尤其是后续是否会发生兼并的情形?如果是,将依据何种条件兼并?[②]

(4)如果适用,要约的管理性影响以及收购方获得管理批准的可能性。

(5)收购方的背景、经营活动以及对目标公司的意图。

最后两个要素与目标公司董事会积极抵制要约的潜在义务尤其息息相关。例如,如果董事了解或有理由了解潜在收购方(suitor)可

---

① 在评估一项要约充分性时,单纯目标公司股票可以低于要约价格出让的事实并不意味着要约价格充分,因为正常交易市场并不反映目标公司的并购价值。以转让整个公司时的价格作为要约价格的参照对象并不适当。正如特拉华州最高法院所解释的一样,"较高的溢价可能称为并购的理由,但是在缺少其他合理信息评估的情况下,单纯存在溢价的事实并不足以成为要约价格公平性的充分依据……原因是,董事会既没有对整个公司进行评估,也不曾考虑过出让公司或接受买断收购(buy-out merger)……只有通过对能够反映特定公司价值的信息进行其他正当合理评估,才能确定溢价的充分性。"See Simith v. Van Gorkom,488 A. 2d 858,875 -76(Del. 1985).

② 例如,董事应当考虑其余股东所持有股份的市场流动性,并且鉴于 Weinberger v. UOP, Inc.,457 A. 2d 701(Del. 1983),应当考虑这是否为"排除"少数股东的第一步。

能掠夺或对目标公司进行不当管理,那么他们有义务抵制要约。[①] 同样,如果目标公司董事认为一项要约因管理方面的理由违法,那么他们也有义务对要约进行抵制。[②]

如果收购方的初始要约包含协商邀请,那么目标公司董事可以选择进行协商。协商有助于披露有利信息,并且给予目标公司更多时间评估和回应该情形。目标公司可以就收购方协议设定条件,要求在提出要约收购的前提下才愿意进行协商。另外,与恶意收购方进行谈判有其利好方面。选择协商也给予收购方一种印象,即如果收购条件不同,有可能会被接受。这可能促使收购方怀疑管理层的反对并决意坚持收购方案,而如果在没有协商的情况下,收购方本可能会撤回要约。目标公司做出的任何要约抵制行为,可能不利于作为其后续向股东解释抵制要约的论据。如果谈判涵盖未来目标公司对管理层或董事的报酬,可以提出管理层或董事存在不当获利之诉。

如果提出要约收购,《威廉姆斯法案》强制要求目标公司董事会提交表 14D－9 披露报告。[③] 在提交表 14D－9 之前,如果仅涉及如下事项,目标公司可以只向公司股东送达通报文书:(i)指出收购方;(ii)说明目标公司正对要约收购进行论证,并将在指定期限内提出建议;(iii)要求股东在清楚目标公司立场之前暂缓做出接受或拒绝接受要约收购的决定。根据 SEC 规则 14e－2,目标公司必须在要约生效 10 日之内对股东披露如下内容:(i)董事会建议接受还是拒绝

---

① Harman v. Willbern,374 f. Supp. 1149,1156－59(D. Kan. 1974),aff'd,520 F. 2d 1333(10th Cir. 1975).

② Panter v. Marshall Field & Co. ,646 F. 2d 271,297(7th Cir. 1981);Berman v. Gerber Products Co. ,454 F. Supp. 1310,1323(W. D. Mich. 1978).

③ 在要约实际开始之前,问题的关键在于收购方案是否属于目标公司必须披露的重大信息。一般而言,不需要对协商邀请或偶然询问进行公告。Panter v. Marshall Field & Co. ,646 F. 2d 271,296(7th Cir. 1981)("董事没有义务对潜在收购方或兼并方所采取的任何方法进行披露")。

要约收购;(ii)董事会就要约收购不发表意见还是保持中立;(iii)董事会是否无法就要约收购表明立场。报告还必须包含董事会所采取立场的理由。根据规则 14d－9(f),该通报文件应被视为建议书,因此应当向 SEC 提交表 14D－9。表 14D－9 必须披露:(i)支撑董事会建议的理由;(ii)管理层成员或董事会与收购方之间达成的任何安排或谅解;(iii)建议人身份和职权;(iv)与管理人或董事在提交表 14D－9 前 60 天之内所达成的任何与要约收购之目标证券交易有关的信息。

第五节　要约收购之诉

要约收购产生诸多诉讼:目标公司诉收购方、收购方诉目标公司、目标公司股东诉目标公司董事会或收购方、SEC 诉目标公司或收购方。要约收购之诉是诉讼人的梦想、交易律师的噩梦。相关法规均未明确赋予个体以诉讼理由。因此,如《证券法》第 13(d)条之诉一样,问题在于:(1)是否存在默示个体诉权?(2)如果存在,争议方是否有诉讼地位?

久而久之,美国联邦最高法院已至少提出 4 种创设个体诉权的不同方法:

(1)传统的博拉克规则,法院根据该规则规定,在有必要通过个体行为执行法规规定以弥补 SEC 做法的情况下存在默示个体诉权。[①] 尽管博拉克规则没有被明确推翻,但它实际上仅适用于代位行

① J. I. Case Co. v. Borak,377 U. S. 426(1946).

使权利的情形。[1]

(2)考特案所宣布的四要素标准,[2]它要求回答四个问题:"第一,原告是否属于特殊利益受法规保护的群体之一?第二,立法机关是否有明示或暗示意图创设或否定这种救济方式?第三,是否符合法律体系暗示原告享有该救济权的根本宗旨?第四,该诉讼理由是否属于在各州主要职责范围内于传统上授权州法的范畴,并因此不能只依据联邦法推断是否存在诉讼理由?"[3]

(3)特劳驰罗斯案中所制定的严格的解释者方法,严格限制考虑立法意图。[4]

(4)科兰案中的上下文方法,又称重现法,它强调这样一个问题,即国会是否已对争议法规做出修订,同时没有推翻依据联邦法规创设默示诉权的司法决议。[5] 如果是,则可以推定国会存在保护默示救济方法的明确意图。

遗憾的是,唯一有关《威廉姆斯法案》默示个体诉权的联邦最高法院只产生于最后两种方法之前。在派普诉克里斯－克拉夫特案中,[6]法院解决了失利要约收购人诉成功的竞争收购方和目标公司要求依据第14(e)条反欺诈条款求偿的诉讼地位问题。1968年年底,克里斯－克拉夫特公司对派普公司发起收购。派普公司董事会以班戈－庞塔公司作为白衣骑士(目标公司在任董事和管理人更容易接

---

① See Reschini v. First Fed. Sav. & Loan Ass'n of Ind., 46 F. 3d 246, 255 (3d Cir. 1995) (认定博拉克"仍然是《证券交易法》和规则14a－9的良好缔造者",但是应当注意的是,"如果首次出现于当前,无法确定对它的认定是否同之前一样").

② Cort v. Ash, 422 U. S. 66 (1975).

③ California v. sierra club, 451 U. S. 287, 293 (1981).

④ Touché Ross & Co. v. Redington, 442 U. S. 560 (1979).

⑤ Merrill Lynch, Pierce, Fenner & Sminth, Inc. v. Curran, 456 U. S. 353 (1982).

⑥ 430 U. S. 1 (1977).

受的竞争收购方)加入收购战。班戈-庞塔公司同意做出换股要约,其中派普股东将获得班戈-庞塔公司的一系列证券作为其在派普股权的对价。在班戈-庞塔公司竞争要约出现时,克里斯-克拉夫特公司已经收购派普公司约13%的流通股。虽然如此,还是班戈-庞塔公司最终获胜,其收购50%以上的股份,仅留给克里斯-克拉夫特公司40%的股份。克里斯-克拉夫特公司对派普公司及其承销商、班戈-庞塔公司提起诉讼。克里斯-克拉夫特公司的主要诉讼主张为,班戈-庞塔公司在送达派普股东的有关换股要约报告中,将某一铁路公司列为子公司。克里斯-克拉夫特公司称,班戈-庞塔公司未披露该铁路公司即将亏本出售的情况,从而违反《证券交易法》第14(e)条对要约收购欺诈行为的禁止规定。原告主张,不披露的行为导致派普公司股东依据班戈-庞塔公司固定资产的虚增价值做出了接受要约的决定。

理解本案中存在争议的损害性质,对于理解本案至关重要。请记住,克里斯-克拉夫特公司成为派普公司的少数股东,而班戈-庞塔是控股股东。克里斯-克拉夫特公司固然为购买派普公司股票支付了高额的溢价。然而,在班戈-庞塔公司成功收购之后,克里斯-克拉夫特公司所持派普的股份价值急剧下跌。我们知道,任何股份的价值都反映了市场对股权所赋予的"权利束"现时价值的共识。其中有关估价要素包括:未来收益流的价值、表决权以及未来溢价收购的可能性。克里斯-克拉夫特公司持股价值减少反映了收购领域的两个基本事实:第一,班戈-庞塔目前处于控股地位,因此少数股东的表决权本质上已没有太大意义。第二,由于班戈-庞塔公司处于控股地位,所以任何人都无法通过收购派普公司其余流通股来获得控制权。因此,获得未来收购溢价的可能性也完全不存在。

下级法院判决认为,克里斯-克拉夫特公司有根据《证券交易法》第14(e)条寻求班戈－庞塔和派普公司赔偿的诉讼理由。法院通过克里斯－克拉夫特公司收购股票所支付价格与在班戈－庞塔获得控制权后立即在公开市场出售股票所实现价格之差,计算出克里斯－克拉夫特公司的损失——大约为每股37美元。联邦最高法院根据诉讼地位的理由推翻了这一判决,认为失利的要约收购方缺少依据《证券交易法》第14(e)条主张赔偿的诉讼资格。

在派普案两年前,联邦最高法院已经对"考特诉阿什案"(Cort v. Ash)作出判定,联邦最高法院在该案中确立了用于法院创设新的默示个体诉权的四要素测试法。派普案之后的案件有意推翻考特案判例。正如斯佳丽法官的解释一样,法院实际上在特劳驰罗斯案和泛美案中推翻了考特诉阿什案的分析方法,将考特案的四要素之一(国会意图)改成"决定性要素"。[①] 然而,话虽如此,但只要其他三个考特要素有助于确定国会意图,就仍然属于相关要素。[②] 因此,通过采用最初的四要素测试仍然有助于分析派普案。

考特要素之一——原告是否属于制定法意图保护的特殊利益的一类群体。克里斯－克拉夫特公司为派普公司的股东——从一开始持有的13%到最终持有派普公司40%的股份。然而,克里斯－克拉夫特公司不属于国会希望保护的股东类型。国会顾虑公众股东会受到收购方和管理层的夹击。国会试图为了独立股东的利益而对收购方行为进行管制。由此,克里斯－克拉夫特公司属于受管制群体,而非受益群体。

考特要素之二——是否存在任何借助明示或暗示方式意图创设或否定一种救济途经的立法倾向,当前该要素也被认为是决定性要

① Thompson v. Thompson,484 U.S. 174,189(1988)(Scalia,J.,concurring)(强调自带).

② Touche Ross & Co. v. Redington,442 U.S. 560,575－76(1979).

素。因此,对于克里斯 - 克拉夫特公司诉讼地位最强有力的主张为:国会希望《威廉姆斯法案》在收购方和目标公司管理层之间保持公允。经常被人们提起的一个比喻为,假定国会希望争议双方保持"公平竞争环境"。由此,有观点认为,国会肯定希望法院容许管理人和收购方彼此就对方违反法规的行为提起诉讼,从而确保公平竞争。在 派普案中,联邦最高法院承认国会在收购方和目标公司管理层之间采取了中立政策,但同时认为,该中立政策无关乎要约收购方的保护或其就违反法规行为的诉讼地位问题。相反,中立政策旨在协助实现《威廉姆斯法案》的主要宗旨,即通过收购方的全面公平披露制度保护独立股东。另外,有关中立政策的立法历史陈述,旨在对有关立法机构偏袒目标公司管理层的批评进行反证。由于国会的意图是约束过去不受管制的收购方行为,但很难看出国会有何理由赋予收购方其他有力武器。国会的全部目的在于保护股东而非强化收购方权利。

考特要素之三——赋予原告默示救济权是否符合法律体系的宗旨。克里斯 - 克拉夫特公司同样也不满足这一点。法院强调,认为克里斯 - 克拉夫特公司获得救济有利于派普公司其他股东的利益的观点,很难令人接受。尽管给予赔偿有益于已变成克里斯 - 克拉夫特公司股东的原派普公司股东的利益,但是这会损害更多已成为班戈 - 庞塔公司股东的原派普公司股东的利益,并使这些股东由此承担损害赔偿责任。在这种情况下,联邦最高法院的观点言之有理,原因是班戈 - 庞塔公司要约收购属于以班戈 - 庞塔公司股票作为对价的换股要约。如果班戈 - 庞塔公司采取现金支付方式,那么原先派普公司的股东也不会成为班戈 - 庞塔公司股东,法院的观点是否依然讲得通?尽管不满足赔偿会损害派普公司多数股东这一无足轻重的观点,但答案是肯定的。但问题在于,对克里斯 - 克拉夫特赔偿是否对克里斯－克拉夫特有益且仅对克里斯－克拉夫特公司有益——这并不是捍卫所有派普公司股东权益的集体诉讼。[①] 它是基于克里斯－克拉夫特公司被迫处于少数股东地位并丧失了所支付的派普公司股价与现价价差。因此,即便班戈－庞塔公司要约为现金方式,赔偿克里斯－克拉夫特公司也不会对派普公司原股东有益。

考特要素之四——诉讼理由是否属于历史上授权州法的范畴。联邦最高法院认为,基于这些事实赋予克里斯－克拉夫特公司诉讼理由,相当于为横加干预潜在商业利益的民事侵权行为创设向联邦法院提起诉讼的理由。在传统上,这种诉讼理由属于州侵权法的范畴。因此,除非国会通过新法,则收购方应当寻求州法救济(如果有)。

所以,克里斯－克拉夫特公司未能符合任何一个测试要素。法院由此判定,要约收购方无损害求偿权。派普判例被下级各法院扩展至用于禁止目标公司依据所有适用法规提出默示个体诉权,也就不难预见了。为此,各法院主要依据派普案对目标公司管理人和收购方是属于法规的被管制而非特殊受益群体予以强调。至于股东,多数法规禁止依据《证券交易法》第14(e)条以外的条款主张损害求偿权。如《证券交易法》第13(d)条诉讼一样,所有相关方(收购方、目标公司和目标公司股东)均被《威廉姆斯法案》诸条款赋予就公平救济提起默示个体诉讼的资格。

对公平救济和损害赔偿救济进行区分言之有理。自博拉克案以

---

① 克里斯－克拉夫特公司不应代表所有派普公司股东提起集团诉讼,原因在于除了克里斯－克拉夫特之外并没有其他人遭受损害。向克里斯－克拉夫特公司出售股票的股东从克里斯－克拉夫特公司得到了溢价,并且不管怎样,这些股东并没有根据所谓的不当报告接受要约。向派普公司出售股票的股东也没有受损,以亏本价格出让铁路公司的股票反而使新的班戈－庞塔公司股票升值。没有向两个公司出售股票的股东也同样没有受损,并没有证据表明不当报告导致他们作出继续持有股票的决定。

来,默认的私人诉权的基本合理性已经成为私人律师普遍接受的概念。正如克里斯 - 克拉夫特的主张,失利收购方对揭发违规行为具有特殊利益。因此,赋予克里斯 - 克拉夫特诉讼理由将进一步强化联邦证券法规的执行力,从而有利于股东。虽然这种方式的抑制效果可观,但是应当通过更高效的方式来实现。抑制效果体现为名义制裁和被调查或定罪的可能(危险)。如果发现违规的成本高或难度大并因此不太可能实现,那么必须加强名义制裁以进行补偿并发挥抑制作用。如果出现违反《威廉姆斯法案》的情形,那么发现违规行为的可能性非常大。收购方必须向 SEC 提交报告,目标公司和收购方都有足够动力去检举非法行为。由此,达到理想的抑制效果并不需要过于严厉的名义制裁。事实上,如果对这些情形设置过于严厉的制裁,则可能产生制裁过度的问题,即对合法与非法行为的中间地带利好行为产生抑制效果。如果我们认为收购(尤其是存在竞争收购的情形)是利好行为,那么我们可能并不希望过多地抑制它。这一原则解释了为何损害赔偿救济无一不被否定(各法院遵循联邦最高法院在派普案中的方法),肯定是认为损害赔偿惩罚将会造成过高的抑制效果。反之,如果一方可以随意隐瞒和欺骗,仅须承担被 SEC 执行的风险,那么公平竞争环境可能会有利于该方。禁令救济(尤其是在限于纠正披露信息的情况下)似乎是对维持法案预期实现的公平竞争环境干扰非常小的手段。极具动力去寻求法律救济的一方能够有机会防止不当报告和其他违规行为,而不会带来过度的抑制效果。

不论如何,在确定有权就违反要约收购法规的行为寻求救济的资格主体之后,接下来的任务是确定诉讼理由的要素。根据委托法规,禁令诉讼的要素与禁令救济的要素相同。假定你能证明公平救济的传统理由,则只需要证明被告未能按要求提交文件或证明被告提交的材料存在严重不当或漏报信息即可。

第六节 内幕交易与要约收购

如果一个人在公告之前获悉即将发生收购交易,那么他可以在公告之前大量低价购买股票,并在公告后高价出售。当然,获悉收购交易的时间越早,购买和出售的价差也越大,收益也越高。通过利用期权而非实际收购目标公司股票,能够进一步提高收益,因为通过期权可以就相同的投资获得更多的股票。

现代意义上的对内幕交易的禁止,成形于"SEC 诉海湾硫黄公司案"(SEC v. Gulf Sulphur Co.)。[①] TGS 案以获取信息的平等性作为评判依据的做法广为人知。据此,根据 TGS 及其后续案件,掌握重要非公开信息的任何人均须对其进行披露或者终止交易相关公司的证券。如果在交易前,潜在交易人的信托义务禁止其披露该信息,则终止交易是唯一的选择。

然而,在"奇亚瑞拉诉联邦政府案"(Chiarella v. United States)[②]和"德克思诉 SEC 案"(Dirks v. SEC[③])中,美国联邦最高法院驳回了平等获取信息的政策。事实上,法院明确指出,只有在被告有义务在交易前披露信息的情况下,才承担上述义务。因此,内幕交易人不再单纯因为其比市场上其他投资人掌握更多的信息而承担上述义务。相反,只有在内幕交易人破坏了交易相对方既有信托义务的情况下,

---

① 401 F.2d 833(2d Cir. 1968),cert. denied,394 U.S.976(1969).

② 445 U.S.222(1980).

③ 463 U.S.646(1983).

才会产生披露义务的问题。[①]

奇亚瑞拉和德克思案给内幕交易禁止规定的范畴造成了极大的漏洞。请考虑如下标准的法学院理论假设:一家律师事务所受雷德公司委托,代表其处理与事先计划的收购塔吉特公司的事务。初级律师安是接受该项目委托的律师之一。在雷德公司公开披露收购意图之前,初级律师安购买了大量塔吉特公司股票。根据披露或终止交易规则,她并没有违反内幕交易的禁止规定。不管她对雷德公司所承担义务的范畴如何,她对塔吉特公司股东没有任何义务。由此,她的交易并未违反信托义务这一必要规定。而规则 14e - 3 和滥用理论的创设旨在弥补这一漏洞。

---

① 信义义务这一要素的确立极大地缩小了披露或终止交易规则的使用范围,但是该规则仍广泛适用于诸多方面。特别是,它不仅限于诸如管理人、董事和控股股东等真正的内幕知情人,而且包含在两个重要层面上的公司外部人士。但是,即便在这种情况下,内幕知情人披露或终止交易的义务也仅限于交易人(内幕知情人或外部人士)违反对发行人或交易另一方信义义务的情形。第一,该规则涵盖各种名义上的外部人士。他们与受影响的证券发行人的关系密切程度足以认定其属于"推定内幕知情人",但这种情况仅适用于特定情形。外部人士必须从发行人处获得重大非公开信息。发行人对外部人士保守该秘密信息抱有期待。这种关系必须至少暗含该义务。如果满足这些条件,则将该外部人士视为"推定的内幕知情人",并需要全面遵循披露或终止交易规则。See Dirks,463 U. S. at 655 n. 14。但是,如果不符合这些条件,则完全不适用于披露或终止交易规则。由此,重要的问题在于双方关系的性质。第二,该规则还包含从真正或推定的内幕知情人处获得内幕信息的外部人士。但是,内幕信息接受人的责任必须有一定的限制条件。最重要的是,联邦最高法院在 Dirks 案中解释认为,内幕信息接受人的责任自内幕信息知情人衍生而来,"在内幕知情人违反信义义务的前提下,产生于参与人的角色"。因此,仅了解内幕信息并不足以导致承担责任。规则所禁止的并不仅是内幕知情人违反该义务,而是禁止所有信义相对人依据内幕信息获取私利的信托义务。由此,在考虑客观标准之后,各法院必须认定内幕知情人是否直接或间接从披露信息中获取私利。所以,承担责任的前提是必须存在违反信义义务的情形:只有内幕信息知情人违反信义义务向信息接受人披露信息,并且信息接受人知道或有理由知道信息披露人违反义务,才能要求内幕信息接受人承担法律责任。

1. 规则 14e－3

规则 14e－3 是 SEC 对奇亚瑞拉案迅速反应的结果。[①] 该规则的主要目的在于管控 20 世纪 80 年代与兼并收购的增长相伴而生的内幕交易问题。规则禁止收购方和目标公司的内幕知情人，向可能根据该信息选择违法交易的人泄露有关要约收购的秘密信息。这一条款[规则 14e－3(d)(1)]并不禁止收购方收购目标公司的股份或向其法律、财务顾问透漏收购计划。规则所禁止的是将信息泄露给为谋取私利而购买目标公司股份的人。特别是，规则旨在打击被称作囤积股票(warehousing)的做法。传闻证据表明，在规则 14－3 制定之前，收购方频繁向友好各方泄露收购意图。囤积股票增加了可能会支持收购方收购计划的股份数额，提高了恶意收购成功的概率。

另外，如果收购方已经启动或着手采取启动并购的实质步骤，规则 14e－3 禁止掌握他人要约收购重大信息的任何人交易目标公司的证券，相关条款的适用范围狭窄且界定严格。即便在正式宣布要约收购之前或者在要约收购没有发生的情况下，也可以认定存在必要的“实质步骤”。实质步骤包含诸如收购方董事会就要约收购进行表决、收购方制定要约收购计划或方案、为要约收购提供极大便利的活动(如要约筹资、准备、指示或批准要约收购材料的准备)等情形。[②] 交

---

① 17 C. F. R. §240. 14e－3. 事实上，在“奇亚端抗案”判决时，规则 14e－3 尚处于待定状态，虽然 SEC 知道自己试图依据规则 10b－5 实现囤积股票这一做法的有效性成疑。See Chiarella v. United States, 445 U. S. 222, 234 n. 18(1980).

② SEC Release No. 34－17, 120(1980). 参见 SEC v. Maio, 51 F. 3d 623(7th Cir. 1995)(在双方公司之前存在要约收购的情况下，签订保密协议可以被视为实质性步骤)；SEC v. Musella, 578 F. Supp. 425(S. D. N. Y. 1984)(维持律师事务所对可能的要约收购提供法律建议属于实质性步骤的判定)；Camelot indus. Corp. v. Vista Resources, Inc., 535 F. Supp. 1174(S. D. N. Y. 1982)目标公司管理人、潜在收购方以及投资专家(investment banker)等人之间的会晤可以被视为实质性步骤；O' connor & Assoc. v. Dean Witter Reynolds, Inc., 529 f. supp. 1179(S. D. N. Y. 1981)(即便要约收购不曾真正生效也仍然违反规则 14e－3).

易人应当了解或有理由了解收购方或目标公司或任何一方代理人所提供的信息。

与披露或放弃规则以及规则10b-5中的滥用理论不同,规则14e-3所规定的义务并不以违反信托义务为前提。不需要证明交易方或信息泄露人有信托义务,也不需要证明信息泄露人存在从泄露信息中谋取私利的行为。但是,由于规则10b-5中完善的信托义务规定,该规则与"施雷伯诉伯灵顿北京公司案"(Schreiber v. Burlington Northern, Inc.)①产生了冲突,在该案中联邦最高法院认定《证券交易法》第14(e)条以第10(b)条为模板并且同第10(b)条一样——要求证明存在滥用信息或未披露信息的行为。正如"施雷伯案"的解释一样,如果这两条被解释为规定相同事项,且第10(b)条要求先行证明违反信托义务才承担责任,那么SEC制定规则使诸多不违反任何义务的交易实践不合法的做法,似乎超出了其法定权限。但是,尽管在"美国联邦政府诉奥哈根案"中并未涉及信托义务要素,联邦最高法院依然认定证券交易规则14e-3是SEC行使制定规则的权力的有效依据。

因此,虽然规则14e-3不受限于奇亚瑞拉/德克思体系中以信托义务为前提的规定,但是,该规则的适用范围依然十分有限。在收购方采取收购要约实质步骤之前,不适用规则的第一个层面(在掌握重要非公开信息的情况下禁止交易)。更重要的是,该规则的两个层面仅限于与要约收购有关的信息。因此,多数类型的内幕交易信息仍须遵循以存在信托义务为前提的奇亚瑞拉及后续案件分析方法。

---

① 472 U.S.1(1985).

尽管有关规则 14e－3 的大多数诉讼案件是由 SEC 提起的，但是该规则下似乎存在个体诉权，且在违反该规则行为发生时交易目标公司证券的投资者可以行使该权利。[①]

2. 滥用内幕信息

为应对其在“奇亚瑞拉案”和“德克思案”中所面临的困境，SEC 开始推广一种新的内幕交易理论：滥用内幕信息理论。与规则 14e－3 不同，SEC 的滥用内幕信息理论并不仅限于要约收购（虽然实际上很多滥用内幕信息决议都与收购有关）。因此，SEC 将滥用内幕信息理论视为规则 10b－5 项下全新的责任理论。这意味着 SEC 必须找到一种方式实现“奇亚瑞拉和德克思案”的信托义务规定。

（1）起源

滥用内幕信息理论，通常可以追溯到首席法官伯格在“奇亚瑞拉案”中的判决附带意见（当然这种观点是错误的）。伯格认为，内部交易者获取用于交易的非公开信息的方式，本身就可能属于在交易前向市场披露的重大情形。因此，伯格主张，“滥用非公开信息的行为人有绝对义务[向交易相对方]披露该信息或终止交易”。[②] 多数意见没有意识到该理论的价值，反而仅以该理论没有被提交评审团裁决并因此无法维持刑事定罪为由予以驳回。

因此，这一问题还有待 SEC 敦促和下级法院认可滥用内幕信息

① See O'connor & Assoc. v. Dean Witter Reynolds, Inc., 529 f. supp. 1179 (S. D. N. Y. 1981).

② Chiarella v. United States, 445 U. S. 222, 240 (1980) (Burger, C. J., 判决附带意见)。

理论作为内幕交易责任的依据。[①] 第二巡回法庭迅速抓住了这一机会。在"联邦政府诉纽曼案"(United States v. Newman)中,[②]一家投资银行的员工存在滥用涉及该公司兼并方案机密的行为。正如文森特·奇亚瑞拉的情形一样,在目标公司证券交易期间,纽曼被告员工恰好服务于潜在的收购公司。因此,纽曼被告对与其交易的投资人不承担信托义务。而且,投资银行和客户均未在这一期间与被告交易目标公司股票。

与首席法官伯格在奇亚瑞拉案判决附带意见不同,第二巡回法庭不认为被告纽曼有向交易相对方或欺骗对象披露信息的任何义务。相反,法院认为,同样是滥用秘密信息谋取私利,被告存在欺骗公司和客户的行为,并且该欺骗行为足以要求被告对交易相对方承担内幕交易责任。[③] 经过不断修正提炼,(发生于奥哈根之前的)滥用内幕信息理论要求存在如下情形的任何人承担内幕交易责任,而不论其是否对其所交易股票的公司股东承担任何义务:①滥用重大非公开信息;②因此违反信托义务或类似的委托和保密义务;③并在

---

① Douglas brandson, "Discourse on the Supreme Court Approach to SEC Rule 10b-5 and Insider Trading", 30 *Emory l. J.* 263 (1981); James D. Cox, "Choices: Paving to the Road Toward a Definition of Insider Trading", 39 *Ala. L. Rev.* 381 (1988); Jill E. Fisch, "Start Making Sense: An Analysis and Proposal for Insider Trading Regulation", 26 *Ga. L. Rev.* 179 (1991); Donald C. Langevoort, "Insider Trading and the Fiduciary Principle: A Post-Chiarella Restatement", 70 *California Law Review* 1 (1982); Jonathan R. Macey, "From Judicial Solutions to Political Solutions: The New, New Direction of the Rules Against Insider Trading", 39 *Ala. L. Rev.* 355 (1988); Lawremce E. Mitchell, "The Jurisprudence of the Misappropriation Theory and the New Insider Trading Legislation: From Fairness to Efficiency and Back", 52 *Albany L. Rev.* 775 (1988); William K. S. Wang, "Post-Chiarella Developments in Rule 10b-5", 15 *Rev. Sec. Reg.* 956 (1982); William K. S. Wang, "Recent Developments in the Federal Law Regulating Stock Market Inside Trading", 6 *Corp. l. Rev.* 291 (1983).

② 664 F. 2d 12 (2d Cir. 1981).

③ See United States v. Newman, 664 F. 2d 12, 17 (2d Cir. 1981); also see United States v. Carpenter, 791 F. 2d 197 (2d Cir. 1984), cert. denied, 471 U. S. 1053 (1985).

证券交易中利用该信息。①

与传统的披露或终止交易规则类似，滥用内幕信息理论要求认定内幕信息违法必须以存在违反信托义务的行为为前提。② 只是受信关系与之前完全不同。根据滥用内幕信息理论，被告无须对作为交易相对方的投资人具有信托义务，也无须对交易证券的发行人具有信托义务。事实上，如果内部交易人违反信息来源的信托义务，则适用滥用内幕信息理论。③ 例如，如果滥用内幕信息理论用于奇亚瑞拉，则即便他对交易相对方不承担任何义务，他的有罪认定也会得到维持。事实上，他已经违反了应对潘迪克出版公司承担的义务。

应当将滥用内幕信息理论视为 SEC 尝试尽可能收复在奇亚瑞拉案和德克思案中所丧失领地的手段。在后续几年中，SEC（以及下级各法院）似乎认为信托义务要素纯粹有碍于扩大内幕交易责任的适用。他们一直试图在遵循信托义务规定的字面含义的同时避开法理。即便是 SEC 的正式委员也承认，滥用内幕信息理论“只是强制实现信息平等的一种说辞”。④ 换言之，SEC 利用滥用内幕信息理论将禁止规定重新推回到“德克萨斯海湾硫黄公司案”（Texas Gulf

---

① See United States v. Bryan，58 F. 3d 933，945（4th Cir. 1995）.

② See SEC v. Switzer，590 f. Supp. 756，766（W. D. Okla. 1984）（指出，根据偶尔听闻的信息作出交易行为并不违法）.

③ See United States v. carpenter，791 f. 2d 1024，1028 – 29（2d Cir. 1986）（针对一名违反对报社保密义务的新闻记者适用滥用内幕信息理论）.

④ Charles C. Cox & Kevin S. Fogarty，“Bases of Insider Trading Law”，49 *Ohio St. L. J.* 353，366（1988）.

Sulphur)最初裁定的相反方向。①

(2)"奥哈根案"与"布莱恩案":对滥用内幕信息理论的挑战

联邦最高法院最先在"卡朋特诉联邦政府案"(Carpenter v. United States)②中适用滥用内幕交易信息理论。在该案中,《华尔街日报》的一名记者及其同伙存在滥用属于报社信息的行为。联邦最高法院根据邮电欺诈法规维持了有罪认定,认为这些法规保护机密商业信息免于被欺诈行为利用。③ 但是,关于被告证券欺诈有罪认定的问题,法院出现了4∶4 分歧意见的情形。根据对联邦最高法院分歧意见的传统做法,下级法院的裁定得到维持,但是其裁定不具有先例或成文法价值。

由此,下级法院可以拒绝采纳滥用内幕信息理论,第四巡回法庭和第八巡回法庭后续分别在"联邦政府诉布莱恩案"(United States

---

① 禁止内幕交易联邦规则的一个令人费解的特征为,法院愿意赞同并支持 SEC 的做法。虽然 SEC 确立宽泛的内幕交易限制规则的动机似乎可以被简单解释为政治经济,但是,无法确定法院有何理由也参与其中。然而,事实上二者一直如此。卡迪(Cady)、罗伯特(Robert)夺权被"德克萨斯海湾硫黄公司案"认定为有效,并在"案奇亚瑞拉案"中被推翻。SEC 在最近"奥哈根案"和"布莱恩案"中被推翻的做法又重新得到联邦最高法院支持。法官全面赞同并支持 SEC 的做法。关于对该司法判决程序的解释,See Stephen M. Bainbridge, "Insider Trading Regulation: The Path Dependent Choice between Property Rights and Securities Fraud",52 *SMU L. Rev.* 1589,1635 -40(1990)。

② 484 U. S. 19(1987).

③ 联邦邮电诈欺诈法规,《美国法典》第十八章第 1341 节、第 1343 节分别禁止利用邮件和"电信、广播和电视传媒"实施任何"诈骗计划或骗术"。邮电诈骗法规保护财产权,See MacNally v. United States,483 U. S. 350(1987),而商业机密被该法规视为财产。Carpenter v. United States,484 U. S. 19,25(1987). 因此,联邦最高法院判定,《华尔街日报》拥有怀南斯(Winans)及其同伙所利用信息的所有权,并认定二人依据该信息并利用邮件和电信从事交易的行为,构成法律所规定的诈骗计划。自"卡朋特案"和"奥哈根案"之后,可以说,只要违反规则 10b -5 就会同样违反邮电诈骗法规,反之亦然。

v. Bryan)[①]和"联邦政府诉奥哈根案"(United States v. O'Hagan)[②]中确实选择了这种做法。两个法院认为,规则10b－5的义务规定仅适用于对证券收购人、出售人或对与证券交易有密切关系的其他人存在欺骗行为的情形。原因在于,如果滥用内幕交易信息理论无关乎欺骗行为,而只是违反对信息提供人的信托义务,那么该理论将无法成立。联邦最高法院在"联邦政府诉奥哈根案"中解决了巡回法庭的分歧意见以及之前第二巡回法庭关于认定滥用内部交易信息理论有效的裁定。

(3)"奥哈根案"

詹姆斯·奥哈根是德汇(明尼阿波利斯)律师事务所的一名合伙人。1988年7月大都会公司(以下简称大都会公司)聘请德汇律师事务所代理与收购皮尔斯伯里公司有关的法律事务。尽管"奥哈根"不是负责该项目的律师,但他了解到公司的意图并开始购买皮尔斯伯里股票和该公司看涨期权。在大都会公司在10月宣布要约收购计划时,皮尔斯伯里的股价接近翻了一倍,从而使奥哈根获得了超过430万美元的收益。

奥哈根被以违反《1934年证券交易法》第10(b)条和规则10b－5滥用内幕交易信息从事交易行为提起诉讼。如果按照奇亚瑞拉案和纽曼案被告的认定方式,不能认定奥哈根有义务遵循披露或终止交易的义务,因为他服务于收购方但交易的却是目标公司的股票。他既非典型的内部交易人,也不是所交易的证券发行人推定的内幕

① 58 F.3d 933(4th Cir.1995).

② 92 F.3d 612(8th Cir.1996),rev'd,521 U.S.642(1997).

知情人。[①]

在奥哈根案中,联邦最高法院的多数法官支持滥用内幕交易信息理论是内幕知情人承担法定责任的有效依据。多数法官(按照金斯伯格法官的观点)认为,受托人为私利之目的利用属于委托人的信息而不对自身行为进行披露,构成证券与收购、出售有关的欺骗行为并因此违反规则 10b-5。[②]

该法院承认,类似奥哈根的滥用内幕信息者没有向交易相对方披露信息的义务。相反,法院的裁定承担滥用内幕交易信息责任的理由是对信息提供人存在欺骗行为。正如对该理论的多数解释一样,法院的表述为"违反对信息提供人的义务而[利用]秘密信息从事证券交易"。多数法官观点解释认为,根据这一理论,"受托人违反忠实和保密义务,为私利目的使用委托方信息收购或出售证券而不进行披露,骗取委托方对该信息的专有使用权"。根据这一定义,多数法官认定,滥用内幕交易信息理论符合《证券交易法》第 10(b)条的规定:利用"欺骗方式或计谋"从事与证券交易"有关"的行为。[③]

---

① 奥哈根还被指控违反规则 14e-3——该条规定内幕知情人从事与要约收购有关的交易——和联邦邮电诈骗与反洗钱法规。第八巡回法庭驳回了对奥哈根的这些指控。针对规则 14e-3 的指控,法院认定 SEC 无权制定规则,禁止内幕知情人从事不具有信义义务要求的交易。See United States v. O'Hagan, 92 F. 3d 612, 622-27 (8th Cir. 1996), Rev'd, 521 U.S. 642 (1997). 针对奥哈根邮电诈骗和洗钱的指控,第八巡回法庭以如下事由同样予以驳回:起诉状主要以证券诈骗违规的行为事实提出该指控。United States v. O'Hagan, 92 F. 3d 627-28 (8th Cir. 1996). 据此,鉴于法院对证券诈骗行为定罪,后两项起诉事由均不成立。联邦最高法院全面推翻了指控罪行,并重新对起诉状中依据各项法规所指控的罪行宣判。See United States v. O'Hagan, 521 U.S. 642 (1997).

② United States v. O'Hagan, 521 U.S. 642 (1997). See Donna Nagy, "Reframing the Misappropriation Theory of Insider Trading Liability: A Post-O'Hagan Suggestion", 59 *Ohio St. L. J.* 1223 (1998).

③ 联邦最高法院据此推翻首席法官伯格在"奇亚瑞拉案"中关于滥用内幕信息理论要求对滥用信息人交易相对方承担披露义务的观点。See United States v. O'Hagan, 521 U.S. 642, 655 n.6 (1997). 相反,对于"奥哈根案"滥用内幕交易信息理论的情况下,真正违反披露义务的是由于未能对信息提供人披露其意图的行为。

3. 短线收益

除了《证券交易法》第 10(b)条复杂的内幕交易规则，国会还根据《证券交易法》第 16(b)条规定了相对简单的预防性规则。换言之，第 16(b)条规定，必须将内幕交易人在 6 个月时间段内收购并出售股票所获得的任何收益返还公司。[①] 同所有预防性规则一样，第 16(b)条涵盖范围亦宽亦窄。它涵盖不受利用内部信息影响的所有交易类型，同时也遗漏了诸多公然利用非公开信息的交易。

与规则 10b－5 不同，第 16(b)条仅适用于管理人、董事或持有公司股份 10% 以上的股东，而且仅适用于自己公司股份的内幕交易。该条没有规定泄露信息责任、滥用内幕交易信息责任和推定内幕知情人等规定。

另外，第 16(b)条的适用范围还有两个重要限制。第一，它只适用于依据《证券交易法》登记注册的公司。第二，它只适用于股票和可转换债券。在所有两个层面均比规则 10b－5 的适用范围更窄。

虽然适用第 16(b)条必须在 6 个月的期限内同时出现收购和出售行为，但是对收购和出售行为发生的时间顺序并无要求。因此，第 16(b)条的股票具有可替代性(shares are fungible)。为此，交易者的收益并不一定源自收购和出售特定股份。事实上，如果交易者交易掉 10 股股票并以更便宜的价格重新购买同一公司的 10 股股票，便

---

① 第 16(b)条规定：为防止不正当利用受益人、董事或管理人因与发行人的关系而掌握的信息，除非在依据先前债务善意获得证券的情况下，否则，信息持有人在 6 个月的期限内通过购买后出售或出售后购买任何发行人的任何权益证券所实现的任何利润(豁免证券除外)，应符合发行人利益且归发行人所有，而不论其在达成持有所收购证券 6 个月以上或 6 个月期限内不再购买证券的交易时是否具有代表受益人、董事或管理人的意图。发行人有权就该收益依法向任何有管辖权的法院提起赔偿之诉，经请求，发行人超过 60 天无法或拒绝提起该诉讼或后续没有履行起诉的勤勉义务，任何以发行人名义或代表发行人持有证券的人可以代为提起诉讼。但该收益已实现届满两年的，不得再次提起该诉讼。本款不包含如下任何情形：在进行购买后出售或出售后购买的交易时不属于本款所规定证券的受益人；或属于 SEC 法规和规章规定不适用本款的任何交易。

会由此产生相应的法律责任。

对于第16(b)条而言,基本上形式的重要性永远胜于内容。但是,也存在一些例外,其中最显著的就是非传统交易规则。《证券交易法》对“出售”的定位非常宽泛:包含对有价证券的所有处置形式。然而,对于第16(b)条而言,有些交易形式并不属于出售行为,即所谓的非传统交易。

这种情形最典型的案例无疑是“科恩地区土地公司诉西方石油公司案”(Kern Country Land Co. v. Occidental Petroleum Corp.)。[①] 1967年西方石油公司就科恩地区土地公司(以下简称老科恩公司)的500,000股股份发出要约收购。后来,要约的期限和股份数额分别出现延长和增加。7月要约期限届满时,西方石油公司持有老科恩公司10%的股份。为避免被西方石油公司收购,老科恩公司与特尼科公司展开防御兼并磋商。根据兼并协议,老科恩公司与特尼科公司进行换股。为使特尼科公司免于被称为少数股东,西方石油公司向特尼科公司的子公司转让期权,期权的内容为自己在兼并中可能获得的特尼科公司股票,该期权只能在第16(b)条规定的6个月期限届满之后方可行权。在西方石油公司发出要约收购后的6个月时间内,特尼科公司和老科恩公司完成兼并。在要约收购6个月之后,西方石油公司根据期权将自己所持有的特尼科公司股票出售。

老科恩公司的承继公司(以下简称新科恩公司)提起第16(b)条之诉,并提出两项主张:第一,兼并以及由此带来的老科恩公司股票换特尼科公司股票构成出售行为,销售行为发生在要约收购启动后6个月的期限内。第二,要约收购构成收购行为,而转让期权(而不是行权)构成出售行为。原因在于,该期权转让发生于要约收购发生之

① 411 U.S.582(1973).

日起 6 个月期限内。新科恩(New Kern)公司主张,西方石油公司应当对该期权所涉及的所有股份所产生的任何收益承担法定责任。联邦最高法院驳回了新科恩公司的所有两项主张,认定西方石油公司不承担第 16(b)条所规定责任。兼并和期权转让均为非传统交易,并因此不属于第 16(b)条规定的出售行为。

各法院对一项交易属于传统交易还是非传统交易确立了如下认定标准:(1)交易是否体现主观意志;(2)受益人(beneficial owner)是否对该交易有任何影响;(3)受益人在交易中是否曾获取任何与该交易或发行人有关的任何秘密信息。在上述庭审案件中,西方石油公司作为恶意收购方无从获得老科恩公司或特尼科公司的机密。此外,就并购而言,交易并非出于自愿——由于其他股东已同意兼并,西方石油公司除了交易股票别无选择。

第七章 目标公司恶意收购防御措施

第一节 收购防御措施:防御武器(Arsenal)

如前所述,目标公司董事会在某种意义上是法定收购的守门人。因此,就收购方角度而言,非法定收购形式的主要特征,是可以绕过目标公司董事会而直接向目标公司股东发出要约。20 世纪 70 年代恶意要约收购作为重要收购手段出现时,服务目标公司董事会的律师和投资专家(investment banker)开始研究旨在抵御这种要约的防御策略。收购防御措施将董事会的守门职能延伸至非法定收购的情形,重申其重要性。这种收购军备竞赛仍在继续。随着新收购手段的不断发展,新的收购防御措施也雨后春笋般涌现。

1. 驱鲨剂

驱鲨剂是对公司章程的一种完善,旨在借

此奉劝潜在收购方另寻目标。从广义上来讲，驱鲨剂可分为两大类：董事会驱鲨条款和特定交易绝对多数表决权驱鲨条款。

(1)分类董事会

分类董事会又称交错董事会，它将董事会一分为三，每年只能改选其中一部分。为此，收购方必须历经两次年度股东大会方能成功选任多数董事会。对于需要快速获得目标公司资产以偿清收购债务的收购方而言，这一防御措施效果最明显。如果收购方可以一直等待现任董事被改选，那么这种防御措施则收效甚微。似乎诸多因素可能会导致现任董事与成功收购方联手——即便董事会有权制止这种行为。除非是内幕人士，否则又有哪一位董事甘冒被诉的风险每次都反对收购方？①

交错董事会计划必须防止收购方出现如下行为：①无故免除董事；②在董事会随意安插自己选任的董事。保留董事会确定董事人数的权利和填补任何职位空缺的权利，可以有效防止这种情形发生。如果州法允许，可以通过限制或排除股东召集临时股东大会或无故（尽可能严格限制理由）免除董事的权利，进一步强化交错董事会驱鲨剂的效力。

特拉华州允许通过公司章程或规章设立交错董事会。② 相比之下，《示范商业公司法》要求根据章程设立交错董事会。③ 一般来讲，通过章程设立的交错董事会计划更不容易受到恶意收购方的破坏。因为股东可以直接修改公司规章，而修改公司章程则需要董事会的

---

① Ronald J. Gilson, "The Case Against Shark Repellent Amendments: Structural Limitations on the Enabling Concept", 34 *Stan. L. Rev.* 775, 793 (1982). 尽管单独交错董事会本身似乎并没有太大用处，但是我们后文将会看到，在与毒丸结合使用时，它可能会变成非常有效的手段。See John C. Coates IV, "Takeover Defenses in the Shadow of the Pill: a Critique of the Scientific Evidence", 79 *Tex. L. Rev.* 271, 325 -28 (2000).

② 《特拉华州普通公司法》第141(d)条。

③ 美国《标准公司法》第8.06条。

预先批准,因此,相比在公司章程中规定交错董事会计划,只在公司规章规定交错董事会计划则更可能面临被取消的命运。①

(2)绝对多数表决权

绝对多数表决权规定主要是为了防止事后排除少数股东的并购

---

① 在早期普通法中,只有股东有权修订公司规章。之后,许多州制定了法规,允许股东授权董事会修改公司规章。《特拉华州普通公司法》第109(a)条说明了该方法的特征,规定只有股东有权修改公司规章,除非公司章程明确授予董事会该权利。而且,法条授权董事会修订公司规章并不剥夺股东的相应权利。相比之下,美国《标准公司法》反映了赋权董事会和股东修改公司规章的现代化趋势。美国《标准公司法》第10.20(b)条规定,董事会可以修改公司规章,除非存在下列情形:(1)公司章程仅授权股东该项权利;(2)股东修订相关公司规章并规定董事会此后不得进一步修改该公司规章。美国《标准公司法》第10.20(a)条的内在含义是,董事会有权修改公司规章,即便董事会也同时享有这一权利。应当注意股东有权发起的公司行为。与董事会必须首先提出章程修正案的公司章程不同,公司规章的修订对董事会先期行为没有要求。股东和董事会修订公司规章的共同权利可能会产生循环修订和反修订。假定股东通过一项取消董事会分类的规章,之后董事会不满该决议并利用其修订规章的权利撤销了新通过的规章条款。美国《标准公司法》允许股东采取行动防止这种情形发生。如前所述,美国《标准公司法》第10.20(b)(2)条允许董事会制定、修改并撤销规章,除非"股东在修订、撤销或制定规章时明确规定:董事会不得修订、撤销或恢复该规章"。但是,在不存在这种限制的情况下,董事会显然有权修订甚至撤销规章。如果董事会确实做出如此选择,股东的救济措施应该只能再重新制定条款并纳入必要的限制规定,或者选举重组董事会。《特拉华州法》第109条的问题更严重,因为它缺少赋权股东类似权利的规定。更糟糕的是,如果公司规章授权董事会有权制定或修改规章,则董事会仅有权制定或修改规章,鉴于此,禁止董事会修改行为的公司规章违反公司章程并因此无效。在 American Int'l Rennt a Car, Inc. v. Cross, 1984 WL 8204 (Del. Ch. 1984)案中,特拉华州衡平法院表明,股东"可以免除董事进一步修改相关条款的权利",这是公司规章修正案的一部分。然而,其他几个特拉华州判例判决附带意见持相反意见。例如,在 General Datacomm Industries, Inc. v. State of Wisconsin Investment Board, 731 A.2d 818 (Del. Ch. 1999)中,大法官斯特林指出,"极大的法律不确定性"是指"在缺少明确适用法规的情况下,股东制定的规章是否可以免于被董事会取消或修改"。Id. at 821 n.1. 在 Centaur Partners, IV v. National Intergroup, Inc., 582 A.2d 923 (Del. 1990)案中,特拉华州最高法院解决了这样一个规章,即股东限制董事数量的规章建议稿。规章包含限制董事修改或取消该条款的条款。特拉华州最高法院注意到,该公司规章赋予董事会通过制定规章确定董事数量的权利,法院认为"如果通过[规章建议稿],它将会成为无效条款"。Id. at 929. 因此,在缺少类似美国《标准公司法》条款的情况下,对董事会有关规章权限的限制措施符合特拉华州或其他情况类似州的规定,这令人生疑。

方式(back-end freeze-out merger)。成功的恶意要约收购很少对目标公司100%的股份进行收购。因此,收购方通常在要约收购成功后会紧接着展开旨在排除少数股东的兼并。

在某些情况下,收购方可能会有意采用事后排除少数股东的方式确保并购成功。在“双层要约收购”中,收购方在提出部分收购要约的同时,宣布其通过后续兼并程序收购公司其余股份的意图。通常,在后续兼并程序中所支付的价格低于要约收购价格,并且对价支付方式也更不利,这种收购被视为在结构上具有压迫性。[①] 而这种收购之所以能够奏效,主要原因在于集体行为障碍使股东无法相互交流,且无法有效地约束股东拒绝接受不利于集体利益最大化的收购要约。假定收购方以每股50美元现金的方式就目标公司51%的股份提出要约收购,与此同时,收购方表明将在成功收购后以从属债券(subordinated debt securities)的方式按照每股40美元的价格发起排除少数股东的收购。个体股东可能会觉得无法接受该要约,并担心大多数其他股东会接受收购要约。由此,没有接受要约的股东将面临自己的所有股份在更不利的后续交易中被收购的风险,这将促使其参与前期交易(front-end transaction)并购。但是,如果股东参与前期交易,其所持有的一定比例股份将在该交易中被吸收。

通常,排除少数股东并购仅要求已发行股票的多数票同意即可。因此,鉴于收购方所持有的股份,股东投票的结果通常是在预料之中的。绝对多数表决权驱鲨剂通过对并购、资产出售以及类似交易设定绝对多数这一限制规定,从而对后续交易设置障碍。最常见的规定是,要求由80%以上的全部已发行股票和多数非收购方持有的已发行股票表决通过收购。《特拉华州普通公司法》第102(b)(4)条

---

① See Chesapeake Corp. v. Shore, 771 A. 2d 293, 331 (Del. Ch. 2000); City Capital Assoc. Ltd. Partnership v. Interco Inc., 551 A. 2d 787, 797 (Del. Ch. 1988).

允许公司章程包含“要求任何公司行为获得多数股份或任何类型的多数票通过的条款”。[①]

绝对多数表决权驱鲨剂条款往往规定:只有相当于绝对多数的表决权才能删除或修订绝对多数条款。因此,假如对80%的绝对多数条款进行修订,必须有占全部已发行股票80%的同意票。很显然,这一规定旨在防止收购方借助修订章程的权宜措施来规避绝对多数条款。为促成善意交易,大多数类似条款规定,由多数或绝对多数留任董事——恶意收购方最初获得目标公司相当权益(如10%)时在任的董事——通过的交易,不受绝对多数股东表决权规定的限制。

(3)公平价格的变种(fair price variant)

公平价格驱鲨条款是绝对多数条款的变异。对这种类型的驱鲨剂,交易不受绝对多数条款(在这种情形下,所支付价格超过一定数额)之限。通常,所规定的“公平价格”不低于前期交易所支付的价格。另外,公平价格条款通常还要求后续支付采取相同的报酬方式,从而防止收购方首次采取现金而后续采取垃圾债券(junk bonds)的支付方式。相关的替代措施为强制赎回条款——要求少数股东权益的收购价格至少等同于首次交易的价格。

(4)实践中的绝对多数和公平价格条款

如果内部人员(insider)和忠于现有管理层的人的合计股权足以阻止后续交易(second-step transaction),那么作为驱鲨条款变种的绝对多数票和公平价格的效力最理想。例如,如果需要占80%已发行股票的同意票方能通过,且内部人员持有20%以上的股份,那么收购方若想获得批准将会异常困难。然而,绝对多数驱鲨条款只对希望

---

① See Seibert v. Milton Bradley Co. ,405 N. E. 2d 131(Mass. 1980)(维持要求并购方案获得75%表决权通过这一规章,除非并购获得2/3董事会表决权通过);Seibert v. Gulton Indus. ,Inc. ,1979 WL 2710(Del. Ch. 1979)(维持一项绝对多数驱鲨剂条款——要求与持有5%以上已发行股份的人或实体进行并购需获得80%表决权通过).

获得100%股权的收购方有效。如果收购方愿意与少数股东共存,那么针对后续交易的限制条款毫则无意义可言。应当注意,强制性赎回条款甚至可以对这种类型的恶意收购方产生抑制效果,因为它要求收购方以公平价格收购少数股东权益。

这些条款的效力,在很大程度上取决于有权且希望行使其权利的少数股东。行使这些章程条款下的权利通常导致现任管理层(managers)被束缚于流动性极小的少数股东权益(being frozen into a substantially less liquid minority investment)。在很多情况下,管理层可能并不希望置身于此种情形。对于交错董事会条款,他们可能更愿意放弃权利并摆脱心意已决的收购方,尽管这需要付出一定的代价。

2. 毒丸计划

毒丸有很多种形式,但是目前多数毒丸体现为权利凭证的形式。因此,毒丸的官方名称为"股东权利计划"。传统权利,如认股权证(warrant),允许权利凭证持有人购买股票发行公司的新股份。相比传统权利计划,现代毒丸计划增加了三个要素:内翻式、外翻式和赎回条款。[①]

(1)第一代毒丸计划

1983年雷诺克斯公司制订出第一代毒丸计划。[②] 同多数第一代毒丸相同,雷诺克斯毒丸计划的依据是空白支票优先股。许多公司的章程允许存在未在条款中详细界定的优先股。相反,由董事会在股票发行时对优先股权利加以界定。通常,这些条款不对股东行为

---

① 认股权证作为单独证券交易,之所以有价值是因为它通常赋予权利持有人以优惠于通行市场价的折扣价格购买发行人的普通股。相比之下,毒丸权利通常与普通股"绑定",且除非触发事件出现,否则不单独交易。

② See Martin M. Cohen, "'Poison Pills' as a Netotiating Tool: Seeking a Cease-Fire in the Corporate Takeover Wars", 1987 *Colum. Bus. L. Rev.* 450, 468 – 469.

设定要求,因此被称为“空白支票”。雷诺克斯毒丸采取无表决权的可转换优先股股息的形式,派发比例是每 40 股普通股获得 1 股优先股。

优先股抵御收购的效果在于赋予持股人股票转换权。如果雷诺克斯被合并到另一公司,那么优先股便可以以远低于市价的价格转换为收购方的普通股。任何股票转换都会对收购方的资产负债表产生不利影响,并且会稀释收购方股东的股权,这将降低并购雷诺克斯公司的吸引力。

雷诺克斯计划是外翻式毒丸的早期变种。与雷诺克斯毒丸始于优先股不同,现代外翻式毒丸按普通股股息比例向目标公司股东发放权利凭证。这些权利凭证为公司证券,权利人据此享有购买股票的期权。由于该期权的发行并不需要股东同意,因此董事会无须股东表决通过即可自行制定权利毒丸计划。[①] 获得通过以后,起初与公司已发行普通股相关联的期权,不能与普通股分离单独交易,并且这些期权会被定价从而行权成为并非理性的经济选择。在权利被激活后(通常为潜在收购方收购发行人特定比例的股票或宣布收购意图),股东才能行使该权利,权利才能与普通股分离。(20% 是最常见的激活事项。)尽管此时权利处于可行权状态,且在规定的期限(通常为 10 年)内持续如此,但却仍为虚价期权。

通常,特定比例的目标公司普通股被收购且后续被收购方或其关联公司兼并,该毒丸的外翻特性才会被激活。在这种情况下,权利人有权购买收购方的普通股(价格通常为正常价格的一半),从而削弱收购方的资本结构并极大稀释收购方其他股东的权益。换言之,外翻式毒丸一旦被激活,将会给予目标公司股东以远远低于市价的

---

① See Account v. Hilton Hotels Corp. ,780 A. 2d 245(Del. 2001)(提到“特拉华公司董事会”“单方面制定权利计划”的权利).

价格购买收购方股票的期权。与传统的优先股毒丸一样,这将稀释收购方先在股东的权益并可能对资产负债表造成不利影响。

在“莫兰诉豪斯豪德国际公司案”(Moran v. Household International)中,[①]我们看到,特拉华州高等法院根据董事会职权和信托义务,力排众议并支持外翻式毒丸。该案所涉争议计划详细地阐述了毒丸如何发挥作用。其中有两个激活条件:(1)针对豪斯豪德30%或30%以上的股票发出要约收购;(2)任何机构或个人取得豪斯豪德20%或20%以上的已发行股票。一经激活,此项权利即处于可行权状态,且权利人可以以100美元的价格购买豪斯豪德公司1%的优先股。由于该价格为虚价,因此可以预见该权利不会被行使。

为何该基本权利起初被绑定于普通股?这一一般性规定旨在确保该权利与普通股一同交易。如果该权利单独被交易,那么目标公司可能必须单独发行证券。更重要的是,如果不将该权利与普通股一起交易,那么权利人可能会交易普通股而保留权利——或者如果有针对该权利的单独二级交易市场,反之亦然。

为何该权利要与股票分离,使行权最初在一定程度上不那么具有吸引力?通过在收购方出现之时将该权利分离,目标公司能够确保收购方必须单独收购全部该权利。一些股东将会接受普通股收购要约或在市场上交易掉普通股,但同时保留该权利。因此,收购方必须与两类群体交涉。至于规定该权利最初转换为优先股(虚价)且只有在发生后续交易时才能转换为普通股(实价)的条款,其旨在防止有关该权利为虚假证券的争论。《特拉华州普通公司法》第157条允许公司发行期权,但表面上并未批准以收购防御目的发行期权。尽管该期权具有经济价值,但制订该毒丸计划的策划人希望其能够为

---

① 500 A.2d 1346(Del.1985).

人所知。

需注意的是,豪斯豪德毒丸一经通过对 30% 或 30% 以上的股份发出要约收购激活便可赎回。董事会可以在行权之前的任何时间以每股 50 美分的价格赎回。但是,如果毒丸因收购 20% 或 20% 以上股份而被激活,则权利不可赎回。交易策划者设定该区别大概是为了防止超过股票 20% 的恶意抢滩收购,同时通过要约收购的方式使善意交易能够实现。

(2)第二代毒丸计划

第一代外翻式毒丸无法有效遏制收购行为(takeover),收购方不断发现该毒丸计划的漏洞。收购方利用该毒丸计划的最典型例子当属詹姆斯·古德史密斯收购克朗·泽勒巴克公司。与大多数第一代毒丸类似,克朗·泽勒巴克公司毒丸仅在收购方意图完全并购公司时,才能释放毒性。古德史密斯获得了克朗·泽勒巴克公司的控制权,但决定不清理克朗·泽勒巴克公司的其余股东。这取得了相当显著的效果。由于古德史密斯并不打算进行兼并,因此不受任何毒性影响。另外,已出现并购而使期权处于可行权状态,其影响如何?毒丸成为一把"双刃剑",古德史密斯利用这把"双刃剑"使目标公司如鲠在喉。通过激活毒丸,古德史密斯使任何人都无法与克朗·泽勒巴克兼并,因为任何收购方都会饱尝毒丸之害。因此,他有效地阻止了董事会援引白衣骑士条款。

还有其他方式能够规避第一代毒丸计划。例如,古德史密斯方案之所以有效,是因为泽勒巴克毒丸不可赎回。假定目标公司存在赎回条款,从而使董事会可以以名义成本(nominal cost)回购优先股,这将使古德史密斯方案落空,但同时也给自身带来一系列问题。收购方完全可以对目标公司董事会回购计划设定要约收购的条件。如果董事会不顾交易市场所有现金要约而拒绝回购,那么董事会将承受巨大的选民风险。[①]

随着第一代毒丸的缺陷越发明显,并购律师将毒丸的特性加以延伸以期弥补业已出现的漏洞。其中,最重要的是内翻式毒丸,它有助于防止收购方实施古德史密斯方案。内翻式毒丸计划同样授予股权认购权,并依据同样的激活事件行权(exercisable)。两种毒丸计划的区别在于,内翻式毒丸计划允许目标公司低价收购公司股票。当前,这一毒丸计划通常与外翻式毒丸并行出现。

通常,第二代毒丸计划的内翻特性,因实际收购特定比例的发行人普通股而被激活。(普遍采用的激活事件仍是20%的规定。)一旦激活,内翻式毒丸授权权利凭证持有人以半价购买目标发行人普通股或其他证券,但权利凭证持有人为收购方或收购方关联人的除外。换言之,所获得的股票价格在可行权时相当于敲定价格的两倍。内翻式毒丸计划的毒性也恰恰体现于其对收购方在目标公司股份的稀释作用。例如,在大都会收购皮尔斯伯里案中,皮尔斯伯里公司的内翻式毒丸计划能够将大都会持有的权益从85%降至56%。大都会所持有的股份价值会因此减少70,000万美元。

(3)赎回条款

毒丸计划反对者称,毒丸计划使目标公司得以利用其威慑作用,获取更高的赎回价格。由于该权利与发行人的普通股分开行使,所以即便目标公司大多数股东接受收购方的要约收购,该收购方仍饱受毒丸计划的不利影响。因此,面对毒丸计划时,潜在收购方有强烈的动力与目标公司董事会进行磋商。

有灵活性的赎回条款亟须解决上述问题;交易筹划者必须赋予

---

① 通过在收购方公司章程中规定反摊薄条款也可以规避外翻式毒丸。这可能涉及向收购方既有股东与行使外翻毒丸权利的目标公司股东,按股份比例发行股票。另一种应对外翻式毒丸的措施,是收购方自身以低于市价回购收购中所发行的任何股份。

董事会以最低成本进行赎回的权利,以期实现令人满意的并购交易。典型的赎回条款包括:窗格赎回条款(the window redemption provision),董事会依据该条款保留在权利凭证发行后一定期限内进行赎回的权利;目标公司可以依据白衣骑士赎回条款赎回与多数在任董事所通过的交易相关的股权。

需要注意的是,毒丸计划与交错董事会驱鲨剂相结合赋予董事会以强有力的谈判手段。① 毒丸计划可以阻止收购方在赎回毒丸之前获得大量股票控制权(control block of stock)。相比之下,对于董事会的防御收购措施,收购方必须连续经过两次委托书争夺(proxy contests)方能得到董事会过半数通过。如果没有获得大量股票控制权,即便在两次连续委托书争夺中获胜,收购进展也会受到极大阻碍。

(4)第二代毒丸计划的变种

事后计划于激活事件——通常为收购目标公司达到一定比例的股份——出现之时赋予股东一系列权利。在激活事件出现后,目标公司股东可以凭借这些权利以现行最低交易价格换取目标公司一系列(a package of)证券。因此,事后计划确定了目标公司的最低收购

---

① Lucian Arye Bebchuk et al., "The Powerful Antitakeover Force of Staggered Boards: Theory, Evidence, and Policy", 54 *Stan. L. Rev.* 887(2002)(提出实证资料,表明毒丸计划和交错董事会的结合是有效的收购防御措施); Ronald J. Gilson, "Unocal Fifteen Years Latter(And What We Can Do About It)", 26 *Del.*, *J. Corp. L.* 491, 504 (2001)(指出"机构投资人决议认为:由于交错董事会与毒丸计划的交互作用,他们不会投票支持这种做法"); Neil C. Rifkind, "Note, Should Uninformed Shareholders be a Threat Justifying Defensive Action by Target Directors in Delaware?: 'Just Say No' After Moore v. Wallace", 78 *B. U. L Rev.* 105, 111(1998)(认为"如果毒丸和交错董事会制度并行使用,收购方必须展开连续两次委托书争夺选举出多数董事,或使法院相信目标公司董事会反对收购要约违反董事会的信托义务"); Robert B. Thompson, "Shareholders as Grown-Ups: Voting, Selling, and Limits on the Board's Power to 'Just Say No'", 67 *U. Cin. L. Rev.* 999, 1017 - 18(1999)(采用了承诺股东利益重要性的毒丸和交错董事会条款)。

价,因为如果收购方的收购要约符合或超过董事会所规定价格,则该毒丸通常可赎回。

事后计划(back-end plan)旨在防止部分要约收购、结构性压迫双层要约收购以及通过确定权利人股权变现的最低公平价格来实现的公开市场收购(open-market purchases)。而且,依据该类计划所发行的债券通常包含禁止收购方出售目标公司资产或承担额外债务的条款。如此可以防止收购方利用目标公司资产作为收购融资的抵押。

有毒债务(poison debt)完全针对债券。目标公司发行证券或票据时,设置防止恶意收购的条款。该类债务合同禁止收购方使目标公司承担额外债务。通常,有毒债务还禁止收购方出售目标公司资产。另外,该类债务通常还会规定变更控制权属于违约事项。因此,债券持有人有权使债券加速到期并强行要求收购方立即回购债券,而这将对公司的现金流产生极大的负面影响。

有毒债务是对杠杆收购的有效防御手段。在杠杆收购中,收购方通过借债进行收购。通常,这些债务默认收购方有权出售目标公司资产并利用目标公司现金流偿还债务。其理论依据在于,如果出借人了解有毒债务的限制条款,则收购方无法借此融资。

投票毒丸主要流行于 20 世纪 80 年代末,它在某种程度上回归到第一代毒丸。大多数投票毒丸回归使用优先股权的方式。有一种投票毒丸赋予优先股投票权,并禁止普通股或优先股超过一定比例的收购方的投票权。还有一种投票毒丸允许优先股股东享有选举董事的特殊权利,并允许其选举一定数量董事代表自己的利益,而收购方都不享有这种选举特权。

(5)第三代毒丸:死手毒丸和无手毒丸

标准的毒丸计划存在重大缺陷。大多数毒丸计划受制于目标公司董事会最低价格赎回条款。该赎回条款旨在使目标公司董事会以毒丸作为谈判手段:毒丸极大地增加了收购目标公司的成本。然而,如果潜在收购方提出极具吸引力的要约,那么董事会可以赎回毒丸,从而推进收购进程并不受毒丸稀释毒性的影响。尽管这些赎回条款给予目标公司董事会可观的谈判筹码,并且也是整个毒丸计划正当性的辩护理由之一,但却令目标公司在要约收购和委托书争夺结合使用时毫无还手之力。潜在收购方可以选择激活该毒丸计划,通过代理权竞争来选举新的董事会,新董事会一经选出即可通过赎回毒丸从而推进要约收购。

死手毒丸的出现,恰恰是希望通过剥夺新选任董事赎回毒丸的权利来弥补这一漏洞。除了标准的内翻和外翻特征,死手毒丸还规定,只有特定董事才能行使赎回权,即构成毒丸计划的股东权利凭证能够行权时仍在任的董事(或得到认可的这些董事的继任者)。与死手毒丸不同,所谓的无手毒丸计划不包含在任董事的赎回条款。相反,无手毒丸条款规定在董事会控制权变更后 6 个月内不得赎回。同样,无手毒丸的目的是弥补标准毒丸委托书争夺中的漏洞。潜在收购方虽然可以取得董事会的控制权,但是无手毒丸的效力远不及死手毒丸计划。尽管如此,无手毒丸仍可以发挥作用并抵制需要迅速取得目标公司资产来为收购融资的收购方。虽然这两种毒丸在其他案件中得到维持,但近期特拉华州的判例使其合法性饱受质疑。[①]

3. 双层股权

普通股股权代表一系列所有者权益,诸如获得董事会所宣告股利的权利、就特定公司决议投票的权利等。如一贯做法一样,目前州法律一般会就这一系列权利的组合方式赋予公司较大的自由裁量空

---

① 参见第七章第三节“2. 优尼科规则与交易保护机制”。

间。实质上,所有州的公司法典默认的是普通股为一股一权制度,但也允许公司在内部组织文件中设置有别于法典的适当条款。①

虽然不遵循一股一权的做法长久以来已广为人知,但双层股权在20世纪30年代后已遭弃用。② 例如,一项全面的调查显示,在1940～1978年,在所有美国二级市场上,仅有30个发行公司发行无投票权或双层股权普通股。③ 然而,随着大型公司的恶意收购日益普遍,双层股权又在公司管理层中流行起来。调查发现,1962～1984年,44个采取分层投票权的公开交易公司中,有37个公司是在1980年1月之后才采取这种方式。④ 但是,另一项调查发现,仅1986年3月至1987年5月就新增加了34个公司采取双层资本结构。⑤ 多数评论员认为,这一复苏现象在一定程度上受人们对恶意收购的后怕

① 关于维持背离一股一权做法的案例,see Groves v. Rosemound Improvement Ass'n, Inc., 413 So. 2d 925, 927 (La. App. 1982); Providence & Worcester Co. v. Baker, 378 A. 2d 121, 122－24 (Del. 1977); Hampton v. Tri-State Fin. Corp., 495 P. 2d 566, 569 (Colo. App. 1972); Shapiro v. Tropicana Lanes, Inc., 371 S. W. 2d 237, 241－42 (Mo. 1963); Deskins v. Lawrence County Fair & Dev. Corp., 321 S. W. 2d 408, 409 (Ky. 1959)。

② 关于双层股权计划的历史演变,see Stephen M. Bainbridge, "Revisiting the One-Share/One-Vote Controversy: The Exchanges' Uniform Voting Rights Policy", 22 *Sec. Reg. L. J.* 175 (1994)。

③ Ronald C. Lease et al., "The Market Value of Control in Publicly-Traded Corporations", 11 *J. Fin. Econ.* 439, 450－52 (1983). 甚至更令人惊讶的是,在那段时期内任何一年都不超过11个这种发行人。Ibid., 456 (Table 2).

④ Megan Partch, "The Creation of a Class of Limited Voting Common Stock and Shareholder Wealth", 18 *J. Fin. Econ.* 313, 314 (1987).

⑤ SEC Office of the Chief Economist, "Update-The Effects of Dual-Class Recapitalizations on Shareholder Wealth: Including Evidence from 1986 and 1987" 2 (July 16, 1987). 这些作者所做的一项早期研究发现,1976～1986年出现了65个双层资产重组,其中有3/4出现于1983～1986年,SEC Office of the Chief Economist, "The Effects of Dual-Class Recapitalizations on the Wealth of Shareholders 11－12" (June 1, 1987).

的影响。①

最基本的双层资产重组,为20世纪80年代双层股权计划如何抵御恶意收购提供了范例。通常,股东需要就设立双层普通股(通常是指A类普通股和B类普通股)的章程修正案进行表决。A类普通股实质上是普通股的新名称,具有之前普通股一票一权在内的所有特征。B类普通股具备普通股的所有特征,但同时有三个例外特征:(1)B类普通股不可转让;(2)但B类普通股可以先行转换为A类普通股,再自由转让;(3)B类普通股享有更多投票权,通常为A类股票的10倍。B类普通股被作为现有普通股的股利分配给股东。

因B类普通股不可转让,如果股东希望出售手中B类普通股股份,他需要先将其转换成A类普通股。随着时间推移,股东不断转让股份使已发行B类股票的数量不断减少。相比之下,在任管理层更多会保留B类普通股,绝对多数表决权因此逐渐集中于这些人手中。因此,双层资产重组使管理层掌握投票控制权,在公司内无须寻求意见即可对其他资产进行投资。

另一密切相关的替代措施涉及交易要约中B类普通股的发行,它主要通过章程修订案加以确立。它鼓励股东将A类普通股转换为具有更高投票权的B类普通股。在这种情形下,通常B类普通股的股利更低并因而股利利率也更低。所以,人们对多数公共投资人有

---

① See Stephen M. Bainbridge, "The Short Life and Resurreetion of SEC Rule 19c-4,69 Wash". *U. L. Q.* 565,570-71(1991); Richard M. Buxbaum, "The Internal Division of Powers in Corporate Governance",73 *Cal. L. Rev.* 1671,1713-15(1985); George W. Dent, Jr., "Dual Class Capitalization: A Reply to Professor Seligman",54 *Geo. Wash. L. Rev.* 725,726(1986); Jeffrey n. Gordon, "Ties that Bond: Dual Class Common Stock and the Problem of Shareholder Choice",76 *Cal. L. Rev.* 1,4(1988); Joel Seligman, "The Transformation of Wall Street 10(1982); Richard S. Rulback, coercive Dual-Class Exchange Offers",20 *J. Fin. Econ.* 153(1988). See Daniel R. Rischel, "Organized Exchanges and the Regulation of Dual-Class Common Stock",54 *U. Chi. L. Rev.* 119,149-51(1987).

一种期待,即他们不会将股票交易出去。事实上,如果管理层及其同盟掌握大部分投票表决权,那么双层资产重组能使管理层迅速掌握投票控制权。

这类计划作为防御收购手段的效果显而易见。对于潜在目标收购公司管理层而言,最具保障的防御手段就是拥有投票控制权。根据定义,恶意收购方无法免除票选超过自己的在任者。通过使其他类型的收购防御措施更容易获得股东批准,该类措施无须多数控制权就可以帮助管理者抵御恶意收购。即便管理层的优先投票权股份不占多数,该计划的防御收购效果也可立竿见影,因为对股份转让的限制禁止收购方获得 B 类股票。

20 世纪 80 年代末,双层股权计划为联邦政府管理股东表决权的主要测试标准提供了现实背景。这不仅表明 SEC 的管理权限,而且说明 SEC 摆脱这些限制的能力。

长期以来,纽约证券交易所拒绝给无表决权普通股或分层表决权的多层普通股发行人挂牌。同样,美国证券交易所也拒绝为无表决权普通股发行人挂牌,但是美国证券交易所关于分层表决权计划的规定更灵活。只要该类计划符合特定准则——规则规定了表决权较小的普通股的最低参与程度,则发行人就可以成功挂牌。相比之下,纳斯达克交易所就场外交易市场和纳斯达克系统均没有设定无表决权普通股的上市标准。

但是,20 世纪 80 年代,随着公司双层股权利益的不断变化,发行人开始对纽交所施压,要求其采用更灵活的上市标准。1988 年 SEC 为回应上述问题制定了规则 19c－4,即如果公司发行证券使其他公司行为无效、被限制或者有差别地减少现有股东表决权,那么该规则禁止所有交易所(包括纳斯达克交易所)为该发行人挂牌。[①] 因此,规则 19c－4 是 SEC 首次试图直接对所有上市公司治理问题进行实质管制。该规则受到圆桌会议的质疑——公司治理主要由州法管理,因此 SEC 无权制定对公司表决权产生实质影响的规则。哥伦比亚特区上诉法院认定,该规则超出 SEC 监管权限。[②]

在没有更佳选择的情况下,滑坡论证常常是最后一根稻草,但规则 19c－4 实际上被公认为是得寸进尺的行为。双层股权的联邦管制与诸多其他产生类似顾虑的公司,表决问题之间完全没有任何"防火带"。有关股东表决权的法律与其他公司治理法规之间也不存在原则或理论上的分歧。如果属于公司治理规定的范畴,那么 SEC 禁止双层股权计划的行为就很难具有合理性。可以说,日渐联邦化的公司法是合理的结果。哥伦比亚特区上诉法院禁止这种可能性的发生是适当的。

SEC 本可以要求美国联邦最高法院对圆桌会议决定进行审查,但是它并没有这么做。SEC 本可以要求国会制定适当的救济措施,但是它也没有这么做。相反,SEC 选择了利用自己"翻脸"的权力。[③] 鉴于 SEC 和证交所之间的特殊关系,SEC 自然会对交易规则的制定产生非正式的影响。哥伦比亚特区上诉法院认定规则 19c－4 无效后,SEC 主席阿瑟 · 利维特鼓励国内三个主要证券交易所——纽交所、美交所和纳斯达克交易所——按照规则 19c－4 制定统一的表决

---

① 关于规则 19c －4 详情以及相关法律争议,See Stephen M. Rainbridge,"The Short Life and Resurrection of SEC Rule 19c －4",69 *Wash U. L. Q.* 565(1991)。

② Business Roundtable v. SEC. 905 F. 2d 406(D. C. Dir. 1990).

③ Donald E. Schwartz,"Federalism and Corporate Governance",45 *Ohio St. L. J.* 545,571(1984).

权规定。①

4. 其他防御手段

最常见的恶意收购防御措施是诉讼,通常是提出对方违反规定或前文所述要约收购条款。接下来,我们将在本节讨论常用的其他防御手段。

(1)要约前置计划(pre-offer planning)

以前,如20世纪80年代前后,公司会提出“黑皮书”计划,针对恶意要约收购规定一系列前置应对措施。当前,多数收购律师不建议使用前置防御计划。法院在审查目标公司董事会行动时强调,董事会的职责是对特定要约进行评估。② 预设的应对措施,可能无法通过许多法院在审查防御措施与管理层信托义务的合规性时所采用的“嗅觉测试”(smell test)法。③

(2)早期预警系统(early warning systems)

为成功抵御恶意要约收购,目标公司必须尽可能在第一时间获悉对方的并购计划。等待提交表13D可能意味着成功的防御收购与成功收购的差别。公司顾问通常会建议潜在目标公司每日观察公司的股票交易情况,以发现异常的价格或数量变动。应当鼓励目标公司经常与公司做市商(market maker)或场内专家(floor specialist)保持联系,以警惕任何大宗交易。建议目标公司对股东名册进行常规

---

① 关于《商业圆桌会议》后续进展的详细讨论,See Stephen M. Bainbridge, “Revisting the On-Share/On-Vote Controversy:The Exchanges' Uniform Voting Rights Policy”,22 *Sec. Reg. L. J.* 175(1994). Also see Roberta S. Karmel, “The Future of Corporate Govenance Listing Requirements”,54 *SMU L. Rev.* 325(2001)。

② See Moran v. Household Int'l, Inc. ,500 A. 2d 1346,1354(Del. 1985)(“在面临要约收购和赎回请求时,豪斯豪德国际公司董事会不可以武断地拒绝要约”).

③ See E. Norman Veasey, “The New Incarnation of the Business Judgment Rule in Takeover Defenses”,11 *Del. J. Corp. L.* 503,512(1986)(指出如果一项防御措施“看起来目的在于巩固在任者地位,且股东很可能无法获得可实现的最高价格”,则该措施可能无法通过“嗅觉测试”).

检查,锁定个体或受托人(nominee)名下日渐集中并增长的交易。

(3)防御性并购

以前,潜在目标公司努力通过收购最可能对恶意收购公司造成反垄断问题的公司的方式设置并购障碍。例如,在20世纪70年代,马歇尔·费尔德百货连锁公司收购了许多其他零售连锁店,目的就是制造反垄断障碍。尽管这些收购一概地不以营利为目的,但它们均与马歇尔·费尔德公司的潜在收购方同处一个地域经营。[①] 该策略的明显问题在于,非营利性防御收购将导致目标公司股票价格下跌,从而导致目标公司更容易成为不受反垄断问题困扰的公司的收购目标。[②]

(4)股票回购

股票回购计划包含制订一项常规计划,不断在公开市场上收购目标公司股份。该计划必须能够通过如下方式对公司股票价格产生理想效果:①减少发行股票的数量;②传递一种信号,即管理层支持股东权益。由于较高的股票价格是抵御收购的有效措施,因此,回购计划成为公司治理的一个共同特征。

作为一种收购防御手段,股票回购在公司拥有大量自由现金(公司缺少投资净现值的资金)却缺少大量自由现金流的情况下效果最佳。如果公司有持续(ongoing)自由现金流,那么一次性的股权回购不太可能产生永久的股权价格效果。为降低目标公司的收购吸引力,有必要采取持续的常规股票回购计划。

股票回购计划往往伴随着一些潜在问题,证券欺诈的法律责任是主要风险。根据规则10bn5,发行人在握有重要未披露信息时购买

---

① Panter v. Marshall Field & Co. ,646 F. 2d 271(7th Cir. 1981)(认定防御收购措施不违反目标公司信托义务).

② See Mark L. Mitchell & Kenneth Lehn, "Do Bad Bidders Bedome Good Targets?",98 *J. Pol. Econ.* 372(1990).

股票,需要对证券欺诈行为承担责任,正如管理人员和董事会成员对内幕交易行为负责一样。在所有回购计划中,公司必须谨慎分析是否存在主张内幕交易索赔的任何依据。在信息流动多元化的大公司,这一问题显然异常棘手。因此,最佳选择是在向 SEC 提交年度和季度披露报告后立即进行回购,因为毕竟此时有未披露重要信息的可能性更小。

股票回购计划减少了收购方取得控制权所必须得到的股份数额。如果股票回购计划的价格效果不明显,可能会事与愿违。可以通过友好或控制机构收购股票的方式化解该风险。因此,一些公司通过退休金计划或员工股权计划来实现回购计划的效果。如此,这些股票仍属于具有选举权的流通股,而非变成无选举权的库存股。

(5)控制权锁定(lock-ups)

协议收购和要约收购,均可以激活对目标公司控制权的竞购。与并购协议的排他条款(exclusivity provision)一样,控制权锁定的出现旨在防止这些风险。控制权锁定条款,是指目标公司借此赋予受益收购方以竞争优势的任何安排或交易。① 这一用语定义包含如下策略:如高额终止费或目标公司利用收购防御措施保护受益收购方免于同行竞争。控制权锁定期权在狭义上是指赋予收购方收购目标公司股份或资产之期权的一系列安排(通常独立于并购协议)。通常,该期权在持有目标公司特定比例已发行股票的第三方提出收购时,可以行权。②

控制权锁定期权给予受益收购方收购库存股或已授权(authorized)

---

① See Stephen m. Bainbridge, "Exclusive Merger Agreements and Lock-Ups in Negotiated Acquisitions", 75 *Minn. L. Rev.* 239(1990).

② Eg. Hanson Trust PLC v. MI SCM Acquisition Inc., 781 F. 2d 264, 267(2d Cir. 1986); Mobil Corp. v. Marathon Oil Co., 669 F. 2d 366(6th Cir. 1981), cert. denied, 455 U. S. 982(1982); DMG, Inc. v. Aegis Corp., 1984 WL 8828(1984).

但未发行股的期权。如果在股东就收购协议投票表决之前行权,受益收购方可以投票选择有利于收购的其他股份,以确保获得表决通过。如果其他收购方获胜,则受益收购方可选择行权并在公开市场出售其他股权或转让最终收购方,从而对部分或全部沉没成本进行补偿。最后,行权的风险增加了获得控制权所必需的股份的数量,并因此提高了总体的并购成本,这将防止第一个例子中收购竞争的出现。

资产锁定期权赋予受益收购方收购大额目标资产的期权。尽管资产锁定期权通常用于引诱潜在收购方,但它旨在终结或防止对目标公司竞相收购的情形。因此,期权的标的通常是竞争对手最期望获得或目标公司经营所必需的资产。① 资产锁定有时被称作"皇冠之珠",该名称源自期权标的资产为目标公司皇冠上的明珠,即最具价值或最值得期待的资产。

第二节　收购防御措施及"QVC 案"所确立的目标公司董事会信托义务

上述防御措施所带来的问题异常明显:

> 尽管管理层忙于设置收购障碍(若收购人希望成功收购,可能会摧毁这些收购障碍),但这些收购障碍存在明显的利益冲突,并且通过授予董事会(内幕人士占少数)决策权并未解决这种利益冲突……

① See Hanson Trust PLC v. ML SCM Acquisition Inc. ,781 F. 2d 264,267(2d Cir. 1986);Mobil Corp. v. Marathon Oil Co. ,669 F. 2d 366(6th Cir. 1981),cert. denied,455 U. S. 982(1982).

无论董事还是管理者，没有人希望被摧毁。而且，外部人士通常与内幕人士关系密切。因外部人士只有部分精力用于公司事务，所以他们对这些事务的了解程度远不如内幕人士，并因此可能会听从他们的意见。①

问题在于法院该如何判定。特拉华州高等法院很早意识到，传统教条式的期权远不足以解决问题。将公司董事会的行为视为谨慎或忠实义务问题，可能对结果产生决定性影响。② 之所以如此的原因在于，如果法院将收购防御措施视为忠实问题，再加上随之而来的错综复杂的公平标准，收购防御措施几乎不可能符合要求。这要求董事在遵循严苛的司法审查的情况下，证明交易对公司而言是客观公正的。③ 由于这一责任过重，因此可能会导致收购防御无效变得司空见惯。只有在我们认为所有收购的社会效果令人满意且所有收购防御措施因此沦为社会政策糟粕的情况下，才适合进行谨慎义务分析。

另外，如果法院认为收购防御措施属于谨慎义务的问题，那么几乎所有收购防御措施都将免受司法审查。在目标公司董事被传唤解释其行为之前，原告将不得不通过证明该决议存在欺诈、不合法、自利交易或其他规则例外等情形来反驳商业判断规则的推定。在缺少一致认可的确凿证据的情况下，原告不太可能依据该标准获胜。因

---

① Dynamics Corp. of Am. v. CTS Corp. ,794 F. 2d 250,256(7th Cir. 1986),rev'd on other grounds,481 u. s. 69(1987).

② 特拉华州最高法院和衡平法院均认定，在这种情形下标准的选择可能对结果有决定性影响。See Mills Acquisition Co. v. Macmillan, Inc. ,559 A. 2d 1261,1279(Del. 1989);AC Acquisitions Corp. v. Anderson,Clayton & Co. ,519 A. 2d 103,111(Del. Ch. 1986).

③ See Robert M. Bass Group. Inc. v. Evans,552 A. 2d 1227,1239(Del. Ch. 1988);cf. Sinclair Oil Corp. v. Levien,280 A. 2d 717(Del. 1971)(请求确定多数股东信托义务本质公平性的标准).

此,只有在我们认为管理层拒绝被收购的行为总是适当的情况下,才能适用谨慎义务分析。

对此,特拉华州高等法院试图寻求一条折中路线。本节我们将探究这一复杂的实体规则的演变过程。

1.“切夫诉马西斯案”(Cheff v. Mathes):特拉华州法院的初尝试

一直以来,“切夫诉马西斯案”①都是特拉华州法院关于收购防御有效性的重要案例。在该案中,特拉华州高等法院确立了一套规则,旨在限制目标公司董事会有能力抵制恶意收购而实际上很少付诸行动的现象。该案涉及一家名为霍兰德锅炉公司的目标公司,该公司利用明显的欺诈手段进行产品营销。霍兰德锅炉公司销售员挨家挨户宣称自己是政府或公共设施的检查员。销售员一旦得到机会,便会将房主的炉子拆除并拒绝重新组装。销售员将会告知房主炉子不安全,而且必须维修的部分已无法使用。之后,房主会被推销购买霍兰德公司的产品。② 由于政府对这种不光彩的做法展开调查,所以该公司经营不佳。

阿诺德·梅尔蒙特提出将霍兰德和梅尔蒙特的经营发动机产品的公司合并。霍兰德公司主席切夫反对梅尔蒙特的提议。梅尔蒙特后来开始收购霍兰德的股票。当他公开宣布自己购买股票并在董事会获得席位后,切夫再次表示拒绝。霍兰德公司声称,梅尔蒙特经常收购公司以变现盈利。切夫声称,基于该公司的名声,意识到梅尔蒙特这一偏好的霍兰德公司员工开始表示不满。

由于遇到阻碍,梅尔蒙特提出以高于购买价和市场价的溢价向

---

① 199 A.2d 548(Del. 1964).

② Holland Furnace Co. v. FTC,295 F.2d 302(7th Cir. 1961).

霍兰德公司出售股票。① 霍兰德公司董事会表决通过,这使公司利用公司基金回购梅尔蒙特的股票。随后,其他股东在代表诉讼中对该回购交易提出质疑。

在该案中,特拉华州高等法院宣布了审查收购防御措施的“主要目的测试法”。根据这一标准,董事未能直接获得经营判断规则善意推定的保护。相反,董事会承担如下证明责任:有合理理由相信存在危及公司政策及其有效性的情形,并且董事会行为的主要目标并非保护自身的职务利益。只有董事会能够完成该举证责任,方能受到经营判断规则的保护。然而,董事只需要证明存在善意并进行了合理调查,而没有义务证明所作出的错误判断存在善意。②

“切夫诉马西斯案”法院准确意识到目标公司抵制要约收购的内在利益冲突。因此,法院采取了比经营判断规则更严格的主要目的测试法。诚然,法院通过对比收购方造成的冲突与“现时(如董事向

---

① 20世纪80年代,公司以高于市价的溢价收购潜在收购公司股票的行为被称为“绿票讹诈”。但是,支付给首个购买者的溢价已耗尽公司资源(company resources)并使目标公司吸引力降低,否则收买某人并不能抵御后续收购人。当然,管理层可以单纯借助支付所有股东股利或从所有希望出售公司股票的股东手中回购股票的方式,实现减少公司资源的目的。1987年颁布的美国《国内税收法典》第5881节对绿票讹诈收益征收50%惩罚性税收,这一收益被界定为持有低于2年的股票出售收益,且根据“有别于所有股东条款”的报价出售给公司。尽管饱受批评,绿票讹诈实际可能是有益的,因为,它使董事会能够寻求更高的收购报价或通过改变管理或策略提高价格(高于绿票并购人的价格)。因此,绿票讹诈的恶名是否名副其实这一问题,实质上属于实证问题。证据表明,绿票讹诈实际上总体有益于不参与管理的股东,且似乎不是强化在职管理层利益的工具。因此,绿票讹诈者可能成为内部改变或并购战的催化剂,并因此值得从中获利。See Jonathan R. Macey & Fred S. MaChesney, “A Theoretical Analysis of Corporate Greenmail”, 95 *Yale L. J.* 13 (1985); Fred S. McChesney, “Transaction Costs and Corporate Greenmail: Theory, Empitics, and a Mickey Mouse Case Study”, 14 *Managerial & Decision Econ.* 131 (1993).

② See Cheff v. Mathes, 199 A. 2d 548 (Del. 1964); also see Royal Indus., Inc. v. Monogram Indus., Inc., [1976 – 1977 transfer Binder] Fed. Sec. I. Rep. (CCH) 95,863 at 91,136 – 38, 1976 Wl. 860 (C. D. Cal. 1976) (适用特拉华州法); Bennett v. Propp, 187 A. 2d 405, 408 (Del. 1962); Cors v. Carey, 158 A. 2d 136, 140 – 42 (Del. Ch. 1960).

公司出售资产)”冲突,淡化了这一利益冲突。但是,正如下文所示,尽管这一对比脱离了学界普遍观点,但却相当合情合理。

然而,实践证明主要目标测试对目标公司董事施加了虚拟的责任。只有防御措施的主要动机为巩固在任管理人员、董事会职务的情况下,才可以要求其承担责任。[①] 因此,管理层只是授意公司顾问仔细审查收购方要约收购文件,以确定是否存在有别于政策的争议问题。当然,在在任管理层与外在收购方之间肯定总能找到某些政策不吻合之处。否则,收购方又有什么理由希望尽可能免除在任董事?一旦发现存在与公司政策的不吻合之处,这种政策差异就足以证明使用防御手段的正当性,其原因在于,只要董事会因真正相信有必要采取适当的经营政策和行为而采取行动,就不能要求其就此承担责任,即便事后考虑认为这种决定并不明智。[②] 因此,主要目的测试法对传统经营判断规则所授权的董事会决议差别对待之影响微乎其微,从而也被证明对目标董事会和管理层回应收购过程的利益冲突没有效果。

2. 优尼科规则

在“优尼科诉梅萨石油案”(Unocal v. Mesa Petroleum)中,[③]特拉华州高等法院通过制定司法审查的“过渡标准”或“加强经营判断标准”解决了“切夫诉马西斯案”标准的内在缺陷,但最准确的表述或许应该是“有条件的经营判断规则”。[④] 著名的恶意收购人布恩·皮

---

① Royal Industries, Inc. v. Monogram Industries, Inc., [1976 - 1977 Transfer Binder] Fed. Sec I. Rep. (CCH) 95,863 at 91,136 -38, 1976 WL 860 (C. D. Cal. 1976) (适用特拉华州法); Condec Corp. v. Lunkenheimer Co., 230 A. 2d 769 (Del. Ch. 1976).

② See Ronald J. Gilson, “A Structural Approach to Corporations: The Case Against Defensive Tactics in Tender Offers”, 33 *Stan. L. Rev.* 819, 829 (1981).

③ Unocal Corp. v. Mesa Petroleum Co., 493 A. 2d 946 (Del. 1985).

④ Michael P. Dooley, “Fundamentals of Corporation Law” 547 (1995). 与传统经营判断规则类似,有条件的优尼科规则只能适用于董事职权范围的行为。因此,必须在初期调查中询问董事会是否依据治理法规和公司组织文件有权采取该特定行动。See Moran v. Household Int'l, Inc., 500 A. 2d 1346, 1350 (Del. 1985).

肯斯——法院称为“国内有名的‘绿票讹诈者’(greenmailer)”,控制梅萨公司,而梅萨公司又持有优尼科公司13%的表决权股权。梅萨发起恶意双层要约收购,根据要约内容,它在初始收购阶段意图将以每股54美元的价格收购剩余37%多一点的股份。根据梅萨公司计划,如果初步并购成功,梅萨将通过排除少数股东收购来清除其余股份,其对价为面值每优尼科股54美元的垃圾债券。

梅萨公司这样的双层要约,一般被视为具有结构压迫性。假定目标公司收购前的股票价格为50美元。收购方案一是以差异价格提出双层要约收购:要约收购第一阶段80美元,排除少数股东并购阶段60美元。假定要约收购第一阶段意图收购50%的股权(seeks 50% of the shares plus one),混合收购价格为70美元,其中混合溢价为每股20美元(按照两个阶段加权平均数计算)。收购方案二是对所有要约收购股票以现金方式提供75美元报价,每股溢价25美元。方案二使集体股东获益更大。但是,方案一的要约令其陷入囚徒困境。接受先期交易收购的“作弊”股东,其股价为80美元而非75美元。对于抽逃者(defector)不承担成本(如羞耻或报复)的非压迫集体,理性投资人应当退出(defect)。因为所有个体的动机都是退出(defect),最终以股东接受对集体最不利的要约告终。梅萨公司的收购要约不同于上述情形,它提供前后相同的收购价格,但是,在后续过程中提供的对价更不具有吸引力,可能产生同样的压迫效果。

优尼科公司董事会希望抵御梅萨公司的收购,并因此批准了针对优尼科股票的差别化自我要约收购。根据优尼科的反收购要约,如果梅萨公司的前期要约收购成功获得公司一半以上股权,优尼科公司将以相当于每股72美元的价格的债券方式进行回购。考虑到皮肯斯预受的所有股份均不会被接受,优尼科公司的自我要约收购刻意作出差别规定。如果自我要约收购生效,它将会沥干优尼科公司的大多数重要资产,且公司将因此承担巨额债务。但是,更明智的是,优尼科公司可能永远不再需要实际完成自我要约收购。只有在梅萨公司收购优尼科公司50%以上有表决权股票的情况下,才需实际执行收购要约。然而,由于优尼科公司的报价高于梅萨,因此,股东可能更倾向于接受优尼科公司而非梅萨的收购要约。如果没有股东接受梅萨 公司收购要约,则梅萨 公司将不会获得50%的股权,优尼科公司也能够不剔除收购股份即结束收购。当优尼科公司股东就该防御措施表示不满时,优尼科公司承诺,即便梅萨 公司不收购50%以上的股权,公司也将收购5000万股。

梅萨公司向法院提起诉讼,要求加入自我要约回购,并声称优尼科公司董事会违反了对梅萨和优尼科公司其他股东的信托义务。梅萨公司特别提到自我要约回购计划的歧视问题,[①]特拉华州高等法院驳回了梅萨公司的主张。鉴于梅萨公司收购的压迫性质、收购可能造成的价格压制以及皮肯斯作为绿票讹诈者的名声,优尼科公司有权采取强有力的措施抵御梅萨公司的收购。由于将梅萨公司排除在外对抵御收购行动而言是必要的,因此董事会对梅萨的歧视并不违反信托义务。[②]

在"优尼科诉梅萨石油案"中,特拉华州高等法院再次重申目标公司董事会一般决策的优先效力,其中包含确定收购要约是符合股

① 在优尼科判决后,SEC表示不同意歧视性要约收购,即通过修订《威廉姆斯法案》禁止非针对所有股东的要约收购。参见《交易法案》规则13e-4(f)(8)(发行人自我要约收购);《交易法案》规则14d-10(a)(1)(第三方收购)。

② 优尼科和梅萨公司最终协商签订了一项允许梅萨公司参与优尼科自我收购的协议。此后,优尼科公司一股东根据《证券交易法案》第16(b)条短期利润摆动条款起诉梅萨公司。梅萨公司称,该自我收购属于非传统交易从而不适用第16(b)条。但是,在Colan v. Mesa Petroleum Co.,951 F.2d 1512(9th Cir. 1991)案中,法院驳回了该主张,认定所谓的科恩地区例外仅适用于非主动交易。梅萨公司收购优尼科公司的决议属于主动情形,并因此应承担第16(b)条责任。

东利益最大化的义务。然而,考虑到董事会利益与股东利益的潜在冲突,司法审查多少比传统经营判断规则更容易扰乱公司决策,即“因为董事会的行为主要着眼于自身利益而非公司和股东利益这一现象无所不在,因此,在寻求经营判断规则保护之前,需要首先适用司法审查规则”。

董事会应当首先承担举证责任,即首先证明其有合理理由相信存在危及公司政策及其效果的情形。董事会通过证明善意和合理调查即可满足该举证责任的要求。善意举证责任要求证明董事会的行为是为了应对其认为公司所面临的威胁,而不是为了自身利益。合理调查举证规则要求根据重大疏忽规则证明董事会有充分的依据。①如果董事会履行了初步举证责任,接下来必须证明针对恶意收购造成威胁的防御措施具有正当性。需要注意的是,采取并执行一系列收购防御措施的决议需接受评判和司法审查。②

董事会的“初始”举证责任很快成为整个案件的争议焦点。如果董事会先后完成了两个过程中的举证责任,则适用经营判断规则;但如果董事会未能完成初步举证责任,则适用董事会信托义务的内在公平测试规则。③ 正是基于这个原因,更适合将优尼科测试规则视为

---

① Moran v. Household Int'l, Inc., 500 A. 2d 1346, 1356 (Del. 1985); Harvey L. Pitt, "On the Precipice: A Reexamination of Directors' Fiduciary Duties in the Context of Hostile Acquisitions", 15 *Del. J. Corp. L.* 811, 878 n. 264 (1990).

② 在 Moran v. Household Int'l, Inc., 500 A. 2d 1346 (Del. 1985) 中,在最初制定毒丸计划且未发生任何收购之前,原告提起诉讼。法院维持毒丸的效力,但解释道:“当豪斯豪德国际公司董事会面临要约收购和赎回[毒丸]请求时,不可以武断地拒绝。董事会应当承担任何其他董事会在制定防御措施时所应承担的相同信托义务,适用最初制定[毒丸]时所适用的相同标准。”Moran v. Household Int'l, Inc., 500 A. 2d 1355 (Del. 1985). Hills Stores Co. v. Bozic, 769 A. 2d 88, 106 -07 (Del. Ch. 2000)(认为“特拉华判例法使股东确信这样一个事实:法院同意董事会在适当时间采取防御措施的事实,并不意味着董事会可以免于承担证明这些防御措施符合优尼科规则的举证责任”).

③ Shamrock Holdings, Inc. v. Polaroid Corp., 559 A. 2d 257, 271 (Del. Ch. 1989).

有条件的经营判断规则,而非中间标准(intermediate standard)。优尼科规则不是通过设定不同的审查标准,而是通过确定个体裁定依据——传统的教条式标准可以适用于在审案件,从而解决了裁定结果的问题。

3. 露华浓规则

在露华浓公司与"麦克安德鲁斯和福布斯集团案"(MacAndrews & Forbes)中,特拉华州高等法院确定了优尼科规则的改良版本以解决特定问题,即采用收购防御措施以确保在恶意收购方的控制权拍卖中优先适用白衣骑士规则。[1] 为应对潘特里普瑞得公司的恶意要约收购,露华浓公司董事会采取了各种防御措施,最终以董事会批准与其他潜在收购方的谈判告终。后来,董事会与白衣骑士达成了合并协议,协议包含控制权锁定计划和其他旨在防止执行潘特里普瑞得公司收购计划的措施。露华浓公司最初的防御手段被依据优尼科规则审查(并维持)。然而,在控制权锁定协议问题中,法院却转向另一方向:

> 露华浓公司董事会授权允许管理层与第三方就兼并或收购事项进行谈判,表明其意识到公司正被出售。因此,董事会的职责已经由保护露华浓作为一个公司实体转变为为了股东利益而在交易中争取公司价值的最大化。这极大改变了优尼科规则下的董事会职责。它面临的不再是源自重大不完全并购(inadequate bid)对公司政策及其效力的威胁,也不再是对股东利益的威胁。防御措施的整个问题转变为保持中立。董事会角色由捍卫公司的防御者,转变为以最有利于股东的价格出售公司的拍卖者。

---

① Revlon, Inc. v. MacAndrews & Forbes Holdings, Inc., 506 A. 2d 173 (Del. 1986).

由于控制权锁定计划以最不利于提高最终价格的方式终结拍卖过程,因此该计划无效。

上述问题产生了为人熟知的露华浓规则范畴(Revlon-land),事实证明,熟练适用该规则异常困难。例如,露华浓公司是否确定了特殊义务来约束该拍卖行为,或者所谓的露华浓职责是否真的仅适用于特殊事实情况的一般性优尼科条款?虽然后一种解释似乎略占上风,但法院对该问题的态度模棱两可。例如,1987 年特拉华州高等法院对优尼科标准和后来的“出售公司的露华浓义务”作了清晰区分。[①] 然而,两年之后,法院表示露华浓案只是防止兼并收购领域利益冲突的众多案件的延伸,它试图通过要求董事会行为谨慎考虑股东正义以实现这一目标。[②] 尽管如此,优尼科规则和露华浓规则之间的理论区别有时仍然模糊不清,至少在某些人看来如此。

无论露华浓义务属于完全不同的规则还是优尼科规则的一种,一旦董事会的角色从捍卫公司利益的防御者转变为拍卖者,董事会究竟应当采取何种行为?在讨论关键的派拉蒙公司(Paramount)决议之前,我们认为至少有些事情是肯定的。例如,我们知道目标公司董事会无须主动观察市场竞争情形。[③] 然而,董事会的目标“必然仍是为了股东利益促进收购程序”。[④] 因此,在收购的任何阶段,收购方的优惠待遇都应受到严格监督。最后,董事会的基本职责是尽可能实现最优交易,对股东而言这通常意味着最优价格,虽然有时并不必然如此。董事会并不需要盲目强调价格以至于忽略其他有关要

---

① Invanhoe Partners v. Newmont Mining Corp., 535 A. 2d 1334, 1338 (Del. 1987).

② Barkan v. Amsted Indus., Inc., 567 A. 2d 1279, 1286 (Del. 1989).

③ CRTF Corp. v. Federated Dep't Stores, Inc., 683 F. Sup. 422, 441 (S. D. N. Y. 1988) (适用特拉华州法).

④ Mills Acquisition Co. v. Macmillan Inc., 559 A. 2d 1261, 1287 (Del. 1989).

素。董事会可以根据如下方面对要约加以考虑:对价的支付形式、税收影响、融资稳定性、反垄断或其他管理性障碍和时限。[①] 可能这些大都是容易考虑到但却常常难以执行的标准。

最后,更重要的是,董事会何时由“捍卫公司利益的防御者”转变为“拍卖者”? 同样,在派拉蒙公司决议之前,当交易方案会导致目标公司控制权变更时(当然也仅限于此时),有理由认为应当开始履行拍卖职责。例如,如果防御性资本重组,在大多数情况下都可能发生)将有效投票控制权转移至目标公司管理层或其他可认定的控制实体,法院则将该交易视为公司“控制权变更”,并要求遵循露华浓拍卖规则。[②] 但是,如果没有形成可认定的控制实体(或转手),则防御性措施只需适用标准优尼科规则。[③]

4. 演变:至关重要的派拉蒙判例

随着优尼科规则的演变,产生了两个经常出现的问题:第一,根据第一个层面,对公司及其股东的何种威胁属于可受理范畴? 第二,何种抵御措施对既定威胁是适当的?

至少在一段时间内,特拉华州衡平法院对可受理威胁的类型作狭义的界定。只有股东利益威胁才具有实质分析意义。[④] 但并非所有股东利益威胁均属可受理范围。相反,至少在针对所有目标公司

---

① Cottle v. Storer Communication, Inc. ,849 F. 2d 570,577(11th Cir. 1988).

② Mills Acquisition Co. v. Macmillan Inc. ,559 A. 2d 1261,1285(del. 1989)(认定“出售”可以采取“主动拍卖、管理层收购或‘重组’的形式”);另可参见 Robert M. Bass Group, Inc. v. Evans,552 A. 2d 1334,1345(Del. 1987)(在防御行重组之后管理层同盟表决权低于50%的情况下,并不触发露华浓规则);与 Black & Decker Corp. v. American Standard, Inc. ,682 F. Supp. 772,781(D. Del. 1988)(将特拉华州法解读为:要求公司董事会在“公司[明确]需要变更控制权”的情况下实现股东利益的最大化)观点一致。

③ Paramount Communications, Inc. v. Time Inc. ,[1989 Transfer Binder] Fed. Sec. L. Rep. (CCH) 94,514 at 93,279 -80,1989 WL 79880(Del. Ch.). aff'd on other grounds,571 A. 2d 1140(del. 1989).

④ 参见第六章第三节“1. 披露义务”。

已发行股票收购的语境下,倾向于将可受理威胁限定于不充分价格和结构压迫之威胁。[①] 很显然,不充分价格是指收购方报价过低。结构性压迫是指收购方的策略产生了"对非收购股份持有人差别对待的风险,这种风险可能会扭曲股东关于接受要约收购的决策"。[②]

特拉华州法院给予目标公司董事会一定程度的自由裁量权,来处理收购方策略所造成的结构性压迫。以将压迫效果最小化或为股东提供更可行替代措施为目的的防御措施,都被视为是适当的。事实上,如果可认定的威胁为结构性压迫,通常适当审查充其量不过是走过场。[③]

但是,如果不充分价格是唯一的威胁,适当审查则会更严苛。如多数评论者解释毒丸案例一样,[④]优尼科规则允许目标公司管理层使

---

① See City Capital Assoc. Ltd. Partnership v. Interco Inc. ,551 A. 2d 787,797 (del. Ch. 1988).

② Ronald J. Gilson & Reinier Kraakman, "Delaware's Intermediate Standard for Defensive Tactics:Is There Substance to Proportionality Review",44 *Bus. Law.* 247,267 (1989). 双层要约收购可能是最常见的结构性压迫的形式。如果股东认为收购方可能会在前期交易阶段获得公司控制权,那么他们面临在后期交易中以更为不利的对价排除的风险。因此,股东被迫参与前期交易以避免这种风险,即便他们认为前期交易本身也不尽如人意。

③ 例如,非常宽容地讲,法院在"优尼科诉梅萨石油案"中的适当性分析异常简洁。See Unocal Corp. v. Mesa Petroleum Co. ,493 A. 2d,946,956(Del. 1985). 应当注意,特拉华州法关于压迫性收购策略规定与我们对权责的观点一致。一方面,公司法全面赋予董事会职权以保护股东的经济权益。如果压迫性收购威胁股东权益,董事职权价值由此为其防御措施提供了合理理由。另一方面,赋予董事会低于压迫性收购的职权,并不意味着责任。当然,董事会抵御结构性压迫收购的决议可能会源自于无关乎股东利益的个人考虑。第一,结构性压迫措施类型的规定非常明确,从而可以客观地确定董事会是否是在应对股东利益的真实威胁。第二,如果防御措施保护股东利益,为何应该适当保护在职董事?毕竟在这方面,收购方控制着自己的命运。如果收购方取消收购的结构性压迫方面,那么防御措施的这种正当理由便不再适用。

④ 本处是指一系列目标公司采用毒丸保护重组计划免受恶意收购方干扰的案例。See Grand Metropolitan Plc v. Pillsbury Co. ,558 A. 2d 1049 (Del. Ch. 1988); City Capital Assoc. Ltd. Partnership v. Interco Inc. ,551 A. 2d 787(Del. Ch. 1988); also see Bns Inco. v. Koppers Co. , Inc. ,683 F. Supp. 458 (D. Del. 1988) (适用特拉华州法); CRTF Corp. v. Federated Dep't Stores, Inc. ,683 F. Supp. 422(S. D. N. Y. 1988).

用收购防御措施作为谈判杠杆,以期为股东争取更理想的交易结果,或更现实地来讲,在替代交易措施策划完毕之前拖延恶意收购时间。但是,不管属于何种情形,目标公司管理层都应让股东来做出最终决议。① 根据普遍观点,一旦最可行的替代措施被公开,就要求董事会对毒丸进行赎回并允许股东在可行替代方案中做出选择。目标公司既不能"单纯拒绝",也不能以强迫股东接受管理层所认可的替代措施的方式组织交易结构。但是,仔细观察这些案件不难发现,这些普遍性观点忽略了一个细微却极重要的差别。

普遍观点忽略了特拉华州判例所表明的程度,判例指出:实际上,董事会的动机是问题的关键。正如前任特拉华州艾伦大法官对与收购交易管理密切相关的情形的阐释:"法庭对程序整体性的内在评判决定该程序应被尊重还是应当被忽略。"艾伦继续解释到,若指定由独立董事组成的专门委员会来考虑交易事项,"如果专门委员会程序被视为具备善意和尝试近乎主动、独立议价的特征,法庭将认定该行为具有重要意义。另外,如果专门委员会看起来诡计多端,董事会对委员进行不当限制或委员会无法正确理解其使命,那么可以预见,委员会的决策将不会被尊重"。② 对于董事会拒绝要约收购,也是同样的道理。如果在这种情形中的内在利益冲突已经演变为实际行动中的自我决定,那么法庭将会认定该防御措施无效。但是,如果

---

① 认为董事会终归必须允许股东作出如下选择的案件:Shamrock Holdings, Inc. v. Polaroid Corp., 559 A.2d 257 (Del. Ch. 1989); Grand Metropolitan Plc v. Pillsbury Co., 558 A.2d 1049, 1058 (Del. Ch. 1988); City Capital Assoc. Ltd. Partnership v. Interco Inc., 551 A.2d 787, 799-800 (Del. Ch. 1988); AC Acquisitions Corp. v. Anderson, Clayton & Co., 519 A.2d 103, 113-14 (Del. Ch. 1986). Moran v. Household Int'l, Inc., 490 A.2d 1059, 1070 (Del. Ch.), aff'd, 500 A.2d 1346 (Del. 1985)。

② William T. Allen, "Independent Directors in MBO Transactions: Are They Fact or Fantasy?", 45 *Bus. Law.* 2055, 2060 (1990); Michael P. Dooley, "Two Models of Corporate Governance", 47 *Bus. Law.* 461, 517-24 (1982) (讨论特拉华州收购法律中董事会动机的重要性).

董事会的行为动机正当，即便方式错误，法庭仍会认定防御措施有效。

前任特拉华州高等法院法官莫尔举了他所在法庭的例子："决议代表对一些困境和压迫性问题的个案分析。"①他接着解释认为：

我们解决（收购）案件时，并不会带着这样的疑问：是否允许公司继续以现有形式存续或允许其他人收购该公司……法庭所要解决的问题是，董事会在接受或拒绝各种竞争收购要约时做法是否适当……只要董事会遵循其信托义务，那么任何法庭插手董事会决议都是极为不妥的。任何法庭都不能干扰董事会作出适当的商业判断，即便其判断后续被证明是错误的。②

前特拉华州艾伦大法官在"雷诺兹－纳贝斯克案"中表达了类似观点，他指出，最根本的问题是董事会是否遵循适当谨慎和善意的义务：

诚然，董事会在控制权拍卖过程中可能并不会利用职权判断骗局或因不正当理由而借口称更倾向于某个收购方……但是如同其他情形一样，董事会拍卖中继续根据第141(a)条承担责任并行使职权。如果它确实善意谨慎地就拍卖程序的管理事项作出一项商业判断，那么我认为它已经符合职责要求。③

---

① Andrew G. T. Moore, "II. State Competition: Panel Response", 8 *Cardozo L. Rev.* 779, 782 (1987).

② Andrew G. T. Moore, "II. The 1980s – Did We Save the Stockholders While the Corporation Burned?", 70 *Wash. U. L. Q.* 277, 287 – 89 (1992).

③ In re RJR Nabisco, Inc. Shareholders Litigation, [1988 – 89 Transfer Binder] Fe. Sec. L. Rep. (CCH) 94,194 at 91,715, 1989 WL 7036 (Del. Ch. 1989).

美国联邦法院对优尼科规则也有类似描述,即询问一个获知全面信息、完全独立且有一定勇气的董事是否会对董事会行为的任何实质部分提出异议。[①] 在特拉华州法律的这些总结中,动机贯穿始终。[②]

在"因特科案"中,动机同样是该案主题,该案通常被视为代表普遍观点。在"因特科案"中,目标公司董事会拒绝对毒丸进行赎回。为此,董事会阻止恶意收购的推进,直到完成管理层发起的重组,这种行为使因特科公司作为收购目标的吸引力丧失殆尽。艾伦大法官通过广泛授予股东选择权的意见,否定了董事会的妨碍性措施。[③] 他裁定,很显然,不受该事件内在、既得利益影响的理性人关于如下结论不可能存在异议:[收购方]74 美元的报价没有对股东利益构成足够的威胁,该威胁不足以成为阻止股东决议接受该收购要约的合理理由。但是,如果决定权属于股东,那么董事会的动机又有什么关系可言呢?只有董事会在收购战中享有决定权的情况下,动机分析对该问题才是必要或适当的。[④]

---

① Southdown, Inc. v. Moore Maccormack Resources, Inc. 686 F. Supp. 595, 602 (S. D. Tex. 1988).

② 这表明这种动机永远都是决定性的。See Omnicare, Inc. v. NCS Healthcare, Inc., 818 A. 2d 914 (Del. 2003),在该案中特拉华州最高法院援引优尼科规则及其变种,认定某协议并购中的控制权锁定计划无效。在反对意见中,斯蒂尔(Steele)大法官认为(在我看来他的观点是正确的),目标公司"董事会依据公平程序公正行为,并善意地认定从包含合理交易保护条款的并购协议中流失的股东和公司利益,大于可能从更高收购报价中所获得的任何推定利益"。如果动机因素是决定性的,法院应当维持并购协议的效力。

③ City Capital Assoc. Ltd. Partnership v. Interco, Inc., 551 A. 2d 787 (Del. Ch. 1988). Michael P. Dooley, "Two Models of Corporate Governance", 47 *Bus. Law* 461, 519 -21 (1992).

④ 后续的 Tw 服务公司判决——对因特科(Interco)和其他案件的毒丸计划与该案毒丸进行了区分,理由是前者不存在董事已作出继续长期经营该企业和不主动考虑任何类型非正常交易的善意决定这种情形(而该案存在)——也证实了对艾伦关于"因特科案"观点的这种解读。See Tw Servs. v. SWT Acquisition Corp., 1989 2l 20290 (1989).

毒丸计划以外的其他判例,也支持对于董事会动机的这种强调——特拉华州高等法院的麦克米兰决议。[①] 1987 年 5 月麦克米兰公司的高管意识到公司可能成为收购目标。因此,管理层开始研究能够有效将投票控制权转移给公司高管的重组计划。在重组计划完成之前,罗伯特·M. 巴斯集团作为潜在收购方出现了。之后,董事会降低了施行毒丸计划的门槛并采取了众多旨在阻止巴斯集团收购的防御手段,直到重组完成为止。对于麦克米兰公司管理层而言,不幸的是,副大法官雅各布斯裁定重组计划不仅在价格上低于巴斯集团收购价,而且其设计禁止股东接受收购要约。[②] 在认定优尼科规则要求麦克米兰公司董事会赋予股东"选择权"后,副大法官否定了该重组计划。至此,所有情况均完全符合传统观点。

尽管初步计划告负,麦克米兰公司董事会立即制定了一项由管理层发起的杠杆收购计划。此后不久,由罗伯特·麦斯威尔公司控制的公司介入争夺战。麦克米兰公司的在任首席执行官与麦斯威尔公司进行了初步谈判。首席执行官对麦斯威尔公司进行了误导,同时麦斯威尔公司收购的信息只有管理层杠杆收购合伙人知道。麦克米兰公司董事会也没有采取行动阻止管理层;相反,董事会放弃了自己的监督职责,放纵管理层在拍卖程序偏袒管理层合伙人利益的做法。最终,董事会通过了对管理层合伙人的控制权锁定期权,从而有效阻止了麦斯威尔公司向目标公司股东提供有竞争力的收购要约。因此,做出最终决议的并非是无利害关系董事会成员或股东,而是试图收购公司的同一批管理人。

至此,我们得出的观点开始令有关这一问题的传统观点瓦解。

---

① Mills Acquisition Co. v. Macmillan, Inc., 559 A. 2d 1261, 1265 (Del. 1989).

② Robert M. Bass Group. Inc. v. Evans, 552 A. 2d 1227, 1241 – 44 (Del. Ch. 1988).

在否定控制权锁定计划的过程中,联邦最高法院对两种控制权锁定计划作出了区分,即引入非自愿收购方争夺战的控制权锁定计划和通过实质排除其他收购方案而终止主动拍卖的控制权锁定计划。尽管两种类型本身并不违法,但后者受到严格的司法审查。如果目标公司在最终收购方案中仅获得小幅度的价格增长作为终止拍卖控制权锁定的对价,那么该协议不太可能符合规定。另外,在受青睐收购方大幅提高价格作为终结竞争性收购对价的情况下,司法审查将更宽松友好。

如果严格按照这一划分,麦克米兰公司实际上是在任由董事会排除股东的选择权。① 控制权锁定可能会对自由股东和进行中的竞争性收购造成严重威胁。尽管麦克米兰将排除收购控制权锁定计划维系在较高的水平,但它使董事会在适当情形下可以将其行为合理化。如此,股东自由选择原则将会怎样?答案是麦克米兰公司依据的不是股东选择而是动机。麦克米兰案意味着,除非董事会的行为动机不当,否则享有完全决策权,包括排除股东选择权。

对比上述决议与艾伦大法官在纳比斯科收购战的观点,强有力证实了对麦克米兰案的解读。两个判例乍看似乎十分相似,在这两个判例中,事件顺序均以赋予在任管理层控制公司的权力而展开,并且之后均伴随出现了竞争收购方案。两个案件均出现拍卖公司控制权的情形,且董事会最终不得不在价格十分相近的两种收购方案中做出选择。然而,两个案件的结果却大相径庭。在“麦克米兰案”中,董事会选择了名义价格较高的并购方案,但被认定为违反信托义务。在纳比斯科案中,董事会拒绝了名义价格较高的收购方案,但却获得

---

① 当然,理论上即便在这种情形中,股东仍然保留某种程度的选择权。他们可以通过投票否决收购协议或拒绝对该收购要约出售,从而拒绝该受益收购方的方案,希望借此竞争性收购方能够胜出。但是,在实践中,即便是仅有的这一点股东选择权都可能成为奢求。

经营判断规则的保护。为何出现如此差异？一如往常，答案在于案件细节。

在“纳比斯科案”中，在董事会得知由罗素·约翰、董事会主席和首席执行官为首的小组意图私自对公司实施管理层发起的杠杆收购后，立即在董事会之外成立了一个专门委员会。[①] 董事会谨慎地拒绝了约翰参与选定专门委员会、财务以及法律顾问等事务。专门委员会的所有成员均与交易没有任何直接或间接经济利益。委员会在坚守公平竞争中所体现的独立性得到了丰厚的回报。公司的并购小组在拍卖中的角色被限定为收购方，而不享受任何特殊待遇。事实上，原告主张，专门委员会和董事会偏袒管理层，而艾伦大法官认为这“毫无依据”。因此，没有任何依据认定董事会的决议存在自利动机。

相比之下，在“麦克米兰案”中，公司拖延了很长时间才成立专门委员会。专门委员会由在任首席执行官“钦点”，而且如果杠杆收购方案成功，他本人与麦克米兰公司其他高管将获得高达20%的公司股份。而且，理应保持独立性的专门委员会包含一名首席执行官父亲的前同事。首席执行官挑选了专门委员会的财务和法律顾问。毫无疑问，专门委员会任由管理层在竞争程序中谋利，未充分发挥监督作用。

由此，有关董事会动机的证据对两个案件的最终结果产生了极其重要的影响。例如，在“雷诺兹－纳贝斯克案”中，艾伦大法官最终将原告诉求认定为“攻击明显无利害关系的董事会行使其管理经营和公司事务法定职权而做出的决议”。由于没有任何相反证据表明存在利害关系，虽然两种收购方案大致相同，但艾伦大法官维持了雷诺兹－纳贝斯克董事会的做法。即便名义价格稍高的方案被拒绝，

---

① RJR Nabisco, [1988 -89 Transfer Binder] Fed. Sec. L. Rep. (CCH) 94,194 at 91,703.

且董事会明确拒绝重新开标,但大法官仍做出如此裁决。这一最终裁决令人诧异。除了两种收购方案大致相当,董事会拒绝重新开标的理由是,担心如果拍卖延期,非管理层收购人可能会退出。虽然艾伦大法官认为这种情况的可能性很小,但是鉴于没有任何证据表明董事会的行为涉及利益冲突,所以他维持了董事会接受其中一个收购方案的决议,他的实然行为与我们分析推测的应然行为完全吻合。相比之下,关于麦克米兰公司管理人和董事会利己行为的有力证据表明不应当尊重董事会决议。① 因此,股东选择权本身并不是问题的关键,相反,只有在排除该权利的做法表明董事会的潜在固有利益冲突已经转化为现实的情况下,才关系股东选择权。

特拉华州法院解决不合理动机有损董事会决策过程的效力,在涉及派拉蒙通信的两个著名案件中首先遭到破坏但最终又得以恢复。在第一个案件"派拉蒙通信公司诉时代华纳公司案"中,②特拉华州法院所处理的是时代公司、华纳通信公司和派拉蒙公司的收购争夺战。时代公司在制订长期战略计划并寻求能够推进该计划的并购目标之后,董事会同意了与华纳通信公司的合并方案,华纳公司的

---

① 关于动机结果决定论的其他案例包括 GILBERt v. El Paso Co. ,575 A. 2d 1131, 1146(Del. 1990)(以"完全没有任何证据表明该方案动机不当"为由,维持恶意收购争夺战的解决方案);Ivanhoe Partners v. Newmont Mining Corp. ,535 A. 2d 1334,1344(Del. 1987)(以"董事会的行为在于维持公司的独立性而非仅仅视为了保持自己的控制权"为由,维持收购防御措施的效力);Henley Group, Inc. v. Santa Fe Southern Pacific Corp. , 13 Del J. Corp. l. 1152,1178(Del. Ch. 1988)(如果董事会在进行重组之前出售公司的"勤勉行为""剥夺了原告驳斥"被告旨在保护自己权力的机会,在这种情况下法院维持公司重组效力);Freedman v. Restaurant Assoc. Indus. , [1987 - 1988 Transfer Binder] Fed. Sec. l. Rep. (CCH) 93,502,1987 WL 14323(Del. Ch. 1987)(由于原告"完全没有为法院对特殊委员会的后续推定提供任何法律上的正当理由",因此,应当根据经营判断规则对董事会专门委员会处理管理层所主导的杠杆收购方案的行为进行审查)。

② Paramount Communications, Inc. v. Time Inc. , [1989 Transfer Binder] Fed. Sec. l. Rep. (CCH) 94,514,1989 WL 79880 (Del. Ch.), aff'd,571 A. 2d 1140 (Del. 1989).

前股东将从该方案中获得时代公司新发行的股份，约占合并公司接近 62% 的股份。如协议收购(negotiated acquisition)中经常发生的情形一样，各方同样试图通过一项控制权锁定期权(该期权赋予交易各方激活股权交换期权)以“挫败扰乱该交易的任何行为”。另外，并购协议包含一项非兜售条款(no shop clause)，双方通过获得多家银行不支持时代公司收购方案的承诺(commitment)对这一条款进行了补充。

就在时代公司股东欲就并购协议进行表决之前，[①]派拉蒙公司向时代公司提出现金收购要约。时代公司董事会以要约价格不充分而回绝，且没有与派拉蒙公司达成协议。其后，为了阻止派拉蒙公司，时代公司与华纳公司董事会达成一项新的交易结构，根据该交易结构时代公司将以现金要约收购的方式收购华纳公司多数股份，并且达成一项后续收购华纳公司剩余股份的兼并方案。由此，该做法违反了须经股东批准通过的规定。新计划要求时代公司承担 70 亿美元至 100 亿美元的其他债务。最后，计划排除了与派拉蒙公司交易的可能性，就派拉蒙公司的角度而言，或许这也是最致命的一点。如果新计划成功，那么时代公司股东将因此成为被强迫承担巨额债务的公司的少数股东，并且几乎可以确定公司的股票价格在短期内将会低于派拉蒙公司的收购价。

与华纳公司合并而非对派拉蒙公司出售所带来的股东财富的巨大差异，产生了这样一个无法回避的问题——谁有权做出该决议。正如艾伦大法官的解释一样，“首要问题是，在这种情形下核心决策权的合法性(这个问题非常简单)和公正性(这个问题略显微妙)在

---

① 收购计划要求华纳公司并入时代公司，并以时代公司普通股作为对价。尽管时代公司并非该合并计划中正式的一方，并且特拉华州法不要求其股东批准通过，但是由于所发行的股份数量，纽约证券交易所规则要求时代公司股东投票表决。

何处或者应该在何处”。派拉蒙公司自然坚持认为时代公司董事会有义务“给予股东决定是否现在应当出售公司的权利与机会”。但是,艾伦大法官直接拒绝考虑这一主张。艾伦大法官承认,理性人可能会认为:派拉蒙公司的报价是股东的更佳选择,很多时代公司的股东无疑也这么认为,而且时代公司董事会对华纳公司收购的偏好可能是极为错误的。然而,尽管如此,董事会仍有权继续推进华纳公司收购方案:

> 公司的财务重要性和股份价值掌握在董事会与管理层手中。公司法并非依据如下理论实施:在行使职权管理公司时,董事会有义务满足多数股份的期望。事实上,对公司行使管理职责的机构是董事会而非股东。①

时代公司以牺牲股东选择权的方式强调董事会的优先权,反而提醒我们一点,那就是,即便股东选择权有独立的规范意义,但也是极为有限的。相反,真正的问题在于时代公司董事会排除股东选择权的动机是否恰当。换言之,董事会行使优先权的方式是否表明交易受管理层谋求私利的动机驱使?

诚然,时代公司的决策由董事会做出,但该董事会主要由不存在明显利益冲突的外部人士组成。然而,在派拉蒙公司收购方案出现后,董事会采取了极端行为,唯一目的就是阻止股东接受派拉蒙公司

---

① Paramount Communications, Inc. v. Time Inc., [1989 Transfer Binder] Fed. Sec. L. Rep. (CCH) 94,514 at 93,284, 1989 WL 79880 (Del. Ch. 1989). 联邦最高法院赞同:“特拉华州法将公司治理权赋予通过适当股东会程序选举出来董事会代表……该职权可以无须授权给股东会。” Paramount Communications, Inc. v. Time Inc., 571 A. 2d 1140, 1154 (Del. 1989). 但是,特拉华州最高法院进一步认为,各法院不得“以自认为‘更优’的方案替代公司董事会决议”。Paramount Communications, Inc. v. Time Inc., 571 A. 2d 1153 (Del. 1989).

收购要约。如"麦克米兰案"和"因特科案"一样,在没有就控制权进行公平竞价的前提下径直排除股东选择权的行为令人担心董事会的职责问题,因为人们有理由据此推断其决策受私利干扰。

至少时代公司的两项决议,都印证了对这一问题的担忧。两个法院均认定,时代公司董事会最初与华纳公司合并的决议受经营判断规则的保护。两个法院还认定,控制权锁定计划、与华纳公司的要约收购以及为摆脱派拉蒙公司的竞争收购而采取的诸多其他措施,无一不涉及利益冲突,这些冲突的严重程度要求对其适用更严格的审查标准。由此,需要先行解决应该适用优尼科规则还是露华浓规则的问题。

基于某些其他因素,艾伦大法官和美国联邦最高法院均认定,不存在触发适用露华浓规则的情形。艾伦大法官遵循了毒丸计划的判例,认为露华浓规则适用于任何涉及变更控制权的交易,但他认定,并购协议不会导致控制权的变更,其原因在于合并后公司的控制权仍然"处于较大流动可变且持续变化的市场中"。

尽管特拉华州高等法院表明,艾伦大法官的分析"在法律上"是正确的,但联邦最高法院驳回了原告关于对"不同依据"适用露华浓规则的主张:

根据特拉华州法规定,通常来讲,在不排除其他可能性的前提下,有两种情形可以适用露华浓规则。首先,更明确的一种情形是,一个公司主动启动收购程序出售公司或发起有关公司破产(clear break-up)的经营重组计划。但是,在应对收购方要约收购的情况下,目标公司放弃长远战略并寻求涉及公司破产的替代交易,此时也会启动露华浓规则。[①]

前文阐述并不是非常的清晰明确。法院没有排除的其他情形有哪些？第一种情形与第二种情形的区别是什么？如果法院处理的案件比艾伦大法官所面临的理由更宽泛，不涉及公司破产的变更控制权交易是否仍然可以启动露华浓规则？[②] 具体而言，在目标公司"主动启动收购程序出售公司"而参与者不考虑令公司破产时，是否可以适用露华浓规则？[③] 法院所说的公司破产其含义是什么？[④] 我们可以无限扩展该问题，但关键仍然在于，法院似乎通过时代公司严格限定了露华浓规则的适用范围，尽管是通过非常隐晦的方式。

法院拒绝适用露华浓规则的做法耐人寻味，因为正如在时代公司判例中的解释一样，露华浓规则的设置旨在解决眼下所面临的问题。越来越多的人认识到，露华浓义务实际上完全是一般性优尼科

---

① Communications, Inc. v. Time Inc., 571 A. 2d 140, 1154 (Del. 1989).

② 假定寻求实现长期经营策略的目标公司收到恶意要约收购，公司董事会启动了重组计划——将控制权转移至由目标公司管理层及其联盟组成的可确认控制股，但并不涉及目标公司资产的出售。在这种情况下，是否适用露华浓规则？可以说答案是否定的。即便是经营重组，也不涉及公司破产，因此并不会涉及触发该规则的两个层面。

③ 假定一目标公司寻求白衣骑士交易，白衣骑士打算保持目标公司原样且继续执行目标公司长期策略。这种情况是否适用露华浓规则？第二个层面的法庭测试不宜适用，因为其中不涉及放弃公司策略和公司破产的问题。因此答案取决于如何解读第一个层面的测试。目标公司已经"启动出售公司的自我收购程序"。但是问题在于，在不具有公司破产的意图的情况下，这一层面的测试是否触发露华浓规则。该句中"涉及公司破产"的表述同时修饰两个短语还是仅修饰后者？为此，应当注意法院驳回原告关于露华浓主张的依据是"缺少任何实质证据认定时代华纳公司董事会与华纳通信公司谈判使公司不可避免地如露华浓规则中的情形那样出现解体或破产"。See Paramount Communications, Inc. v. Time Inc., 571 A. 2d 1140, 1150 (Del. 1989).

④ 他们所指的交易类型通常是指"破产"收购——收购方通过较高的杠杆证券为交易融资，并后续将大部分目标公司资产出售以为并购融资。但是，若是这样，还有一个不清晰的问题：出售多大比例该公司资产才视为破产。See Marc Stainberg. "Nightmare on Main Street: The Paramount Picture Horror Show", 16 *Del. J. Corp.* l. 1, 16 - 17 (1991).

规则对特殊情况的适用。因此,露华浓规则没有为董事会设定特殊义务,也没有规定与此对应的股东权利,借此希望通过控制权拍卖使目标公司短期股权价值最大化。[①] 相反,与我们之前对优尼科规则及其衍生规则的分析一样,露华浓规则主要解决利益冲突的情形。[②] 因此,露华浓规则为法院认定董事会行为动机是否不当提供了有力的认定标准。但是审理时代案的法庭不但没有考虑该期权,而且法庭对露华浓规则范围的限定也限制了特拉华州各法院在后续案件中适用该规则。因此,法院对露华浓规则的弱化使董事会动机不当的行为可能会逃避司法审查。

当然,审理时代案的法院也没有认定控制权锁定和其他收购防御措施不受质疑。相反,两个法院均作出如下认定:控制权锁定和时代公司后续的重组要约收购属于需要根据优尼科规则进行分析的防御措施。派拉蒙公司根据"因特科案"及后续衍变规则主张,考虑到大幅溢价的非压迫性收购要约所造成不充分价格的影响较小,禁止收购防御措施的要求过于严苛。艾伦大法官依据如下理由对这些情形做了区分:与华纳公司进行合并的最初决议由时代公司长期经营计划引起。不同于毒丸计划——要求管理层发起的交易主要目的在于防御要约收购,艾伦大法官察觉到修订后的时代华纳交易结构主要是为了便于完成董事会的长期战略。因此,鉴于收购要约产生于既存的合法、非防御性商业考虑,时代公司有"法定认可利益"

---

① See Barkan v. Amsted Indus. ,Inc. ,567 A. 2d 1297,1286(Del. 1989);In re J. P. Stevens & Co. ,Inc. Shareholders Litig. ,542 A. 2d 770,778(del. Ch. 1988).

② 就这一方面而言,露华浓规则本身可以被视为董事会行为自利的情形。至少在假定竞争性方案除价格外其他方面均相同的情况下,如果不是动机不当,诚信拍卖者有何理由要接受最高价之外的交易?虽然法院没有裁定董事会存在自利行为,但是目标公司董事会与当前案件董事会建议行为之间的内在冲突足以说明拍卖程序存在缺陷。事实上,露华浓公司董事会主要关注的似乎是如何保护自己免于股东诉讼。See Revlon, Inc. v. Macandrews & Forbes Holdings,Inc. ,506 A. 2d 173(Del. 1986).

(legally cognizable interest)推进华纳公司的收购,这满足优尼科规则第一个层面的要求。

艾伦大法官认为,优尼科规则第二个层面的分析要求,评估涉案公司政策的重要性和董事会行为的影响。关于第一点,艾伦大法官重申了自己的观点:寻求董事会长期战略属于合法的重大公司目标。关于第二点,他认为针对华纳公司的要约"有效,但过于宽泛"。因此,时代公司董事"只是以不同的形式推进既定交易所必需的事项"。

关于艾伦大法官对露华浓规则的分析,如同联邦最高法院关于他对于优尼科规则的分析一样,联邦最高法院在肯定的同时也做出了不同的解释。联邦最高法院明确驳回了派拉蒙公司关于在优尼科规则中,只有结构性压迫和不充分价格属于可受理威胁这一主张。相反,优尼科规则需要根据个案情形灵活开放地适用。法院在本案中指出,灵活开放式的威胁包含这样一种情形:股东可能会对遵循管理层长期经营计划所带来的利益产生错误判断,很难将派拉蒙公司的收购方案与华纳公司并购的利益进行比较,派拉蒙公司的收购即便不会对股东投票造成困惑但至少也可能产生扰乱作用。对于优尼科规则第二个层面适当性的要求,法院认定时代公司重新安排交易是对已预见威胁的适当应对。

与对露华浓规则的分析相同,美国联邦最高法院所适用的方法标志着优尼科规则演变的重大转折。美国联邦最高法院扩大了可受理威胁的情形,并颇具争议地弱化了适当性标准的要求。为此,它似乎削弱了优尼科规则对董事会决议程序产生利益冲突这一情形的适用效力。

例如,一些评论认为时代案确立了"单纯拒绝"防御措施的效力——目标公司董事会有权单纯拒绝公司被收购,并以毒丸或其他收购防御措施作为拒绝收购的支撑。[①] 我们认为这一说法不具有说服力。从衡平法院的层面来讲,艾伦大法官的分析依据是他的如下观点:对于并购所生成的实体而言,时代公司并购华纳在法律上并不妨碍"恶意要约收购的实现"。更重要的是,他还表明,针对派拉蒙公司或其他收购方的恶意收购,对时代公司与华纳公司并购后所形成的合并实体采取防御措施,由此产生的问题不属于同一范畴。

联邦最高法院与前文持类似的有限度的观点。尽管法院没有提及董事会应当为股东的短期利益而放弃既定经营计划,但时代公司的计划被认定为有合理理由且与派拉蒙公司所造成威胁相当。其原因在于该计划"目标并非'强制'股东接受管理层促成的替代方案",它仅"以变通形式执行既存交易计划"。美国联邦最高法院还明确认可艾伦大法官的观点——时代公司的行为"不妨碍派拉蒙公司收购合并后的时代华纳公司"。

法院观点中的上述限制条件是十分重要的,因为这些限制条件排除了单纯拒绝的防御措施以及其他更多对时代案灾难性后果的描述。单纯拒绝的防御措施的确对股东产生了强加性后果——独立性,并且试图阻止任何人收购合并后的公司,法院认为这两种后果均超出管理层职权。因此,时代案并不必然得出这样一种结论——单纯拒绝的防御措施与价格充分的非压迫性收购相适应。

问题在于,对时代案范围的限制并不充分,并实际上带来一些自身问题。法院对时代公司行动所产生法律效果的顾虑,似乎意味着将优尼科规则限定于目标公司的防御措施。在毒丸计划中,假定管

---

① 参见 Wall St. J. ,Feb. 28,1990,at A3. 之间的案例至少已含蓄地否定了单纯拒绝的防御措施。例如,在"因特科案"中,艾伦大法官表示,"在多数情况下",只有在董事会尝试与恶意收购方谈判或寻求替代交易方案的情况下使用收购防御措施才具有合法性。See City Capital Assoc. Ltd. Partnership v. Interco Inc. ,551 A. 2d 787,798 (Del. Ch. 1988). 换言之,董事会不能够单纯拒绝了事。

理层通过提出实质上造成投票控制权转移至在任管理团队的重组计划来应对恶意要约收购,目标公司董事会通过了这一提议,并且为了确保成功实现,董事会拒绝赎回公司已发行毒丸。由于毒丸计划会对收购公司及其股东造成严重的经济损失,因此,收购方在毒丸计划仍然有效的情况下极少会试图完成要约收购。除非竞争性方案之间存在公平竞争,否则必然能够从该行为推断出管理层的自利动机。但是,正如时代公司的行为在法律上并不妨碍派拉蒙公司收购合并后的时代华纳公司一样,毒丸计划在法律上也不妨碍收购方继续完成收购。因此,有合理理由认为时代案对优尼科规则的解释并无不妥。

尽管时代规则的内在含义令人困惑,但该案的实际效果远非如此。例如,对于多数毒丸计划情形而言,毒丸被用于拖延恶意收购,与此同时,目标公司会采取旨在赋予管理层有效投票控制权或令潜在收购方无法接受的防御性重组措施。① 该重组措施的抑制效果并不取决于目标公司的规模。即便对于小公司,该措施也一样有效。相比之下,时代公司防御措施的效果几乎完全取决于合并后的公司规模。尽管就合并后公司的规模而言,后续不太可能会出现一个能够为这项交易松绑的收购方,但这种可能性确实存在。因此,公司控

① 在典型的防御重组中,目标公司以现金(通常通过举债获得)和证券的方式支付股利,降低目标公司后续流通股价。虽然这一过程通常相当复杂,但目标公司管理层和目标公司员工持股计划实际按照后续股票价格,以股票而非现金或债务的形式获得股利。See Black & Decker Corp. v. Amenrican Standard, Inc. ,682 F. Sup. 772(D. Del. 1988);Ivanhoe Partners v. Newmont Mining Corp. ,535 A. 2d 1334,1345(Del. 1987);Rovert M. Bass Group, Inc. v. Evans,552 A. 2d 1227,1243(Del. Ch,1988). 或者,目标公司可以发起要约收购,公众持股人可以用股票换现金和债券。See AC Acquisitions Corp. v. Anderson, Clayton & Co. ,519 A. 2d 103(Del. Ch. 1986). 在任何情况下,相比公众股,管理层的股权均大幅增加。在"AC 收购公司案"中,重组可能会将公司 25% 的表决权转移至新的员工持股计划。加上管理层股权,这对后续交易并购方而言将变成一道可怕的屏障。

制权交易可能会对时代公司董事会产生一定程度的限制作用,这降低了董事会行为动机不当的可能性,相比上文讨论的防御性重组措施尤其如此。

另外,在这种情形下,时代公司商业战略源于实现公司合法利益的愿望,这对最终后果非常关键;它并非仅是为使收购防御措施合理而拼凑起来的工具。因此,派拉蒙公司其实是请求法院禁止时代公司董事会在收购事宜暂停期间继续执行公司业务和事务。特拉华州法院对此请求的迟疑是正确的,因为恶意收购方无权要求在任董事会停止进行中的经营战略。

要言之,时代案提出了一些极罕见的事实,这驳斥了有关董事会行为动机不当的推定,并使该特定情形中的后果(即便不是推理)毫无非议可言。因此,限制时代案推理的许多成果性方法得以自证。问题在于,特拉华州高等法院是否会对自身适用这些方法,或持续压缩时代案的推理方法。

讽刺的是,特拉华州高等法院用以重述时代案裁定的方法是由派拉蒙公司提出的,而派拉蒙公司却发现自己在本案中扮演时代公司的角色,并且主张在之前案件中对己方不利的完全相同的观点。①由马丁·戴维斯经营的派拉蒙公司与萨姆纳·雷斯通经营并控制多数股份的维亚康姆公司达成了合并协议。双方试图通过一系列防御措施排除竞争性收购方案,其中包括:(1)合并协议中的非兜售条款,根据该条款派拉蒙公司不得与第三方进行任何商业合并,除非出现下列情形:①第三方能够证明其收购方案不是为了财务应急(financial contingency),并且②派拉蒙董事会认定信托义务要求其与第三方进行洽谈。(2)终止费,根据该条款,如果派拉蒙-维亚康

① Parmount Communications Inc. v. QVC Network Inc., 637 A. 2d 34 (Del. 1994).

姆(Paramount-Viacom)协议落空,派拉蒙公司应向维亚康姆公司支付10,000万美元。无论协议落空的原因是派拉蒙公司接受竞争性要约而终止与维亚康姆公司交易,还是派拉蒙股东投票否决与维亚康姆交易,均应支付终止费。(3)控制权锁定期权,根据该条,如果维亚康姆交易因任何触发终止费的理由而落空,维亚康姆公司享有以每股69美元的价格购买2400万派拉蒙公司流通股(相当于20%的已发行股票)的期权。维亚康姆公司可以选择以高级次级票据的方式购买股份,或就所有2400万股股权要求派拉蒙公司补偿每股69美元与市场价之间的差价。

QVC公司不顾诸多禁止性防御措施,提出竞争性收购。好莱坞·伊戈似乎也涉足该案,因为戴维斯曾经辞退过QVC公司的首席执行官兼主要股东巴里·迪勒,显然二者彼此痛恨对方。几轮收购下来,派拉蒙公司董事会建议接受维亚康姆公司的收购方案,并继续否决QVC公司的要约。

在无法避免的司法程序中,派拉蒙公司依据时代案判例主张,露华浓规则尚未被激活。考虑到该案对必要激活事件的描述,提出这种观点似乎也不无道理。派拉蒙公司既没有启动主动收购程序,也没有批准公司破产。

QVC公司就此犀利地阐述了该案的潜在危害。如果露华浓规则未被激活,争议焦点为是否可以依据优尼科式分析维持派拉蒙公司的防御措施,这一分析涉及法律和事实上防止竞争性收购的区别。成功的派拉蒙-维亚康姆并购不会在法律上妨碍QVC公司收购合并后的维亚康姆-派拉蒙实体。因此,有充分的理由主张,根据"派拉蒙公司诉时代公司案"有关优尼科规则的解读,派拉蒙公司的行为符合规定。

然而,即便假定QVC公司已经为收购合并后的公司进行了融资,它为收购派拉蒙公司所做的努力也已面临无法克服的实际障碍,即萨姆纳·雷斯通公司。作为维亚康姆公司的控股股东,雷斯通可能已控制了合并后的派拉蒙-维亚康姆实体。控股股东的出现从根本上改变了利益(interest mix)冲突。

在理论上,只要并购上市公司的主体是其他上市公司,多元化的股东对于各方之间的收益分配并不关心。假定典型并购产生相当于目标公司被收购前市场价50%的收益。完全多元化的投资人持有收购公司股份或目标公司股份的可能性大致相当。事实上,他可能同时持有两个公司的股份。因此,目标公司和收购公司之间收益的分配无关乎多元化的股东。通过提高收购方获得控制权所支付的溢价的方式增加目标公司股份,必然减少收购方股份,就股东的视角而言,不过是抢劫皮特的钱付给保罗。更糟糕的是,就收益分配规则增加交易成本而言,这对完全多元化股东更不利。当然,在实践中,有关收购方收益在其股东之间流动这一隐含假设并不支持这种观点。

然而,无论人们如何理解该理论,类似QVC公司的情形无疑引发了对目标公司股东收益分配的极度担忧。如果收购方不是上市公司,即便被定义为完全多元化的股东也不可能同属交易双方。如果收购方为上市公司,但为某一单一大股东所控制,则完全多元化的股东可能无法通过收购公司来充分享受所获收益,原因在于大股东控股使其不成比例地获得任何此类收益的份额。相反,他们更希望将收益分配给目标公司。

基于这一原因,"QVC案"引发了人们在时代公司案中不曾出现的对职责的顾虑。对控股股东地位和信息上的优势会影响收益分配的顾虑不无道理。特别是,控股股东在交易后获得非比例份额收益的能力,使人们有相当的动力要求收购方向目标公司董事提供补偿金,以获得股东配合。反过来,控股股东拒绝收购方案的能力使合并后的公司免受公司控制权市场的限制影响。[①] 因此,出现在任何并购中的正常利益冲突都被 QVC 情形极度放大化。

在"QVC 案"中,特拉华州最高法院表明法院已察觉到这种忧虑。考虑到法院对于因派拉蒙董事会行为危及股东权益的性质的阐述模糊不清,法院多次指出通常只有以支付少数股东"溢价"以弥补其投票权(虽然该权利流动且分散)损失的方式才能获得该投票控制权,并且,一旦控制权被转让且兼并至多数股东,公众股东则丧失了获得该溢价的期待。[②] 另外,对于为何出让控制权的董事会行为受到更严格的司法审查,法院提出了一项同样非常有趣的解释:"该审查的正当性源于如下情形:(a)现任股东投票权减少的威胁;(b)属于公众股东的资产(控制权溢价)正在被出让并且可能永远无法继续行使的事实;以及(c)特拉华各法院历来对损害或妨碍股东投票权的顾虑。"[③]如果从对所有收购的普遍意义而言,这种解释令人感到困惑,因为它们与优尼科规则和露华浓规则的关注焦点——利益冲突没有太大关系,并且事实上,可能意味着新的分析模式——其重点将会成为在控制权溢价中保护股东权益。但是,当适用于"QVC 案"的具体事实,则考虑控制权溢价中的股东权益非常有道理。它们体现了一种可能性:派拉蒙董事会的利益冲突可能会导致其采取行动将股东收益转让至维亚康姆公司和雷斯通。

当然,这尚不足以认定存在利益冲突,必须有后续进一步行动才可以。"QVC 案"法院不仅注意到这种情形下存在强化的利益冲突,

---

① 尽管控股股东对少数股东承担信托义务,但并没有义务将股份出售给另外收购人。事实上,特拉华州最高法院已经判定,在控股股东启动与目标子公司套现并购时,并不适用露华浓义务。See Bershad v. Curtiss-Wright Corp. ,535 A. 2d 840,844 –45(Del. 1987).

② Michael P. Dooley,Fundamentals of Corporation Law 577(1995).

③ Paramount Communications Inc. v. QVC Network Inc. ,637 A. 2d 34,45(Del. 1994)(强调另加).

而且似乎还注意到时代公司案解决该冲突所适用规则的缺陷。当然,法院没有否决时代公司案规则,但是它确实通过驳回派拉蒙公司对时代公司案的解读,将该案限定于特定事实。回顾一下该案的有关阐述:“根据特拉华州法规定,通常来讲,在不排除其他可能性的前提下,有两种情形可以适用露华浓规则,”即主动启动收购程序或批准公司破产。[1] 在“QVC 案”中,法院强调了“在不排除其他可能性的前提下”这一表述。法院认为,本案存在其他可能性,即控制权的变更,因此触发露华浓规则。[2]

当然,法院对时代公司案的分析充其量不过是一种言不由衷的辩解。在时代公司案中,法院越过控制权变更测试,而青睐破产与自我启动拍卖这两个触发事件。“其他可能性”这一用语不过是程式化的司法表述罢了。但是,就判例的角度而言,该程式化表述却成为一种机制,法院借助这种机制避免推翻自己对时代公司案裁定的同时,能够修正该裁定对优尼科规则和露华浓规则所造成的不利影响。

但是,这一目的或许为其方式提供了合理解释。法院通过重申艾伦大法官对时代公司案的观点——“QVC 案”的法院称其“推理充分”,并且重新采用控制权变更测试,“QVC 案”专门论述了交易中潜在的董事会利益冲突,正如本案一样。事实上,法院强调:向可确认的所有人转让控制权这一事实,使目标公司股东在事前事后先后受留任董事和受让人失职行为的影响。

除了令时代公司案关于露华浓规则的解释作古以外,法院还做了微妙却十分重要的学说上的转变。时代公司案认为优尼科规则和露华浓规则涉及对不同问题的法庭调查,而“QVC 案”重新采纳了时

---

① Paramount Communications Inc. v. Time Inc., 571 A. 2d 1140, 1150 (Del. 1989) (强调另加).

② Paramount Communications Inc. v. QVC Network Inc., 637 A. 2d 34, 46 – 48 (Del. 1994).

代公司案以前的观点——两种规则属于同一情形,涉及有正当理由对控制权交易中的重大利益冲突适用加强司法审查原则。例如,法院认为"优尼科诉梅萨案"和"莫兰诉豪斯豪德国际公司案"所阐述的露华浓一般原则,适用于本案以及所有涉及公司控制权根本变更的案件。

类似地,尽管时代公司案强调优尼科和露华浓规则中的正式测试方法,但"QVC 案"法院采取了相对更宽松的标准。正如"QVC 案"的阐述一样,就根本上而言,加强审查测试是以个案为适用依据的适当性调查:"加强审查测试的主要特征有:(a)就董事会决策程序之充分性的司法认定,包括决策所依据的信息;(b)根据彼时的情形对董事会行为合理性的司法认定。"董事会有义务就这两个方面承担举证责任。董事会无须证明决策的正确性,而只是证明其决策具有适当性即可。

此外,"QVC 案"强烈指出,"即便董事会可能做出不同的决议或后续事件令人质疑其决议",法院也不应对属于适当性范畴内的董事会多加干涉。艾伦大法官在因特科案中提醒道,"特拉华州各法院对优尼科规则先例做出了谨慎的适用……当然,其中的风险是,各法院在对一些要素进行实质判断时可能极易优先适用自己对某一问题的观点——而对适当和毫无利益冲突的看法总是因人而异"。[①] "QVC 案"澄清到,只要董事会行为属于适当性范畴,特拉华州各法院不会过分对其决议另加揣测。

新的适当性标准是如下观点的逻辑巅峰:动机才是问题的关键。其隐藏含义是,适当的决策不太可能产生于利益冲突,至少在决议后果属于合理范畴的情况下,并不涉及不适当动机。这一操作准则似

---

① City Capital Assoc. Ltd. Partnership v. Interco, Inc. ,551 A. 2d 787,796 (Del. Ch. 1988).

乎非常合理,"无损害即无过错"。

第三节　优尼科规则——后"QVC 案"时代

在"优尼特林诉美国通信公司案"(Unitrin v. American General Corp.)中,特拉华州高等法院准确清晰地表达了法官不愿过多考虑属于适当性范畴的董事会决议这一态度,该案法院赞同所有观点,但有关厨房水槽一系列防御措施的观点除外。① 优尼特林公司董事会制订了毒丸计划,修改公司规章并增加驱鲨剂条款,并启动了防御性股权回购计划。特拉华州衡平法院根据毒丸计划对"不必要"做出裁定,后被特拉华州最高法院推翻。法院认为,"严苛的"防御措施——"压迫性或排除性"措施——无效。(请注意这与我们在后"派抗蒙公司诉时代公司案"中所讨论的单纯拒绝之防御措施的相似性。)不具有排除性或压迫性的防御措施应依据"QVC 案"适当性范畴的标准来认定。法院根据所获得的案件事实,认定股东未来获得控制权溢价的权利没有被排除,并且仍然有变更控制权的可能。因此,防御措施并不存在压迫性或排除性。更重要的是,特拉华州最高法院认为,特拉华州衡平法院"以法院的判断取代[董事会的判断]是错误的"。特拉华州最高法院解释道:

> "适当性范畴"标准的判决依据是,在就潜在威胁采取防御措施的过程中,董事会对公司及股东履行信托义务需要一定的裁量权。同时性要求(concomitant requirement)是出于司法克制。因此,如果

① Unitrin, Inc. v. American General Corp., 651 A. 2d 1361(Del. 1995).

董事会防御措施并不苛刻(具有排除性或压迫性)并且属于“适当性范畴”,法院不得代替董事会作出判断。

之后,各法院在一些其他案件中又陆续就这些问题做出阐述,认为该分析是适用适当性标准的情形所必需的。

1. 优尼科规则与毒丸计划

在“莫兰诉豪斯豪德国际公司案”中,①豪斯豪德公司的两个股东提起诉讼,要求判定上述毒丸计划无效。在诸多指控中,原告认为《特拉华州普通公司法》第 157 条的相关条款并不允许豪斯豪德公司所发行的权利类型。该法第 157 条相关条款规定:“所有公司均有权制定并发行赋予权利凭证持有人购买任意数量、任意类型的公司股权或期权,而不论其是否与公司任何股票或其他证券的发行或出售相关。”这一法定用语引发两个重要问题。②

第一,这些权利最初所转换的权利和优先股是否为虚假证券?尽管这些权利最初可以转换为优先股[转换利率为虚价(at a conversion rate far out of the money)],且如果再次交易时只能转换为普通股(实价),但如果发生激活事件,这些权利确实不同于普通股。对此,这些权利可能会寻求可以进行交易的二级市场。而且,如果发生再次并购的情形,理性股东会选择行权。可以推断,制订毒丸

① 500 a.2d 1346(del.1985).

② 另外,原告还提出两项其他主张。第一,第 157 条“其宗旨从来都不是认可收购防御措施”。See Moran v. Household Int'l, Inc.,500 A.2d 1346,1351(Del.1985).但是,法院认为法规或立法历史中没有任何证据表明立法机关希望将第 157 节限定于“为公司融资”而发行权利凭证。See Moran v. Household Int'l, Inc.,500 A.2d 1346,1351(Del.1985).第二,原告主张,特拉华州制定的收购防御法规范围较窄。因此,原告主张,立法机关肯定存在推动要约收购不受实质阻碍的意图。See Moran v. Household Int'l, Inc.,500 A.2d 1352,1353(Del.1985).法院以立法机关“对要约收购不设置州法约束的事实,不能被理解为它也希望不设置私法。”See Moran v. Household Int'l, Inc.,500 A.2d 1353(Del.1985).

计划的交易策划者其意图是,这些条款会使该类权利看上去具有经济价值。若果真如此,策划者则是成功的,原因在于,法院驳回了豪斯豪德公司毒丸存在虚假证券这一主张。

第二,第 157 条关于权利的规定——"赋予权利凭证持有人购买任意数量任意类型的公司权利或期权"——提出了另一个问题。原告主张,第 157 条只允许豪斯豪德公司发行可以转换为豪斯豪德公司股票的权利。因此,豪斯豪德公司不得发行意在赋予公司股东购买另一家公司股权的权利。法院驳回了这一主张,并将豪斯豪德公司毒丸与通常出现在可转换证券中的反摧毁(anti-destruction)条款进行对比。反摧毁条款允许目标公司可转换证券的持有人将其证券转换为收购公司提供的作为目标公司普通股对价的任何证券。由于反摧毁条款有效,法院据此维持毒丸的效力。

原告关于职权的最后一项主张认为,董事会无权禁止股东接受委托书争夺(proxy contest)或要约收购。同前一问题一样,特拉华州法律规定,董事会没有"强有力的正当理由"不得采取剥夺股东权利的收购防御措施。[①] "莫兰诉豪斯豪德国际公司案"法院认为,虽然董事会不得阻止委托书争夺,但豪斯豪德公司的毒丸计划并不存在这种禁止行为。尽管挑战者委托了超过 20% 的股份,但主动委托投票没有激活毒丸。另外,尽管法院承认毒丸计划实质上可能会禁止股东在委托书争夺之前购买超过 20% 的股权,但法院同时认为,该限制不太可能对争夺战成功的概率产生重要影响。

最后,莫兰公司表示,董事会必须提供一些机制,使收购方可以向股东发出要约。该公司极力强调,董事会有权制定"有牙齿"的防

---

① See Unitrin, Inc. v. American Gen. Corp., 651 A. 2d 1361, 1379 (Del. 1995); Stroud v. Grace, 606 A. 2d 75, 92 n. 3 (Del. 1992); Blasius Indus., Inc. v. Atlas Corp., 564 A. 2d 651 (Del. Ch. 1988).

御措施。至于豪斯豪德公司毒丸,法院提到一些恶意收购方可以借用来精心安排并避免毒丸计划毒性的方法,其中包括以董事会赎回毒丸为要约条件、在赎回要约提出的同时主动书面同意免除董事会以及发起委托书争夺免除在任董事会。①

在认定董事会有权制订毒丸计划并再次强调董事会有权拒绝要约收购这一一般原则之后,特拉华州法院继续分析豪斯豪德公司董事会制定毒丸计划是否违反信托义务。对这一问题,法院主要依据当时尚属新颖的优尼科规则判决。② 特拉华州高等法院判定,豪斯豪德公司毒丸计划属于对收购方所采取的压迫性收购策略的合理回应。但是,法院同时也谨慎地强调指出,豪斯豪德公司后续并没有面临实际收购威胁。法院强调:“当豪斯豪德公司董事会面临要约收购以及[毒丸]赎回请求,他们无法武断地拒绝要约。他们需要承担与其他董事会在决定采取防御机制时所承担的相同信托义务,需要承担与最初制定[毒丸]相同的信托义务。”③话虽如此,但关键的问题是,法院认为毒丸计划应当是“适当的防御机制”。

近期,特拉华州高等法院援引遵循判例的原则,驳回了莫兰案之

① 原告主张,豪斯豪德公司毒丸妨碍股东行使权利组织委托书争夺。特拉华州法规定,除非有“正当理由”,董事会不得采取剥夺股东权利的收购防御措施。See Unitrin, Inc. v. American Gen. Corp., 651 A. 2d 1361, 1379 (Del. 1995); Stroud v. Grace, 606 A. 2d 75, 92 n. 3 (Del. 1992); Blasius Indus., Inc. v. Atlas Corp., 564 A. 2d 651 (Del. Ch. 1988). 因此,虽然董事会不得妨碍组委托书争夺,但是“莫兰诉豪斯豪德国际公司案”法院认定,豪斯豪德国际公司毒丸并未如此。如此一来,即便质疑者以超过20%的股份阻止委托书争夺,也并不能触发毒丸。而且,法院判定,即便毒丸能够有效防止他人在举行委托书争夺之前购买20%以上的股份,这种限制也不太可能对于争夺战成功率产生影响。See Moran v. Household Int'l, Inc., 500 A. 2d 1346, 1355 (Del. 1985).

② 参见第七章第二节“2. 优尼科规则”。

③ 500 A. 2d at 1355. Also see Hills Stores Co. v. Bozic, 769 A. 2d 88, 106 – 07 (del. Ch. 2000) (认为:“特拉华州判例法向股东保证:法院支持董事会决议在特定时间采取防御措施这样一个事实,并不意味着董事会将免于依据优尼科规则承担证明在争夺焦灼的情况下所采取防御措施具有正当性的举证责任”).

后指责毒丸计划的观点："毫无疑问，莫兰案确立了董事会[无须经过股东批准或同意]制定权利计划的职权。"①"认可[原告]主张将会削弱莫兰案以及本案和后续案件的根本观点——任何一家特拉华州公司的董事会有权单方面制定权利计划。首席法官认定，法院判例不允许出现这种结果，本院也赞同这种观点。"

但有趣的是，对于死手和无手毒丸计划的效力问题，特拉华州高等法院却选择了另一方式。"速转设计系统公司诉门特图形公司案"(Quickturn Design Sys. ,Inc. v. Mentor Graphics Corp.)②中的争议无手毒丸计划在董事会控制权变更后6个月之内不得赎回。特拉华州高等法院没有援引标准优尼科规则，相反，法院认为特拉华州法"要求对董事会职权的任何限制规定均应在(公司章程中)加以明确"。无手毒丸通过禁止6个月之内赎回毒丸计划来限制新选任董事会的职权，从而防止公司被收购。因此，无手计划倾向于"从实质上限制[新选任]董事会经营政策的决策自主权"。所以，该无手毒丸计划违反了"每一(新选任)董事就董事会所面临的事项自行做出最合理判断的职责"。由于章程中没有明确规定这一限制条款，无手毒丸计划因超出董事会职权而无效。

对毒丸计划的另一种批评观点，重点关注毒丸计划与交错董事会相结合后的强化效果。如上所述，收购方可能会通过采取委托书争夺选举新董事会的方式终止毒丸计划，新董事会将对毒丸进行赎回以推动收购进程。但是，如果目标公司同样存在交错董事会，收购方若希望实施该策略，则必须赢得两次委托书争夺，因为只有这样才能连续两次成功选任占多数的董事会。如此，毒丸计划和交错董事会相结合成为有效的收购手段也就不足为怪了。

---

① Account v. Hilton Hotels Corp. ,780 A. 2d 245,249(Del. 2001).

② 721 A. 2d 1281(Del. 1998).

在“威萨塔公司诉塞勒克提卡公司案”(Versata Enterprises, Inc. v. Selectica, Inc.)中,[①]塞勒克提卡公司是一家财务上出现巨大经营净亏损(NOLs)的公司:

经营净亏损是一个公司业已出现并累计计算得出的纳税亏损,该亏损可以用以抵减未来(或立即抵减过去)的纳税收入。如果公司实现了应纳税利润,那么经营净亏损可以用于抵减之前年度的所得税或抵减以后年度的所得税。因此,经营净亏损属于企业的有价资产,可作为一种降低税收成本或提供现金流的工具。经营净亏损被视为公司的一项或有资产,其价值主要取决于公司报告的未来利润或即时的过往年度利润。

如果公司在经营净亏损期限(20年)内未能实现盈利,则该经营净亏损失效。通常很难确定经营净亏损的具体额度,因为对经营净亏损的最终利用受公司所实现利润的期限与数量的影响。如果公司从未实现应纳税所得,则其解散时的经营净亏损价值为零,而无论该经营净亏损的数额是多少。

为防止公司纳税人通过其他组织的经营净亏损中获利,美国《国内税收法典》第382节,对“所有权变更”后经营净亏损的使用期限作出了限制规定。如果某公司的情况适用第382节,条文限制可以用以减轻公司纳税义务的未来年度经营净亏损的数额。经营净损失一经受到这种限制,其价值便大大降低了。

根据第382节,“所有权变更”的精确定义异常复杂。所有权变更的最低要求是有50%以上的公司股权在3年内发生转移。第382节的专门条款对具体的界定方式作了详尽规定。最重要的是,根据

① 5 A.3d 586(Del. 2010).

第 382 节的规定,在这种情况下计算所有权变更时考虑的仅是在测试期内持有或已经获得公司 5% 及以上流通股股权的股东。[①]

威萨塔及其关联公司向塞勒克提卡公司发起要约收购,并且在要约被拒绝之后,威萨塔及其关联公司收购了塞勒克提卡公司超过 5% 的普通股作为持续收购战的阵地(beachhead stake)。之后,塞勒克提卡公司董事会查阅了有关第 382 节的分析并了解到:再收购公司大约 10% 的既存已发行股或 5% 的新股东将对公司经营净收入的使用造成永久性限制。"随后,董事会一致通过一项修订塞勒克提卡公司《股东权利计划》的决议,即将受益所有权从 15% 降至 4.99%,并给予现有持股 5% 的股东祖父条款待遇并允许其另外购买多达 0.5% 的股权而不触动经营亏损毒丸计划。"[②]

在进一步采取手段,包括蓄意针对威萨塔及其关联公司激活毒丸之后,塞勒克提卡公司提起诉讼,要求法院判决宣告毒丸有效。

法院认为,应当适用优尼科规则。可能丧失经营净损失的情形属于对公司政策的可受理威胁。"特拉华州衡平法院认定,公司在册'证据充分':董事会根据专家意见作出合理认定——塞勒克提卡公司经营净损失具有保留价值和[威萨塔公司的]行为对经营净损失造成严重威胁。"[③]特拉华州衡平法院进一步裁定,4.99% 的较低触发事件具有合理性,因为这源自税法规定而非董事会的武断选择。特拉华州最高法院同意这一观点。

在适用优尼科规则第二个层面时,特拉华州最高法院依据优尼特林案的表述作出判定:如果毒丸具有排除性或压迫性(这会使毒丸

---

① 5A. 3d 589(Del. 2010).

② 5A. 3d 595(Del. 2010).

③ 5A. 3d 600(Del. 2010).

本身不符合适当性规定)则通过测试标准;如果不具有排除性和压迫性,毒丸是否存在与威胁相关的其他正当理由。威萨塔及其关联公司主张,塞勒克提卡公司的毒丸计划不具备正当理由,因为5%的门槛规定与该公司的交错董事会结合起来构成禁止性防御措施,并声称“塞勒克提卡公司依据章程成立的交错董事会,实际上排除了以经营净损失毒丸赎回计划为前提的收购方案,因为它要求提出挑战的委托人发起并完成两次委托书争夺才能变更控制权”。

特拉华州高等法院驳回了上述主张,并认为:

> 交错董事会是法规所允许的,并且其制定是出于经营目的。任何其他交错董事会,都是借助防止反对者在一次选举中获得董事会控制权的方式,发挥反收购防御措施的作用。10多年前,卡莫迪的衡平法院指出:“由于每年只有1/3的交错董事可以担任候选人,交错董事会将拖延,但不会阻止恶意收购方获得董事会控制权,因为决心已定的收购方会发起委托书争夺,并在两年的时间内获得目标公司董事会2/3的控制权,而非在一次性选举中夺取控制权。”两种防御措施结合使收购方更难获得董事会控制权的事实,并不会导致实际上无法实现这些措施,即不会令措施产生禁止性后果。①

而且,将与经营净损失威胁相关的各种防御措施结合使用有其正当理由。法院认为,经营净损失属于若不采取毒丸计划将受到威胁的有价值的公司资产。

“塞勒克提卡案”为我们提供了一些指导性意见。第一,关于善意和适当动机的文本证据对目标公司获得有利后果至关重要。法院

---

① 5A.3d 604(Del.2010).

强调，塞勒克提卡公司董事会是在试图保护价值不确定的特殊资产。经济学家马克·汉弗莱和詹纳的论文《作为创新源头的反收购条款及其价值创造》认为，在该类情形中更应尊重目标公司董事会的决议。他认为：

管理者对风险深恶痛绝，过度规避风险可能会损害股东权益。风险主要源自于希望利用压低的市场价格并从中获利的投机性收购。对于新型或价值难于计量（HtV）的公司尤其如此，这类公司的价格受到压制的原因可能是计量困难而非管理不善。对于这类 HtV 公司，投机性收购的威胁可能会通过制造规避管理风险的机构冲突（agency conflicts），从而破坏公司价值。管理者和监管机构认为［反收购保护措施（ATPs）］可以改善这一问题。本文提出一种理论模型和经验主义后果。它表明对 HtV 公司来讲，ATPs 鼓励管理者进行创造价值的收购、增加创新且避免造成管理性保护措施的机构冲突。这意味着，对于新型和价值难以计量的公司而言，ATPs 有助于管理性风险规避并鼓励价值创造。

若果真如此，究竟该如何将作者的结论与特拉华州优尼科规则架构结合起来对收购防御措施进行司法审查？塞勒克提卡公司的做法主要借助于董事会关于经营净损失的分析。但是相比之下，更早的“三叶草控股公司诉宝丽莱公司案”（Shamrock Holdings, Inc. v. Polaroid Corp）①更具有指导意义。

三叶草公司对宝丽莱公司发起恶意收购。目标公司通过向友好投资人发行可转换优先股以及启动大规模股权回购方案做出回应。

① 559 A. 2d 278（Del. Ch. 1989）.

宝丽莱公司还制订了“包含内翻式和外翻式条款的毒丸计划。此外，尽管公司并没有交错董事会，但一些条款限制持反对意见的股东获得公司控制权。根据规章，股东不可以召集特殊股东会，且必须于年度股东大会召开前9天的时间就其提名董事的意图进行书面告知”。三叶草公司提起诉讼，认为该防御措施违反优尼科规则。

法院认为：

宝丽莱公司董事的行为属于善意且对三叶草公司的要约进行了合理调查(这满足优尼科规则第一层面的要求)。董事会在为期4个月的时间至少就6种情形召开会议，审查三叶草公司的初始和修订要约并与管理层、财务和法律顾问探讨适当的应对措施。13位董事会成员中，只有2位董事或公司前任管理者出席了会议，并且没有任何证据使法院可以据此初步认定外部董事有自我牟利的意图。

优尼科规则的第二个层面为适当性测试——根据该规定，宝丽莱公司的应对措施对于三叶草公司的威胁必须具有适当性……

这正是该案与汉弗莱和詹纳论文的相关之处。在分析三叶草公司的收购是否对宝丽莱公司造成威胁时，法院考虑到宝丽莱公司的价值难以计量这样一个事实。宝丽莱公司最近刚刚在对柯达公司重要专利权诉讼的责任阶段获胜。但关键在于，该案损害阶段的诉讼尚未得到解决。没有人完全清楚会产生何种损害，但是，似乎可以认为损害之诉代表宝丽莱公司非常重要的一部分价值。因此，正如法院的解释一样，宝丽莱公司主张：

三叶草公司的要约同样可以被视为一种威胁，因为在董事会看来，该公司并未对柯达判决提供充分价格。目前，该判决是宝丽莱公司最具价值的资产。董事会担心三叶草公司会利用或损害该资产："(a)……三叶草公司可能因案件不确定性和对宝丽莱公司主张的全面价值缺少了解,从而低估了损害赔偿金的数额;(b)……由于三叶草公司需要尽快偿还并购债务,三叶草可能会比较乐意不以全款快速解决司法程序;(c)……法院在柯达案中对收购方裁定的赔偿额可能低于原受害人。"

法院认可如下内容:

总之,宝丽莱公司所期待的是源自持续10多年的复杂专利侵权索赔中可能超过50亿美元的金钱赔偿。在可预见的未来,即便损害赔偿未得到偿付,也能量化出具体金额。在此之前,将不具有压迫性但价格不充分的要约收购视为威胁似乎更恰当。尽管股票市场已经对柯达案作出了"估价",且分析师也提供了估价,但宝丽莱公司的股东实际却基本无法评估这一重大资产的现时价值。在这种情况下,宝丽莱公司股票持有人极有可能低估柯达公司的认定价格,并且似乎无法通过单纯的信息传播解决这一问题。因此,法院确信宝丽莱公司董事会有权将三叶草公司要约收购视为威胁。有证据表明要约价格不充分(而且董事会也这么认为),并且鉴于柯达案的当前状况,有合理理由担心宝丽莱公司股东无法准确判断股票的实际价值。

接下来的问题是,管理层的交易的不充分性存在争议,其是否属于对该收购的适当反应。自我收购要约和回购计划的宗旨是赋予利益相关的股东以经济价值,同时增加其余股东的股权利益。发行优先股被视为回购方案的有效融资形式……

总之,虽然法院不能完全确信发行优先股只是融资手段,但也无法初步认定,合作伙伴交易本身或管理层交易整体因其与三叶草公司所构成威胁不相当或动机不当,从而不具有正当理由。

汉弗莱和詹纳的论文表明,三叶草控股公司的理解完全正确。在目标公司价值难以计量的情况下,在适用优尼科规则时更需要尊重董事会决议。

塞勒克提卡决议厘清的第二个问题,是独立董事独立发表意见的重要性。做出有关决议的主体是完全由独立董事组成的专门委员会。专门委员会收到诸多独立专家的意见,尤其是外部税务专家对第382节问题的分析意见。如此,特拉华州衡平法院认定防御措施符合适当调查的要求。同样,特拉华州最高法院也极为强调专门委员会获得的外部专家的广泛意见。除了证明专门委员会根据适当调查作出了信息全面的决议,设立依据独立专家意见进行决策的独立董事表明目标公司行为动机合理,即并不是为了保护在任者利益。如果动机对于优尼科案和本案同样重要,塞勒克提卡公司董事会已全力证明了其动机的纯粹性。

相比之下,法院似乎认为威萨塔及其关联公司才是整个事件的"恶人"。法院强调,毒丸计划的修订是为了应对"长期以来有意削弱公司资产的竞争者"的收购企图。此处,需要注意特拉华州最高法院对布恩·皮肯斯在原本优尼科决议中绿票讹诈人"国内名声"的这一强调。如果目标公司董事会的动机举足轻重,那么收购方的动机似乎也一样重要。法院怀疑,威萨塔的做法可能不仅旨在收购塞勒克提卡公司,而是为了破坏其经营净损失的价值,从而使其更难以摆脱财务困境。

宣判塞勒克提卡案一年以后,特拉华州衡平法院再次于"艾尔产品及化学用品公司诉艾格斯公司案"(Air Products & Chemicals, Inc. v. Airgas, Inc.)中对毒丸计划与交错董事会相结合的防御措施作出阐释。[①] 艾格斯公司在2007年制订毒丸计划10多年前就已经采用交错董事会的模式。只有后续的毒丸计划才是为防止发生恶意要约收购而制定的。尽管如此,钱德勒大法官仍然认为这两项防御措施密不可分,从而必须将二者视为整体防御措施。

在一份长达81页并附带514个脚注的意见书中,钱德勒大法官全面审查了相关事实和应当适用的特拉华州法律,他反复阐述本案所面临两难困境,审理法官受上诉判例约束,而钱德勒大法官本人却不赞同先例的解释:

尽管就有充分资金供应条件的非歧视性所有股份全款现金(all-shares all-cash offer)支付的要约而言,我本人很难相信不充分价格本身(由目标公司董事会提出)会造成任何"威胁"——考虑到彼时艾格斯公司股东所了解到的资产信息尤其如此,但是根据特拉华州法,该要约确实构成威胁……[法院可受理的威胁]是,艾格斯公司股东不会相信董事会关于价值的看法(或者对希望获得短期利润的并购套利者而言,他们完全可能不顾董事会的建议),从而错误地接受价格不充分的要约。

审理法官无法无视或修改上诉法院的决议。因此,囿于特拉华州高等法院的先例,本人不能裁定被告已完成优尼科规则所要求的举证责任,即阐述存在法定威胁从而需要维持艾格斯公司毒丸计划。也就是说,假定被告已经完成其举证责任,即证明存在法定可受理威胁(第一个层面),那么为特拉华州法所认可的艾格斯公司防御措施则属于对不充分价格要约所致威胁的适当回应,即便对所有股份全款现金支付的要约而言也同样如此(第二个层面)。

---

① 16 A.3d 48(Del. Ch. 2011).

在我个人看来,艾格斯公司的毒丸计划目的合法。尽管70美元的"一口价"报价公开不到2个月的时间(自2010年12月9日起算),但是艾尔产品公司的预付款已支付了超过6个月时间,并且艾格斯公司该毒丸计划(尤其是结合交错董事会)已经给予艾格斯公司董事会长达一年多的时间向股东转达其对公司内在价值与收购交易价值的看法。……艾格斯公司所获得的时间比特拉华州历史上任何涉诉毒丸的时间都长,这足以让股东了解4个季度不断改善的财务状况,表明艾格斯公司正实现其预定目标。并且,这也有助于艾格斯公司董事会在艾尔产品公司在最高报价首次被公开时,要求艾尔产品公司将每股收购价格提升10美元……要言之,似乎上述情形并不存在威胁,因为公司股东了解自己作出明智决策所需的信息(有关要约和艾格斯董事会关于要约看法的信息)。

话虽如此,但据我理解,特拉华州有约束力的判例不允许法官以自己的商业判断取代艾格斯董事会。特拉华州高等法院已经认定,不充分价格可以被视为对公司政策及其效果的威胁。特拉华州高等法院还明确指出,"可以不授权股东来确定实现公司目标所需的期限"。而且,特拉华州最高法院给出有名的论断:"董事会没有义务为股东的短期利益而放弃一项精心设计的公司计划,除非确实没有理由维系公司该策略。"当然,我并不认为可以将该论断理解为董事会关于阻止低价非压迫性要约的决议不适用强化的优尼科审查规则。但是,结合"优尼特林诉美国通信公司案"的实际观点,我确实认为上述论断表明,善意且有合理理由相信某要约价格不充分的董事会可以借助毒丸计划阻止该收购,而无须考虑股东希望接受要约的意图。①

① 16 A.3d 56 –58(Del. Ch. 2011).

钱德勒大法官是否由此认为有关目标公司董事会有权“单纯拒绝”的这一观点合理呢？该观点认为：

董事会不可以对一项要约收购“单纯拒绝”。根据特拉华州法，董事会必须首先符合两个层面严格的司法审查。这也是法官据以判断董事会所采取的措施及动机所采用的标准。只有在合理调查并听取外部人士意见后，这两方面可以证明恶意要约收购对公司构成法定威胁，董事会才可以通过阻止要约收购和迫使收购方选任多数董事的方式善意解决公司所面临的威胁。

换言之，董事会不能只是“单纯拒绝”要约。事实上，董事会必须进行合理调查、聘请独立的外部专家，并认定存在不充分价格的潜在威胁。目标公司董事会只有在采取上述做法之后才有权“拒绝”。

但是“单纯拒绝”的防御措施与钱德勒大法官所述的通过层层检验后的拒绝措施，二者的区别甚微。只要在任的董事会愿意信任由公司聘请的独立顾问所辅助的独立董事，董事会都可以拒绝要约。如前所述，收购价值计量充其量不过是一种艺术，而非科学。目标公司肯定能够找到对公司估价高于恶意收购方报价的可信专家。

因此，收购方若想推进收购方案，需要历尽艰辛——发起并赢得先后两次委托书争夺以选举出能够将毒丸赎回的董事会。虽然毒丸计划和交错董事会被视为一项整体防御措施，而且钱德勒也承认“据我所知，目前还没有任何一个收购方曾连续两年成功留任并发起两次成功的委托书争夺，从而控制交错董事会并赎回毒丸”，但是，这两种方式的结合对目标公司并不是致命的。钱德勒大法官援引塞勒克提卡案解释称，他自己“受该先例约束，需继续遵循这种推定：只要艾尔产品公司将来可以实际获得艾格斯公司董事会控制权，那么即便艾格斯公司的防御措施拖延(甚至严重拖延)这一过程,也可以认定艾格斯公司的防御措施没有排除性”。

评价艾格斯案时,有必要从我们上述讨论的时代公司案中单纯拒绝防御措施着手,上述讨论认为,该判例涉及一系列极不寻常的反驳董事会行为动机不正当这种推定的事实。相比之下,我们已经反复讨论了一些案例,在这些案例中特拉华州各法院撤销了董事会为保护在职人员利益这种不正当动机而制定的收购防御措施。在艾格斯案中,有利于目标公司董事会动机的事实不胜枚举。艾尔产品公司(收购方)已经成功将自己提名的3个候选人选举为艾格斯公司董事会。在一个不典型的后续事件中,艾尔产品提名的三名董事“竭力”支持维持毒丸计划的决议:

更重要的是,[艾尔产品提名的三名董事]认为,信托义务要求他们支持维持艾格斯公司防御措施。并且,艾尔产品公司的董事出庭作证指出:(1)他们没有理由相信艾格斯公司董事会违反信托义务;(2)即便股东有充分信息,他们仍然“赞同艾格斯公司管理层最了解公司的内在价值”;(3)如果角色互换,他们也会选择与艾格斯公司董事相同的做法。

然而,艾格斯案最令人惊讶的是,虽然法院做了详尽的长篇论述,但实际上却采取了被评论人(observer)视为机械程式化的方式适用有关测试标准。如果将这一观点与大法官的反复感慨(大法官受特拉华州最高法院判例的约束)结合起来,不禁令人心生好奇:大法官是否是希望通过这一看法敦促特拉华州最高法院取消不充分价格属于可受理威胁的做法并强化优尼科审查标准。若是这样,那么大法官的期望目前尚未实现。

2. 优尼科规则与交易保护机制

如第三章所述,协议收购各方签订的并购协议,通常包含旨在禁止竞争收购的专属条款或控制权锁定条款。本章我们讨论了露华浓规则和“派拉蒙公司诉时代公司案”等案件中为确保至少一个以上的竞争收购方(competing bidder),在公司控制权争夺战中战胜其他恶意收购方而采取的类似机制。“派拉蒙公司诉时代公司案”的法官认为,审查该类交易机制的适当标准是优尼科规则。

(1)“欧慕尼凯公司案”

在“欧慕尼凯公司诉 NCS 医疗保健公司案”中,[①]特拉华州高等法院认定,即便是对协议收购中的交易保护机制,也应当适用优尼科规则。因此,优尼科规则补充了(实际是替代了)审查第三章所讨论的专属协议的标准,至少在特拉华州如此。NCS 医疗保健公司是一家资不抵债且正考虑预包装破产重组的保健公司。欧慕尼凯公司是一家从事保健业务的竞争公司,根据《破产法典》第 363 节,该公司在破产收购中提出以 22,500 万美元(后续又先后增加到 27,000 万美元和 31,300 万美元)收购 NCS 医疗保健公司资产。欧慕尼凯公司的收购价格大大低于 NCS 医疗保健的优先债务,这意味着 NCS 医疗保健公司股东将一无所获并且许多债务人只能部分受偿。双方谈判告破并中断。

几个月后,另一家保健公司捷恩斯与 NCS 医疗保健公司接洽。捷恩斯公司提出一项可以完全清偿 NCS 医疗保健公司大部分债务人的收购方案,大量回收了 NCS 医疗保健公司的票据并给予公司股东投资提供少量回报。NCS 公司成立了独立董事专门委员会负责谈判事宜。由于捷恩斯公司在之前的某一收购争夺战中输给了欧慕尼凯公司,因此它坚持要求签订专属协议。根据协议,在双方谈判期间,NCS 医疗保健公司不得与任何其他潜在收购方签订收购协议。

---

① 818 A. 2d 914(Del. 2003).

当欧慕尼凯公司试图重启谈判,专门委员会决定尊重与捷恩斯公司的专属协议,因为他们认为如果欧慕尼凯公司启动破产收购计划,则捷恩斯公司极有可能会选择停止交易。鉴于欧慕尼凯公司的收购,NCS 医疗保健公司的独立董事确实获得了捷恩斯公司大量的优惠条款。但是,捷恩斯反过来坚持要求规定实质性交易保护条款。第一,它要求规定价值 600 万美元的终止费。第二,NCS 医疗保健公司董事会同意将捷恩斯交易提交股东会投票表决,而无论董事会是否撤回对股东通过该项交易的建议。[①] 第三,协议包含非兜售条款。第四,捷恩斯公司坚持规定控制权锁定条款。NCS 医疗保健公司的普通股分为两类。A 类股为一票一权的标准普通股;B 类股为每股 10 票的超级投票权优先股。NCS 医疗保健公司董事会主席和首席执行官持有的 B 类股占大多数,并因此实际拥有公司的投票控制权。在欧慕尼凯公司的一再坚持下,董事会主席和首席执行官同意投票赞成并购。NCS 医疗保健公司作为协议一方,协议显然根据特拉华州反收购法规生效。欧慕尼凯公司不顾协议的诸多限制条款,仍然向 NCS 医疗保健公司提出了价格更高的收购要约。此后,欧慕尼凯公司以及一些 NCS 医疗保健公司股东向法院提起诉讼,要求认定 NCS 医疗保健公司给予捷恩斯公司的交易保护机制无效。

---

① 在“史密斯诉凡·戈科姆案”,488 A. 2d 858(Del. 1985)中,特拉华州最高法院判定,董事会不得在提出未获通过的建议案之前向股东提交并购方案。特拉华州立法机关制定《特拉华州普通公司法》第 251(c)条推翻了这一结论,该条规定:“不论董事会是否在宣布协议适当可行之后又认定其不再可行并建议股东拒绝通过,协议条款可以要求将协议提交股东表决。”Ncs-捷恩斯并购协议就包含这一条款。但是,在“欧慕尼凯案”中,特拉华州最高法院认定第 251 条并不优先于董事会信托义务适用:“然而,在任何情形中,采取原本合法可行的行动本身并不符合董事会的信托义务……第 251 条条款‘理论上似乎合理’,但却‘有效限制了特拉华州法中的董事会信托义务或妨碍[NCS 医疗保健公司]董事会履行特拉华州法项下的信托义务。’”See 818 A. 2d 937-938. 然而,若是这样,第 251 条的意义何在?法院似乎否定了第 251 条具有任何实效。

特拉华州高等法院以3:2的投票,否决了NCS－捷恩斯并购协议。① 多数票承认“在交易完成之前,任何董事会均有权向[收购方]提供合理的结构性和经济防御措施”。另外,多数票承认,控股股东“对其股票享有以任何价格将其出售或与第三方交易的绝对权利”。尽管如此,多数票认定NCS医疗保健公司董事会“有义务就实质信托义务例外(effective fiduciary out)签订协议,继续对少数股东承担信托义务”。

多数票援引“QVC案”认为,被告必须证明董事“了解充分并合理行动”,并援引“尤尼特林案”指出,具有排除性或压迫性的交易保护机制“是极为严苛且不被许可的”。多数票对本案适用这些认定标准并解释称,结合起来考虑,这些交易保护机制使NCS医疗保健公司少数股东了解到本案既定事实。除非公司的两个控制股东按要求投票支持少数股东,否则少数股东没有办法拒绝交易。为了防止出现这种结果,并购协议中本应包含有效信托义务例外条款。

多数票既没有解释“实质信托义务例外”的含义(如果捷恩斯公司拒绝同意信托义务,NCS医疗保健公司董事会应当如何做),也没有解释如果控制股东希望继续推进捷恩斯交易,那么它希望NCS医疗保健公司董事会怎样做。总之,“欧慕尼凯公司案”的意见是令人失望的,它带来的问题与答案一样多(即便不是更多)。

例如,NCS医疗保健公司董事会是否有义务向其他投资人发行股票以稀释控股股东的表决权?答案大概是否定的,因为这种要求

---

① 首席法官维奇(Veasey)在判决附带意见中指出,“该法院的分歧意见是凤毛麟角的,在公司法领域尤其如此”。818 A. 2d at 940 n. 90. 该法院内部有强烈一致的准则。See David A. Skeel, Jr., “The Unanimity Norm in Delaware Corporate Law” 83 *Va. L. Rev.* 127(1997). 维奇和斯蒂尔(Steele)法官的发表分歧意见的事实表明“欧慕尼凯”判决广受关注的特点。

将违反特拉华州判例。[①] 事实上,多数票极有可能考虑到受信例外——如果出现更佳交易选择,NCS 医疗保健公司董事会可以据此拒绝就捷恩斯交易发起股东投票。但是为何如此?假定 NCS 医疗保健公司董事会坚持签订受信例外条款,并且在欧慕尼凯公司提出更高报价后拒绝将捷恩斯交易交由股东投票表决,相反它将欧慕尼凯公司交易提交股东投票表决。如果控股股东否决了欧慕尼凯公司交易将会怎样?NCS 医疗保健公司将会陷入绝境。

(2)政策

特拉华州法院对控制权锁定计划和专属并购协议的反对态度令人费解,这些条款不过是公司版的事先承诺策略罢了。

在《奥德赛》神话故事中,荷马讲述了一个运用事先承诺策略实现理想目标的故事。女巫喀耳刻告诫奥德修斯,他的航线令其躲过塞壬,因为她们的歌声会迷惑人。一旦靠近的船员中圈套,塞壬便用歌声将其致死。奥德修斯根据喀耳刻的告诫,制订了能够听到塞壬歌声但仍可避开其陷阱的计划。奥德修斯指示船员在成功逃离塞壬之前一直将其绑在桅杆上。其后,奥德修斯用蜂蜡堵住了船员的耳朵,这样他们就不会听见任何声音。[②] 当他的船靠近时,塞壬的歌声使他失去意志力从而只能让船员靠近她们。由于船员无法听见歌声,所以并未被歌声诱惑,然而,船员却将他在桅杆上绑得更紧并继

---

① 参见 Mendel v. Carroll,651 A. 2d 297 (Del. Ch. 1994) ("在这种情形中,董事会对公司及其股东的信托义务,要求其成为公众股东正当利益的守护人。尽管该义务可能允许董事会采取特殊措施保护少数利益过分扩张,但如果不存在控股股东违反信托义务的威胁,并不允许授权董事会利用公司权力行不利于多数股东之事")。

② 正如荷马的神话故事所阐明的道理一样,自我去权是所有事先承诺策略中非常重要的一个方面。奥德修斯知道一旦自己听了塞壬的歌声将不值得信任。因此,他不得不在航行过程中要求自己作出改变。然而,荷马的神话故事还说明,事先承诺策略有时也要求剥夺他人权能。毕竟奥德修斯也知道,如果他的船员也能听到塞壬的歌声,他也无法信任这些船员。

续航行。直到安全逃过塞壬之后，船员才为奥德修斯松绑。

这种类型的事先承诺策略，大量存在于日常生活中。节食者在开始节食前将自己储藏柜的垃圾食物全部清理掉，通过使自己没有夜间小吃的方式做出事前承诺。通过美国宪法第一次修正案的那届国会，通过使自己无权管制言论集会的方式对自由言论政策做出承诺。[①] 事实上，这一届国会所做的远不止于此，它规定未来的国会也不得限制言论集会自由，这对于我们的分析极为重要。读者可能会问，所有这些与公司法有什么关系？

事先承诺策略，同样大量存在于商业活动中。如果公司的董事会允许在债券契约中加入一条消极担保条款，则该公司不能再发行特定类型的担保债务。[②] 如果董事会或股东修订内部规章并通过一项强制补偿条款，这种情形则属于公司事先承诺强制补偿管理人和董事会，虽然这种情况下法律并无强制规定，[③]等等。

因此，董事会具有信托义务的事实并不能当然解释司法上对事先承诺策略的恶意。为何信息充分的董事必须善意行为且不能被与

---

① See Cass R. Sunscein, "Constitutionalism and Secession", 58 *U. Chi. L. Rev.* 633 (1991) (表明"宪法事先承诺可能有助于克服集体短视或意志薄弱，或有助于确保所选代表能够遵守人民的判断。对言论自由的保护……表明人们保护自己免受源自大众的冲动行为影响的一种努力"). See Jon Elster, Ulysses Unbound 92 (2000) (提出这样一个问题：在多大程度上可以将宪法视为事先承诺机制).

② Cf. William A. Klein and John C. Coffee, Jr., "Business Organization and Finance" 244 (8th ed. 2002) (阐述了否定性承诺条款).

③ 《特拉华州普通公司法》第 145(f) 条规定，法定赔偿权利"不得被视为排除['规章、协议、股东决议或无利害关系董事等'所规定的]任何其他[赔偿]权利"。See Del. Code Ann. Tit. 8, § 145(f) (2002). 大多数上市公司利用该条将"规章赔偿保证[延伸]至通常[法规]仅仅对赔偿持许可态度的情形"。See Vonfeldt v. Stifle Fin. Corp., 714 A. 2d 79, 81 n. 5 (Del. 1998).

特定交易捆绑起来?其他案件中的判例完全允许这种行为。[①] 目前,特拉华州没有任何一个法院就他们对非兜售条款的恶意给出有说服力的理由。事实上,宣告事先承诺策略无效完全是通过命令的方式。

3. 优尼科规则与股东权利剥夺

记得"莫兰案"中原告的其中一项主张是,毒丸计划因严重损害股东发起委托书争夺的权利而无效。特拉华州高等法院依据经验驳回了这一主张,认为毒丸不会妨碍股东发起委托书争夺。但是,试想董事会确实采取了某些影响股东投票权的行动,那么法院将对该案适用何种审查标准?

在"施内尔诉克里斯-克拉夫特工业公司案"(Schnell V. Chris-Craft Industries, Inc.)中,[②]被告方董事会为了在股东希望罢免在任董事的委托书争夺中取胜这一为公正性所不允许的目的,对公司规章进行修订以变更公司年度大会的时间,这属于法律上所允许的修订事项。法院推翻了这一修正案并认为,"不公正行为不会单纯因法律上的可行性而获得认可"。

在"布莱西斯工业公司诉阿特拉斯公司案"(Blasius Industries, Inc. v. Atlas Corp)中,[③]特拉华州高等法院的做法更进一步,认为如果董事会行为的"主要目的"妨碍股东自由行使权利,那么董事会必须证明自己如此行为有"极具说服力的正当理由"。但是布莱西斯案只涉及纯粹的委托书争夺。在其他董事会行为影响股东权利的情形中——例如,要约收购和委托书争夺并存,优尼科规则规定了审查董

---

① See Jewel Cos., Inc. v. Pay Less Drug Stores Northwest, Inc., 741 F. 2d 1555 (9th Cir. 1984),特别值得一提的是,该案允许目标公司董事会"在并购协议中合法克制自己接洽或接受竞争性收购要约,直到股东有机会对初始并购方案加以考虑"。See Jewel Cos., Inc. v. Pay Less Drug Stores Northwest, Inc., 741 F. 2d 1564 (9th Cir. 1984).

② 258 A. 2d 437 (Del. 1971).

③ 564 A. 2d 651 (Del. Ch. 1988).

事会行为的基本准则。但是在适用优尼科规则适当性标准时,法院会将董事会视为蓄意剥夺股东权利的“强烈可疑对象”。①

特拉华州衡平法院3位著名的法官抱怨,优尼科和布莱西斯规则“无法轻易分开”。② 其中一位法官(莱昂斯汀大法官)后续就这一问题解释道:

> 布莱西斯案的效力(强调董事会构成这一问题对董事会选举程序的重要性和决议对认可“实质压迫”这一怪诞规则所造成的障碍)夹杂着一些过度宽泛的用语,从而使该案所阐述的审查标准对正常雇佣而言成为过于粗糙的分析工具。我们在其他地方也有论述,适用该规则的激活事件(主要目的在于剥夺股东权利的董事会行为)带有过度的贬损之意,以至于使其成为一种结果标签,而非确定应当采用何种审查标准以实现适当目的的有力指导工具。③

因此,各法院在具体案件中很难确定具体适用哪一标准。事实上,正如斯丁所讽刺的那样,布莱西斯案之后普遍适用的“董事会决策为何影响股东行为这一推理所适用的标准并不等同于权利剥夺,因而完全没有必要适用布莱西斯准则”。因此,他提议放弃布莱西斯规则,支持依据“QVC案”之后的优尼科规则所确立的适当性测试标准。虽然很多评论人认为这是非常实用的改革提议,但目前为止尚未得到特拉华州高等法院认可。

---

① Stroud v. Grace,606 A. 2d 75(Del. 1992).

② William T. Allen,et al.,“Function Over Form: A Reassessment of Standards of Review in Delaware Corporation Law”,56 *Bus. Law.* 1287,1314(2001).

③ Mercier v. Inter-Tel(Delaware),Inc.,929 A. 2d 786,805 –06(Del. Ch. 2007).

第四节　露华浓规则——后“QVC案”时代

如前所述,任何试图划定露华浓规则范畴的尝试都需要解决两个关键问题:第一,董事会何时从“保护公司的防御者”转变为“拍卖者”?第二,露华浓规则义务真的不同于优尼科规则吗?

1. 露华浓范畴的边界

在该决议作出之后的前10年,确定露华浓规则是否已经开始发挥作用的法律标准其宽严程度来回反复。最终,特拉华州高等法院通过3个激活事件确定了标准:

> 至少在如下三种情形中,公司董事会有义务采取合理行动,寻求对股东而言合理可行且报价最高的交易:(1)公司启动主动收购程序出让公司或启动涉及公司破产的经营重组;(2)作为对收购方要约的回应,目标公司放弃长远战略并寻求涉及公司破产的替代交易方案;(3)一项交易的批准导致控制权被转让或变更。在后一种情形中,如果“对两个公司的控制仍总体处于流动可变且持续变化的市场中”,则不会出现控制权转让或变更的情形。①

除了上述三种情形之外,仍然适用优尼科规则。上述三种情形甚至没有涵盖任何公司控制权收购争夺战,更不包含任何收购。事实上,在尤尼特林案中,特拉华州高等法院通过对著名的有关露华浓规则的比喻作了翻转式描述,强调了目标公司董事会继续作为守门

---

① Arnold v. Society for Sav. Bancorp. Inc. ,650 A. 2d 1270,1289 -90(Del. 1994)(引用、脚注和内部引用符号略).

人的职能：

如果不出售公司，则董事会便是比喻式的中世纪公司堡垒的守卫者和公司股东的守护人。防御措施不得具有压迫性和排除性这一事实，并不妨碍董事会在自家门前针对收购方采取防御性措施。[①]

2. 露华浓范畴内的董事会职责

对于露华浓规则发挥主导作用的特定类型的先例，特拉华州高等法院最终确定的审查标准与优尼科规则保持一致。诚然，即使在"QVC 案"之后，有些案件以及评论者仍然不时会使用诸如"露华浓义务"甚至"露华浓范畴"的表述。但是，通常来说，法院一直表示，应当将露华浓规则仅理解为优尼科规则的变种而非单独规则。

然而，尽管如此，属于露华浓范畴的案件分析多少在一定程度上（即便不是类型上）有别于完全适用优尼科规则的案件。正如特拉华州衡平法院在"卢肯斯公司股东诉讼案"（Rc Lukens Inc. Shareholders Litig.）[②]中的看法一样，"露华浓义务"是指"在转让公司控制权的特殊事实情形中，董事谨慎、善意和忠诚职责范围内的行为表现"。换言之，在适用强化审查测试时需要考虑的一个因素是交易情形。因此，优尼科规则中的适当行为在露华浓规则范畴内并不一定同样如此。[③]

（1）歧视与偏袒

诸多符合优尼科规则的收购防御措施，可能涉及对收购方和其

① Unitrin, Inc. v. American Gen. Corp. ,651 A. 2d 720(Del. Ch. 1999).

② 757 a. 2d 720(del. Ch. 1990).

③ 露华浓义务与优尼科义务之区分的最明显的例子为，董事会对股东以外的利害关系人的关切这一角色（如果有的话）的适当性。参见下文第七章第五节，其中对两种情形之间的差异有详细论述。

他股东之间的歧视。优尼科规则的股权回购本身,便源自排除梅萨公司参与权。毒丸的内翻要素从本质上歧视收购方——收购方不能行使该权利。

只有在仅适用优尼科规则的情况下,目标公司董事会才可以采取防御措施实现所期望的结果,即保持公司独立。当然,这受到尤尼特林但书的限制,即董事会不得采取具有排除性或压迫性的措施。

相比之下,一旦触发露华浓规则,目标公司董事会便失去了影响争夺战后果的大部分权力。目标公司董事会必须"致力于为股东实现能够合理获得的最高价值"。[①] 董事会在"交易过程中[必须扮演]积极直接的角色"。[②]

当然,"并不存在董事会遵循[露华浓]义务所必须采取的单一方案"。[③] 因此,"没有任何一个法院可以明确告诉董事会如何实现该目标,因为他们面对的是一个由诸多不受其控制的各种情形组成的单一结合体"。[④]

而且,在判定动机才是问题关键的某一判决中。法院认为,董事会不对如下情形承担义务:"因重大过失……未能跟进实质上价格更高的收购,且存在有效的免责条款……"[⑤]相反,只有在董事会行为存在"恶意或自利"时才承担责任。

在诸多收购方中,偏袒其中一方,这种情形已被各法院认定为属于典型的董事会行为动机不当:

---

① MacMillan v. Intercargo Corp.,768 A. 2d 492,502(Del. Ch. 2000).

② Citron v. Fairchild Camera & Instrument Corp.,569 A. 2d 53,66(Del. 1989).

③ Barkan v. Amsted Industries, Inc.,567 A. 2d 1279,1287(Del. 1989).

④ Lyondell Chemical Co. v. Ryan,970 A. 2d 235,242(Del. 2009).

⑤ MacMillan,768 A. 2d 502,法院提到根据《特拉华州普通公司法》第102(b)(7)条——免除违反谨慎义务的经济责任,公司章程中所规定某一免责条款.

当露华浓义务已经转移给董事会时,法院将会继续在适用经营判断规则的正常推定之前,在开始阶段即适用强化的司法审查,正如优尼科规则一样。但是,正如我们在露华浓案中提到的那样,这两种必要的门槛测试稍有差异……

原告一开始必须证明(而且法院也必须认定)目标公司董事会存在不公正对待一个或多个收购方的行为。只有证明存在这种情形以后,才能真正开始适用优尼科规则两个层面的门槛要求。我们认为对于露华浓规则,"当其他收购方的要约对股东利益造成不利影响时,偏袒白衣骑士而排斥其他恶意收购方可能具有正当性,但是……董事会偏袒争议各方无法满足强化优尼科义务的要求"。

面临歧视待遇时,审理法院必须首先审查董事会是否准确认识到股东利益得到加强。无论如何,董事会追求目标利益或规避收购对董事会利益所造成威胁的行为必须是合理的。[①]

通常,目标公司董事会不会因给予受益收购方控制权锁定待遇或为同样的目的采用其他收购排除措施而终止控制权拍卖。正如麦克米兰案所指出的那样,尽管这些措施本身并不违法,但这些措施只能用于为股东谋利。如上所述,麦克米兰案法院试图通过如下方式为这一规则谜题找到一条出路:对控制权锁定计划(在没有优惠待遇情况下将非自愿的收购方引入争夺战)与通过有效阻止进一步收购而终结自主拍卖的计划进行区分。假定潜在的白衣骑士向目标公司董事会表明,除非董事会给予收购方相当于目标公司10%已发行股票的锁定特权,否则它将不会参与收购。相应地,最初收购方则表示,如果公司给予控制权锁定,那么它将退出收购。如果双方态度都

① Mills Acquisition Co. v, Macmillan, Inc. ,559 A. 2d 1261,1288(Del. 1989)(引用略).

真实可信,则控制权锁定计划将在排除非自愿收购的同时终止拍卖程序。因此,尽管引入或终止的两分法"似乎有利于实现收购交易中的竞争性收购这一理想目标,但却无益于确定任何特定期权的有效性,因为本质上所有控制权锁定期权都有利于获得锁定期权的收购方而不利于所有其他收购方"。[①] 因此,"将控制权锁定计划划分为促进收购的被允许类型和妨碍收购的不利类型,似乎不过是缺乏证据的司法结论,是只有在法院对控制权锁定进行审查以后才有结论的'后见之明'"。[②]

第十一巡回法庭在"克特诉斯托尔通信公司案"(Cottle v. Storer Communication, Inc.)中对困惑做出澄清,并认定:

所有拍卖终将结束,所有控制权锁定计划在定义上必定会阻止其他收购方。因此,问题并不在于给予 KKR 公司的资产锁定实际上终止了收购程序,而是在于[目标公司]的拍卖是否公平,且 KKR 公司是否给出了最优报价。[③]

这种看法认为,特拉华州各法院都会赞同这种观点,毕竟动机才是关键。一个组织公平拍卖的董事会,必定是动机能经得起审查的董事会。

(2)露华浓范畴的实践典范

因此,上述案例没有就怎样符合露华浓义务提供清晰的指引。并不存在一个"单一方案"供董事会参考。各法院也不愿明确说明

---

① Kenneth J. Nachbar, "Revlon, Inc., v. Macandrews & Forbes Holdings, Inc. — The Requirement of a Level Playing Field in Contested Mergers, and its Effect on Lock-Ups and Other Bidding Deterrents", 12 *Del. J. Corp. L.* 473, 488 (1987) (脚注略).

② Leo Herzel, "Misunderstanding Lockups", 14 *Sec. Reg. L. J.* 150, 177 (1986).

③ 849 F.2d 570, 576 (11th Cir. 1988).

"究竟如何"在露华浓规则范畴内找到解决方法。但是,这些案例却让我们能够推断出明显符合最严格露华浓适用规则的最佳做法。

当然,"特拉华州法并未认定需要对未能遵循典范性实践的理想做法承担信托义务"。[①] 但是,试图只满足最低要求而放弃最佳做法的董事会着实是自掘坟墓。

对上述程式化的"雷诺兹-纳贝斯克案"做一个假设:恶意收购方和白衣骑士之间竞争性收购期限延长,目标公司董事会成立了完全由独立董事组成的专业委员管理拍卖事宜。专业委员会聘用了法律财务顾问,并在他们的协助下充分了解到与公司估价相关的重要事实。根据专业委员会的指示,财务顾问试图积极吸引其他潜在收购人参与收购,但未成功。专业委员会给予了各方收购人以合理的机会展开尽职调查。

经过几轮竞价,专业委员会向某独立的专业经济学家咨询如何设计拍卖事宜。该专家建议,在不活跃市场交易特定资产时,密封投标是引诱竞标人以保留价报价的有效手段。因此,专业委员会建议各方投标人以密封信的方式给出最高报价,专业委员会将在特定时间拆封查阅。各收购方一致同意。

白衣骑士以现金出价每股 100 美元。恶意收购方的报价为 105 美元,其中 45 美元为价值不确定的非流动性债券。尽管收购方的财务顾问认为债券实际价值达到 45 美元,但专业委员会独立财务顾问却认为债券价值具有不确定性且价值可能低至每股 35 美元。目标公司董事会选择了白衣骑士的报价,投标以给予受益收购方控制权锁定期权的方式终止。

上述假定情形中的专业委员会是否符合露华浓义务、会存在任

---

① In re Walt Disney Co. Derivative Litigation, 907 A. 2d 693, 697 (Del. Ch. 2005), aff'd, 906 A. 2d 27 (Del. 2006).

何争议吗?尽管董事会有义务为股东实现最佳交易,但这并不总是意味着董事会必须选择最高报价。相反,正如在"QVC 案"之前的案件中一样,董事会没有义务关注价格而不顾其他相关要素。如上所述,董事会可能会对交易对价形式、税收影响、财务可靠性、反垄断或其他管理性障碍和时限等内容进行评估。

在我们的假定事实中,并没有证据表明目标公司董事会专业委员会不适当地偏袒一方收购人。事实上,专业委员会对各方平等对待。专业委员会做出了明智的选择。该过程设计合理,并以合理引出最佳报价的方式进行。

特拉华州高等法院已明确指出,如果认为董事会独立、无利害关系且对情况了解充分(我们假定的上述情形中亦如此),就应当尊重交易中控制权变更的决议,除非董事会"压根没有努力实现最佳交易价格"。[①] 当然,这种结果完全符合动机才是问题的关键。事实上,如果目标公司董事会可以同时提供证据,证明它了解自己的行为且认为自己在全力实现股东权益,特拉华州法院便可能认定其动机合理。

(3)弗兰克的实践典范

著名的公司顾问迪恩·霍特·弗兰克提出了露华浓规则范畴内董事会的行为范例:

第一,董事会应对公司的价值有充分了解,即便不是在收购之前,也要在要约提出之后有相应了解。

第二,董事会应积极参与这一过程中,并不一定参与交易谈判,但肯定要审查并主导整体策略。

第三,董事会应考虑包含独立收购方或其他可能的收购方在内

---

① Lyondell Chem. Co. v. Ryan, 970 A. 2d 235, 243 (Del. 2009).

的所有其他方案。

第四，如果董事会没有关于公司价值的“大量可靠证据”，那么它必须对自己认为获得该信息的适当程序加以考虑。这些程序可能是通过签约前市场调查、签约后市场调查、筛选程序或其他适当程序，并在进行商业判断时适用适当的程序。

……有时候，潜在收购方可能会向目标公司提出专属收购协议，称不希望成为掩护性候选人或不愿在没有签订专属协议的情况下，承担过高的尽职调查和收购谈判协议成本。这种类型的安排受到法院的严格审查，在现金交易中尤其如此，因为董事会有义务实现股东利益最大化并应当进行谨慎评估。在未经董事会批准且对所有与安排有关的要素［包括出现其他收购方的可能性、任何市场检验（market check）所持续的时间和检验范畴、专属协议要求的时间、与价格和条款有关的谈判状态以及该收购方案相比其他收购方案的吸引力、如果不给予专属待遇错失当前交易的风险以及任何其他相关要素］加以考虑之前，不得签订该类协议。[①]

所有这些都令人认为上述建议堪称完美。

3. 衡平法院关于露华浓范畴的迷失

2000 年前后，露华浓规则范畴似乎得到较恰当的界定。我们认为自己清楚露华浓规则的边界和规则范围内所需承担的义务。但是，后续几年，衡平法院却使原本清晰的界线愈加模糊。我们将从“瑞安诉里恩戴尔化工公司案”（Ryan v. Lyondell Chemical Co. ）[②]着手分析这些发现历程，该案威胁到从根本上重新界定露华浓义务。由于对露华浓语境下新出现的善意概念的错误适用，从而产生了上

① Diane Holt Frankle, “Fiduciary Duties of Directors Considering a Proposal For an Acquisition of a Privately Held Company”, 1885 *PLI/Corp* 845, 864 –65(2011).

② 2008 Wl 2923427(Del. Ch. 2008), Rev'd, 970 A. 2d 235(Del. Supr. 2009).

述后果,因此,必须从该案对善意规则的误解着手分析。

(1)背景:善意“义务”

董事会应将善意行为的概念渗透特拉华州公司治理判例的方方面面。除其他事项外,只有行为善意的董事会才有权获得法定费用赔偿;[①]只有以公司账簿和记录、公司管理人或顾问的报告为行为依据的善意董事会才受“全面保护”,才能免于股东索赔。[②] 除其他事项外,只有无利害关系的董事或股东善意批准关联交易时,部分关联方交易才可以免受司法审查。[③] 经营判断规则推定董事会具备善意,[④]等等。

但是,可以这么说,除了人们长期以来所提及的善意,这一概念实质上一直处于界定不明的状态,直到最近才有所变化。事实上,董事会善意行为的义务长期被归结为谨慎和忠诚义务。如果不违反这两种义务,法院便不再对善意问题做单独的法庭调查。

赋予善意义务以内涵的过程始于特拉华州高等法院在“西德公司诉泰克尼亚克拉公司案”(Cede & Co. v. Technicolor, Inc.)中的判决:

质疑董事会决议的股东作为原告,承担反驳法规关于善意推定的初始举证责任。要反驳法规的推定,股东原告承担举证责任,提供证据证明董事会在做出受质疑的决议时违反信托义务三元体(善意、忠诚或适当注意)中的任何一个。如果股东原告未能完成举证责任,则适用保护公司管理人、董事及其所做决议的经营判断规则,并且法

---

① 《特拉华州普通公司法》第145条。

② 《特拉华州普通公司法》第141(e)条。

③ 《特拉华州普通公司法》第144(a)(1)条至第144(a)(2)条。

④ See Aronson v. Lewis, 473 A. 2d 805, 812(Del. 1984)(将经营判断规则界定为“一种推定,即在作出经营决策的过程中,公司董事会的行为信息充分且具备善意,并且真实地认为所采取的行动符合公司利益最大化”).

院将不会继续考虑该商业判断规则。如果股东已就法规推定情形做出反驳,那么举证责任转移至由应诉董事(支持受质疑交易的一方)证明对股东原告而言"整个[交易的]公正性"。①

法院使用"三元体"一词表明了彼时尚属新颖的主张,即善意是与传统的谨慎和忠诚概念平等独立的一项信托义务。当与《特拉华州普通公司法》第102(b)(7)条免责条款结合使用时,这一新颖的三元体很快体现出它的重大意义。

《特拉华州普通公司法》第102(b)(7)条规定,公司章程可以(但不需要)包含如下条款:

该条款排除或将董事违反信托义务而对公司或股东的个人职责限定于经济赔偿,只要不排除或限制董事有关如下内容的责任:(i)违反董事会对公司或股东忠诚义务的条款;(ii)非善意或涉及蓄意失职或有意违反法律的行为或疏忽;(iii)第174条(关于非法牟利);(iv)董事可以从中谋取私利的任何交易。②

---

① 634 A. 2d 345,361(Del. 1993)(强调另加).

② 特拉华州法规的诸多方面都值得注意。首先,它仅适用于董事。虽然公司管理层也承担谨慎义务,但是他们不适用于章程的免责条款。在 Arnold v. Society for Savings Bancorp, Inc. ,650 A. 2d 1270(Del. 1994)中,特拉华州最高法院判定,对于被告同时属于董事和管理层的情形,第102(b)(7)条免责条款仅适用于其行使董事职权而做出的行为。其次,法规仅限制董事的经济责任。公平救济措施仍然适用。因为在很多股东诉讼中,真正的利益关系人为原告律师而非股东,而且律师费可以通过公平救济措施实现,所以第102(b)(7)条并不消除对股东诉讼的这种鼓励。再次,特拉华州最高法院在"埃默拉德合伙(Emerald Partners)案"中判定,第102(b)(7)条条款属于肯定性防御。See Emerald Partners v. Berlin,726 A. 2d 1215,1223 -24(Del. 1999). 另可参见 MacMullin v. Beran,765 A. 2d 910,926(Del. 2000)。因此,被告董事承担自己符合法规的免责规定这一举证责任。如果大胆地进行法规适用,那么"埃默拉德合伙案"可能意味着第102(b)(7)条几乎不会令董事被解雇,理由是原告未能说明行为原因。因此,原告有权进行调查,有些可能会称为审查调查,由此这一主张的解决成本也将提高。

需要注意的是,法规将违反忠诚义务("不适当的个人得益")、善意义务与违反谨慎义务进行了区分。前两种义务仍然适用经济赔偿,而谨慎义务不适用经济赔偿。①

特拉华州的公司对《特拉华州普通公司法》第 102(b)(7)条免责条款的普遍认可,促使原告律师开始研究是否可以合理地在新的善意"义务"中重新定义谨慎义务。他们之所以这么做是因为,法规明确指出"非善意行为或疏忽"不免责。他们推理认为,肯定存在一类不违反忠诚义务[因为这种情形已经被第 102(b)(7)条排除]但却违反善意义务的情形。毕竟,法律无意使"非善意的行为或疏忽"的分类成为摆设。例如,特拉华州首席法官马尔诺·斯蒂尔所言,"我们不能忽略法律规定中明确提到善意的事实"。②

---

① 有趣的是,艾伦大法官表示,"凡·戈科姆案"本身就可以被视为忠诚度案例。See Gagliardi v. Trifoods Int'l, Inc. ,683 A. 2d 1049,1052 n. 4 (Tel. Ch. 1996) ("我认为,它体现了人们对环联公司董事会独立性及其对公司股东忠诚度的顾虑。"). 同样,特拉华州最高法院认为,"凡·戈科姆案"包含揭露违规做法,并暗示该类违规行为包含忠诚度因素。See Cinerama, inc. v. Technicolor, Inc. ,663 A. 2d 1156,1166 n. 18 (Del. 1995) ["凡·戈科姆案"的法院没有必要说明揭露违规做法是否违反谨慎或忠诚义务或同时违反二者,因为彼时《特拉华州普通公司法》第 102(b)(7)条尚未颁布]。另外,根据第六巡回法庭的意见,第 102(b)(7)条责任限制条款不可以根据蓄意或疏忽行为使董事免于谨慎义务指控。See Mccall v. Scott 250 F. 3d 997,1000 -01 (6th Cir. 2001). 讽刺的是,第 102(b)(7)条条款恰恰可能因此使董事免于在促使法规得以通过的特定交易中承担责任。

② Myron t. Steele, "Is Good Faith a Viable Standard of Conduct for Corporate Governance, or Vehicle for Second-Guessing by Hindsight?" 6 (October 5,2006). 该论点的问题在于,它要求法院忽略第 102(b)(7)条的严重漏洞——这被贴切地描述为"内部相互冲突的拙劣工作"。Christopher Bruner, "Good Faith, State of Mind, and the Outer Boundaries of Dierector Liability in Corporate Law",41 *Wake Forest l. Rev.* 1131,1155 (2006). 如果特拉华州最高法院真的遵循了副大法官莱昂斯汀的观点——第 102(b)(7)条的"条款均阐述了不忠诚行为",本可以避免诸多麻烦。See Guttman v. Huang,823 A. 2d 492,506 n. 34 (Del. Ch. 2003). 如果这样,就没有必要通过法规划定有关善意的单独规定了。

(2)对善意的完善与限定

在“沃尔特·迪士尼案”中,[①]特拉华州高等法院开始对三元体的含义进行阐述,将善意的含义界定为包含“忠诚并献身公司及其股东所要求的所有行为。行为不具有善意可以表现为:受托人的行为并非以实现公司最大利益为目的,受托人行为有意违反现行肯定性法规,或受托人未能根据规定义务行为并表明有意漠视其职责”。法院认为,原告可以通过证明董事会行为存在恶意从而排除商业判断规则的适用。但是,法院拒绝就善意是否属于独立的信托义务(违反信托义务而不违反谨慎或忠诚义务需要承担义务)作出裁定。

在“斯通公司诉鲁特案”(Stone v. Rutter)中,[②]法院解决了“迪士尼案”悬而未决的争议。为此,法院令人诧异地将三元体的表述方式描述为不过是一种“口语表述”,并解释认为“善意行为义务并没有确立与谨慎和忠诚等同的独立信托义务”。事实上,目前善意义务包含于忠诚义务中:

忠诚的信托义务不限于涉及经济或其他可受理的受信利益冲突,它还包含受托人未能善意行为的情形。正如衡平法院的恰当解释一样……“除非董事以符合公司最大利益的善意采取行动,否则其行为不可能对公司忠诚”。

这种表述似乎是对两种观点的折中,希望将善意提升为三元体义务组成部分的观点及其认为前者的缺陷是形式问题,而后者的缺陷是内容问题的反对观点。

但是,仔细观察可以发现,斯通公司案的表述似乎有些道理。

第一,法院略费周折地强调行为缺少善意是“‘承担责任的必要前提条件’之一”。证明恶意行为违反忠诚义务是否还必须满足其他

---

① 906 A. 2d 27(Del. 2006).

② 911 A. 2d 362(Del. 2006).

条件?

第二,更重要的是,将善意包含于忠诚义务的规则性后果会非常奇怪。传统上,忠诚义务强调受托被告获得不当经济利益的情形。因此,传统的救济方法为剥夺被告所获得的经济利益。在条款不利于公司的关联交易中,交易可能会被认定无效。在被告获取公司机会的情况下,公司享有该机会的法定信托。

然而,斯通公司案通过将善意包含于忠诚义务,使忠诚义务的范围扩张为包含被告获得非经济利益的情形。在这种情形中,传统的救济是不适当的。因为既没有交易被认定为无效,也不存在财产可言。

因此,恶意行为的责任似乎更适用于违反谨慎义务而非忠诚义务的情形。例如,如果有"行为并非以促进公司最大利益为目的",没有道理再追问该行为对公司是否公正。相反,问题在于公司是否受到损害;如果是,损害程度如何。

因此,善意提出了传统忠诚义务并不涉及的因果关系问题。毕竟,如果决意要求被告赔偿对公司造成的损害,他需要证明被告行为实际上对公司造成了损害。事实上,不证明因果关系就要求承担责任是不公平的。当然,在"泰克尼克拉案"中,特拉华州高等法院认定,因果关系并不是主张谨慎义务的要素之一。法院可能会将该裁定延伸至善意义务,但是这种认定没有道理可言。[1] 总之,通过将善意义务包含于忠诚义务,斯通公司案使在规则上更加难以要求证明因果关系,与此同时也难以在概念上制定适当的救济措施。

(3)"里恩戴尔案"

2006 年 4 月巴塞尔 AF 公司接洽里恩戴尔石油化工公司董事

---

① See Stephen M. Bainbridge, *Corporate Law*, 126 –28(2d ed. 2009).

会,表示有兴趣收购里恩戴尔石油化工公司。董事会认为收购价格不充分,并表示没有兴趣出售。

2007 年 5 月巴塞尔的母公司阿克塞斯工业公司提交了表 13D,宣布有权收购里恩戴尔石油化工公司 8.3% 的股权。里恩戴尔石油化工公司董事会意识到公司在表 13D 中称为收购目标,但决定静观其变。

2007 年 7 月 9 日阿克塞斯公司所有人莱昂纳德 · 布拉瓦特尼克与里恩戴尔石油化工公司首席执行官丹 · 史密斯面谈,提出以每股 40 美元收购里恩戴尔石油化工公司。史密斯以报价太低而拒绝了收购,布拉瓦特尼克随之以 44 ~ 45 美元的价格回复。丹 · 史密斯同意将该报价提交董事会,但称自己怀疑董事会可能会因价格太低而拒绝通过。当天晚些时候,布拉瓦特尼克将收购价格提高至每股 48 美元,条件是如果协议终止需要支付 40,000 万美元的终止费,并要求于不迟于 7 月 16 日签订收购协议。

7 月 10 日里恩戴尔石油化工公司董事会召开了一个长达 1 小时的特殊会议,之后董事会授权丹 · 史密斯继续谈判。

布拉瓦特尼克方面面临一定的时间压力,因此在与里恩戴尔石油化工公司进行谈判的同时,他也在同另一家目标公司(亨斯曼公司)进行谈判。如果布拉瓦特尼克希望与亨斯曼公司的收购能够继续,他需要在 7 月 11 日截止日期之前向该公司提出报价,因此,他要求丹 · 史密斯在 11 日之前给出明确的意向。里恩戴尔石油化工公司董事会决定按布拉瓦特尼克的要求表明公司对该交易有意向。布拉瓦特尼克声称将不会向亨斯曼公司提出报价,亨斯曼公司终止了与布拉瓦特尼克的谈判。里恩戴尔石油化工公司试图从布拉瓦特尼克处获取更有利的交易条款,但布拉瓦特尼克拒绝了大部分要求,原因是他已经给出了最高报价。

7月16日里恩戴尔石油化工公司的财务顾问出席了董事会,并表示48美元的价格属于本垒价(home run price),可能没有任何人会提供更高报价,据此,董事会通过了该项交易。

特拉华州衡平法院承认里恩戴尔石油化工公司董事会"积极而老练,并且注意到公司的价值以及公司运营所在市场的状况"。[①] 董事会长期以来一直关注公司的财务状况和计划。董事会始终保持全面跟进与阿克塞斯公司以及另一潜在收购方的最新谈判情况。董事会也听取了公司财务顾问对阿克塞斯公司收购方案的简要汇报。

但尽管如此,衡平法院认定董事会的行为在一些方面存在不足:

(1)"谈判、考虑并通过整个交易的时间不足7天。"这使法院"怀疑董事会在多大程度上认真考虑过这一交易,并在多大程度上认真筛选可获得的市场证据"。这种顾虑符合之前特拉华州最高法院的警示:"历史证明'未能履行适当谨慎义务的董事会往往是仓促决定的董事会。'"[②]然而,虽然如此,董事会通常必须快速行动。如果法院坚持认为董事会必须为此大费周章全面审查,将会迫使董事会面临一无所获的风险。

(2)里恩戴尔石油化工公司董事会没有通过主动寻找竞争收购方的方式进行"正式市场测试"。但是特拉华州高等法院已经明确指出,即便是在露华浓规则范畴内这种正式测试也不是强制性的。[③]

(3)里恩戴尔石油化工公司董事会没有积极参与谈判和交易程序。但是从衡平法案的角度来看,这一指控全然无视董事会没有义务必须遵循的露华浓规则单一路径的事实。只要董事会信息充分且行为动机正当,法院就不应驳回这一露华浓主张。

---

① Lyondell, 2008 WL 2923427 at * 13.

② Macmullin v. Beran, 765 A. 2d 910, 922(Del. 2000).

③ Barkan v. Amsted Indus., Inc., 567 A. 2d 1279(Del. 1989).

相反,衡平法院拒绝对被告动机适用简易判断,严重怀疑董事会符合露华浓义务:

根据目前情况而言,事实上公司记录无法表明里恩戴尔石油化工公司董事会善意履行了露华浓义务,面临巴塞尔公司收购要约而采取特定行为或对交易市场有准确了解的一系列义务。或许如果辅以更详尽的记录或庭后审查,法院将可以确信董事会行为具有充分善意并免于因潜在的程序瑕疵而承担经济损失义务。但是,由于公司记录没有明确表明董事会善意履行了露华浓义务,董事会成员是否有权寻求适用公司程序瑕疵,这意味着违反交易中信托义务。免责条款这一问题,提出了一个当前根据简易判断无法解决的事实问题。①

应当注意到,由此,特拉华州衡平法院不仅使董事会的决议可能被禁止(这是优尼科或露华浓规则中常见的救济方式),而且很可能需要承担无法豁免的经济责任。

根据衡平法院的判决,一些评论人担心关于善意和恶意的后"斯通公司诉鲁特案"判例可能不利于经营判断规则所确立的司法审查屏障。尽管副大法官诺贝尔对"里恩戴尔案"的观点认为,法院对善意义务的分析不妨碍经营判断规则,但是该案实际上对这一问题造成了严重威胁。经营判断规则旨在防止法院提出"董事会行为是否合理谨慎"这一质疑。相比之下,"里恩戴尔案"表明,新兴的善意规则使法院可以追问"董事会是否有意忽视合理谨慎义务"。当然,这两种法庭调查存在区别,但可能只是语义上的区别。

① Lyondell,2008 WL 2923427 at ＊19.

特拉华州高等法院对“里恩戴尔案”的判决极大缓解了人们的这种顾虑。特拉华州最高法院推翻了衡平法院的判决,强调判决维持一项恶意指控需要“大量的事实”依据。[①]

只有(目标公司董事会)蓄意而且完全不履行职责才可能违反忠诚义务。审判庭分析公司记录的方式有误。法庭调查应当询问无利害关系的独立董事是否完全不曾努力实现最高交易价格,而不是询问董事会是否全力(具有争议)实现最高交易价格。[②]

重要的是,特拉华州最高法院强调,善意规则的出现并不改变长期以来关于并不存在董事会遵循露华浓义务的单一路径这一原则。特拉华州衡平法院判定露华浓义务要求“董事会必须‘积极参与交易程序’,并且必须通过组织拍卖、市场测试或证明‘对交易市场有准确了解’以确认自己已经实现了最高价格”,但是特拉华州最高法院推翻了这一观点,并裁定:

如果受托人的行为蓄意违背职责,肯定可以发现表明其有意无视自己职责的主观恶意。审判法庭认定露华浓交易程序必须遵循三种程序(course)中的一种,并认定里恩戴尔石油化工公司董事会没有履行露华浓义务。但是,如上所述,董事会遵循露华浓义务并不存在法定步骤。因此,董事会在交易程序中没有采取任何具体步骤并不能证明其蓄意无视自己的职责。更重要的是,未充分执行信托义务或行为存在缺陷与蓄意无视这些职责之间存在天壤之别。[③]

---

① Lyondell,970 A. 2d 243.

② Lyondell,970 A. 2d 243 -44.

③ Lyondell,970 A. 2d 243(脚注和内部引用符号略).

如果董事会不是为了某些不当动机,又有什么理由有意无视自己的职责?因此,特拉华州最高法院对"里恩戴尔案"的判决与我们关于动机才是问题关键的观点完全吻合。

简言之,法学教授威廉姆·布莱特的观点非常有道理:

当事人和评论人对特拉华州善意信托义务的宽泛解读颇有争议。特拉华州高等法院最近在"里恩戴尔石油化工公司诉瑞安案"中明确否定了这一观点。同时,"里恩戴尔案"弱化了露华浓规则下对目标公司董事会的审查强度。基于种种原因,"里恩戴尔案"受到了较多的批判。但上述评论却在一定程度是对判决的认可。当前关于善意义务的争论带来这样一个问题——董事会行为的信托义务标准是否应当与通行的实践标准保持一致,将公司治理软法纳入信托义务硬法的范畴。特拉华州各法院基于两点理由拒绝将公司治理纳入信托义务:第一,不适宜由法院决定适用直接源于实践的义务标准。这一较重义务的制度设置根本不属于法院的职责范畴。第二,即便法院可以决定适用该标准,也不存在有说服力的情形。信托义务的大棒政策大抵发挥迫使公司董事会选择最佳做法的威慑作用。但是,最佳做法植根于公司的决策结构——包括有关并购的董事会程序,而无须借助另外的职责推动。因此,很难说基于最佳做法的责任机制能够发挥提高效率的作用。无论如何,"里恩戴尔案"以事实为依据恰当做出了判决。即便董事会行为不符合最佳做法的要求,但它至少努力追求实现理想交易,现在回顾看来该交易反而更好。①

① William W. Bratton, "Lyondell: A Note of Approbation" (March 31, 2011), http://ssrn.com/abstract=1692831.

4. 特拉华州衡平法院对露华浓范畴的重新界定

回顾一下后“QVC 案”适用露华浓规则的三个主要标准:“(1)公司发起自我收购程序或启动涉及公司破产的企业重组的情形。(2)为对应收购要约,目标公司放弃长远战略并寻求涉及公司破产的替代交易。(3)公司通过一项导致转让或变更控制权的交易。在最后一种情形中,当双方(公司)仍然处于较大的流动可变且持续变化市场时,不存在控制权的转让或变更。”①但是,自 2000 年前后,一些衡平法院的判决违反特拉华州高等法院先例,重新界定了露华浓规则的范畴。

(1)假定情形

平等的换股兼并:阿科美和阿杰克斯同为纽交所公开上市公司。阿科美公司在对等兼并中向阿杰克斯公司发起收购要约,其中阿科美公司股东以手中的阿科美股份获得对等的阿杰克斯股份。

这属于非常简单的情形。记得在“派拉蒙公司诉时代公司案”中,艾伦大法官说过,由于不存在控制权变更,因此并不会触发露华浓规则。反过来,因为控制权仍处于“较大的流动可变且持续变化市场”,所以控制权没有变更。此处也是同样的道理。②

三角并购:除了阿科美公司提出三角并购(将阿杰克斯公司将并入阿科美公司的全资子公司)的事实之外,其他事实与前述假设相同。但是,这一交易的实际效果是完全相同的。兼并后的实体由“较大的流动可变且持续变化市场”的分散股东所有。在这种情形下,只有通过超越实质转而重视形式,才能适用露华浓规则。

注入资金:对上述情形中的对价形式稍作变动。并购形式一:阿

---

① Arnold v. Society for Sav. Bancorp, Inc., 650 A. 2d 1270, 1290 (Del. 1994)(引用、脚注和内部饮用标记略).

② See Krim v. Pronet, Inc., 744 A. 2d 523, 527 (Del. Ch. 1999)(指出,露华浓规则“不适用于大多数股票分散于市场的上市公司之间互换股票的战略性合并”).

科美和阿杰克斯公司并购,其中阿杰克斯公司股东就所持有股权获得现金对价。并购形式二:阿杰克斯公司与阿科美公司的全资子公司进行三角并购,其中阿杰克斯公司股东获得现金对价。并购形式三:对所有阿杰克斯公司股东发起现金要约收购,并且后续采取强制兼并的方式。剩余的阿杰克斯公司股东将被以现金的形式强制收购。

上述事实本身并没有触发第一个标准。阿杰克斯公司没有发起自我收购程序进行自我出售。(另外,该层面的测试是否因"公司破产"而被改变?法院不曾对这一问题有明确说明。)同样,该交易不会导致涉及公司破产的经营重组。

同样,上述事实也没有触发第二个标准,因为阿杰克斯公司的任何行为均不是针对恶意收购的回应。

至于第三个标准,问题的关键在于现金收购是否构成"控制权出售或变更"。要回答这一问题,必须清楚控制权是否同时对"出售"和"变更"产生影响或仅对"变更"产生影响。如果属于前者,只要收购方为公众所有,则现金交易不会触发露华浓义务。

(2)衡平法院关于现金交易的判例

一些衡平法院的判决认定,全部或部分采取现金对价的收购交易可能会触发露华浓义务。

纽约商业交易所:纽约商业交易所"是以商品交易为特征的全球交易中心"。2007年纽约商业交易所董事会设立了一个专门委员会,考虑可能出现的出售或并购交易。纽约证券交易所打算收购纽约商业交易所,但是交易并未继续推进。相反,芝加哥商业交易所向纽约商业交易所发出收购要约,并以现金和芝加哥商业交易所股票相结合的方式为纽约商业交易所股东提供股份对价,其中包含"56%

的芝加哥商业交易所股票和44%的现金”。[1]

衡平法院蓄势待发,但最终却未能解决露华浓规则是否对上述事实适用的问题。尽管如此,法院明确表示全部采取现金形式的交易将会触发露华浓规则,裁定“在以现金作为被收购公司股东的唯一报酬方式的交易中,公司控制权发生了根本变化,由此触发露华浓规则,因为公司的控制权不再继续处于较大流动市场”。法院还考虑到,即便收购方的“股份处于较大流动市场”,仍然存在可能会触发露华浓规则的“现金与股份结合”的交易。

卢肯斯公司(Lukens Inc.):1998年卢肯斯公司与伯利恒钢铁公司达成收购协议,其中后者以每股30美元收购卢肯斯公司全部普通股。收购协议规定,卢肯斯公司所有股东均有权选择现金支付的方式,只要“现金支付的最大限额不超过交易对价总额的62%”。[2]

如果所有卢肯斯公司股东选择现金,则现金和股份的比例为62:38。特拉华州衡平法院在判决附带意见中认为:

> 尽管不存在直接有关这一问题的判例,但是本人看不出被告董事会在这种情形下有任何理由不履行寻求可实现的更高价格的义务。被告辩称,由于收购方30%的对价是伯利恒的普通股,该公司为公众持股且不存在控股股东,因此不适用于露华浓规则和“QVC案”判例。对此,本人不敢苟同。不论现金支付的比例为62%还是100%,董事会都有义务采取适当措施确保股东获得可实现的最高价格,因为不论如何,对于当时的绝大部分股东而言,并不存在长期利益的问题。

---

① In re NYMEX Shareholder Litig.,2009 WL 3206051at ＊6(Del. Ch. 2009).

② In re Lukens Inc. Shareholders Litig.,757 A.2d 720,725(Del. Ch. 1999).

施默菲－斯通集装箱公司：施默菲－斯通集装箱公司股东诉讼，[①]是衡平法院近期的案件，该案中法院裁定，全部或部分现金交易触发露华浓规则。案件事实非常简单。该案涉及三角并购，即公众持股的目标公司施默菲打算并购到公众持股公司洛克腾的全资子公司，施默菲公司股东每股股票将获得35美元对价。其中现金和洛克腾公司股票支付各占50%。为此，特拉华州衡平法院认为：

本案为法院解决特拉华州法所没有直接解决的问题提供了理由，即如果并购对价的支付方式为现金和股票混杂，是否应当适用露华浓规则以及在何种情况下适用。

不幸的是，法院给出了错误的答案。

本案对案件不涉及标准一和标准二的问题不存在争议。也没有人主张目标公司董事会启动了自我收购程序以出售公司或寻求启动涉及施默菲公司破产的重组计划。没有人主张董事会放弃长远战略以应对收购要约或寻求涉及目标公司破产的替代交易。

因此，本案唯一的争议在于标准三所提到的"控制权的出售或变更"。由于施默菲公司股东将获得部分现金作为股份的对价，因此，法院认定交易因标准二而属于露华浓规则范畴。法院称，即便"在破产后洛克腾公司仍处于较大流动可变且持续变化市场"且施默菲·斯通"股东仍然保留未来获得溢价权利"这种情况下，也不影响适用露华浓规则。

(3)与最高法院先例的冲突

"因·圣菲太平洋公司股东诉讼案"(Inre Santa Fe Pac. Corp. Shareholder Litig.)[②]是关系最直接的特拉华州高等法院判例。圣菲和伯灵顿同属公众持股的特拉华州公司。经过谈判，两个公司达成

---

① 2011 WL 2028076(Del. Ch. 2011).

② 669 A.2d 59(Del. 1995).

一项复杂的交易,其中两公司共同就圣菲33%的股份以每股20美元的价格提出要约收购。如果成功,要约将圣菲剩余16%的已发行股票转让给伯灵顿公司。如果要约成功,后续将紧接着进行强迫兼并。剩余的圣菲公司股东将获得伯灵顿公司股权作为其对圣菲股权的对价。

最高法院驳回了原告关于该交易触发圣菲公司董事会露华浓义务的主张。之所以如此,是因为原告"未主张伯灵顿和圣菲公司在兼并后,仍处于'较大的流动可变且持续变化的市场'"。其明确的隐含之意是对价形式不属于相关争议。相反,案件争议是伯灵顿公司股东是否继续分散于"较大的流动可变且持续变化的市场"。

但是,在纽约商业交易所案中,特拉华州衡平法院将圣菲案重新界定为只是单纯设定了底线——33%的现金,低于该标准的交易不属于露华浓范畴。对于更高的比例,特拉华州衡平法院以卢肯斯案作为判决依据,理由是特拉华州高等法院"尚未明确不触发露华浓规则的现金对价比例的界限"。

对圣菲案的重新界定很难与联邦最高法院在本案的分析相吻合,联邦最高法院未提及底线或上线,而只是提到"伯灵顿股权结构"的后续处理。甚至这种界定与"阿诺德诉储蓄银行公司协会案"(Arnold v. Soc'y for Sav. Bancorp, Inc.)的三个标准也不一致。①

施默菲案法庭有选择地首先引用阿诺德案,再次论及有关三个标准的主要段落。施默菲案法庭援引了如下内容:

> 特拉华州高等法院已经认定,董事会至少在如下三种情形中承担该义务:"(1)公司发起自我收购程序寻求自我出售或启动涉及公

① 650 A. 2d 1270(Del. 1994).

司破产的经营重组计划;(2)目标公司为应对收购方要约而放弃长远战略并寻求涉及公司破产的替代交易计划;(3)批准交易计划将导致控制权出售或变更的情形。"①

细心的读者可能会注意到,特拉华州衡平法院省略了阿诺德案标准三的关键限定词。我们来对阿诺德案的相关部分做一个全面引用:"(3)批准一项交易导致控制权出售或变更的情形。在后一种情形中,当两个公司的控制权仍处于较大的流动可变且持续变化市场时,并不存在控制权的出售或变更。"②

阿诺德案明确言中之义是,由公众持股且没有控股股东公司无论交易结构为全股票、全现金还是二者混合,发起的收购并不触发露华浓规则。其使合并后的公司由如今众所周知的"较大的流动可变且持续变化的市场"的分散股东所持有。对价形式完全不是相关因素。

特拉华州高等法院在"里恩戴尔案"中的观点证实了对联邦最高法院先例的早期解读。除了特拉华州衡平法院在"里恩戴尔案"中的重大错误,法院对何时触发露华浓义务采取了过于宽泛的分析方式。特拉华州衡平法院认定,如果目标公司"董事会以现金方式出售公司"则触发露华浓规则。③

然而,实际上标准一并不适用于这些所有的事实,因为目标公司董事会没有启动"自我收购程序",遑论可能涉及公司破产的程序。标准二不适用的原因是,该交易不涉及恶意收购、放弃长期战略或公

---

① See re Smurfit-Stone Container Corp. ,2011 Wl 2028076 at ＊12.

② Arnold v. Society for Sav. Bancorp,Inc. ,650 A. 2d 1270,1290(Del. 1994)(引用、脚注和内部引用标记略)(强调另加).

③ Ryan. v. Lyondell Chemical Co. ,2008 WL 2923427(Del. Ch. 2008),Rev'd, 970 A. 2d 235(Del. Supr,2009).

司破产。

美国联邦最高法院在推翻上述裁定时承认,目标公司一经决定将公司出售给阿克塞斯便触发露华浓规则,因为阿克塞斯公司是一家私人所有的公司。因此,该交易使控制权由“较大的流动可变且持续变化市场”的分散公众股东转变为单一控股股东。但是,法院同时对标准三做出澄清,并认定:

审判法庭的分析所存在的问题是,不能单纯因公司在交易中“发挥作用”(in play)而承担露华浓义务。只有当公司自发或为了应对恶意收购要约而从事将会导致控制权变更的交易时,才适用为股东实现可以获得的最高价格之义务。

上述表述也证实,必须将标准三“控制权出售或变更”中的“控制”一词,理解为同时修饰“出售”和“变更”。因此,“里恩戴尔案”证实了我们对阿诺德和圣菲案的解读是正确的,而特拉华州衡平法院的判定是错误的。

(1)政策

衡平法院试图重新界定露华浓范畴边界的裁定,主要是出于这样的顾虑:获得现金支付的股东没有机会参与分配潜在属于兼并后新公司股东的利益。例如,法院在施默菲案中认为:

被告强调,任何施默菲的股东都不会自愿或被迫完全套现,并且在交易方案完成后,股东将获得洛克-提恩(Rock-Tenn)公司1/2弱的股份。尽管本案的案件事实与卢肯斯案在这方面略有不同,但被告却忽视了这样一个事实:尽管没有施默菲股东会被100%套现,但选择参与兼并的所有股东会发现自己接近50%的施默菲投资被套现。因此,正如副大法官兰姆的顾虑一样,绝大部分卢肯斯股东可能没有“明天”可言。此处令人担心的是,所有股东对施默菲将近50%

的投资都将没有“明天”。兼并后每个股东仍保留部分投资的事实，并不足以令本案的推理有别于卢肯斯案。卢肯斯案认为法院有必要根据露华浓规则审查对所有或大部分股东在特拉华州公司的投资而言构成终结游戏的交易。

但是这种观点毫无道理可言。只要收购方为公众持股，获得现金的股东完全可以转而购买并购后公司的股票。之后他们可以参与交易后公司的任何收益，包括任何未来收购溢价。只有在发生控制权变更的情况下，该期权才会受到阻碍。

无论如何，正如上述讨论所应当明确的那样，相关政策所关注的是是否会有“明天”的问题。诚然，“QVC 案”提到了“属于公众股东的财产”，即“控制权溢价”。虽然如此，但法院担心的并不是股东是否会有明天。相反，“QVC 案”的法院担心的是，目标公司和收购方股东的权益划分，因为交易后的公司将会有控股股东。

正如“QVC 案”所解释的那样，令人担心的是利益冲突将会影响目标公司董事会的决策。只要对公众持股公司的收购是由其他公众持股公司发起的，那么多元化股东对双方的收益分配并不关心。反过来，这些股东同样对对价的形式态度也一样漠然。

相比之下，如果交易会导致公司为私人持有，那么多元化股东不可能同时支持交易双方。如果交易后的实体仍由公众持股但存在控股股东，那么控股股东未来极有可能不按照比例抽取收益，并在原始收购中从目标公司董事那里获得满意的交易结果。在任何一种情形中，收益的分配都是利益攸关的事情。因此，投资人更愿意看到交易收益分配给目标公司的结果。因此，露华浓规则正应当在这类情形中发挥它的作用。

(2)总结

应当将露华浓规则理解为优尼科规则加强审查标准的一种特殊情形。目标公司董事会唯一的露华浓义务是为股东实现最佳交易。为此,对任何一方收购人的偏袒行为其动机必然是当前股东利益而非不正当动机。

适用露华浓规则只需满足如下任何一个标准:①目标公司董事会启动自我收购程序以出售公司或启动涉及公司破产的经营重组。②为应对收购要约,目标公司董事会放弃公司的长期战略并寻求涉及公司破产的替代交易方案。③交易导致公司控制权的出售或变更。

与最近特拉华州衡平法院的观点相反,标准三并非取决于收购方支付对价的形式。如果"较大的流动可变且持续变化市场"的分散股东持有合并后实体的股份,并不会导致适用露华浓规则。但是,如果交易后的实体具有控股股东,无论公司为私人所有还是继续作为上市公司,都应适用露华浓规则。换言之,不论是通过出售还是其他方式,必须存在控制权变更的事实。

第五节　非股东利害关系人的对价

20 世纪 80 年代的收购战,催生了一系列的目标公司防御措施。起初,非经济因素条款是十分常见的驱鲨剂变种。它容许(并在某些情况下要求)董事会在评估收购方案时考虑诸多非价格因素。特别是,多数情况允许董事会考虑"收购要约对员工、供应商、客户以及与公司和公司业内具有类似关系的其他人所产生的社会、法律以及经济影响”。①

就管理人的角度而言,非经济因素条款具有两个方面的主要缺陷。除非是新设立的公司,否则必须将这些条款作为公司章程的修正案通过,这需要股东的批准。20 世纪 80 年代,股东对驱鲨剂的排斥情绪逐渐上涨,机构投资者尤其如此。例如,到 1989 年,超过一半参与行业调查的机构投资者称,他们曾对一些非经济因素条款提出过异议,另有 1/4 的投资者表示其一贯持反对意见。② 这种与日俱增的反对倾向,使非经济因素条款远不那么具有吸引力,反而使其受欢迎程度明显下降。

更严重的是,州法颇具争议地不允许公司的组织文件对董事会的信托义务进行重新界定。通常,如果违反某些既定公共政策,则章程修正案不可以有悖于普通法规则。③ 鉴于股东利益最大化原则已为人们广泛接受,非经济因素章程修正案似乎饱受非议。到 20 世纪 80 年代结束时,这一问题对特拉华州公司似乎变得异常严峻,因为特拉华州法愈加反对董事会在收购决策过程中考虑非股东利益。

1. 特拉华州判例法

通常,经营判断规则禁止法院审查董事会考虑非股东利害关系

---

① Proxy Statement and Text of Amengdment for Nortek, Inc. (May 26, 1982), reprinted in I Robert L. Winter et al., "Shark Repellents and Golden Parachutes: A Handbook for the Practitioner" 197 (1983 and sup.) 完整清单通常还包含收购的合法性,收购方经济状况、前景、声誉,要约结构以及收购方对目标公司的意图。Proxy Statement and Text of Amengdment for Nortek, Inc. (May 26, 1982), reprinted in I Robert L. Winter et al., "Shark Repellents and Golden Parachutes: A Handbook for the Practitioner" 194 (1983 and sup.).

② Lauren Krasnow, "Voting by Institutional Investors on Corporate Governance Issues in the 1989 Proxy Season" 37 (1989).

③ Sterling v. Mayflower Hotel Corp., 93 A. 2d 107, 118 (Del. 1952); Ernest L. Folk, "III, The Delaware General Corporation Law: A Commentary and Analysis" 10 (1972).

人的决议。[①] 但是,在特拉华州将优尼科规则中,有条件的经营判断规则视作管理层反收购措施的审查标准之后,董事会的这种决议不再受到保护。当然,根据优尼科规则第一个层面,董事会可以考虑短期股东最大利益之外的因素。根据优尼科规则,目标公司董事会可以在收购方向股东提供的收购溢价和收购方对公司潜在影响之间加以权衡。很显然,董事会有权在其他因素中考虑"收购对股东之外的'利害关系人'(如债权人、顾客、员工甚至业界)的影响"。[②]

不幸的是,优尼科规则的用语并不十分明确。优尼科公司董事会面临来自"以美国国内'绿票讹诈者'著称的公司袭击者"的结构性压迫收购。[③] 由此,董事会有理由相信收购不符合任何公司利害关系人的最大利益,并且根据法院获取的事实,股东和利害关系人利益之间并不存在冲突。至于其他情况,我们并不十分清楚。假定收购方提出价格公正的非压迫性收购要约,并同时宣布关闭工厂和解雇大量员工的计划。目标公司董事会认定对员工的负面影响超过股东所获得的收益。那么,优尼科规则是否允许董事会拒绝该收购要约?

在"露华浓公司诉麦克安德鲁与福伯斯集团案"(Revlon, Inc. v.

---

① See Shlensky v. Wrigley, 237 N. E. 2d 776 (Ill. App. 1968);通常见于 Stephen M. Bainbridge, "Director Primacy: The Means and Ends of Corporate Governance", 97 *Nw. U. L. Rev.* 547, 601 -05 (2003).

② Unocal Corp. v. Mesa Petroleum Co., 493 A. 2d 946, 955 (del. 1985). 一些其他州的司法观点认为,结构性决议过程中可以考虑非股东权益。See Norlin Corp. v. Rooney, Pace, Inc., 744 F. 2d 255 (2d Cir. 1984); Herald Co. v. Seawell, 472 F. 2d 1081 (10th Cir. 1972); GAF Corp. v. Union Carbide Corp., 624 F. Supp. 1016 (S. D. N. Y. 1985); Enterra Corp. v. SGS Assoc., 600 F. Supp. 678 (E. D. Pa. 1985); Abramson v. Nytronics, Inc., 312 F. Supp. 519 (S. D. N. Y. 1970). 由于特拉华州以外的法院所面临的公司法问题具有偶发性——这有碍于规则的持续发展,因此,很难将这些案件拼凑出一幅内在统一的图景呈现出来。See Cf. Treadway Cos., Inc v. Care Corp., 638 F. 2d 357, 382 (2d Cir. 1980)(指出"该领域的法律尚未达到无缝之网的程度").

③ Unocal Corp. v. Mesa Petroleum Co., 493 A. 2d 946, 956 (Del. 1985).

Macandrews and Forbes Holdings, Inc.)中,特拉华州高等法院认定优尼科规则不允许董事会采取这种做法。[①] 露华浓规则就优尼科规则对非股东利害关系人的做法,补充了两个重要的但书条款。

第一个但书条款具有普遍适用性,它主要解决所有的结构性决议——触发露华浓义务的决议除外。如果优尼科规则颇具争议地允许目标公司董事会为了增加利害关系人的利益而舍弃股东利益,则这一解释不适用为露华浓规则所禁止。露华浓规则明确禁止管理层牺牲股东的利益而保护利害关系人利益。相反,管理层任何有利于利害关系人的行为必须增加股东利益。[②] 换言之,只有考虑利害关系人利益会增加股东利益的情况下,董事会才可以这么做。[③]

第二个但书条款是在已经触发露华浓规则的情况下,利害关系人的利益是完全不相关的因素。一旦按照露华浓规则开始拍卖,使非股东权益获益是否同时有利于股东这一问题便不再重要。相反,股东利益最大

---

① Revlon, Inc. v. MacAndrews & Forbes Holdings, Inc. ,506 A. 2d 173 (Del. 1986). 在 Newell Co. v. Vermont Amentican Corp. ,725 F. supp. 351 (N. D. Ill. 1989) 中,法院适用优尼科测试标准认为,收购要约可能会实现股东短期利益最大化,但仍维持目标公司防御措施。尽管主要威胁可能存在于非股东利益,法院通过裁定股东长远利益受到威胁从而避开了文本中所提出的问题。Revlon, Inc. v. MacAndrews & Forbes Holdings, Inc. ,506 A. 2d 173(Del. 1986). Newell Co. v. Vermont Amentican Corp. ,725 F. supp. 372 –76(N. D. Ill. 1989).

② "如果非股东利害关系方与股东利益的增加合理相关,董事会在履行职责时可能会考虑各非股东利害关系方。" Revlon, Inc. v. MacAndrews & Forbes Holdings, Inc. ,506 A. 2d 173, 182 (Del. 1986). 在 Mills Acquisition Co. v. Macmillan, Inc. ,559 a. 2d 1261 (del. 1989) 中使用了多少不那么强烈的表述,只要非股东利益"与一般股东利益存在合理关系",则允许考虑非股东利益。" Revlon, Inc. v. MacAndrews & Forbes Holdings, Inc. , 506 A. 2d 173, 182(Del. 1986). Mills Acquisition Co. v. Macmillan, Inc. ,559 a. 2d 1282 n. 29(del. 1989).

③ Compare Buckhorn, Inc. v. Ropak Corp. ,656 F. Supp. 209, 231 – 32 (S. D. Ohio), aff' d, 815 F. 2d 76 (6th Cir. 1987) [员工持股计划被认定无效,原因是"不存在有关 ESOP 如何对股东有利或若帕克(Ropak) 公司要约收购如何对巴克霍恩(Buckhorn) 公司员工造成威胁的在册证据"].

化将成为董事会唯一应当关注的问题。[①] 事实上,在露华浓规则范畴内,[②]考虑股东利益之外的任何因素均违反董事会的信托义务。[③]

总之,露华浓规则严格限制董事会在结构性决议中考虑非股东利益的权力。[④] 而且,露华浓规则通过维持经营判断规则中的董事会保护措施,赋予股东利益最大化准则以相当程度的强制力。与经营性事务不同,根据利害关系方利益而非股东利益作出结构性决策的董事会将面临承担实际的个人责任。

2. 对 ALI 原则方法论的评论

ALI 原则确定了一项规则,大致相当于从优尼科规则中刨除露华浓规则限制措施。ALI 原则第 6. 02 节规定,董事会在作出收购决议时,可以"在并非严重不利于股东长远利益的情况下,就公司的合理关切考虑股东以外的利益或团体"。[⑤] 与优尼科规则不同,原告需要承担证明被告董事行为不合理的举证责任。该规则适用于所有收购情形,其中也包括类似露华浓规则控制权拍卖已经开始的情形。

ALI 原则第 6. 02 节的表述非常怪异。一方面,在收购中,只有在目标公司保持独立的情况下才能确保股东的长远利益。由此,该

---

① Revlon, Inc. v. MacAndrews & Forbes Holdings, Inc. ,506 A. 2d 173,182(Del. 1986).

② "露华浓范畴"是新出现的用于公司控制权争夺战的术语,在公司控制权争夺战中露华浓义务已被触发。

③ Black & Decker Corp. v. American Standard, Inc. ,682 F. Supp. 772,786 -87 (D. Del. 1988); C - T of Virginia, Inc. v. Barrett, 124 Bankr. 689 (W. D. Va. 1990); Revlon, Inc. v. MacAndrews & Forbes Holdings, Inc. ,506 A. 2d 173,185(Del. 1986).

④ 当然,一些评论者认为,"派拉蒙公司诉时代公司案"无疑给予目标公司管理层更大的裁量权来考虑非股东利益。See Alan E. Garfield, "*Paramount*: The Mixed Merits of Mush", 17 *Del. J. Corp. L.* 33, 57 -58 (1992); Lyman Johnson & David Millon, "The Case Beyond Time", 45 *Bus. Law.* 2105 (1990); David Millon, "Redefining Corporate Law", 24 *Ind. L. Rev.* 223, 237 -38 (1991). Jeffrey N. Gordon, "Corporations, Markets, and Courts", 91 *Colum. L. Rev.* 1931, 1951 -71 (1991).

⑤ Ali principles § 6.02(b)(2).

标准似乎有些本末倒置。另一方面,在"严重不利于"股东利益的情形发生之前,目标公司董事会究竟可以在多大程度上损害股东利益?ALI 原则对该问题的回答前后并不一致。如果我们意识到 ALI 原则第 6.02 节是整个议案中争议最激烈的章节之一,便可以理解 ALI 原则为何对该问题的处理不尽如人意了。最终版本似乎是各方妥协的产物。①

3. 有关非股东利害关系人的法规

超过 30 个州制定了允许董事会在做出公司决策时考虑非股东利害关系人利益的法规,尤其是允许修订有关董事会适当谨慎义务的现有规定。这些法规通常规定,董事会在履行谨慎义务时,不仅可以考虑一项决策对股东的影响,也可以考虑其对一连串其他利害关系全体的影响——通常包括员工、供应商、顾客、债权人和公司经营所属的地方业界。在经营性事务语境下,这些法规极少会影响股东诉讼的结果。因为经营判断规则禁止法院就董事会是否违反谨慎义务做出判决,在大多数案件中法院甚至都不曾触及该法律争议。②

但是,在结构性语境下,这些法规会对结果产生决定性影响。尽管有些司法意见持相反观点,③但是很显然非股东利害关系人法规似乎旨在排除露华浓规则对董事会决议的限制性规定。与大多数州的收购法律一样,非股东利害关系人法规通常适用于目标公司管理层主动采取行动拒绝恶意收购的情形。毫无疑问,其立法宗旨为使收

① See Steven M. H. Wallman, "Section 6. 02: Is ALI Provision on Director Duties Consistent with Evolution in Thinking about Takeover?", *Corp. Couns. Wkly* (*BNA*) at 8 (Aug. 7, 1991).

② 关于这些法规, See Stephen Bainbridge, "Interpreting Non-Shareholder Constituency Statutes", 19 *Pepperdine L. Rev.* 971 (1992)。

③ See Hilton Hotels Corp. v. ITT Corp., 978 F. Supp. 1342 (D. Nev. 1997); Amanda Acquisition Corp. v. Universal Foods Corp., 708 F. Supp. 984, 109 (E. D. Wis.), aff'd on other grounds, 877 f. 2d 496 (7th Cir. 1989).

购变得更加困难。[①] 还有比借助放宽露华浓规则举例提出的股东利益准则更有助于实现这一目的方法吗？这种解释更倾向于那些明确允许董事会在收购争夺战中考虑公司长远利益的法规。对这些法规唯一的解读应当是,法规含蓄地否定了露华浓规则的要求,即一旦进入公司控制权拍卖程序,股东短期利益最大化应当是董事会的唯一关切。

印第安纳州非股东利害关系人法规的规定,使大多数法规中隐含的拒绝适用露华浓规则之意更明确。很显然,起草该法规是为了回应第七巡回法庭撤销目标公司一系列毒丸的判决。[②] 由于印第安纳州没有适当的先例可循,第七巡回法庭参阅了优尼科规则和露华

① 在关于宾夕法尼亚州"一揽子"收购法律的(其中包含新的非股东利害关系方法规)立法辩论中,一位该法案的倡议者指出,"致山姆·贝尔兹伯格(Sam Belzberg)、卡尔·伊坎(Carl Icahn)、布恩·皮肯斯(Boone Pickens)、巴斯兄弟(Bass Brothers)、唐纳德·特朗普(Don Trump)以及所有其他公司掠夺者,你们在宾州没有朋友"。See Pa. Legis. J. ,Sen. ,Dec. 13. 1989,at 1539(Sen. Armstrong). 另可参见上述第 1507 页("公司掠夺者的防御立法不存在恶意");Pa. Legis. J. ,House,Apr. 24,1990,at 778("通过本收购防御措施,我们将向那些将宾州公司作为简单快捷盈利商店的人传递一条响亮而清晰的信号——宾州不再是你们的游乐场")。约翰逊(Johnson)和米伦(Millon)教授认为,各州的收购法通常旨在"保护非股东免受恶意收购的破坏性影响。"Lyman Johnson & David Millon,"Missing the Point About State Takeover Statutes",87 *Mich. L. Rev.* 846,848(1989). 不管关于州收购法律的这一观点是否正确,都很难反对非股东利害关系人法规。See Robert D. Rosenbaum & L. Stevenson Parker,"The Pennsylvania Takeover Act of 1990:Summary and Analysis"28 –30(1990)("支持新的[宾州]利害关系人条款的基本观点为,上市公司是为股东创造最大利益的载体——尤其是短期利益,但又不仅仅是这种载体").

② Dynamics Corp. of Am. v. CTS Corp. ,805 F. 2d 705(7th Cir. 1986),prior op. ,794 F. 2d 250(7th Cir. 1986),Rev' d on other grounds,481 U. S. 69(1987). 该案与 CTS Corp. v. dynamics corp. of am. ,481 u. s. 69(1987)(联邦最高法院判定印第安纳州别样的收购法规符合宪法规定)一样有名。目前还没有直接解决非股东利害关系人法规合宪问题的决议。但是,在维持别样收购法规的同时,伊斯特布鲁克(Easterbrook)法官提出了如下值得关注的言论:"除了保护股东外,各州可以选择保护'利害关系人'"。See Amanda Acquisition Corp. v. Universal Foods Corp. ,877 F. 2d 496,500 n. 5(7th Cir.),cert. denied,493 U. S. 955(1989).

浓规则。印第安纳州非股东利害关系方法规旨在推翻这种方法，并给法院以模糊性的指导意见：

特拉华州的某些司法裁决以及其他判例不符合本法规对经营判断规则的合理适用，否则，在解释印第安纳州公司法时可以以这些判例作为指导，其中包括与潜在控制权变更有关并对董事会为应对控制权并购所采取行动适用不同或更高审查标准的判决。①

露华浓规则是该法规的明确目标，因为该法规明确否定了股东利益的重要性，即“不要求董事会将任何公司行为对特定公司非利害关系集团或利益的影响作为首要或压倒性考虑因素”。而且，除非指控人证明董事会没有“在合理调查后善意”采取行动，否则董事会的决策不容置疑。

如果这样解释，这些法规在公共政策方面极不合理。当然，许多传闻证据表明，公司并购给非股东利害关系人带来消极的外在影响。但是，并没有系统性的证据表明收购方对这些利害关系人造成的利益危害大于“给在任者［他们为了利润前景可能（并经常）会关闭或迁移厂区］所带来的利益”。②

相反，大量证据表明并购中存在管理性利益冲突。在现实中，确

---

① Ind. Code ann. § 23 -1 -35 -1(f)(West 1990). 宾州非股东利害关系人法规大部分与印第安纳州的法规一致。与印第安纳州一样，除非指控人证明董事会没有“经过合理调查后善意”行为，宾州认为董事会决议不容置疑。15 Pa. Cons. State. § 1721(Supp. 1991). 同样，宾州也禁止法院对董事会施以任何重于经营判断规则的举证责任以证明收购防御措施的合理性。15 Pa. Cons. State. § 1721(Supp. 1991). 最后，宾州法规不要求董事会将任何公司非利害关系方利益视为具有至高的重要性。15 Pa. Cons. State. § 1721(Supp. 1991). 尽管宾州没有直接引用特拉华州法，单其禁止施加更高审查标准的目的很显然旨在遵循印第安纳州的做法，禁止法院适用优尼科规则或露华浓规则。

② Amanda Acquisition Corp. v. Universal Foods Corp., 877 F. 2d 496, 500 n. 5 (7th Cir.), cert. denied, 493 U. S. 955(1989).

实存在不负责任的董事会利用非股东利益掩盖自利行为的情形。董事会的自利决策可以轻易借助为员工“喊冤”的文件而合理化,这将会成为非股东利害关系人法规最真实的恶行。尽管法规允许诚信的董事以符合公司所有利害关系人的方式行为,却也同时对完全为追求自利的不道德董事行为提供了庇护。这似乎表明,在制定非股东利害关系人法规时,立法机关应当三思,而不是一味强调管理层的利益冲突。

那么,对于文本上的法律规定,我们应当怎么做?不论要求管理层面临恶意收购消极行动的法规的理论意义如何,非股东利害关系人法规明确否定了任何该类规定。更确切地讲,这些法规的前提是,公司并购中股东和利害关系人的利益彼此冲突,并且目标公司董事会应当协调该竞争性利益关系。

尽管非股东利害关系人法规表明,董事会在做出结构性决策时考虑利害关系人的利益是适当的,但公司法不能忽略这样一种现实风险,即董事会所提出的合理化理由不过是一个骗局。允许董事会将股东的部分利益转移至利害关系人,这是非股东利害关系人法规的应有之义。各法院必须尊重该法律宗旨,但却没有必要将非股东利害关系人法规解释为允许董事会和管理人谋取私利。因此,在结构性决议中,公司法应当区分诚信董事对非股东利益的关切与谋取私利的董事行为。令人欣慰的是,目前可以实现这一宗旨的机制唾手可得:通过类推,优尼科规则中的举证责任倒置可以完美地解决这一问题。

当然,非股东利害关系人法规拒绝将对露华浓规则解释适用于优尼科规则。虽然印第安纳州和宾夕法尼亚州缺少专门的法律规定,但这并不必然意味着股东利害关系人法规禁止做优尼科规则测试。当前流行的对利害关系董事交易法规的司法解释为这一理论提供了适当的先例。并非所有的利害关系董事进行交易均涉及自利交易，但是这种情形中不当行为的高发性，使法院甚至允许对获得适当批准的交易进行审查，并对未获得适当批准的交易适用极苛刻的标准。公司并购中董事会自利行为的巨大风险，使对董事会行为保护非股东利害关系人这一指控适用严格的司法审查标准具有正当性。因此，除非立法机关已经明确禁止法院采用加强司法审查标准，否则法院应当对非股东利害关系人法规适用优尼科规则标准。

通过与优尼科规则第一个层面进行类推，法院应当要求董事会证明收购方案对所列举的其中一项非股东利益造成威胁。必要威胁很可能表现为不同形式：解雇、工厂关闭、证券降级及类似情形。此外，法院还应当要求董事会证明自己的行为属于合理调查后的善意行为。善意要素要求证明董事会的行为，是为了应对潜在公司威胁而非保护自身利益。因此，该要素必然涉及对董事会动机的主观调查。如果缺少确凿证据，可能很难区分董事会的自利行为与对股东的合理关切。尽管如此，对这一分析保留主观要素具有几个方面的正当理由：首先，进行司法审查好于不审查。许多收购决议都受市场审查的约束。例如，如果董事会同意与某一潜在收购方合并，那么动机分析并非必要要素。只要董事会在所有竞争收购方之间进行公平拍卖，市场便会证明合并的公平性。但是，如果董事会以非经济理由拒绝一项恶意收购，那么该定义便决定了市场分析不可行。实际上，董事会是在主张市场测试豁免，因为董事会声称收购将影响非股东利害关系人。因此，在这种情况下更适宜进行动机调查。至少这可以直接或偶然检测出董事会行为是为谋取私利的主要情形。其次，此处所提及的测试并不限于主观动机分析。事实上，善意要素主要目的在于迫使董事会提供其行为属于非自利行为的合理理由。董事会所阐述的正当理由可以依据客观标准（主要用于检测董事会的不当行为)进行反向测试。最后,正如下文的详细阐述一样,证明董事会决议并非是为了谋求自身利益的义务规定,有助于防止发生董事会以谋取私利为首要目的的情形。

若想控制管理层的自利行为,优尼科规则的第二个层面极重要。除非关于并购威胁与应对措施适当性的规定具有威慑力,否则管理层仍然可以以非股东利益的理由作为挡箭牌。如果缺少切实有效的适当性标准,任何对非股东利益的威胁(无论威胁何等轻微或不显著)都将使管理层能够自由制定收购防御措施终结恶意收购。由于不能将非股东利害关系人法规合理解释为露华浓规则的法典化,因此必须将该法规理解为允许董事会在股东和利害关系人利益之间进行权衡。但有效的适当性标准同时要求董事会决议将对股东的影响降到最小。换言之,股东因董事会决议所承担的不利影响,不得大于保护非股东利害关系人所必需的程度。如果对股东利益危害性更小的措施就足以保护相关非股东利益,则应当认定目标公司所选择的防御措施无效。

其他交易利益所产生的公司冲突也适用类似测试。例如,根据马萨诸塞州相关法律规定,如果少数公司股东称公司控股股东违反信托义务,则控股股东必须首先证明其行为存在合法经营目的。如果控股股东承担了举证责任,那么少数股东仍然可以通过如下方式获胜,即证明存在其他对少数股东利益损害更小的替代措施可以实现相同的目标。①

很显然,该标准的具体适用因个案而异。但是,一般而言,司法审查应当注重程序问题。因此,在进行适当性评估时,法院应严格审查管理层的抗辩意见并要求其具有说服力地证明不存在限制性更小

① Wilkes v. Springside Nursing Home, Inc., 353 N. E. 2d 657 (Mass. 1976).

的防御措施。为此,法院应当以诸如具体管理层计划、董事会商讨纪录以及双方证词等证据作为裁断依据。证明董事会在决定抵制收购要约时意识并考虑到非股东利益这一事实十分关键,因为它降低了收购威胁作为董事会自利行为的事后合理理由这样一种风险。

各法院还应当对收购方和目标公司管理层的谈判(如果有),进行仔细审查。如果有任何证据证明目标公司管理层可以搁置对利害关系人的关切,并以此换取更高的收购价格或为自身谋取补偿性支付,则应当认定管理层所宣称的对非股东利益的担心不过是一种借口。

最重要的证据,可能要数公司非股东利害关系人待遇的历史。董事会对公司员工的长久关切,远比突然关注员工福利更具有说服力。对于曾利用并购危及非股东利害关系人这一理由为公司防御收购措施辩解的公司而言,这一点尤其重要。不成功的恶意收购在相隔数月或数年之后往往会有新收购方的恶意收购接踵而至。如果其间管理层基本不关注利害关系人,将很难利用这一理由为抵制新一轮收购的行为辩解。

通过承担优尼科规则两个层面的举证责任,董事会证明自己在面对利益冲突时并非无计可施。如果不存在令董事会束手无策的利益冲突,法院通常会尊重董事会决议。因此,如果董事会承担了举证责任,除非原告能够反驳经营判断规则的推定,否则法院不应再深入调查董事会决议的正当性。但是,如果董事会未能完成举证责任,法院应当责令禁止公司行为方案或允许采取其他适当救济措施。

实质适当性原则的规定可以减少对管理层欺骗行为的事前激励。非诚信管理层可能发现很难编造非股东损害的合理故事,且无法找到有能力或愿意为其编造可信的虚假非股东损害故事的专家。

独立董事可能不愿意因提供虚假故事而承担名誉受损的风险。最后,恶意收购方将会积极驳斥管理层的故事,并获得股东支持。所有这些因素应该能够抑制管理层的不当行为,并且促使管理层公正地评估股东和利害关系方之间的利益是否存在真实分歧。

第八章　反收购的州立法

尽管并购市场的热度时有变化,但收购方与被收购方之间的角力却从未放松。随着新的收购方式的不断问世,反收购战术也以同样速度涌现出来。为寻求更有效的反收购措施,立法保护自然是一块不可忽视的战场。虽然美国联邦立法仍然保持着观望态度,但州立法却十分活跃。州立法大多体现出保护被收购方的倾向,州级收购法对待收购是几近一致的反对态度。尽管州立法在 20 世纪 90 年代中期相对不那么活跃,但旧的法案依然有着约束力。而且在现行立法下,州立法若要采取进一步的积极行动也不存在什么障碍。

第一节　第一代收购法和"麦特案"

几乎就在国会通过威廉法案的同时,各个州开始陆续通过各自的收购法,这被称作收购法的第一股浪潮。[①] 与威廉法案相似,第一代收购法主要是关于信息披露的。而与威廉法案不同的是,这一代法案也设置了一些程序上和实体上的要求,给收购方造成了不小的障碍。

《伊利诺伊州商业收购法》(Illinois Business Takeover Act, IBTA)就是第一代收购法中的典型代表,该法在"埃德加诉麦特公司案"(Edgar v. MITE Corp.)[②]中被美国联邦最高法院宣布无效。《伊利诺伊州商业收购法》与威廉法案的不同主要体现在三个方面。首先,《伊利诺伊州商业收购法》要求收购人在要约生效日期前 20 天通知被收购的对象和伊利诺伊州政府秘书长。其次,《伊利诺伊州商业收购法》允许州政府秘书长召开听证会来推迟收购要约,并对该要约的公平性进行公评。同时,如果持有要约收购的股份类型的 10% 的股东要求召开听证会,州政府秘书长也必须召开。最后,州政府秘书长可以基于实质不公等多种原因禁止一项要约收购。

1. 法规的优先级别

目前关于法规优先的级别主要有三种观点。

第一种观点是,美国联邦法规体系在这一方面已规定得十分详尽,国会并没有给州立法留下多少发挥的空间。[③] 持这种观点的人并非真的认为威廉法案取代了各州的收购法规。在公司治理领域,国会并不曾试图取代州立法的地位。[④] 如果把联邦立法中对要约收购的规定和任意一个州的公司法案进行一个粗略的比较,就会发现联

---

① 事实上,弗吉尼亚州的第一部收购法令在威廉法案通过之前几个月就通过了。See Stephen M. Bainbridge, "State Takeover and Tender Offer Regulations Post-MITE: the Maryland, Ohio and Pennsylvania Attempts", 90 *Dickinson L. Rev.* 731, 736 (1986).

② Edgar v. MITE Corp., 457 U. S. 624 (1982).

③ Rice v. Santa Fe Elevator Corp., 331 U. S. 218, 230 (1947) (联邦法规为了进行合理规制是否规定得太过细致,以至于各州没有任何对联邦法律进行补充的空间).

④ CTS Corp. v. Dynamics Corp. of Am., 481 U. S. 69, 85 – 86 (1987); Business Roundtable v. SEC, 905 F. 2d 406, 411 – 13 (D. C. Cir. 1990).

邦立法实际上只涵盖了公司治理中很少的一部分。经理的信托义务,发出要约后的挤出合并的效力等内容,都留给了州立法来规定。可见,联邦法案的内容并非面面俱到,无法支撑本观点认为的联邦法案的最高性。

第二种观点是,由于行为人很难同时符合联邦立法和州级立法的规定,所以联邦法规的最高性就要求行为人以联邦立法为准。[①] 然而这个观点太过于片面。这里的问题并不在于州级立法是否阻碍了理性行为人的收购行为,而是如果行为人试图同时满足联邦立法和州级立法的要求,他是否能做得到。

第三种观点是,如果州级立法与相关的联邦立法的目的相违背,那么联邦立法应当优先适用。与此相类似的观点是,"州级立法是否会对联邦立法目的的充分实现构成障碍"。[②] 这一观点就要求法院思索两个问题:(1)国会在制定联邦收购法案时意图实现什么目的?(2)案件中待审的州级立法是否会阻碍该目的的实现?

2. 威廉法案是否优先于《伊利诺伊州商业收购法》

在麦特法案问世前的州级并购立法的合宪性问题上,初级法院的观点存在较大分歧,但趋势是对州级立法采取坚决否定的态度。[③] 法院发现,州级立法不管是在与联邦立法的一致性方面还是在实现联邦立法目的的方面,都存在很多问题。州级立法事先申报制度可能导致的迟延和行政审查要求过度倾向于目标公司的管理层,打破了

---

① Florida Lime & Avocado Growers, Inc. v. Paul, 373 U. S. 132, 142 -43(1963).

② Hines v. Davidowitz, 312 U. S. 52, 67(1941).

③ 麦特法案问世前,宣布州立法无效的案件包括:Kennecott Corp. v. Smith, 637 F. 2d 181 (3d Cir. 1980); Natomas Co. v. Bryan, 512 F. Supp. 191 (D. Nev. 1981); Canadian Pac. Enter. (U. S.) Inc. v. Krouse, 506 F. Supp. 1192(S. D. Ohio 1981); Kelly v. Beta-X Corp., 302 N. W. 2d 596(Mich. Ct. App. 1981). Also see AMCA Int'l Corp. v. Krouse, 482 F. Supp. 929 (S. D. Ohio 1979); City Inncesting Co. v. Simcox, 476 F. Supp. 112(S. D. Ind. 1979), aff'd, 633 F. 2d 56(7 th Cir. 1980)。

威廉法案试图达成的平衡状态。[①] 州政府可能在行政审查中依据“公平”或其他理由禁止要约收购的做法,也被认为与国会的意图相冲突,国会认为应当由股东来决定要不要接受要约。

1979 年 1 月 19 日麦特公司向 SEC 提交了表 14D－1 收购计划书,声明其计划以 28 美元每股的价格对芝加哥里维特机器公司进行现金收购。1980 年 2 月 1 日伊利诺伊州官方告知麦特,该要约违反了《伊利诺伊州商业收购法》的规定,并向公司发出了禁止令和召开行政听证的通知。芝加哥里维特公司也告知麦特,会依据《伊利诺伊州商业收购法》对麦特提起诉讼来禁止该要约。麦特公司因此在联邦法院起诉,要求宣布《伊利诺伊州商业收购法》违宪,理由是违反了联邦最高原则和商贸原则。联邦地区法院依据联邦最高原则和商贸原则宣布《伊利诺伊州商业收购法》违宪,第七巡回上诉法院维持了该判决。

巡回法院认识到,尽管规范要约收购的联邦法律制度适用并不广泛,从威廉法案中仍可以推导出国会排除相关州立法适用的隐含意图,巡回法院查明,《伊利诺伊州商业收购法》授权伊利诺伊州政府秘书长对收购要约的公平性进行实质性审查,如果秘书长认定该要约违反了公平要求,则有权禁止该要约收购继续进行。巡回法院据此判决:“伊利诺伊州以州政府秘书长的决定来取代投资者本人对收购要约公平性的判断,明显与威廉法案存在冲突……(威廉法案)认为投资者在充分知情的情况下应当可以不受干扰地做出决定。”因

---

① 1979 年 SEC 颁布了规则 14d－2(b),要求要约人在公告要约后的 5 天内达到 SEC 的发布要求和表 14D－1 的披露要求。这一规定使联邦要约收购规则和第一代州级收购立法产生了直接冲突。因为大部分的第一代州级收购立法要求要约的公告和发布之间存在一定的时间差,这就使要约人无法同时满足联邦立法和州立法的要求。规则 14d－2(b)颁布后,法院明显呈现出宣布州级收购立法违宪的倾向。See Mark A. Sargent, “On the Validity of State Takeover Regulation: State Response to *MITE* and *Kidwell*”, 42 *Ohio St. L. J.* 689, 696－97(1981).

此,威廉法案优先于《伊利诺伊州商业收购法》而适用。同时,巡回法院认为,《伊利诺伊州商业收购法》阻碍了州与州之间商业活动也构成违宪。巡回法院依据的是派克诉布鲁斯教堂案中确立的平衡原则:"如果州法通过平等调控来实现合法的地方公共利益,且它对州际贸易的影响只是附带性的,那么该法就应得到维持,除非该法对州际贸易施加的负担明显超出其假定存在的地方利益。"①伊利诺伊州声称存在两种公共利益:保护本地居民股东和伊利诺伊公司内部事务的管理。巡回法院没有采纳这两点答辩意见。巡回法院查明,《伊利诺伊州商业收购法》赋予股东的权利非常"有限";同时,"即便该法受到了其他州的积极认可",《伊利诺伊州商业收购法》的"广泛影响"及其阻却要约而"极可能对商业造成的破坏",也抵销了伊利诺伊州"微薄的利益"。因此,《伊利诺伊州商业收购法》严重阻碍了州际商业,又未能显著维护地方利益,该法违反了潜在贸易条款。

联邦最高法院维持了这一判决,但是法官的观点存在巨大分歧。② 多数意见驳回了中间禁令会使案件审理失去意义的辩论意见,并提到了合宪性问题。在怀特大法官的大段意见中,只有关于派克案商业条款的分析获得了多数支持。就这一点,法庭认为,伊利诺伊州"在保护本地居民股东方面不存在合法利益",且仅为本地居民股东提供了一种"推定存在"的保护。巡回法院认为,"(目标公司)现

---

① Pike v. Bruce Church, Inc. ,397 U. S. 137,142(1970)(引用省略)。美国宪法中的商业条款在赋予国会权力的同时,也限制了州的权力。根据联邦最高原则,国会行使商业权力的合法行为优先于与其存在冲突的州法。但是,即使联邦立法对某项州际贸易事务没有进行明示的规定,"潜在贸易条款"也禁止州法对州际贸易进行限制。See Edgar v. MITE Corp. ,457 U. S. 624,640(1982)(White, J.).

② Edgar v. MITE Corp. ,457 U. S. 624,640(1982). 在指导意见中,怀特大法官认为,一方面,威廉法案应优先于《伊利诺伊州商业收购法》;另一方面,《伊利诺伊州商业收购法》本身因违反商业条款而无效,因为《伊利诺伊州商业收购法》(1)直接限制了州际商业,(2)给州际贸易施加的负担也明显超出其假定存在的合法地方利益。但是,只有第二个观点得到了法庭的多数支持。

任管理层采取反收购措施增加了要约收购失败的风险,可能超过了(《伊利诺伊州商业收购法》)要求的(要约的)时间间隔可能带来的益处",联邦最高法院对此予以认可。联邦最高法院也驳回了伊利诺伊州关于"内部事务"的辩论意见,并指出,"要约收购是要将股东持有的股份转让给第三方,其本身并不涉及目标公司的内部事务。另一方面……伊利诺伊州在外资公司的内部事务方面不存在利益"。联邦最高法院据此得出结论,认为《伊利诺伊州商业收购法》给州际贸易造成的巨大负担已明显超出其假定存在的地方利益,《伊利诺伊州商业收购法》因违反潜在贸易条款而构成违宪。

在撰写多数意见时,怀特大法官还认为威廉法案优先于《伊利诺伊州商业收购法》。根据怀特的意见,威廉法案在收购方和目标公司之间采取了一种中立原则。在一常用比喻里,国会被认为试图为收购提供一个公平竞争的场所。《伊利诺伊州商业收购法》对提前通知和听证的要求过分地延迟了收购的进行,在这一期间,目标公司管理层可以进行防御并采取其他措施来阻止收购发生,对目标公司管理层的倾斜使国会促进公平竞争的目的无法得到实现。通过引用威廉法案的立法历史,怀特大法官认为国会反对设置提前申请的程序要求,完全是因为"国会已经'意识到时间上的迟延会严重阻碍要约收购'并力图避免迟延的出现"。除此之外,怀特大法官总结道,国会认为股东对是否接受要约收购具有最终的决定权,赋予州政府秘书长行政否决权违背了国会的观点。

麦特案的判决并未立即产生明显影响。因联邦法院这一判决而被直接视为违宪的,仅是那些也会"广泛"阻碍要约收购的法案。由于怀特大法官关于"(联邦)最高性"的分析仅获得了另外两位法官的支持,那些管辖范围更狭窄但仍倾向保护目标公司的法案仍然有可能通过合宪性的测试。事实上,史蒂文斯大法官在其对"(联邦)

最高性"分析的反对意见中明确指出,自己"并不认为……国会在联邦立法中遵循中立原则可以等同于联邦禁止州法为公司管理层提供特殊保护"。同样不赞同"(联邦)最高性"观点的还有鲍威尔大法官,他认为法院"对商业条款的解释给州法留下了空间""威廉法案的中立原则并不必然表明联邦意图禁止州法保护管理层利益在内的更为宽泛的利益"。但令人惊讶的是,后来的低级法院几乎一致采纳了(联邦)最高性的观点。

第二节　第二代收购法和"凯迪拉克案"

怀特大法官在"麦特案"中的判决给州法规制收购留下了一些可能性:内部事务原则,根据这一原则,公司管理的相关问题应受公司设立地的州法管辖。第二代州收购法就是通过精细的设计钻起了这一原则的空子。

1. 第二代收购法

所谓的"第二代"收购法,大部分是通过精心的条文设计,从而不表现为对直接规制要约收购。第二代收购法案规定的事项,是传统观点一贯认为应属于州法管辖范围的公司治理事项。1983 年至 1987 年,许多法案都被提出异议,初级法院几近一致地认定这些法案不合宪而对法案予以否决。但这一趋势在联邦最高法院就"凯迪拉克公司诉通用动力公司案"①作出判决后开始出现反转。

"第二代"收购法主要有如下变体:如控股收购的法案,该类法案是以州法所有的对公司投票权进行定义的权限为依据,对收购方在

---

① CTS Corp. v. Dynamic Corp. of Am. ,481 U. S. 69(1987).

控制权交易中获得的股份的表决权进行规制。“控股收购”主要被定义为取得目标公司多数股份的收购,该收购可以使收购人对目标公司特定比例的投票权形成控制。如果收购会使收购者获得下列任何一种比例的表决权:20% ~33.33%、33.33% ~50%和50%以上,则该收购就被认为触发股份控制。大多控股收购法案都规定,通过控股收购取得的股份不享有投票权,除非股东通过决议授予收购者持有的股份以投票权。① 股份收购者持有的股份、目标公司的高级管理人员所有的股份、同时是目标公司雇员的目标公司董事所有的股份在决议表决时不会被计入。

控股收购法案声称其目的是给股东一个表决机会,由股东来决定是否要接受一个可能导致目标公司控制权变更的收购多数股份的收购要约。这些法案假定的前提是,当公司的控制权可能发生变动时,个人股东总是处于不利地位。例如,如果目标公司的股东认为要约收购成功后,收购人就会以比前次交易更低的价格来收购其他未被要约收购的已发行股份,那么他们就会同意接受要约以避免他们所担心的结果发生,即使他们明知该要约并不符合利益最大化的需求。

控股收购法案要求潜在收购者进行一定的信息披露并允许目标公司的股东以集体投票方式来对收购进行表决,控股收购法案被认为给了股东一个集体否决条件不佳的要约或不受欢迎的要约的机会。举例来说,一般控股收购法案要求要约人披露其在取得控股权以后拟进行的与目标公司相关的交易计划,一般认为股东不会通过爬行要约或多数股份收购要约,因为收购者紧接着会对已发行股份

---

① E. g. ,Ind. Code Ann. §23 -1 -42. 有少许州会采取一些不同的做法,即由股东来决定是否同意收购要约。E. g. ,Ohio Rev. Code Ann. §1701. 831. 这种做法相对一般做法而言更加激进,只需要股东同意就可以赋予收购者所持股份以表决权。

进行挤出合并,且该挤出合并会以比前次股份收购更低或不同的价格进行。

公允价格法案的特点是采取在公司章程中设置公允价格条款的方式。这类型法案规定,涉及"具有利害关系股东"的特定类型交易(有时被称为"商业合并")必须要有特定的绝对多数股东投票通过,除非该交易的交易价格不低于一个最低价格并满足其他条件。"具有利害关系股东"通常被法案定义为持有目标公司已发行股份一定比例(通常是10%)以上股份的股东。

商业合并法案是公允价格法案模式的延伸,并设立了更加难以突破的障碍。这类型法案规定,在一个股东成为目标公司利害关系股东之日起一段时间内(通常是5年),目标公司不得与该利害关系股东进行任何形式的商业合并。即使5年的禁止期结束,目标公司与利害关系股东进行商业合并也仍然是被禁止的,除非与利害关系股东不存在任何权益关系的其他股份以特别表决同意或者商业合并符合特定的公允价格条件及其他标准。① 这里对利害关系股东的定义与公允价格法案里的利害关系股东定义基本相似。与公允价格法案一样,"商业合并"定义所包含的交易类型要比法定的合并类型更广泛。

现金收购法案要求收购人在持有目标公司股份达到一定比例标准时,必须向持有已发行股份的股东发出收购要约,收购的价格应当是收购人在持续取得目标公司股份过程中支付的最高价格。现金收购法案一般适用于所谓的"控股收购",即收购人或收购团体在收购完成后会成为公司的"控制人或控制团体"。"控制人或控制团体"

---

① 参见如《纽约州商业公司法》第912(c)条.《特拉华州普通公司法》第203条与最初的商业合并法案在很多方面都很相似,但在最初的禁止期结束后不再要求股东同意商业合并。但是股东表决依然可能发生,如果拟进行的交易由董事会和持有已发行股份的股东以2/3多数通过,禁止期的限定可以随时被放弃。《特拉华州普通公司法》第203条。

是指一个人或一群采取一致行动的人,持有可表决股份的表决权,该表决权可以使该等人在董事选举中获得通常只有全部股东投票才可以达到的特定比例的票数。

2. 鲍威尔在"凯迪拉克案"中的判决意见

在"凯迪拉克公司诉通用动力公司案"①中,联邦最高法院支持了印第安纳州的控股收购法案。以鲍威尔大法官为代表的多数意见首先表明麦特案的判决对法庭并不具有约束力,但他并没有明示地对该判决进行推翻。相反,鲍威尔称即使根据怀特大法官对威廉法案目的的解释,印第安纳州法案也可以通过(合宪性的)审查。值得关注的是,怀特大法官是唯一对鲍威尔的优先性判决持有异议的法官。

实际上,凯迪拉克公司案中的最高性分析与麦特案中的分析至少在两个关键点上存在差异。怀特大法官强调的是国会的中立性原则,而鲍威尔大法官强调的是国会保护股东的立法意图。② 怀特大法官倾向于推翻所有益于管理层的州立法,鲍威尔大法官则支持了印第安纳州法案,即使他也认为该法案可能会阻碍一些收购要约。鲍威尔大法官这么做是因为,尽管印第安纳州法案对要约收购存在一

---

① CTS Corp. v. Dynamics Corp. of Am. ,481 U. S. 69(1987).

② 在反对意见中,怀特大法官辩道,威廉法案主要是要保护个人投资者的利益。See CTS Corp. v. Dynamics Corp. of Am. ,481 U. S. 69,98 -99(1987)(怀特大法官反对意见). 相反,鲍威尔大法官认为威廉法案要保护的是股东的利益。See CTS Corp. v. Dynamics Corp. of Am. ,481 U. S. 82(1987). 投资者和股东的区别不仅仅是在语义上。在怀特大法官的观点里,如果一个法案限制了个人投资者自由决定的能力,就不应当被适用。与之不同,鲍威尔大法官认为,如果一个法案能够促进股东作为一个整体的利益,那么即使部分个人投资者的意愿未能得到实现,该法案也应当被支持。

定阻却作用,[1]但该法案允许股东以集体形式对要约的公允性作出判断。他特别强调了要约人强迫股东接受要约的能力,如提出一个双层要约。通过赋予股东集体拒绝此类要约的权利,印第安纳州法案消除了强迫要约的胁迫性。相比于其保护股东权利的首要功能,印第安纳州法案阻碍要约而倾向在职管理层的消极作用只是次要的。鲍威尔大法官认为,印第安纳州法案不仅并未与威廉法案产生冲突,还更充分地体现了国会保护股东的意图。

尽管鲍威尔大法官认为印第安纳州法案会给收购人造成实质性的迟延,他对威廉法案进行了重新解释,他认为威廉法案只是禁止州在给要约收购过程中制造明显不合理的迟延。他接着解释,可能的50天的等待期并非不合理。鲍威尔大法官指出,许多州的公司法中都存在董事分级制和累积投票制,都会给要约收购成功后的控制权转移造成限制或迟延。"如果认为只要限制或阻碍了要约收购后权力的自由行使,该州法就应该被推翻,那么当前许多确实有效的州公司法都会被威廉法案推翻……长期以来这一领域州法规制的普遍性说明,如果国会有意推翻所有会对要约收购后取得投票控制权形成阻碍的州立法,那么国会应当会明确地表达这层意思。"

怀特大法官分析认为,威廉法案的中立性原则意味着只要州立法破坏了威廉法案预设的公平竞争的收购赛场,该立法就应当被认定为无效。但是,还存在另一种也许同样值得称道的解释,即国会本意是保证法案本身不会破坏收购人和被收购人之间的均衡实力,但

---

① 有争议的一点是,控股收购法案其实并不能有效地阻却收购。收购人要求召开特殊股东会议来审议拟进行收购的能力使公司掠夺者可以轻易地暴露出目标公司面对收购的不堪一击。同样地,收购人只需要延迟交易的完成直到获得股东决议通过并且将获得股东通过决议作为要约收购的一个条件,就可以减少控股收购法案的不利影响。大部分控股收购法案要求要约人和目标公司内幕人回避表决,但并没有给"非利害关系股东"规定最短等待期限而使他们获得投票资格。因此,投票结果很大程度上取决于收购获利者的态度和其他倾向于收购方而非目标公司管理层的投机者的态度。

并非去废止所有可能影响该平衡的州立法。鲍威尔大法官的观点即暗含了后一种解释。

在进行贸易条款分析时,鲍威尔大法官也认为,印第安纳州法案并未违反潜在贸易条款。该法案并未给该州以外的实体以歧视性待遇,该法案并未禁止要约收购,给要约收购方留出了充足的成功机会。由于该法案只适用于印第安纳州的公司,该法案并没有形成显著的超地域的影响。而在平衡分析的地方利益方面,鲍威尔大法官认为,印第安纳州在公司特性的定义和公司股东的保护方面享有合法利益。例如,鲍威尔大法官分析道:"每个州都有对其州域内的公司进行规制的权力,没有比这更根深蒂固的公司法原则和实践了。"①因此,"允许每个州成立公司,预设公司的权力,限定收购公司股份后可以获得的权利,是本国商业环境下的应有之义"。②

3. 如何解读凯迪拉克公司案判决

很显然,凯迪拉克公司案的判决比麦特案的判决更加深入地阐释了州立法的立法权限,但深入程度仍有待探讨。因为鲍威尔大法官仅将其注意力局限在印第安纳州法案的具体条文上,而并没有进行整体的可行性分析。实际上,对州立法的支持意见和反对意见各自的论证都可以削弱凯迪拉克公司案的判决。鉴于这种不确定,两个地区法院基于凯迪拉克公司案的优先权分析做出了不同的解读。

---

① CTS Corp. v. Dynamics Corp. of Am. ,481 U. S. 69,89(1987).

② 在联邦最高法院作出此项判决大约 10 年后,凯迪拉克公司(被收购方)同意以 2.1亿美元现金加股票的方式收购美国动力公司(Dynamics Corporation of America)(收购方)。自那起备受争议的控股收购案件至今,美国动力公司仍然持有凯迪拉克 44% 的股票。讽刺的是,凯迪拉克公司的收购本是为了挫败 WHX 公司对美国动力公司的恶意收购的。凯迪拉克公司的主席称"我们的股东"在该次收购中多有受惠。他也承认,两家公司的产品结构构成互补。该交易的机构设计是以现金收购美国动力公司的部分股份,余下的股份则以股份置换进行,这使凯迪拉克公司的股东有机会拒绝现金支付而选择获得凯迪拉克公司的股份,从而达到就未折现部分收益免税的目的。Wall St. J. ,May 12,1997,at B9.

(1)充足的成功收购机会

一种对“凯迪拉克案”更严格的解释,要求各州为恶意收购要约留出一定的成功机会。这一标准经包括特拉华州法案合宪性案在内的一系列案件得到了充分的发展。[①]《特拉华州普通公司法》第 203 条脱胎于旧的商业合并型法案。第 203 条禁止特拉华州的一家公司在一个收购人成为具有利害关系的股东后 3 年内进行商业合并。这里的商业合并还包括基础是合并和其他常见的收购后交易。[②] 除却一些例外情形,具有利害关系股东是指拥有目标公司已发行股份的 15% 或以上股份的股东。

与老的商业合并型法案不同的是,在锁定期结束后,特拉华州法案对商业合并并没有设定绝对多数的表决结果或公允价值的条件。因此,当 3 年锁定期结束后,有利害关系的股东可以在适用的公司法和证券法所允许的范围内,以任何条件和条款来实行第二步的商业合并。另外,如果满足以下 4 个条件之一,则 3 年锁定期的限制可以被排除:①在收购方超过 15% 的比例界限之日前,目标公司的董事会通过了商业合并或者被触发的收购。②收购方在单次交易中从低于 15% 的持股比例升至超过 85% 的有表决权的股票(其中不包括由内部董事或员工持股计划持有的股份,因为员工无法通过秘密方式决定其通过员工持股计划持有的股份是否接受要约)。③在 3 年锁定期内,该交易获得了董事会和非由收购方持有的股份的 2/3 的股份通过。④目标公司的董事通过了一个“白衣骑士”交易。第《特拉华

---

① City Capital Assoc. Ltd. v. Interco, Inc., 696 F. Supp. 1551 (D. Del. 1988), aff'd on other grounds, 860 F. 2d 60 (3d Cir. 1988); RP Acquisition Corp. v. Staley Cont'l. Inc., 686 F. Supp 476 (D. Del. 1988); BNS Inc. v. Loppers Co., Inc., 683 F. Supp. 458 (D. Del. 1988).

② 相比于旧的商业合并型法案,第 203 条对于突袭收购者用目标公司的财产去为收购融资的限制要少。例如,该条允许突袭收购者将目标公司的财产出售给第三人(但仍须适用一般的信托义务和表决程序)。

州普通公司法》第 203 条(b)款还设置了一些法案不被适用的条件,主要是排除适用条款,即公司可以通过章程或内部规定的相应条款来排除法案的适用。

在“BNS 公司诉科帕斯公司案”(BNS Inc. v. Koppers Co.,)[①]这一典型案例中,地区首席法官施瓦兹法官对凯迪拉克公司进行了新的解释,实现收购人和目标公司之间的平衡不再被解释为威廉法案的固有目的,而被视作实现国会保护股东这一目的的方法。对收购行为存在严格限制即倾向保护管理层的州立法,如果其限制性影响对股东权利保护的影响只是偶然性的,那么该州立法是有效的。[②] 但是要满足这一条件并不容易。首席法官施瓦兹认为,凯迪拉克公司不允许各州对恶意收购进行限制。相反地,对于对目标公司的股东利益有利的恶意收购,各州应当为该要约的成功保留“充分的空间”。首席法官施瓦兹提出了一个四步评测法:①州立法是否保护独立股东不受胁迫。②州立法是否为交易双方完成或拒绝要约提供了均等机会。③州立法是否造成了不合理的延误。④州立法是否允许行政官员以其意愿代替目标公司股东的意愿。首席法官施瓦兹得出结论,认为《特拉华州普通公司法》第 203 条可能符合这四项标准,因此拒绝强制执行该法条。

(2)阿曼达收购

20 世纪 80 年代的收购大战,发生了许多出人意料的转折。然而,最出人意料的还是弗兰克·伊斯特布鲁克大法官在“阿曼达收购公司诉通用食物公司案”(Amanda Acquisition Corp. v. Universal

---

① BNS Inc. v. Koppers Co.,683 F. Supp. 458(D. Del. 1988).

② See Hyde Park Partners, L. P. v. Connolly, 839 F. 2d 837, 850(1st Cir. 1988)(对于管理层的保护如果相对于投资人的保护只是偶然性的,那么保护管理层本身和威廉法案的立法目的并不存在冲突).

Foods Corp.)[①]中的裁判。伊斯特布鲁克大法官从不掩饰他对恶意收购的支持。[②] 诚然,阿曼达收购本身值得赞赏。但是,在支持威斯康星州商业合并法案的判决中,伊斯特布鲁克大法官撰写了迄今为止关于州收购立法最为宽松的优先性分析。[③]

在后麦特法案时期,威斯康星州法案通过规制挤出合并和合并后交易的方式对要约收购进行限制。和大部分商业合并法案一样,威斯康星州法案规定了法定的锁定期,在完成收购后的三年内禁止进行商业合并。唯一可以排除锁定期的例外是获得在职董事的事先同意:"在威斯康星州,要么事先取得董事同意,要么再等3年。"

伊斯特布鲁克大法官首先论述了威廉法案的中立原则。毫无疑问,国会希望联邦要约规则在收购方和被收购方之间达到一种平衡状态。在麦特案中,怀特大法官将这一"期望"理解为禁止各州立法破坏这种平衡。鲍威尔大法官和史蒂文斯大法官都在其附随意见中对这一解读提出了反对意见。当然,凯迪拉克公司案并未遵循怀特

---

① Amanda Acquisition Corp. v. Universal Foods Corp., 877 F. 3d 496 (7 th Cir. 1989).

② See Frank H. Easterbrook & Daniel R. Fischel, 35 *Stan. L. Rev.* 1 (1982); Frank H. Easterbrook & Daniel R. Fischel, "The Proper Role of a Target's Management in Responding to a Tender Offer", 94 *Harv. L. Rev.* 1161 (1981).

③ 有评论认为,伊斯特布鲁克大法官的真实意思并非如其所言,他真正的目的是促使联邦最高法院或国会排除州收购法案的适用。或许如此,可是为什么他不直接明示意图,而要费尽周折地去为州收购法案辩解?下级法院的法官一方面遵循他们不赞同的上级法院的判例;另一方面又明确地要求上级法院重新考量期限前所作的判决。这种做法倒也常见,没有人质疑这一行为是否合适。但是,一个法官通过故意扭曲自己的立场来达到让联邦最高法院推翻自己判决的目的,这显然是很不合适的。因此,最好还是按照伊斯特布鲁克大法官字面的意思来进行理解,就像之后的判例一样。E. g., Hoylake Investments Ltd. v. Washburn, 723 F. Supp. 42, 48 (N. D. I 11. 1989); Glass, Molders, Pottery, Plastics and Allied Workers Int'l Union v. Wickers Co., Inc., 578 A. 2d 402, 406 (N. J. Super. L. 1990).

大法官的观点。伊斯特布鲁克大法官也认为这样“可能”会给非中立的州立法留下空间,但他声称“并没有出现这种情形”。但不管怎么说,至少阿曼达收购本身是将中立性作为一种手段而非其目的。伊斯特布鲁克大法官的判决支持了威斯康星州法案,但只有在他否定了怀特法官在麦特案中对中立原则优先权的论述的基础上,他对威斯康星州法案既有的反收购效果的论述才有意义。

在之后的所有案例中,伊斯特布鲁克大法官基本忽略了威廉法案的中立性原则。相反地,他强调国会是期望通过威廉法案来规范要约收购的流程和股东享有的知情权。根据这种对国会意图的解读,他对麦特案和凯迪拉克公司案进行了区分。即使要约人完全遵循联邦立法,《伊利诺伊州商业收购法》仍有可能禁止要约人收购目标公司的股份。相较而言,印第安纳州的股份收购法规并不阻碍联邦立法强制的要约收购程序,甚至直到收购完成、收购人已经取得股份后州立法才开始进行适用。

威斯康星州的法案和印第安纳州的法案一样,并没有涉及要约程序。根据伊斯特布鲁克大法官的观点,除非威廉法案赋予投资人接受要约的联邦权利,否则威斯康星州的法案就不应当排除适用。但是,他认为,这样的联邦权利并不存在。“投资人没有接受要约的法定权利。更确切地说,阿曼达是以要约人的身份起诉而不是以希望寻找买家的投资人的身份起诉,但是威廉法案并没有创设一项允许从要约收购中获利的权利。威斯康星州未对收购程序进行规定的做法并不值得鼓励,但因为威斯康星州没有对收购程序进行规定,其立法可以和威廉法案并存”,州立法并不一定要为收购人创造成功收购的机会,更不管机会的大小。因此,关键问题不在于该州是否阻碍了要约收购,而在于州立法是否直接影响了一个收购人按联邦法、按计划进行顺利收购的可能性。

(3)商业条款问题

正如"凯迪拉克案"和 MITE 案所论述的,关于州立法效力的争议不仅涉及优先性原则,还涉及潜在贸易条款。我们曾提到三个商业条款的核心问题:①州立法是否会阻碍州际商事贸易。②州立法是否会导致州际贸易受到不统一的限制。③州立法保护的地方企业利益是否明显高于其施加于州际贸易的负担(关于第三个问题的合法性一直是宪法学者激烈辩论的辩题,在此不作赘述)。[①] "凯迪拉克案"之后,商业条款并没有得到更深入的阐释。只要州立法对州内要约人和州外要约人围坐区别对待,基本都能满足第一条标准。如果州立法只适用于设立在该州辖区内的公司,也就不存在适用的不一致性,该州立法也可以满足第二条标准。有些州的收购法案例没有采纳第三条标准,认为即使州立法的适用成本高于其收益,也是合宪的。[②] 即使是采纳了第三条标准的州,也一般都认为州立法在公司治理方面是为了维护重要的州利益,从而支持了州立法。[③]

4. 第三代收购法

"凯迪拉克案"后,许多州开始使用更严苛的收购法案。其中,最具有反收购性的,是宾夕法尼亚州在 1990 年通过的法案。[④] 该法案

---

① See CTS Corp. v. Dynamics Corp. of Am. ,481 U. S. 69,87 -93(1987).

② E. g. , Amanda Acquisition Corp. v. Universal Foods Corp. , 877 F. 2d 496, 505 -09(7th Cir. 1989).

③ 可见于,City Capital Assoc. L. P. v. Interco, Inc. ,696 F. Supp. 1551, 1555(D. Del. 1988),该案给予不同原因维持原判,860 F. 2d. 60(3d Cir. 1988);RP Acquisition Corp. v. Stanley Cont'l, Inc. ,686 F. Supp,476,487 -88(D. Del. 1988)。

④ 关于宾夕法尼亚州的各项收购法案,See M. Bainbridge, "Redirecting State Takeover Laws at Proxy Contests",1992 *Wis. L. Rev.* 1071(该文主要探讨了 1990 年法案,尤其是该法案对于委托书收购产生的影响);Stephen M. Bainbridge, "State Takeover and Tender Offer Regulations POST-*MITE*: The Maryland, Ohio and Pennsyvania Attempts", 90 *Dickinosn L. Rev.* 731(1986)(该文论述了早期的现金收购法案);Josh Pound, "On the Motives for Choosing a Corporate Governance Structure: A Study of Corporate Reaction to the Pennsylvania Takeover Law",8J. L. *Econ. & Org.* 656(1992)。

含有至少 5 条以上的明显的反收购条款。

第一,一般标准的利益相关的非股东型法案,允许董事在做决定时不仅考虑股东的利益,同时也考虑“雇员、供应商、客户和公司的债权人……以及公司办公室或其他分支机构所在社区的利益”。更有甚者,规定目标公司的董事无须承担将股东权益作为“最重要或最主导”利益的义务。这些规定主要适用于反收购,比如董事会拒绝使用毒丸计划。确切地说,这类型法案要求董事“善意”行事,但是要证明董事未善意行事,必须具有“确切和令人信服的证据”。

第二,宾夕法尼亚州的法案参照凯迪拉克公司案中被支持的印第安纳州法案,规定了控股收购。控股收购必须经“无利益关联性”的股份的多数和全部股份(不包含要约人持有的股份)的多数通过。如果无法获得通过,要约人持有的股份将丧失投票权。无利益关联性的股份由法案严格定义,一般是指:(1)在投票日时已持续持有达到 12 个月;(2)在收购要约公布前已持有达 5 天的股份。这一规定显然是为了填补第二代收购法案中关于控股收购的一个漏洞,即收购投机者经常在要约公布后大量购入目标公司股份的行为。

第三,法案包含一个所谓的“锡降落伞”条款。如果收购完成后有员工被解雇,该员工可以按照工作年限获得补偿金,每工作 1 年即获得 1 周薪水,最多不超过 26 周的薪水。类似的条款还有,收购完成后原有的雇佣合同继续有效。

第四,也是最标新立异的一点,如果该控制人或者控制集团在取得控制地位后 18 个月内对其取得的股份进行了处分并获取了收益,目标公司可以起诉(或者目标公司的股东可以提起派生诉讼)控制人或者控制集团,要求对该部分收益进行追缴。控制人或控制集团必须在取得控制地位前 24 个月内或者之后的 18 月内取得股份。如果某人披露其取得上市公司控制权的意图,或者取得、希望取得或披露意图要取得"占到该上市公司全体股东选举董事时可以投出的全部票数的至少20%的投票权",则认为该人具有控制地位。此处的上市公司是指依据1934年股票交易法已经在SEC登记的公司。控制则被定义为"通过持有具有投票权的股份、合同约定或其他方式,能够影响或改变管理层和公司决策的权力,不管是否该权力是否实际被行使"。

值得注意的是,法案对于控制地位的定义不仅包括实际取得控制权的收购人,还包括通过征集委托书代表了已发行股份20%以上的代理人。这么规定是因为,代理人因此"占到公司全体股东选举董事时可以投出的全部票数的至少20%的投票权"。[①] 根据最初的说明,法案规定的收益追缴处罚不仅适用于要约人,也适用于为任何目的向公司20%以上的股东征集投票委托书的人。但是法案通过后,明确排除了所有管理层委托书征集。法案同时为满足下列两个条件的反对派股东征集委托书提供了安全港:(1)征集行为符合联邦法关于委托投票权的规定。(2)该代理并不允许代理人就代理授权中未声明的内容进行投票,并且投票行为完全符合被代理人的指示。第一个条件的适用存在问题,因为它不仅可能对欺诈的投票委托征集进行收益追缴处罚,还有可能对那些只是部分不符合联邦委托投票权技术性规范的行为进行收益追缴处罚。第二个条件也一样有问题。委托书一般在程序性事项和股东会上临时出现的议题上给予代理人一定自由裁量的空间。第二个条件排除了反对派股东(但没有

---

① 收益赔偿法案中并未对"投票权"进行定义。宾夕法尼亚州之前的现金收购法案将其定义为"通过任何形式的合同、安排、共识、协议、合意或关系"影响投票的股份的权力。代理投票法律关系作为代理法律关系下的一个分类,一般都被认为属于定义的范围。See Parshalle v. Roy,567 A. 2d 19,27(Del. Ch. 1989).

排除管理层)进行合理范围内裁量的可能。①

有的反对派股东确实可以满足这些条件。法案也只希望这部分反对派股东满足条件,法案小心翼翼划定的这一安全港,是为了排除那些希望通过委托书争夺来控制公司的反对派股东。前文曾提到,有两种方式成为控制人:(1)取得20%或以上的具有投票权的股票。(2)宣告进行控制的意图。安全港只适用于那些通过第一种方式取得控制权的人。同时,收益追缴仍然适用于宣称有取得公司控制权

---

① 尽管宾夕法尼亚州的现金收购法案并没有对委托书征集提供类似的安全港条款,但该法案确实豁免了代理人或代持人的适用。符合控制人定义的可撤销委托的代理人,被认为不属于代理。实际上,将现金收购扩大至委托书争夺毫无意义。股票交易法定义的委托书征集只是一个暂时的投票权转移,而且是可撤销的。同时,因为允许自由裁量投票的范围十分有限,股票交易法下的代理权只允许代理人根据实际权益人的指示行事。除非反对派股东在投票中胜出,公司的控制权并没有发生变化,即使反对派股东胜出,投票权在股东会后还是属于股票的实际权益人。在一个极其晦涩的判决中,地区法院的高索普法官将法案解释为委托书征集的结果。半人马合伙(Centaur Partners)想召集一个临时股东会议,来罢免时任盘尼特公司(Pennwalt Corporation)的董事并选举自己的提名人为董事。召开临时股东会,需要获得已发行股份20%的同意。显然半人马合伙本身持有的股数不足以召开临时股东会,于是便向其他股东征集委托书。征集书中约定,如果法院认定执行该约定会导致股东成为现金收购法案认定的控制人,则该约定无效。于是,盘瓦特公司声称,半人马合伙和签署委托书的股东采取一致行动从而构成实际控制。高索普法官支持了盘瓦特公司的意见,并且暗示该法案同样适用于委托书争夺。他同时认为,代理的例外规定不适用于半人马合伙。See Pennwalt Corp. v. Centaur Partenrs,710 F. Supp. 111,115(E. D. Pa. 1989). 如果"盘瓦特公司案"预设的现金收购法案适用于委托书争夺的前提成立,那么就会对委托书争夺形成不可逾越的障碍。因为获得20%以上的投票权就会触发该法案,反对派股东不仅会输掉委托书争夺,还不得不回购剩余股东持有的全部股份。于是该法案给了股东一个武器,在法定的公允价值超过市场价格时,任何理性的股东都会行使这个武器。在这种情形下,理性的反对派股东是不可能进行委托书争夺的。

意图的任何反对派股东。①

宾夕法尼亚州法案是否可以通过合宪性测试呢？部分条款分开来看，都是符合要求的。宾夕法尼亚州法案是照着印第安纳州法案仔细模仿来的，控股收购条款的合宪性也是完全参照了"凯迪拉克案"来设定的。因此，几乎没有人质疑无利益关联性股东法案的合宪性。对比之下，锡降落伞条款则要经不起推敲得多。马萨诸塞州的一个类似条款明文排除了"涉及雇员福利计划"的"所有州立法"的适用，该条款被认为违反了《联邦雇员退休收入保障法令》(Federal Employee Retirement Income Security Act，ERISA)而被排除适用。②

收益追缴处罚的条款，受到了最多的合宪性质疑。在阿曼达收购中，该条款通过了合宪性测试。如果一个州立法没有在要约发出时对要约收购的程序(或者委托书征集的过程)进行阻碍，那么该法案是否有效地阻却了要约人是无关紧要的。如果宾夕法尼亚州法案既没有阻碍联邦法规定的要约收购程序，也没有妨碍委托书征集的程序，那么阿曼达收购案后的法院就必须支持宾夕法尼亚州法案的效力。

收益追缴的规定要达到给收购人留出充分成功机会的这一标准存在很大的困难。按照"BNS 公司案"的四步评测法，这一条款既没有给要约收购(或委托书争夺)造成迟延，也没有给州行政官员插手收购的空间。因此 BNS 公司的第 3 项、第 4 项标准都不适用于收益

---

① 如果要约人通过不披露取得控制权的方式来规避收益追缴处罚，就会违反联邦证券法。任何人如果取得一个公司某一类型的股份超过5%，必须在达到5%标准的 10 天内向 SEC 提交表 13D。表 13D 的第 4 项明确要求收购人说明其是否具有取得控制权的意图，如果该意图发生改变，收购人需要提交一份更正声明来进行补充披露。由于表 13D 是可公开查询的文件，公开控制权意图就会触发取得控制地位的这种方式。根据宾夕法尼亚州法，意在取得目标公司 20% 或以上有表决权的股份就必须披露收购意图，此中披露也会产生同样的效果。

② Simas v. Quaker Fabric Corp. of Fall River，6F. 3d 849(1st Cir. 1993).

追缴条款。按照第 1 项标准,需要考察宾夕法尼亚州法案的首要作用是否为保护股东权益。但是在该法案关于立法目的的规定中连"股东"这个词都没有出现过。根据法案的立法规定,法案是为了保护公司以及其他与公司利益相关的主体(一般默认包括但不限于股东)不受到溢价回购和其他可能导致公司被全部收购的风险。一般认为导致公司被全盘收购的风险包括公司机密不安全或缺失,投机者侵占公司资产损害公司及其关联人的利益并且攫取短期利润。由于这一目的声明强调的是可能产生的对非股东利益的损害,其很难符合给收购人留出充分成功机会的这一标准。

在"BNS 公司案"的第二个标准下,要考察的是宾夕法尼亚州法案是否倾向于任何一方。也就是说,收益追缴条款是否提供了足够的空间让"一定数量"的要约人可以继续进行收购。[①] 答案似乎是否定的。除了一些对收购人来说并没有实质意义的例外情形,主要有四种豁免情形。第一种是不涉及取得控制权的委托书争夺。从定义就可以看出,这一漏洞不适用于希望取得控制权的收购人。第二种是要约人的股份收购获得了董事会和已发行股份的多数股东的事先同意,公司放弃收益追缴权。要让董事会事先豁免一个潜在收购人是非常困难的,因此这一例外的可适用性也很低。第三种是如果要约人处置股份时已经取得了公司的控制权,那么要约人的处置股份的行为获得了董事会和已发行股份的多数股东的事先同意,公司放弃收益追缴权。这一豁免对恶意收购的要约人可能有用,但前提是恶意收购要约人收购成功。而且,要约人在处置股份时必须能证明其拥有对公司的控制权,在处分股份前尚未取得公司已发行股份的 50% 以上的成功收购人就会面临一定的不确定性,不可避免地会就

---

① BNS, INC. v. Koppers Co., Inc., 683 F. Supp. 458, 470 (D. Del. 1988).

其是否拥有控制权产生争议。第四种是公司可以通过在其原始章程中进行相应的约定来排除法案的适用。要约人可以要求重新组建公司来规避对处置股份的限制。[①] 因为重新组建公司需要董事会通过，要约人想要好好利用这一例外规定必须先获得收购的成功。由于重新组建公司还需要获得公司股东的通过，所以收购人收购成功也并不代表其一定能够利用这一例外规定。总之，前述的例外情形只对收购成功的要约人和反对派股东有意义，而这些人往往是最不可能通过处置股份的方式来触发法案的适用的。[②] 反之，所有的管理层委托书征集都被豁免了收益追缴的处罚。即使不考虑宾夕法尼亚州法案设置的其他阻却收购的障碍，收益追缴的规定也无法通过“BNS公司案”设立的审查标准。

特拉华州系列案件为宾夕法尼亚州法案的支持者提供了一线希望。“凯迪拉克公司案”后，许多审查州法案的法庭不愿意再去“过多揣测立法者关于收购法案效用的判决”。[③] 在“BNS 公司案”中，首席法官施瓦兹认为，特拉华州法案中颇受称赞的例外规定是倾向于目标公司的利益的。[④] 而在根据法案审查了要约人成功概率的充满争议的证据后，施瓦兹法官得出结论，他无法就要约人获得成功的可能得出确定的结论。施瓦兹法官作出了有利于州法案的判决，州的利益胜过了其牺牲的利益。如果日后发现确实的证

---

① Alan R. Palmiter, “The CTS Gamlit: Stanching the Federalization of Corporate Law”, 69 *Wash. U. L. Q.* 445, 541 (1991).

② 相应地，造成相当妨碍后果的反对派股东可以通过同意作罢，从而获得在任董事会的支持。但是，必须就二者之间的这种协议进行披露，以降低股东在必要情况下表决通过的可能性并使反对派股东面临承担绿票讹诈的法律后果。

③ CTS Corp., v. Dynamics Corp. of Am., 481 U. S. 69, 92 (1987). 尽管这句摘自多数观点中的商业条款部分，许多收购案件也都将其适用于优先性的论证。E. g., Amanda Acquisition Corp. v. Universal Foods Corp., 708 F. Supp. 984, 1000 (E. D. Wis), aff'd, 877 F. 2d 496 (7 th Cir. 1989), cert. denied, 493 U. S. 955 (1989).

④ BNS, Inc. v. Koppers Co., Inc., 683 F. Supp. 458, 470 (D. Del. 1988).

据,施瓦兹法官为重新考察法案的合宪性留出了空间。在系列案件的后两次审判,恶意收购人针对例外情形利于管理层的效果提供了实质性的新证据。两次审判中,法院也都驳回了要约人关于优先性的答辩。[①] 收益追缴法案的例外规定引起了同样的实证问题:收购人成功的次数是否足够频繁并使他们有充分的机会来利用这些例外规定。

如果从整体角度来看宾夕法尼亚州的法案,其成功收购的可能性更低。如果一个要约人在进行控制权争夺前拥有不超过20%的公司股份,那么该收购人要受到收益追缴条款和现金收购条款的双重制约。在进行控制权争夺前收购了超过20%的公司股份的要约人,要受到收益追缴法案、现金收购法案和控股收购法案的三重制约。而无利益关联性股东法案进一步确认了目标公司的反收购策略。此时不由得让人想到了那句成语——一网打尽。

---

① City Capital Assoc. Ltd. v. Interco, Inc. ,696 F. Supp,1551,1554 –55 (D. Del. 1988),基于不同原因维持判决;860 F. 2d 60 (3d Cir. 1988);RP Acquisition Corp. v. Stanley Cont'l, Inc. ,686 F. Supp. 476,482 –86 (D. Del. 1988). See West Point-Pepperell, Inc. v. Farley Inc. ,711 F. Supp. 1096,1100 –06 (N. D. Ga. 1989) (基于要约人成功性的不完全证据和合宪性假设,乔治亚州收购法案得到了支持).

图书在版编目(CIP)数据

美国并购法 ：第三版 / (美) 斯蒂芬·贝恩布里奇著 ；李晓新等译. -- 北京 ：法律出版社，2018
书名原文：Mergers and Acquisitions 3rd Edition
ISBN 978 -7 -5197 -2105 -3

Ⅰ. ①美… Ⅱ. ①斯… ②李… Ⅲ. ①企业兼并－企业法－美国 Ⅳ. ①D971.222.91

中国版本图书馆 CIP 数据核字(2018)第 060138 号

美国并购法(第三版)
MEIGUO BINGGOUFA(DI 3 BAN)

[美]斯蒂芬·贝恩布里奇 著
李晓新 等译

策划编辑 陈 妮
责任编辑 陈 妮
装帧设计 马 帅

出版 法律出版社
总发行 中国法律图书有限公司
经销 新华书店
印刷 中煤(北京)印务有限公司
责任校对 马 丽
责任印制 吕亚莉

编辑统筹 财经法治出版分社
开本 A5
印张 13.875
字数 350 千
版本 2018 年 5 月第 1 版
印次 2018 年 5 月第 1 次印刷

法律出版社/北京市丰台区莲花池西里 7 号(100073)
网址/www.lawpress.com.cn
投稿邮箱/info@lawpress.com.cn
举报维权邮箱/jbwq@lawpress.com.cn
销售热线/010 -63939792
咨询电话/010 -63939796

中国法律图书有限公司/北京市丰台区莲花池西里 7 号(100073)
全国各地中法图分、子公司销售电话：
统一销售客服/400 -660 -6393
第一法律书店/010 -63939781/9782 西安分公司/029 -85330678 重庆分公司/023 -67453036
上海分公司/021 -62071639/1636 深圳分公司/0755 -83072995

书号：ISBN 978 -7 -5197 -2105 -3 **定价**：68.00 元